미래CEO를 위한
완벽
MBA코스

미래CEO를 위한 완벽 MBA코스

톰 고먼 지음 / 홍정희 옮김

리드리드출판

미래CEO를 위한 완벽 MBA 코스

초판 1쇄 발행 / 2001년 10월 20일
5쇄 발행 / 2006년 11월 13일

지은이 / 톰 고먼
옮긴이 / 홍정희
펴낸이 / 이웅녕
펴낸곳 / 리드리드출판(주)
(구)한국능률협회출판
출판등록 / 1978년 5월 15일(제 13-19호)
서울 마포구 도화동 544 고려빌딩
홈페이지 www.readlesd.co.kr
전화 (02) 719-1424
팩시밀리 (02) 719-1404
이메일 we@readlead.co.kr

값 24,000원
ISBN 89-7277-203-8 13320

독자 여러분!

경영학 석사(MBA)들은 과연 당신이 모르는 무엇인가를 알고 있을까?

당신은 일에 있어서 사람들을 관리하고 그들에게 동기를 부여할 수 있는가? 대차대조표를 읽을 줄 아는가? 어떻게 투자 결정을 내리는지 알고 있는가? 경기가 오르락내리락하는 동안 당신의 사업이나 당신의 부서를 잘 조종해 나갈 수 있는가?

그렇지 않더라도 상관없다. 이제 당신은 이 책을 발견했으니까. 이 책은 MBA의 정식 과정에서 가르치는 핵심 지식과 기술을 가장 손쉽게 얻을 수 있는 방법이 될 것이다.

오늘날 사업에서 성공하려면 고도의 접근 방법이 필요하다. 사업의 여러 가지 상황을 바라보는 방법, 정보를 분석하는 방법, 의사결정을 내리는 방법을 당신은 이 책을 통해 배울 수 있다. 수업료를 낼 필요도 없고, 강의를 들을 필요도 없으며, 그리고 힘든 입학 시험을 치르고 입학 원서를 낼 필요도 없다.

당신이 지금 MBA 과정을 밟고 있는 중이라 하더라도 이 책에서 얻을 수 있는 것은 많을 것이다. 당신이 보는 교재보다 한층 더 친근감이 있으며, 또한 훌륭한 참고서가 될 것이다. 당신이 만약 MBA 학위를 가지고 있다면 이 책은 MBA 과정에서 배웠던 핵심 내용을 복습하는 데 매우 적합할 것이다. 또한 당신이 이수하지 못했거나 미처 듣지 못한 과목이 있다면 이 책이 그 부분을 채워 줄 것이다.

당신의 사업에 행운과 성공을 빈다. 그러나, 행운과 성공은 정보와 기술을 개발하는 사람에게 찾아온다. 자, 당신의 미래를 위해 건배!

톰 고먼

Contents at a Glance

Part 1   **경영자의 도구 상자**

Chapter 1   관리의 의미   30

Chapter 2   관리의 7가지 기술   40

Chapter 3   기업 해부   54

Chapter 4   효과적인 인사 관리   66

Chapter 5   직장에서의 자기 관리   82

Part 2   **운영 원리의 모든 것**

Chapter 6   이것이 경제이다   98

Chapter 7   경제 지표   114

Chapter 8   사업: 운영 관리   124

Chapter 9   결정, 그리고 결정: 운영 분석 도구   136

Part 3   **돈에 관한 모든 것**

Chapter 10   대차대조표   150

Chapter 11   손익계산서와 현금흐름표 작성   164

Chapter 12   큰 그림: 재무 분석   176

Chapter 13   회계 체계: 회계 장부를 보라   194

Chapter 14   투자 결정   210

Chapter 15   예산의 기본   226

Part 4 **마케팅과 판매**

Chapter 16 준비, 기획, 그리고 판매   242

Chapter 17 그런데, 누가 당신의 고객인가?   258

Chapter 18 마케팅의 다섯 가지   272

Chapter 19 광고의 이해   286

Chapter 20 고객에게 판매하기와 고객을 계속 만족시키기   300

Chapter 21 제품 개발: 기업의 선구자   314

Part 5 **미래를 향한 기업 전략**

Chapter 22 전략적 계획 수립 과정   328

Chapter 23 정보   344

Chapter 24 생산성과 품질에 유의하라   360

Chapter 25 정직하게 성공하라   378

Chapter 26 변화하는 세계에서의 커리어 관리   392

Contents

Part 1   **경영자의 도구 상자**

Chapter 1   **관리의 의미**   **30**

무엇이 좋은 관리자를 만드는가?   31

전문 관리자   32

관리자가 알아야 할 5대 기업 원칙   34

가치: 고객이 돈을 내고 사는 것   35

조직화   35

경쟁우위: 승자의 장점   36

통제   38

수익성: 돈이 들어와야 한다   38

5대 원칙을 명심하라   39

이것만은 알아 두자   39

Chapter 2   **관리의 7가지 기술**   **40**

적절한 계획은 실패를 방지해 준다   41

목표 설정: 어디로 갈 것인가?   42

전문적인 의사결정 과정   45

가능한 한 모든 일을 위임하라   47

부하 직원을 지원하라   49

커뮤니케이션: 말 이상의 것   51

계획의 관리   53

이것만은 알아 두자   53

Chapter 3   **기업 해부**   **54**

기업의 부서   55

재무부는 돈을 관리한다   55

회계부   56

운영부는 판매할 제품을 만든다   57

마케팅부는 집단을 상대로 판매한다   58

판매부는 돈을 번다   59

경영 정보 시스템은 모든 사람에게 정보를 알려 준다   60

지원 기능은 나머지 일을 한다   61

종합: 조직도   62

작은 회사는 어떠한가?   64

이것만은 알아 두자   64

Chapter 4   효과적인 인사 관리   **66**

인적자원부는 어떤 일을 하는가?   67

직무에 맞는 사람 고용하기   69

    구인 광고   69

    지원자 면접   70

    조회   71

    채용 제의   71

    회사 적응   72

문제 직원 다루기   72

    업무 평가를 진지하게 생각하라   74

    가야 할 때: 해고하기   76

공정함과 직원 안전 보장하기   77

    직원 불만   78

    직원 원조 프로그램   78

    사내 직원 공모제   78

    승진, 임금 인상, 커리어 향상   79

이것만은 알아 두자   80

Chapter 5   직장에서의 자기 관리   **82**

업무 지식 이외의 것   83

시간은 당신 편이 아니다   83

시간 관리   84

어디에 두었더라?   85

전화의 힘   87

    전화 받기   87

    전화 걸기   88

프레젠테이션의 힘   89

    내용 준비   89

    시각적 보조 자료   90

    자기 점검   92

    장소와 장비 준비   93

회의에 관한 모든 것   93

이것만은 알아 두자   95

Part 2	**운영 원리의 모든 것**	
Chapter 6	**이것이 경제이다**	**98**
	국가 경제: C + I + G	99
	GNP란?	99
	수입과 수출	100
	수출로 경제를 움직일 수 있을까?	102
	성장은 좋다	102
	GDP: 모든 요소의 상호 관련성	103
	올라간 것은 반드시 내려와야 한다	103
	경기 순환	104
	악순환과 호순환	105
	정부의 역할	106
	정부가 원하는 것은 무엇인가?	106
	인플레이션과 실업의 상충 관계	107
	경제 정책	108
	재정 정책: 조세와 지출	108
	금융 정책: 돈이 세상을 돌아가게 한다	109
	연방준비위원회의 역할	110
	경제 상황을 조정하기 위한 금리조정	110
	사고 팔래!	111
	페드가 경제를 말할 때…	112
	이것만은 알아 두자	112
Chapter 7	**경제 지표**	**114**
	주요 경제 지표	115
	가장 큰 경제 지표: 경제 성장률	116
	구매력: 물가와 인플레이션	117
	금리	117
	실업	118
	소비자 신뢰도	119
	주택 신축 착공수와 주택 판매수	119
	소매 매출과 신형 자동차 판매	120
	월스트리트 주시하기: 주식 시장	120
	무엇을 주시해야 하는가?	121
	이것만은 알아 두자	122
Chapter 8	**사업: 운영 관리**	**124**

자원 관리 125

비용 편익 분석: 이것의 가치는? 126

수익 체감의 법칙 128

비용 계산: 고정 비용과 변동 비용 130

규모의 경제 130

집중화와 분권화 132

적절한 집중화의 정도는? 133

잘 보면 이런 개념을 이해할 수 있다 134

이것만은 알아 두자 135

Chapter 9   **결정, 그리고 결정: 운영 분석 도구**   **136**

경영자의 도구 상자 137

손익분기 분석 137

손익분기점 알아내기 138

교차 분석 140

기획 도구와 스케줄 도구 142

    프로젝트 관리의 크리티컬 패스 142

    도표로 나타내기 143

    퍼트(PERT: 프로그램 평가 검토 방법) 144

의사결정수(意思決定樹): 좀더 시각적인 도구 145

되도록 많은 도구를 활용하라 147

이것만은 알아 두자 147

Part 3   **돈에 관한 모든 것**

Chapter 10   **대차대조표**   **150**

자산, 부채, 자본: 모두 필요한 요소 150

대차대조표 152

대차대조표 견본 153

자산 155

    현금 155

    시장성 있는 유가증권 155

    외상 매출금과 부실 채권 156

    재고품 156

    유형 고정 자산 157

    토지 158

    선급 비용 및 이연 비용 158

    무형 자산 158

주요 부채	159
외상 매입금	159
지급 어음	159
미지급 비용	159
연방 법인세 및 기타 세금	160
장기 부채의 당기 지급분	160
장기 부채	160
소유자 지분	160
주식	161
우선주	162
보통주	162
주식 발행 초과금	162
이익 잉여금	163
이것만은 알아 두자	163

Chapter 11 손익계산서와 현금흐름표 작성 164

손익계산서란?	164
손익계산서	166
매출액	166
매출 원가	167
총수익	167
판매비, 일반 경비 및 관리비	168
감가상각비	168
영업 이익	168
기타 비용	169
이자 비용	169
기타 이익	169
세금 공제 전 소득	170
법인세 납세 충당금	170
순이익(손실)	170
소득에 관한 이해 돕기	170
직원들의 업무 상태 파악하기	171
현금흐름표	171
현금 흐름	172
현금흐름표 견본	173
조정하기	174
현금흐름표 검토	175

이것만은 알아 두자 175

Chapter 12 **큰 그림: 재무 분석** **176**

재정 비율 177

유동성 비율 177

운전 자본 177

유동 비율 178

당좌 비율 179

외상 매출금(매출 채권) 회전율 180

회수 기간 181

재고 자산 회전율 182

재고 처분 평균 기간(days' sales on hand) 183

지불 능력 비율 183

부채-자본 비율 183

부채 비율 184

이자 보상 비율 185

수익률 186

매출액 총이익률 186

매출액 영업 이익률 187

매출액 순이익률 188

총자산 회전율 189

총자산 이익률 190

투자 이익률 190

중요한 요령 몇 가지! 191

이것만은 알아 두자 192

Chapter 13 **회계 체계: 회계 장부를 보라** **194**

주요 원장 194

복식 부기제 195

재무제표에 관해서 198

회계사의 의견 198

자산의 회계 처리 198

재고에 대한 회계 199

FIFO와 LIFO 200

FIFO식 계산 결과 201

LIFO식 계산 결과 201

어떤 방법을 사용해야 하는가? 202

감가상각비 결산 203

정액법 204

이중 체감 잔액법 205

연수합계법 206

세 가지 감가상각법 비교 207

감가상각과 생산 수명의 조화 208

이것만은 알아 두자 209

Chapter 14 투자 결정 **210**

시간은 돈이다 210

현가표 212

기업의 주요 투자 결정 213

공장과 설비 투자 213

기업 인수 213

GIGO 214

세 가지 투자 분석 방법 214

순현재 가치 214

순현재 가치 계산 215

돈의 시간 가치 216

내부 수익률 217

내부 수익률 계산 218

회수 기간 219

비율 택하기, 단 신중하게 선택할 것 220

기회 비용 이용법 220

자본 비용 이용법 221

자기 자본 비용이란? 222

자본 비용 계산하기 223

수치의 이면을 보자 223

리스할 것인가, 구매할 것인가? 224

매트릭스 정산표 이용하기 225

이것만은 알아 두자 225

Chapter 15 예산의 기본 **226**

예산의 정의와 필요성 226

예산의 실제 227

매출액 예산 및 차이 보고서 228

매출액 예산 및 차이 보고서 견본 228

매출액 차이 보고서 읽는 법 229

전년도 대비 차이 230

비용 예산 및 차이 보고서   230

비용 차이 보고서 읽는 법   231

원가 관리   232

대수술   234

신용 관리 신중하게 고려하기   235

신용을 적극적으로 관리하는 방법   235

신용 승인 과정   236

상황이 악화되면 회수가 어려워진다   236

신중을 기하기   237

최상의 재무 관리   238

이것만은 알아 두자   238

Part 4   마케팅과 판매

Chapter 16   준비, 기획, 그리고 판매   242

마케팅과 판매의 차이점은?   243

산업 판매와 소비자 판매   244

마케팅 전략의 기초   245

판매 전술 개요   245

판매 목표를 반영한 마케팅 플랜   246

가격을 올린다   246

현재 고객에게 기존 제품을 더 많이 판매한다   247

현재 고객에게 신제품을 판매한다   247

새로운 고객에게 기존 제품을 판매한다   248

새로운 고객에게 신제품을 판매한다   249

제품 차별화   250

성능 향상   250

외관 향상   250

이미지 향상   251

마케팅의 기초   252

누가 당신의 회사를 움직이는가?   252

제품 수용 곡선   253

제품 수명 주기   254

이것만은 알아 두자   256

Chapter 17   그런데, 누가 당신의 고객인가?   258

시장이란 무엇인가?   258

분할과 정복: 시장 세분화 전략   259

왜 시장 조사를 하는가?   260

누구에게 시장 조사가 필요한가?   261

두 가지 형태의 시장 조사   262

시장 조사 연구   263

    목표 설정   263

    연구 설계   263

    질문 사항의 작성   265

    질문 사항 작성시 주의할 점   267

    질문 조사 실시   268

    결과 분석과 프레젠테이션   269

강력한 프레젠테이션   270

이것만은 알아 두자   271

Chapter 18   마케팅의 다섯 가지   **272**

마케팅 믹스   273

제품이 가장 중요하다   274

가격 결정 문제   276

    가격 결정 전략   276

    믹스 가격 결정 전략   279

포장이 제품을 나타낸다   279

적정한 판매 경로가 수익을 낳는다   281

프로모션으로 구매를 늘린다   282

부실한 성과를 방지하는 적절한 포지셔닝   283

이것만은 알아 두자   285

Chapter 19   광고의 이해   **286**

광고는 무엇이며, 무엇을 하는가?   286

광고의 요소   288

광고 메시지: 무엇을 말할 것인가?   288

    강렬한 카피   289

    카피라이팅에 관한 몇 가지 조언   291

비용: 광고 예산   292

미디어: 누가 보는가?   294

인구 통계학적 특성을 고려하라   295

기타 미디어 특성   295

판촉 도구   296

홍보 프로그램   298

이것만은 알아 두자   299

Chapter 20 **고객에게 판매하기와 고객을 계속 만족시키기** **300**

판매 유형 301

판매 과정 301

　잠재 고객 발굴: 헌팅(hunting)에서 302

　문제 해결과 제품 프레젠테이션: 보여 주고 질문하라 303

　설득: 난점의 극복 304

판매 인력의 조직 305

　판매 인력 규모: 더 클수록 이로운 때는 언제인가? 305

　판매 인력 편성: 세 가지 선택 사항 306

판매 인력에 대한 보상과 동기 부여 307

판매 인력에 대한 지원 310

고객 서비스 311

판매 훈련에 관한 조언 몇 마디 312

이것만은 알아 두자 312

Chapter 21 **제품 개발: 기업의 선구자** **314**

교차 기능 팀의 가치 315

제품 개발 과정 315

단계 1: 좋은 아이디어 착상 316

　고객에게 귀기울여라 316

　당신의 판매원에게 물어라 316

　경쟁자를 주시하라 317

단계 2: 컨셉트 테스트 318

단계 3: 원형과 제품 디자인 319

단계 4: 제품 테스트 319

단계 5: 시장 테스트 320

단계 6: 제품 출시 321

멈추어야 할 시기를 알라 321

라인 확장 322

연구개발(R&D) 부서에 관하여 322

지금 당장 실천하라! 323

새로운 사실 324

이것만은 알아 두자 325

Part 5 **미래를 향한 기업 전략**

Chapter 22 **전략적 계획 수립 과정** **328**

전략적 계획이란 무엇인가? 329

기업 목표를 파악하라   329
     사업 범위를 넓게 생각하라   330
     목표에 도달했는지 어떻게 아는가?   331
     판매–성장 전략을 고려하라   331

기업 환경을 분석하라   331
     고객과 잠재 고객   332
     경쟁 업체   332
     공급 업체   332
     규제와 사회적 변화   333
     경제적 추세   333
     종합 분석   334

기업 자원을 검토하라   335
     수익성과 성장   335
     사람이 기업이다   337
     생산 용량   337
     기타 자원   337

행동 조치를 개발하라   338

행동 조치를 이행하라   340

전략적 계획 수립 지침   341
     기간을 정하라   341
     모든 직원을 참여시켜라   341
     계획은 누구에게 필요한가?   341

이것만은 알아 두자   342

Chapter 23   정보   344

정보가 전략 자원이 된 이유   345

정보 시대란 정확히 무엇인가?   345

인텔리전스 피라미드   347

경쟁 우위를 얻기 위한 정보 활용   348
     금융 정보: 돈이 어디에 있는가?   348
     마케팅 정보: 고객이 원하는 것은 무엇인가?   349

정보는 흐른다   350

기업 정보 관리   351

기업 지식을 이용하라   353
     신제품에 기업 지식을 응용하라   353
     공정에 기업 지식을 응용하라   353
     재설계를 하지 말고 원판을 이용하라   354

다른 회사 정보를 차입하라 354

자신을 최고의 경쟁자로 생각하라 355

경영정보시스템(MIS)부의 역할 355

이것만은 알아 두자 357

Chapter 24 생산성과 품질에 유의하라 **360**

생산성이란 무엇인가? 361

생산성 측정 361

노동자 생산성 계산 361

기계 생산성 계산 362

좀더 많이! 좀더 빨리! 363

직원 기술 향상과 동기 부여 363

생산에 대한 대가 지급 364

동기 부여란 무엇인가? 364

시설 개선하기 365

작업 공정을 개선하라 367

품질이란 무엇인가? 367

품질 보증 368

어떻게 품질을 관리하는가? 369

품질 기준 결정하기 369

무결점은 어떠한가? 370

품질 기준이란 무엇인가? 370

품질 기준 적용하기 371

기업 '품질 문화' 만들기 372

품질 관리 도구 373

공급 업체 프로그램 373

품질 회의 373

품질 차트 374

베스트 프랙티스와 벤치마킹 374

세계적 경쟁에 맞서기 376

이것만은 알아 두자 376

Chapter 25 정직하게 성공하라 **378**

사회, 비즈니스, 그리고 법 379

기업법 379

독점 금지 379

소비자 보호 380

생산자 책임 381

파산 381

기업 조직 382

계약 382

부동산과 보험 382

고용 382

지적 재산 383

증권 규제 383

통일 상법 383

조세 384

규율과 규제들 384

이것이 관리자에게 무엇을 의미하는가? 385

기업 윤리에 관해서 385

법적, 윤리적 핫 토픽 387

옳은 일을 하라 389

이것만은 알아 두자 389

Chapter 26 변화하는 세계에서의 커리어 관리 392

커리어 관리의 목적은 무엇인가? 392

자신을 관리하라 393

미리 준비하고 계획 'B'를 세워라 394

회사 내외 환경을 파악하라 396

바깥 세상에 눈을 돌려라 397

승진 가능성과 고용 가능성을 높여라 398

성과를 높이고 자기를 알려라 399

열심히 일하라 399

회사에 관해 알아라 400

긍정적이며 '문제 해결사'라는 이미지를 심어라 400

건전한 취미를 보여라 400

자신을 알릴 수 있는 방법 401

구직 402

지속적인 대기 상태 402

전면적인 노력 403

융통성 있는 접근 방법 404

정서적 도움 405

MBA를 꼭 이수해야 하는가? 405

이것만은 알아 두자 407

머리말

MBA 학위를 보유하는 것이 좋다고 생각하는 사람도 있고, 시간 낭비일 뿐이라고 생각하는 사람도 있다. 내 대답은 간단하다. 사업에 성공했음에도 불구하고 경영의 기본 원리를 알지 못하는 사람은 프랑스에 살면서도 프랑스어를 하지 못하는 사람과 같다고 할 수 있다. 물론 사업을 잘 해낼 수도 있겠지만, 쓸데없는 위험이나 혼란이 생기는 것은 막지 못할 것이다. 프랑스에서 살고자 한다면 프랑스어를 배우고, 사업에 성공하고 싶다면 경영 원리를 공부하라.

나는 애초에 엔지니어로 출발했으나 사업과 영업에 상당한 소질을 보였다. 문제를 분석하고 해결책을 내놓을 수 있었다. 그것이 바로 엔지니어가 해야 할 일이었다. 그러나 내 사업을 시작하면서 내가 사업이라는 게임의 법칙을 이해하지 못하고 있다는 사실을 금방 깨닫게 되었다.

이 책을 선택한 것을 보면 당신도 나와 비슷한 상황에 처한 것이 틀림없다. 게임을 하는 데 필요한 법칙을 배울 준비가 되었다면, 이제 이 책을 읽어라. 이 책에서 톰 고먼은 MBA의 가장 중요한 '비밀'들을 다루고 있으며, 결국 그것들은 비밀이 아니라는 점을 증명해 보인다. 자신과 타인을 관리하는 방법으로부터 시작하여 돈과 경제의 움직임을 설명하고, 마케팅과 전략 계획의 중요성을 알려 준다. 이런 정보를 배우는 데 2만 5천 달러의 돈과 2년의 세월을 투자할 수도 있다.

경영 지식을 향상시키기로 결심했다니, 당신의 결심에 찬사를 보낸다. 더 많은 사업 교육이 필요하다는 점을 깨닫고 이제 당신은 당신의 마인드와 사업 성공의 기회를 향상시키기 위해 한 걸음씩 나아가고 있는 것이다. 성장하지 않는 사업은 결국 시들어 사라진다. 사람도 마찬가지이다. 당신의 사업이 번창하기를 기원한다.

-에드 폴슨

Technology and Communications, Inc. 사장

The Complete Idiot's Guide to Starting Your Own Business 저자

Introduction

M-B-A. 기업에서 이 세 글자는 성공을 의미하며, 충분히 그럴 만하다. 그러나 사실상 경영학 석사 학위(MBA)를 가지고 있다고 해서 실제로 기업 경영을 잘할 수 있게 되는 것은 아니다. 그러려면 몇 년 간 실무 경험을 쌓아야 한다. 그러나 경영학 석사가 되기 위해 공부하다 보면 사업을 잘할 수 있는 능력을 충분히 갖추게 된다.

어째서 그럴까? 다른 곳에서는 얻을 수 없었던 몇 가지를 얻을 수 있기 때문이다.

첫째, 기업 경영 방식의 주요 원리를 MBA에서 배울 수 있다. 경험을 바탕으로 기업 경영을 할 수도 있지만 전문적인 방식으로 할 수도 있다. 경영 대학원에서 가르치는 것이 바로 전문적인 방식의 기업 경영이다. 전문 경영을 하려면 사람들에게 동기를 부여해 줄 수 있는 목표를 설정하고, 회사가 그 목표를 향해 나아갈 수 있도록 하는 사업에 자원을 할당하고, 그 과정을 모니터하고, 필요할 때 수정을 가할 수 있어야 한다. MBA 프로그램에서 가르치는 이러한 원리에 따라 사업을 한다면 당신은 반드시 성공할 수 있다.

둘째, 대부분의 사업체가 가지고 있는 여러 가지 기능, 즉 여러 부서를 MBA에서 접할 수 있다. 여기에는 관리와 운영, 재무와 회계, 영업과 마케팅이 있다. 한 사업체 내에서 이런 기능들이 어떤 역할을 하는지, 그리고 이런 부서들이 서로 협조적으로 일하도록 하려면 어떻게 해야 하는지에 대해 배운다. 이런 준비들을 통해 당신은 한 기업 내에서 일하는 다양한 사람들을 효과적으로 다룰 수 있는 방법을 배워 둘 수 있다.

셋째, 사업상의 문제에 접근하는 세련된 방법을 MBA 프로그램에서 배울 수 있다. 대개의 경우 간단한 계산 결과나 도식과 같은 방법을 배우게 된다. 그것을 활용하여 문제를 부분으로 나누어서 볼 수 있고, 가능성 있는 해결책을 마련할 수 있으며, 최상의 실행 경로를 선택할 수 있고, 다른 사람들에게 성공적인 방법으로서 당신의 경험을 소개할 수도 있다.

마지막으로, MBA 석사들은 비즈니스 언어를 안다. 다른 모든 전문 직종과 마찬가지로 비즈니스에도 비즈니스 언어와 함께 특별히 사용되는 용어가 있다. 때로는 MBA 학위를 가진 사람들이 아무 이유 없이 초심자들은 알아들을 수 없는 비즈니스 용어를 섞어 가며 이야기하는 것처럼 보이지만, 사실상 경영, 재무, 마케팅 용어에는 중요한 비즈니스 개념이 담겨 있다. 이런 용어를 이해하고 있다는 것은 개념을 이해하고 있다는 것이고, 개념을 이해하고 있다는 것은 그 개념을 바로 비즈니스에 적용할 수 있다는 말이 된다.

이 책은 MBA 프로그램이 제공하는 것과 같은 이런 모든 장점들을 독자 여러분에게 제공할 것이다. 비즈니스 개관, 다양한 여러 가지 기능의 이해, 분석 도구, 비즈니스 언어에 대한 지식, 그리고 아주 유용한 비즈니스 용어 해설집이 이 책 안에 모두 담겨 있다.

그러나 똑같다고는 할 수 없다. 우선, 이 책을 사는 데 드는 비용은 경영 대학원의 한 학기 코스를 듣는 데 드는 비용의 몇 분의 일에 불과하다. 또 한 가지 차이는, 각 아이템의 핵심을 곧바로 찌르고 들어가 속속들이 파헤치고 있다는 점이다. 이 책에서는 내용을 명확히 설명하고, 그 내용을 각각 실제로 부딪히게 될 여러 가지 상황에 적용시켜 놓았으며, 또한 필요 없는 부분은 생략하였다. MBA 석사들이 대부분 잊어버리거나 한 번도 사용하지 않을 상세한 많은 부분을 과감하게 생략하여 속도감을 꾀하였다.

이 책은 '미니-MBA'에 해당되므로, 이 책을 공부하면 어떤 규모의 사업이라도 경영할 준비를 갖추게 되는 것이다.

어떤 규모라도? 그렇다면 중소기업도 운영할 수 있다는 말인가? 바로 그렇다.

당신 사업이 결코 대기업으로 성장하지 않는다 할지라도 자원을 잘 관리하고, 예산편성·재무·회계를 이해하고, 가장 중요한 부분인 영업과 마케팅에서 세련된 기술을 사용한다면 사업이 훨씬 더 윤활하게 돌아가고, 더 큰 경쟁력을 갖추게 될 것이다.

반면, 당신이 대기업에서 일하는 사람이라면 이 책에서 얻은 지식과 기술을 바탕으로 경쟁한다면 성공할 수 있을 것이다. 대기업의 경영 직위에 있는 사람이라면 이러한 비즈니스 개념을 당연히 잘 알고 있어야 한다.

약 20년 전에 뉴욕 대학에서 MBA 학위를 취득한 나는 기업 경영자로서, 평범한 비즈니스맨으로서, 그리고 시민으로서 지금까지 여러 가지 혜택을 받아 왔다. 무엇보다도 경영 대학원에서 배운 폭넓은 비즈니스 지식, 재무와 마케팅의 기초 지식, 그리고 의사결정 도구들로 인해 나는 어떤 비즈니스 상황에서도 당황하지 않고 능률적으로 일할 수 있었다. 이것이 바로 여러분이 이 책에서 얻을 수 있는 가장 큰 혜택이다.

접근 방법을 소개하겠다.

Part 1 '경영자의 도구 상자'에서는 사람을 관리하는 방법과 더불어 비즈니스 문제해결 및 의사결정 방법을 몇 가지 소개한다.

Part 2 '운영 원리의 모든 것'에서는 경제와 운영의 작용을 다루면서, 국가나 기업의 '머니 게임'에서의 승리나 패배를 결정하는 중요한 원리를 소개한다. 이 Part에서는 돈의 주인이 바뀔 때 수면 아래에서는 어떤 일이 벌어지는지 이해하는 데 필요한 정보를 배울 수 있다.

Part 3 '돈에 관한 모든 것'에서는 회계 및 재무에 대한 소개와 더불어 기업에서의 매출액, 경비, 이익을 계속 추적 기록하는 방법과 예산을 편성하고 투자를 결정하는 방법을 설명한다. 이 Part에서는 또한 기업 성장을 위한 자금 조달 방법도 설명하고 있다.

Part 4 '마케팅과 판매'에서는 기업이 고객의 요구를 알아내는 방법, 그 요구를 충족시키기 위한 상품과 서비스를 개발하는 방법, 그리고 고객을 중심으로 하면서 경쟁사를 따돌리는 마케팅 전략 방법을 소개한다.

Part 5 '미래를 향한 기업 전략'에서는 비즈니스의 장기적인 측면을 관리하는 주요 도구로서 전략 계획을 다루고 있다. 또한, 생산성 증대 방법, 품질 개선 방법, 비즈니스를 법적 및 윤리적으로 온전하게 보존하는 방법도 다루고 있다. 이 Part에서는 오늘날과 같은 환경 속에서 경력을 관리하는 데 반드시 필요한 필수 사항도 이야기하고 있다.

길잡이

텍스트 외에도 독자 여러분이 반드시 이해해야 할 정보를 강조해 주는 아래의 길잡이들을 책 전체에 걸쳐 만나게 될 것이다.

Case IN Point

이 상자에서는 내용을 예시하고 확대하기 위한 실례를 소개한다.

MBA Alert

이 측면 해설에서는 실무 현장에서 직면하게 될 문제의 처리 방법을 예를 들어 설명한다.

MBA Lingo

이 상자에서는 익숙하지 않은 용어 및 비즈니스 개념을 정의와 함께 해설한다.

MBA Mastery

이 해설란에서는 어떻게 하면 당신과 당신 회사의 성과를 더 높은 단계로 끌어올릴 수 있는지에 관한 여러 가지 힌트와 함께, 비즈니스 세계에서 현재 통용되고 있는 관행 가운데 최선의 관행에서 얻어낸 정통한 조언 및 교훈을 제공한다.

감사의 말

이 책을 펴낼 수 있도록 도와주신 모든 분들께 정말 감사드린다. 편집팀의 제니퍼 페릴로, 린 노스럽, 크리스티 하트, 나의 에이전트인 마이크 스넬, 'The Success Principle'의 저자이자 전문 편집자이신 론 예플, 아내 필리스와 아들 대니와 매트, 뉴욕대학의 스턴 경영 대학원에서 나를 가르쳐 주신 교수님들과 조교님들, 과거에 나를 고용해 주었던 사장님들과, 함께 일했던 직장 동료들에게 심심한 감사의 말씀을 전한다.

특별한 감사의 말

이 책은 한 전문가의 특별한 검수를 받아 탄생했다. 이 책에서 제공하는 정보가 과연 생명력이 있는 것인지 체크해 주었을 뿐만 아니라, 이 책이 MBA 프로그램의 기본적인 내용을 이해하는 데 필요한 모든 것을 독자들에게 잘 전하고 있는지를 뛰어난 통찰력으로 살펴봐 준 론 예플께 특별한 감사의 말을 전한다.

상표

트레이드마크 혹은 서비스 마크로 이미 알려져 있거나 그렇다고 생각되는 모든 용어를 이 책에서 언급하였는데, 이 경우 모두 대문자로 적절히 표시하였다. Alpha Books와 Macmillan General Reference는 이 정보의 정확성을 책임지지 않는다. 이 책에서 어떤 용어를 사용한 것이 트레이드마크나 서비스 마크의 합법성에 영향을 미치는 것으로 간주되어서는 안 된다.

이 책에서 언급한 트레이드마크와 서비스 마크는 다음과 같다.

Apple Computers	Kellogg's Corn Flakes
Bergdorf's	Lincoln
Bic	Marlboro
Cadillac	McDonald's
Campbell's	Microsoft Word
Chivas Regal	Procter & Gamble
Du Pont	Sears Kenmore
Ford Motor Company	The New Yorker
General Motors	WordPerfect
Harley-Davidson	Visicalc(현존하지 않음)
Hermes	

Master's of Business Administration

Master's of
Business Administration

Part 1

경영자의 도구 상자

당신이 경영자가 되기 위해 훈련을 쌓는 사람이든 경험 많은 간부급 경영자든, 관리 도구에 어떤 것들이 있고 그 도구들이 직장에서 어떻게 사용되는지 파악하고 있으면 업무를 훨씬 효과적으로 수행할 수 있을 것이다.

관리는 다른 사람들을 통해 일을 수행하는 기술이다. 그러므로 이 Part에서는 사람들을 관리하는 기본 원칙, 경영자에게 꼭 필요한 7가지 기술, 기업의 목표에 관해 살펴볼 것이다.

Chapter 1

관리의 의미

In This Chapter
Point
▶ 간략한 관리의 역사
▶ 관리자의 책임과 역할
▶ 관리자가 알아야 할 5대 원칙

군대에 장군이 없다면 과연 적을 무찌를 수 있을까? 팀에 코치가 없다면 경기에서 이길 수 있을까? 국가에 정부가 없다면 극심한 아노미 현상을 피할 수 있을까?

그럴 수 없을 것이다. 마찬가지로 조직도 관리자 없이는 성공할 수 없다. 사실 규모가 큰 조직은 한 명의 관리자로는 부족하다. 관리자는 기업의 조직이 잘 유지되도록 하는 일을 한다. 즉, 다른 사람의 업무를 조직, 감독하는 것이 관리자가 하는 일이다. 업무를 효율적으로 처리하려면 그것을 조직하고 감독해야 하는데, 그 일을 하는 사람이 관리자인 것이다.

일반적으로 관리는 다른 사람을 통해 일을 성사시키는 기술로 정의된다. 이것은 관리자가 다른 사람의 일을 계획하고 감독한다는 것을 강조하는 정의이다. 일부 냉소적인 사람들은 이를 관리자 자신은 별로 하는 일이 없다고 받아들인다. 그러나 이 책을 읽으면 알게 되겠지만, 관리자가 하는 일은 엄청나게 많다.

다른 사람들의 업무를 조직하고 감독하는 일을 통틀어 관리 또는 경영이라고 한다. 병원에서는 보건 관리, 정부 기관에서는 행정 관리라고 하듯이 기업에서는 기업 경영이라고 한다. 기업 경영은 기업을 경영하는 것을 의미하고, MBA(Master of Business Administration, 경영학 석사) 학위는 기업 경영을 준비하는 사람이 거쳐 가는 과정이다. 대학원 과정인 MBA 프로그램에서는 기업의 구조, 부서, 목적, 그리고 사업 결정 분석 방법, 예산, 재무제표와 같은 기업 경영에 필요한 도구들에 관해 배운다.

> **MBA Lingo**
>
> *관리* 또는 *경영*(management)이란 다른 사람을 통해 일을 수행하는 기술을 말한다. 일반적으로 직장에서 다른 사람들의 활동을 조직하고 감독하는 일을 뜻한다. 따라서 *관리자* 또는 *경영자*(manager)는 다른 사람, 특히 조직 내에서 자기 부하 직원들의 일을 규정, 계획, 지도, 지원, 평가하는 사람을 뜻한다.

이 Chapter에서는 관리의 기초를 설명할 것이다. 우선 관리의 발전 과정과 관리자의 역할을 설명하고, 모든 기업 경영에 필요한 주요 원칙들을 소개할 것이다.

무엇이 좋은 관리자를 만드는가?

정치나 스포츠에서처럼 관리에도 타고난 자질이 필요하다고 생각할 수 있다. 훌륭한 관리자가 되려면 특정한 성격과 외모를 갖추어야 한다고 생각할 수 있지만, 그것은 관리를 잘 모르는 사람들의 생각이다. 사실은 그렇지 않은 경우가 많다. 관리는 성격이나 외모와 별 관계가 없다. 성격이나 외모 면에서는 이상적인 관리자상을 갖추었지만 '보기에만 그런' 사람들을 나는 많이 보아 왔다.

> **MBA Lingo**
>
> 기업 경영(business administration)이란 기업의 활동을 조직, 감독하는 것을 의미한다.
> MBA(Master of Business Administration, 경영학 석사)는 기업 경영 방법을 가르치는 석사 과정이다. 일반적으로 이 과정에서는 기업의 구조와 목적, 기업의 다양한 기능, 그리고 그 기능을 관리하기 위해 필요한 도구들에 관해 다룬다.

'보기에만 그런' 관리자가 되지 않으려면, 즉 관리자라는 이름만 달고 실제 관리자로서의 역할을 못하는 사람이 되지 않으려면 헌신을 다해 일해야 한다. 우선 관리자는 몇 단계 앞서서 생각해야 한다. 즉, 계획을 세워야 하는데 이것은 관리에 필수적이다. 그리고 사람을 잘 다루어야 한다. 업무를 잘 수행하는 사람을 칭찬해 주고, 잘 못하는 사람에게 조언을 해주며, 때로는 진전이 없는 사람을 해고해야 한다. 그리고 고객 서비스와 수익성을 우선적으로 고려해야 한다. 왜냐하면 기업의 존재 이유는 고객의 필요를 충족시켜 줌으로써 돈을 버는 것이기 때문이다.

그러나 어떤 관리자들은 이러한 '필수 덕목'들을 실행하지 않으려고 한다. 즉, 현실에 맞는 계획을 세우지 않고, 대인 관계 능력을 개발하지 않고, 수익성과 고객의 필요를 간파하지 않는다. 그런 관리자는 부하 직원과 상사와 고객을 힘들게 할 뿐만 아니라 관리 업무 자체에 먹칠을 한다. 그런 관리자가 있기 때문에 사람들이 관리자는 '놀면서 월급만 축내는 사람', '남들이 하는 일을 감시나 하는 사람'이라고 생각하는 것이다. 진정한 관리자는 자신의 책임과 역할을 진지하게 받아들인다.

관리자에게는 책임 범위, 즉 책임지고 운영해야 할 업무나 기능이 있다. 예를 들어, 재무 관리자는 재무 업무를 책임지고, 판매부의 경리 관리자는 경리 업무를 책임진다. 그리고 부장이나 지점장은 특정 부서나 지점을 책임진다.

관리자의 역할은 자신의 책임 범위를 제대로 운영하는 것이다. 책임 범위는 CEO(최고경영자) 경우처럼 회사 전체일 수도 있고, 우편 관리실처럼 작을 수도 있다. 그러나 책임 범위가 무엇이든 관리자는 다른 사람을 통해 업무를 수행하는 것을 목표로 해야 한다. 이 주제에 관해서는 앞으로 다른 Chapter에서 다룰 것이다.

사실 관리는 일련의 업무를 총합해 놓은 것이다. 간단히 말해, 관리자란 그런 일련의 업무를 지속적으로 잘 수행하는 사람이다. 그 업무들이 어떤 것인지 알아보기 전에 우선 관리자를 역사적 맥락에서 살펴보기로 하자.

전문 관리자

'사장'도 전문직이라고 할 수 있을까? 전문직은 자체적인 원칙과 일과 기준이 있고, 전문 지식이 필요한 직업을 말한다. 전통 전문직인 의사, 변호사, 기술자, 건축가, 회계사를 생각해 보라. 관리에 이런 전문직의 특징이 있는가?

대답은 '그렇다'이다. 20세기에 접어들면서 공장이 커지고 복잡해지자 한 명의 오너 겸 사장이 가진 기술만 가지고는 회사를 관리할 수 없게 되었다. 그래서 경제학과 공학의 개념을 도입한 경영학이라는 새로운 학문이 생겨났다.

경제학과 공학의 개념이 필요해진 이유는 비교적 규모가 작았던 단순 공예업과 농업에서부터 규모가 크고 복잡한 대량 생산 체제로 산업 구조가 바뀌었기 때문이다. 비용 절감과 이윤 극대화를 위한 방법을 분석하려면, 즉 생산의 재무적 측면을 처리하려면 경제학이 필요하다. 그리고 생산의 물질적 측면을 처리하려면, 예를 들어 공장 설계, 업무 기능 배분, 완제품 처리 및 유통 방법 등에 대한 결정을 내릴 때는 공학이 필요하다.

전문 관리자의 필요성이 대두된 것은 산업 혁명 이후 공장이 대형화하고 기계화되었을 때였다. 업무 지시만 내리는 '사장'은 그런 복잡한 시스템을 관리할 능력이 없었다. 그래서 복잡한 업무를 맡을 전문 관리자가 등장한 것이다.

> ## MBA *Lingo*
> *산업 혁명(Industrial Revolution)*은 전력으로 가동되는 기계를 도입한 특정 국가에서 기업 생산성이 급속하게 향상된 시기를 뜻한다. 산업 혁명은 18세기 말 영국에서 시작되어 19세기에 유럽의 주요 국가와 북미로 확산되었다.

1900년대 초 과학적 경영이라는 개념이 생기면서 관리는 더욱 전문적인 일이 되었다. 그의 비석에도 쓰여 있듯이 Frederick Taylor는 '과학적 경영의 아버지'였다. Taylor는 노동자의 업무를 파악해 각 업무를 해당 노동자에 맞게 계획한다면 노동 생산성을 향상시킬 수 있을 것이라고 생각했다.

과학적 경영을 '테일러리즘'이라고도 한다. 이 개념이 생긴 이후 수많은 효율성 전문가들이 조직 내에서 시간 동작 연구를 했다. 이러한 연구로 인해 공장 작업 과정이 바뀌었다. 어떤 전문가들은 미국이 이끄는 연합군이 2차 세계대전에서 승리한 이유가 테일러리즘 때문이었다고 말한다. 미국 공장들이 무기, 탄환, 차량, 전투기, 군복, 전투 장비 및 기타 전투 물자들의 품질을 유지하면서도 신속히 생산할 수 있었던 것은 근대적 관리 방식, 특히 Taylor의 이론과 그 이론을 확장시킨 사람들 덕분이었다는 것이다.

> ## MBA *Lingo*
> *과학적 경영(scientific management)*이란 기업의 생산성 향상을 위해 조사, 분석, 객관성과 같은 과학적 방법을 이용하는 것을 말한다. *시간 동작 연구(time-and-motion study)*는 업무를 세분화하여 각 업무를 수행하는 데 걸리는 시간을 측정하는 것을 말한다. 이 연구는 업무를 파악하고 효율성을 높일 수 있는 방법을 찾아내는 것을 목적으로 한다.

그 후 1900년대 상반기에 경영협회와 경영 교육이 붐을 이루면서 전문성은 더욱 높아졌다. 물론 MBA 대학원의 역할도 커졌다.

오늘날 더 나은 관리를 위한 노력은 과거 그 어느 때보다 강하다. 오늘날에는 사업이 세계적 규모로 이루어지고 있으며, 그로 인해 경쟁이 몹시 치열해졌다. 전 세계 고객들은 해가 갈수록 더 똑똑

MBA Lingo

효율성 전문가 (efficiency expert)는 기업의 작업 과정 효율성을 높이기 위해 과학적 관리 원칙을 적용했던 사람을 가리키는 말로, 오늘날에는 잘 쓰지 않는다. 요즘에는 독립 컨설턴트나 회사의 전속 컨설턴트들이 이 일을 한다.

해지고 더 까다로워지고 있다. 급속한 기술 발달로 회사 또는 업계 전체가 금방 생겨나기도 하고 없어지기도 한다. 그래서 관리자들은 과거 그 어느 때보다 더 큰 도전에 직면하고 있다.

비용 절감 정책의 일환으로 기업들이 관리자를 대폭 줄이고 있다는 얘기를 들었을 것이다. 불확실한 경제, 급속한 변화, 새로운 기술적 요구 때문에 관리자가 힘든 직책이 되었다는 기사도 읽었을 것이다. 어느 정도 맞는 말이다. 그러나 다음 세 가지 사실은 변하지 않았다.

▶ 관리자는 언제나 필요할 것이다. 저절로 관리되는 기업은 없기 때문이다.
▶ 경제와 경쟁 환경이 끝없는 도전을 제기할 것이다. 지금 현재 기업이 잘 되고 있다고 해도 개선을 위해 계속 노력해야 한다.
▶ 전문 관리자의 역할을 파악하고 그것을 잘 수행하기 위해 노력한다면 언제든 관리직을 맡게 될 것이고, 도전에 대응할 수 있을 것이다.

Case IN Point

전문 관리 원칙을 도입해 생산성을 높인 대표적인 곳이 미국 자동차 업계이다. Ford 자동차 회사는 컨베이어 벨트를 따라 차가 운반되도록 조립 라인을 만듦으로써 근로자들이 특정 순서대로 자기 업무를 수행할 수 있게 했다. 이것은 과학적 경영을 그대로 적용한 예이다.

다른 전문직과 마찬가지로 전문 관리자도 특정 원칙을 파악하고, 특정 업무를 수행하며, 특정 기준을 지킨다. 바로 이러한 이유 때문에 관리자를 전문 직업인이라고 할 수 있는 것이다.

관리자가 알아야 할 5대 기업 원칙

다음 5가지 개념은 기업이 존재하는 이유이자 기업에 관리자가 필요한 이유이다.

▶ 고객을 위한 가치
▶ 조직
▶ 경쟁 우위
▶ 통제
▶ 수익성

각 개념에 관해 지금부터 자세히 살펴보자.

가치: 고객이 돈을 내고 사는 것

기업이 존재하는 이유는 가치를 창출하기 위해서이다. 기업은 원자재나 활동을 고객이 구입할 제품 또는 서비스로 만듦으로써 그 가치를 높인다. 그러면 고객은 그 가치에 대해 돈을 지불한다. 즉, 가치가 있다고 생각하는 것을 구입한다.

예를 들어, McDonald 사는 값싼 외식 공간을 제공함으로써 가치를 창출하고 있다. McDonald 사는 식당을 열어 요리사와 판매원을 고용하고 재료를 사서 음식을 만든다. 그리고 고객은 위치의 편리성(굳이 식사를 위해 집에 갈 필요가 없다)과 서비스의 신속성(괜히 '패스트푸드' 라고 불리는 것이 아니다), 그리고 음식의 맛(대부분 햄버거, 치킨, 청량음료, 프라이드 포테이토를 좋아한다)이라는 가치에 대해 돈을 지불한다.

기업, 그리고 그것을 운영하는 관리자는 고객을 위한 가치를 창출해야 한다. 인간의 욕망은 끝이 없기 때문에 방법 또한 무수히 많다. 그러나 한 기업이 그 끝없는 욕망을 다 채워 줄 수는 없다. 그래서 하나의 특정 가치를 특정 방식으로 창출해야 한다. 다시 말해, 관리자는 어떤 종류의 사업을 할 것인지 결정하고 그 결정에 따라 기업을 조직해야 한다.

조직화

기업은 조직화가 잘 되어 있어야 한다. 목표가 있어야 하며, 목표 달성에 필요한 인적, 물질적, 금전적 자원이 있어야 한다. 또한 현재 어떤 업무가 얼마나 잘 수행되고 있는지 파악하고 있어야 한다. 부서는 제 기능을 제대로 수행해야 하고, 직원들은 회사의 목표 달성을 위한 업무를 할당받아야 한다.

관리자는 기업의 조직화를 유지시킬 책임이 있다. Chapter 4에서 자세히 다루겠지만 관리는 다른 사람, 즉 직원들을 통해 업무를 수행하는 것이다. 그러나 기업의 다른 자원, 예를 들어 장비나 사무 공간이나 자금 등도 조직화되어야 한다.

관리자는 구조라는 수단으로 조직을 만든다. 기업의 전체적인 구조는 Chapter 3에 표로 나타내 놓았다. 그러나 전체적인 구조 외에 조직을 만들어야 할 다른 구조도 있다. 예를 들어, 기업의 재무구조는 기업이 돈을 처리하는 방법을 조직한다. 그리고 판매 요원은 지역이나 대표 제품별 판매팀으로 나뉘어질 수 있다.

기업 구조가 이루어지는 방법은 여러 가지이다. 어떤 기업의 구조는 군대처럼 체계적이다. 즉, 서열이 분명하고 역할이 철저히 정해져 있으며 공식적인 절차(protocol)가 있다. 한편, 어떤 기업의 구조는 좀 느슨하다. 즉, 직원들에게 더 많은 자유 재량권을 허용하여 역할이나 서열이 분명하지 않다.

MBA Lingo

구조(structure)란 회사나 부서가 조직되는 방법을 일컫는다. 사내 서열, 부서의 수와 종류, 활동 범위(가령, 국내인가 국제인가)와 같은 요소들이 회사 구조에 속한다.

기업의 구조가 체계적이냐 아니냐는 기업 특성에 따라 정해진다. 가령 대기업에 비해 직원이 50명 미만인 소규모 회사의 구조가 더 느슨한 경향이 있다. 그리고 광고나 엔터테인먼트 회사처럼 창의성이 필요한 회사에 비해 중공업 생산 회사의 구조가 더 체계적인 경향이 있다.

구조가 얼마나 체계적인가에 관계없이, 중요한 건 조직화를 유지시킬 수 있는 관리자의 능력이다. 아무리 구조가 체계적인 기업이라 할지라도 관리자가 제대로 관리하지 못하면 조직은 흐트러지고 말 것이다. 반대로, 구조가 아무리 느슨하다 해도 관리만 제대로 이루어진다면 조직은 무너지지 않을 것이다.

경쟁우위: 승자의 장점

특정 시장에서 성공하려면 해당 분야에서 다른 기업들보다 뛰어나야 한다. 이렇게 뭔가 더 뛰어나게 함으로써 얻게 되는 것이 경쟁우위이다. 제품이나 서비스의 여러 특징 가운데 고객이 가치를 높이 사는 특징이 바로 '뭔가'가 될 것이다. 예를 들어, 제품 선택의 큰 폭이나 아주 저렴한 가격, 혹은 높은 품질을 제공함으로써 경쟁우위를 획득할 수 있다. 그러나 이 세 가지를 한꺼번에 제공할 수는 없다.

관리자는 무엇을 회사의 경쟁우위로 삼을 것인지 분명히 결정해야 한다. 광고에서는 그렇다고 주장하지만, 최고의 품질과 최저의 가격을 동시에 제공할 수 있는 회사는 실제로 없다. 적어도 그것을 오래 유지할 수 있는 회사는 없다. 특정 가격대에서는 몰라도 최저 가격에서는 최고의 품질을 제공하기가 불가능하다. 관리자는 질, 가격, 서비스, 위치의 편리성 중 어느 것을 장점으로 내세울 것인지 결정해야 한다. 그런 다음 그 장점을 고객에게 전달해 줌으로써 경쟁우위를 확보할 수 있도록 해야 한다.

즉, 회사에 어떤 특정한 장점이 있으면 그것을 고객에게 지속적으로 제공해야 한다는 뜻이다. John's Bargain Stores 사는 Bergdorf Goodman 사를 따라 하지 않고, Bergdorf Goodman 사도 John's Bargain Stores 사를 따라 하지 않는다. John's 사는 저가 전략을 추구하며 값싼 물건을 찾는 고객을 대상으로 하는 회사이다. 반면 Bergdorf 사는 고품질과 우수한 서비스를 중시하는 회사로, 가격보다는 질과 서비스를 따지는 고객을 대상으로 한다. 만약 John's 사가 유명 상표 옷과 400달러짜리 만년필을 판다면 고객들은 웃을 것이다. 반대로 Bergdorf 사가 상표 없는 옷과 싸구려 볼펜을 판다면 고객들은 쳐다보지도 않을 것이다.

여건이 되는 고객은 품질 좋은 회사의 제품을 사고, 싼 물건을 원하는 고객은 저렴한 회사 제품을 살 것이다. 고객은 자신이 어떤 제품을 원하는지 안다. 하지만 관리자는 종종 그것을 파악하지 못한다.

MBA Lingo

경쟁우위(competitive advantage)는 기업이 시장에서 성공할 수 있게 하는 요소이다. 단어에서 알 수 있듯이 경쟁 업체보다 나은 모든 것을 말한다. 가령 제조 과정 효율성 증진을 통해 얻어진 낮은 가격일 수도 있고, 종류의 다양성이나 고품질, 또는 철저한 서비스일 수도 있다. 그러나 그게 어떤 것이든 곧 대등한 경쟁 업체가 나타날 것이다. 어떤 회사가 뭔가 하나를 개발하면 다른 회사들이 금방 따라 하기 때문이다. 그런 이유 때문에 많은 회사들은 지속적이고 장기적인 경쟁우위를 확보할 수 있는 방법을 모색한다.

Case IN Point

1970년대 말 General Motors 사의 캐딜락 담당 부서는 시마론(Cimarron)이라고 불리는 비교적 저렴한 스포츠형 캐딜락을 개발했다. 그런데 결과는 대실패였다. 왜냐하면 그 차는 대형, 화려함, 고급스러움, 부의 상징이라는 캐딜락이 가지고 있어야 할 경쟁우위를 지니고 있지 않았기 때문이었다. 이것은 잠시 경쟁우위의 근원을 잊으면 어떤 결과가 생기는지 보여 주는 좋은 예이다.

통제

가치를 창출하고 조직을 구축하고 경쟁우위 확보 방법을 결정했다면, 이제 기업을 통제하는 일이 남았다. 일부 관리자의 생각과는 달리 강압적인 통제를 의미하는 것이 아니다. 그보다는 모든 사원에게 회사의 목표를 알려 주고, 그 목표를 달성하기 위해 업무를 할당해 주는 것을 의미한다.

통제를 하려면 관리자는 항상 회사가 돌아가고 있는 상황을 파악하고 있어야 한다. 즉, 정보를 가지고 있어야 한다. 어느 회사에나 필요한 재무 통제를 예로 들어 보자. 부서의 지출을 통제하려면 예산이 얼마나 있는지 알고 있어야 한다. 따라서 관리자는 자기 부서가 얼마를 어디에 지출하는지 정규적으로 보고받아야 한다. 재무 통제를 하면 사업 활동과 목표 달성을 위해 꼭 필요한 만큼만 지출되도록 할 수 있다.

기업은 여러 과정(process)으로 구성되어 있다. 아마 '과정 통제'라는 말을 들어 본 적이 있을 것이다. 제조 과정, 고용 과정, 구입 과정 등 모든 과정에는 통제가 필요하다. 각 과정을 통제하면 제품의 품질을 유지하고, 적절한 사람을 적절한 시기에 고용하며, 적절한 재료를 합당한 가격에 구입할 수 있다.

과정을 통제하고 통제를 지원하는 정보가 있으면 관리자는 관리를 할 수 있다.

MBA Lingo

오랜 기간 동안 채무를 상환하지 못한다면 그 기업은 *파산(bankrupt)*하게 될 것이다. 파산 선언을 한 기업은 법적 절차를 거쳐 수익성 회복을 위한 구조조정을 하거나, 완전히 문을 닫는다.

수익성: 돈이 들어와야 한다

기업이 설립되는 목적은 돈을 벌기 위해서이다. Part 3에서 알게 되겠지만, 기업이 버는 돈은 여러 가지 방법으로 측정된다. 그러나 측정 방법이 어떻든 간에 기업은 운영을 통해 돈을 벌어야 한다. 즉, 이윤을 내야 한다.

만약 특정 기간 동안 제품 생산을 위해 지출한 비용보다 제품 판매로 번 돈이 더 많았다면 그 기간 동안 이윤을 낸 것이다. 그러나 그렇지 않다면 그 기간 동안 적자를 본 것이다. 적자가 오래 지속되면 회사는 파산하게 될 것이다.

관리의 가장 기본적인 목표는 기업 오너들에게 돈을 벌어다 주는 것이다. 다른 걸 아무리 잘하더라도 적자를 내는 관리자는 그 직책을 오래 유지하지 못할 것이다. 무엇을 하는 기업이건 간에 그 전반적인 목표는 수익성이어야 한다.

5대 원칙을 명심하라

이 Chapter에 요약해 놓은 5가지 개념을 명심하라. 이 개념들은 관리자가 하는 모든 일의 근본이 되므로 '5대 원칙'이라고 생각하라. 모든 관리 활동의 목적은 하나이다. 회사와 고객을 위해 이 원칙들을 실현시키는 것이다. 그러기 위해서는 다음을 실천해야 한다.

- ▶ 회사가 고객을 위한 가치를 창출할 수 있도록 도와라.
- ▶ 회사의 조직화를 유지시켜라.
- ▶ 회사가 시장에서 경쟁우위를 달성할 수 있도록 도와라.
- ▶ 회사와 회사 운영을 통제하라.
- ▶ 회사에 수익이 생길 수 있도록 하라.

당신도 알고 있겠지만, 이러한 능력의 여부는 관리자마다 다르다. 일상적으로 이중 몇 가지만 실천해도 관리자로서 성공했다고 할 수 있다. 드물겠지만 이것들을 모두 지속적으로 실행할 수 있다면 매우 훌륭한 관리자라고 할 수 있다. 앞으로 이 책에서 얻게 될 지식과 기술과 도구를 적용한다면 당신도 그런 훌륭한 관리자가 될 수 있을 것이다.

이것만은 알아 두자

- ▶ 관리자는 고객을 위한 가치, 조직화, 경쟁우위, 통제, 수익성이라는 '5대' 기업 원칙을 실천해야 한다.
- ▶ 기업과 관리자는 고객을 위한 특정 가치를 창출해야 한다.
- ▶ 관리자는 기업의 조직화를 유지시킬 책임이 있다.
- ▶ 관리자는 회사가 무엇을 바탕으로 경쟁할지를 결정한다.
- ▶ 관리자는 통제를 맡는다. 즉, 회사의 목표를 파악하고, 그 목표를 달성할 수 있도록 직원들에게 업무를 할당해 주어야 한다.
- ▶ 관리의 가장 기본적인 목적은 기업 오너들에게 돈을 벌어다 주는 것이다.

Chapter 2

관리의 7가지 기술

In This Chapter
Point
▶ 적절한 계획 수립의 중요성
▶ 의사결정 기술 개발 방법
▶ 효율적인 위임 비결
▶ 직원과의 효율적인 커뮤니케이션 방법

관리 기술과 업무의 목적은 단 하나이다. 다른 사람을 통해 일을 수행하는 것이다. 그 동안 관리에 관한 많은 이론과 유행들이 생겼다가 사라졌다. 그리고 그 이론과 유행들은 대부분 관리에 대해 유용한 무언가를 제시하였다. 그러나 이 Chapter에서는 사람들을 관리하는 데 필요한 기술과 업무를 살펴볼 것이다. 지금까지는 물론 앞으로도 꼭 필요한 사항들이라 할 수 있다. 이것은 관리자가 자신의 시간을 어떻게 써야 하는가에 관한 것이다.

관리의 7가지 주요 기술과 업무는 다음과 같다.

▶ 계획 수립
▶ 목표 설정
▶ 의사결정
▶ 위임
▶ 지원

▶ 커뮤니케이션

▶ 계획의 관리

이제 업무 수행을 위해 각각을 어떻게 활용해야 하는지 하나씩 설명할 것이다.

적절한 계획은 실패를 방지해 준다

5P 원칙(Proper Planning Prevents Poor Performance; 적절한 계획은 실패를 방지해 준다)은 관리의 출발점이다. 관리자에게 계획은 매우 중요하다. 특히 대기업일 경우에는 계획이 필요한 데가 한두 곳이 아니다. 나중에 다른 Chapter에서 자세히 다루겠지만 전략적 계획, 재무 계획, 생산 계획 등 이루 헤아릴 수 없다.

마찬가지로 계획은 작은 회사에게도 중요하다. 그러나 작은 회사들은 종종 그 중요성을 간과한다. 계획이 없으면 일이 터진 다음에 반사적으로 대응하게 되는데, 대개 작은 회사에서 이런 일이 많이 생긴다.

MBA Lingo

*긴급 대책(contingency plan)*은 계획 A가 실패하거나 상황이 변했을 때를 대비해서 만드는 계획으로, 계획 B에 해당한다고 할 수 있다.

계획은 반드시 글로 써야 한다. 가끔 손가락으로 자기 이마를 가리키며 "내 계획은 머릿속에 있어."라고 말하는 사람을 본다. 그러나 그 사람이 가지고 있는 것은 계획이 아니라 아이디어이다. 아이디어는 머릿속에 있을 수 있지만 계획은 그렇지 않다. 계획은 반드시 종이에 적어야 한다.

계획을 세우는 단계에서는 이제 곧 논의할 6가지의 다른 관리 기술을 거의 통합적으로 생각해야 한다. 즉, 목표를 정해야 하고 의사결정을 내려야 한다. 그리고 누구에게 어떤 일을 위임할 것인지, 계획을 사람들에게 어떻게 알릴지 생각해야 한다. 그리고 계획이 제대로 진전되고 있는지 모니터하기 위해서는, 즉 통제를 위해서는 애초에 계획이 있어야만 한다.

MBA Mastery

계획은 회사와 부서를 위해서만 필요한 것이 아니다. 당신 개인의 성공을 위해서도 하루, 주간, 월간, 연간 계획을 세워야 한다. 장기간에 걸쳐 대학 졸업생들을 조사한 결과, 자기 개인에 대한 계획 작성이 성공의 결정적 요인이 되는 것으로 나타났다.

기업이 세우는 계획은 여러 가지이지만 모두 하나의 공통된 목적을 가지고 있다. 즉, 질서와 규율을 만드는 것이다. 계획을 세운다는 것은 특정의 미래를 생각하고 그것을 실현하기 위한 조치를 취하는 것이다. 계획 없이 사는 사람들은 미래가 예측 불가능하다는 것을 핑계로 댄다. 물론 미래가 불확실한 건 사실이다. 그러나 계획을 세우는 것, 즉 원하는 미래를 생각하고 그것을 실현하기 위해 자원을 확보하고 특정 조치를 취하고 긴급 대책을 마련하는 것이 가치 있는 일임은 이미 입증되었다.

대부분의 계획에는 다음과 같은 요소들이 들어 있다.

- ▶ 목표, 그리고 목표까지 얼마나 남았는지에 대한 측정
- ▶ 회사의 환경 분석
- ▶ 회사의 강점과 약점 분석
- ▶ 이미 보유하고 있는 자원과 필요한 자원 분석
- ▶ 회사의 목표 달성에 도움이 될 일련의 업무
- ▶ 진척 상황 측정을 위한 메커니즘

이 내용에 관해서는 전략적 계획, 즉 회사 전체를 위한 계획 수립을 다룬 Chapter 22에서 자세히 설명할 것이다. 여기에서는 발전하기 위해서는 반드시 계획을 세우고 그것을 기록해 놓아야 한다는 사실만 말해 두겠다.

목표 설정: 어디로 갈 것인가?

나는 '준비! 발사! 조준!' 이라는 말을 잘 인용한다. 이것은 일이 잘못된 상황을 풍자하는 표현이다. 행동에 나서기 전에 우선 목적이나 목표가 있어야 한다. 그리고 이에 못지않게 중요한 것은 목표가 적절해야 한다는 사실이다.

목표는 여러 가지 방법으로 나타낼 수 있다.

- ▶ 사업 목표: 2003년까지 캐나다에 세계에서 가장 많은 자동차를 수출하는 업체 되기
- ▶ 재무 목표: 내년까지 매출액 8% 증가시켜 순이익 높이기
- ▶ 마케팅 목표: 앞으로 3년 동안 매년 1%씩 청량음료 시장 점유율 높이기
- ▶ 개인적 목표: 5년 이내에 마케팅부 부장 되기

위의 예는 모두 좋은 목표의 3가지 특징을 보여 주고 있다. 바로 다음과 같은 특징들이다.

- ▶ **구체적이다.**
- ▶ **측정이 가능하다.**
- ▶ **기간이 정해져 있다.**

목표는 구체적이어야 한다. '가장 큰', '최고의', '최고 품질의' 등 막연히 듣기 좋은 형용사로 나타내지 말고 정확하고 분명하게 나타내야 한다. 규모와 관련된 목표라 하더라도 구체적이고 측정 가능하도록 할 수 있다. 예를 들면, '캐나다에 세계에서 가장 많은 자동차를 수출하는 업체'와 같이 목표를 정하는 것이다.

목표는 측정 가능해야 한다. 그래야 목표 달성 여부를 알 수 있다. 목표는 가능하면 액수나 퍼센트, 수적인 증감 등 숫자로 나타내는 것이 좋다. 물론 예외도 있다. 가령 '마케팅부 부장 되기'라는 목표는 수적으로 측정할 수는 없지만 그래도 분명한 목표이다.

목표는 기간이 정해져 있어야 한다. 즉, 데드라인이 있어야 한다. 개인적으로 나는 데드라인이 없는 목표는 목표로 치지 않는다. 데드라인이 있어야 목표 달성에 대한 동기가 생기고, 긴박함과 에너지가 생긴다. 최종 데드라인을 정하고 난 다음에는 업무를 세분화시켜 다시 데드라인을 정한다. 이런 중간 데드라인을 이정표라고도 하는데, 이정표가 있으면 목표까지 얼마나 진척되었는지를 최종 데드라인 훨씬 전에 알 수 있다.

이 3가지 특징은 모두 이것 하나를 위한 것이다. 목표의 유용성을 위해서는 없어서는 안 될 '명확성'. '준비! 발사! 조준!'의 접근 방식이 나오는 이유는 목표가 없기 때문이기도 하지만 목표가 명확하지 않기 때문이기도 하다.

목표는 너무 커도, 너무 작아도 안 된다. 사람들에게 자극이 될 정도는 되어야 하지만, 그렇다고 달성할 수 없을 정도로 지나치게 커도 안 된다. 목표가 너무 작으면 전혀 자극이 되지 않을 것이다. 하지만 목표가 크면 상상력을 자극한다. 큰 목표는 사명감을 낳고, 사명감은 동기를 유발한다. 그리고 동기는 에너지와 노력을 불러 일으킨다.

그러나 기본적으로 목표는 달성할 수 있을 만큼의 크기여야 한다는 사실을 명심하라. 그렇지 않으면 직원들은 그 목표를 터무니없다며 무시해 버릴 것이다. 달성하지 못할 큰 목표를 세운 회사는 반드시 실패하게 되어 있다.

Case IN Point

ITT Corporation의 최고경영자였던 Harold Geneen이 이런 말을 한 적이 있다. "목표가 둘 이상이면 목표가 없는 것과 마찬가지이다." 이것은 목표가 명확해야 한다는 점을 강조한 말이다.

지나치게 많은 목표는 모호함과 혼란을 야기한다. 초점이 흩어지게 만들고, 심지어 직원들 간의 갈등을 유발할 수도 있다. 예를 들어, 어떤 회사가 매출 신장과 비용 절감을 목표로 정했다고 하자. 그러면 판매부는 광고를 비롯해 출장과 고객 서비스에 필요한 예산 증가와 사업 확장을 요구할 것이다. 그러나 회계부와 생산부는 지출과 사업 확장을 억제하려 할 것이고, 따라서 이들 부서간에 마찰이 생길 것이다. 그러므로 목표를 여러 개 세워야 할 경우에는 직원들이 공동으로 책임지게 하거나, 목표 사이에 충돌이 생길 때 어떤 목표가 우선이라는 점을 명확히 해 두어야 한다.

MBA Mastery

관리자는 직원들에게 회사의 목표를 알려 주어야 한다. 그러기 위해서는 큰 목표를 여러 개의 작은 목표로 세분화해야 한다. 그 작은 목표들은 직원들의 일상 업무와 관계된 것이어야 하고, 짧은 기간 내에 끝낼 수 있는 것이어야 한다. 직원들에게 동기를 부여하려면 회사의 전체 목표와 관련된 업무를 부여하고, 그 업무를 언제까지 마치라는 데드라인을 정해 주어라.

목표의 크기는 그 기업이 어떤 산업에 속하느냐에 따라 다르게 정해야 한다. 예를 들어, 생긴 지 얼마 안 된 성장 산업이라면 매출 신장 목표를 연간 25%에서 많게는 50%로 정하는 것이 적당하다. 그러나 이미 성숙기에 접어든 산업이라면 업계 성장률에 2~3% 더해서 성장률을 정하는 것이 바람직하다. 그러나 매출과 수익 성장 목표를 좀더 과감하게 잡으려 할 때는 건실한 경쟁 업체를 하나 택한 다음 그 업체의 성장률을 따라잡거나 앞지르기 위해 노력하면 성공할 수 있다.

그러나 어떤 목표도 영원할 수 없다는 사실을 명심하라. 뉴욕의 공격적인 은행 Citibank는 1970년대에 연간 15%의 성장률을 목표로 세웠다. 만약 그 비율로 계속 성장한다면 은행 규모가 5년마다 두 배씩 성장할 것이며, 15년 뒤에는 뉴욕의 계좌를 모두 장악하게 될 것이다. 물론 그 목표는 2~3년 이상 지속되지 못했다. 그러나 Citibank는 그 목표 덕분에 그 기간 동안 큰 성장을 이루었다.

전문적인 의사결정 과정

관리자를 '의사결정자'라고 부르는 것을 들어 본 적이 있을 것이다. 사실 좋은 관리자는 의사결정을 잘한다. 그러나 결정을 꺼리는 관리자도 있는데, 의사결정이 관리자의 핵심 업무라는 면에서 볼 때 그것은 잘못된 행동이다.

의사결정의 책임을 전가하는 이유는 대부분 실수를 두려워하거나 실수를 '엄청난 실패'라고 생각하기 때문이다. 그런 사람은 대개 천성적으로 신중한 사람(보기에 따라서는 줏대 없는 사람이라고 할 수도 있다)이든지, 아니면 상사가 실패를 용납하지 않는 사람이다.

그러나 단순히 의사결정을 잘하는 방법을 몰라서 그런 사람도 있다. 의사결정을 위한 틀이 없는 사람들이다. 그래서 의사결정을 잘하기 위한 6단계 과정을 소개하려 한다.

1. *문제를 파악하라.* 의사결정은 대부분 어떤 문제와 관련해서 이루어진다. 올바른 결정을 내리려면 우선 문제가 무엇인지 정확히 파악해야 한다. 가령 매출이 떨어지고 있다고 하자. 그러면 문제는 낮은 품질이거나 비싼 가격, 판매 직원들의 실적 부진, 혹은 새로운 경쟁 업체의 등장일 것이다. 문제가 무엇인가에 따라 해결책이 다르다. 그러므로 우선 '문제가 무엇인가?'부터 파악하라. 그러기 위해서는 조사를 해야 한다.

2. *정보를 수집하라.* 좋은 의사결정을 내리려면 좋은 정보가 있어야 한다. 문제가 무엇인지 파악했다면 관련된 정보를 모두 수집하라. 그러려면 조사를 해야 한다. 가령 경쟁 업체를 연구하거나, 공급 업체와 논의하거나, 컴퓨터 데이터베이스를 검색하거나, 철저한 규명을 위해 컨설턴트를 고용해야 한다. 어떤 방법을 이용하든 정보를 수집하라.

3. *정보를 분석하라.* 정보를 가지고 있는 것만으로는 부족하다. 같은 정보를 가지고도 사람마다 다른 결론을 내릴 수 있기 때문이다. 따라서 여러 방법을 이용해 정보를 분석해야 한다. 계산을 하거나 정보 사이의 연관성을 표로 나타내는 방법도 있다. 의사결정 지원 시스템을 이용할 수도 있다. 어떤 방법을 이용하든지 정보를 분석하여 그것이 의미하는

MBA Lingo

의사결정 지원 시스템 (decision-support system)은 의사결정을 도와주는 공식 도구이다. 보통 전산화되어 있으며, 대개 정보 분석 단계에서 도움이 된다. 직원 징계에 대한 것과 같은 회사의 기본 방침 보고서나, 은행 직원들이 대출 결정을 내릴 때 사용하는 것과 같은 점검표, 그리고 앞으로의 기업 여건을 예측하는 데 도움이 되는 전산 모델 등이 이 시스템에 속한다. 단어가 말해 주는 바와 같이 이것은 의사결정자를 대체하는 게 아니라 지원해 주는 시스템이다.

바를 파악하라.

4. *선택안을 마련하라.* 의사결정을 위해서는 선택안이 있어야 한다. 예를 들어, 새로운 경쟁 상대가 나타났을 때 매출 신장을 위한 선택안은 품질 개선이나 가격 인하, 또는 판매 직원 증원이나 기존 판매 직원에 대한 성과급 지불 등이 있을 수 있다. 이런 선택안들이 있으면 그것을 기준으로 비교할 수도 있고, 선택을 할 수도 있다. 그리고 즉흥적으로 결정을 내리는 것이 아니라 실질적인 해결책을 찾을 가능성이 높다. 선택안이 하나뿐인 경우도 있을 것이다. 그러나 가능한 해결책을 빠짐없이 전부 고려한다면 그런 경우는 거의 없을 것이다.

MBA Mastery

이 의사결정 과정은 이성적이 아닌 감정적으로 결정을 내리는 사람들에게 특히 더 도움이 될 것이다. 감정적으로 결정을 내릴 때 이 6단계를 보조 수단이나 대안으로 활용해 보라. 어떤 식이든 활용하라. 기업가들은 사실을 중시한다. 따라서 이성적으로 결정을 내리는 사람들을 상대하고 싶어한다. 이 과정을 이용하면 결정을 거부한다거나 즉흥적인 결정을 내리는 사람이라는 평을 받지 않게 될 것이다. 그리고 더 나은 결정을 하게 될 것이다.

5. *최선의 방안을 선택하라.* 이제 진실의 순간이 왔다. 결정할 때가 온 것이다. 앞의 4단계를 잘 따랐다면 좋은 결정을 내릴 준비는 된 것이다. 그러나 여기서 끝내지 마라. 결정을 내려라. '분석 마비' 상태에 빠지지 마라. 평생 문제 분석만 하고 행동으로 옮기지는 않는 우를 범하지 마라. 의사결정자는 결정을 내린다.

6. *결과를 모니터하라.* 당신은 그러고 싶겠지만, 결정을 내렸다고 해서 그것으로 끝난 게 아니다. 문제가 해결되었는지 알 수 있는 유일한 방법은 결과를 모니터하는 것이다. 해결책이 효과가 있다면 되었다. 그러나 효과가 없다면 시정 조치를 취하거나 다른 선택안을 써 보아야 할 것이다. 아니면 문제를 제대로 파악했는지, 빠진 정보는 없는지, 정보는 제대로 분석했는지, 앞의 단계를 전면 재검토해 보아야 할 것이다.

경험으로 비추어 보건대, 이 6단계 과정이 다 필요하지는 않다. 가령 작은 결정에 대해서는 대대적인 정보 수집이 필요 없다. 전화 한 통만으로도 해결된다. 선택안도 항상 많을 필요는 없고 두 개면 충분할 때도 있다. 그러나 오늘날처럼 급변하는 환경에서는 일상적인 결정을 내릴 때도 이 과정이 도움이 될 것이다. 그리고 큰 결정을 내릴 경우에는 정보, 분석, 확실한 선택안 마련이 항상 필요하다.

형식은 다양했지만, 이 의사결정 틀은 오랜 시간을 통해 그 효과가 증명되었다. 이 과정을 따르면 당신이 그런 결정을 내린 타당한 이유를 사람들에게 설명할 수 있다. 즉, 일이 잘못되더라도 당신이 무엇을 생각해서 그런 결정을 내렸는지 상사에게 설명할 수 있다.

가능한 한 모든 일을 위임하라

위임이란 부하 직원에게 해야 할 임무를 부여하는 것을 말한다. 그래서 관리자를 일컬어 다른 사람을 통해 일을 수행하는 사람이라고 하는 것이다. 그 임무는 말로 전달할 수도 있고, 글로 전달할 수도 있다. 장기적인 것일 수도 있고, 단기적인 것일 수도 있다. 요구 형태일 수도 있고, 명령 형태일 수도 있다. 명령 형태보다는 요구 형태가 더 많지만 말이다. 이와 같이 부하 직원에게 임무를 부여하고 그들이 그 임무를 제대로 수행할 수 있도록 하는 것이 관리자가 하는 일이다.

해야 할 일을 알려 주는 것만이 위임의 전부가 아니다. 효과적인 위임을 위해서는 3가지 기본 원칙을 알아야 한다. 그것은 책임, 설명, 권한의 원칙이다.

책임의 원칙은, 모든 관리자와 직원에게는 각자가 맡아서 수행해야 할 특정 기능이나 활동이 있다는 원칙이다. 그것을 '책임 범위'라고 부른다. CEO는 회사 전체를 책임진다. 이렇게 CEO의 책임 범위는 엄청나게 크다. 하지만 CEO는 지휘 계통을 통해 실무적인 일을 다른 직원들에게 위임한다.

지휘 계통을 지켜야 한다는 말은 관리자가 자기 책임 범위 안에 있는 사람에게만 일을 위임해야 할 뿐 자기보다 직책이 높거나 낮은 관리자를 제쳐 놓고 위임해서는 안 된다는 뜻이다.

> **MBA Lingo**
>
> **지휘 계통 (chain-of-command)**은 위에서부터 아래로 여러 지시가 층을 거쳐 정해진 순서대로 전달되는 시스템을 말한다. **위임(delegation)**은 업무 수행의 책임을 부하 직원에게 전가하는 것을 말한다. 여기서 부하 직원이란 관리자에게 보고하는 사람을 의미한다. **책임 범위 (area of responsibility)**는 어떤 사람의 직무의 범위를 뜻한다. 기능(재무나 마케팅 관련 문제와 같은), 업무(예산 준비, 프로그램 광고 등), 목표(정확성과 시기의 적절성, 매출 증가 등), 그리고 당신에게 보고하는 사람이 있을 경우에는 부하 직원이 책임 범위에 포함된다.

설명의 원칙은, 조직 내 모든 사람이 누군가 다른 사람에게 설명을 해야 한다는 원칙이다. 즉, 모든 사람은 자신의 업무 수행에 대해 설명할 의무가 있다는 원칙이다. CEO는 이사회에 설명해야 하고, 이사회는 기업 오너에게 설명해야 한다. 그리고 조직 내 모든 사람들은 직·간접적으로 CEO에게 보고해야 한다.

권한의 원칙은, 누군가 업무 수행을 위한 권한을 부여받는다는 원칙이다. 가령 당신이 예산 업무를 맡고 있다면 당신에게 예산에 대한 권한이 있는 것이고, 직원을 고용할 수 있으면 고용에 대한 권한이 있는 것이다.

간단히 말하면, 당신이 보통 당신의 직무라고 생각하는 것이 책임이다. 그리고 당신은 상사에게 당신의 직무 수행에 관해 설명해야 한다. 그리고 당신의 상사를 통해 회사로부터 직무 수행에 필요한 권한을 받는다.

이 3원칙을 무시하면 큰 문제가 발생할 것이다.

MBA Lingo

책임(responsibility)은 조직 구성원이 하도록 되어 있는 일을 적절히 수행했는지 판단하기 위한 기준을 일컫는다. 설명(accountability)은 특정 책임이 있는 사람은 그 수행을 보고할 의무가 있음을 뜻한다. 그래야 상사가 그 책임이 제대로 수행되고 있는지 확인할 것이다. 권한(authority)은 뭔가를 할 수 있는 힘을 뜻한다. 회사는 사장에게 회사를 운영할 수 있는 힘을 주고, 사장은 그 힘을 자기 아래에 있는 관리자들에게 분배해 준다.

▶ 관리자가 지휘 계통을 무시할 경우, 가령 Sue의 상사인 Bob이 Sue를 통하지 않고 수의 부하 직원인 Leo에게 할 일을 지시했다면 Bob은 수의 권한을 침해한 것이다.

▶ Mary가 부하 직원 Jim에게 어떤 프로젝트 지출에 대한 권한을 주지 않은 상태에서 그 지출에 대해 보고하라고 했다면 Mary는 Jim을 부적절하게 대하고 있는 것이다.

▶ 보고해야 할 상사가 두 명인 경우, 또는 업무를 명확하게 부여하지 않는 경우, 또는 관리자가 회사를 그만두었는데 그 부하 직원들이 누구에게 보고해야 하는지 아무도 가르쳐 주지 않는 경우, 그 회사는 제대로 운영될 수 없다.

그러나 안타깝게도 회사 생활을 몇 년 해본 사람들은 위에 설명한 경우를 많이 보았을 것이다. 위임을 제대로 하려면, 즉 지휘 계통을 지키며 합리적으로, 지속적으로 위임을 하려면 노력이 필요하다.

모든 직원은 확실한 책무를 가지고 있어야 하고, 책무 수행에 대해 보고해야 하며, 그 일을 수행할 수 있을 만큼의 권한을 부여받아야 한다. 그리고 보고를 받는 상사는 단 한 명이어야 한다. 또한 모든 직원이 지휘 계통을 지켜야 한다. 누군가 지휘 계통에서 떠나게 되면 그 사람이 받던 보고를 앞으로 누가 받게 될 것인지 알려 주어야 한다.

효과적 위임을 위한 입증된 지침은 다음과 같다.

▶ 업무 데드라인과 중요성을 신중히 고려하라. 그리고 직원의 강점과 약점을 파악하라. 그리하여 직원이 자신의 강점을 이용하고 약점을 극복할 수 있도록 여러 업무를 주어라.

▶ 업무를 부여할 때는 당신이 어떤 결과를 기대하는지, 언제까지 끝냈으면 하는지를 분명히 말하라. 종이에 업무를 상세히 적어 주는 것이 좋지만, 말로 전할 경우에는 제대로 알아들었는지 당신이 말한 걸 되풀이해서 말하게 하라.

▶ 업무 수행 방법은 될 수 있으면 그 일을 맡고 있는 사람이 알아서 결정하게 하라.

MBA Mastery

효과적 위임 기술을 지니고 있는 관리자는 거의 없다. 우리들 대부분이 배울 필요가 있는 기술이다. 이 Chapter에 설명한 다른 기술들과 마찬가지로 이 기술도 좋은 역할 모델을 관찰함으로써 배울 수 있다. 위임 기술은 쉽게 관찰된다. 이 기술에 능한 사람을 발견하면 자세히 살펴보고 따라 하고 조언을 구하라.

▶ 당신만큼은 안 되도 부하 직원들도 꽤 잘할 수 있다. 부하 직원이 한 일이 당신 기대에 못 미치더라도 그걸 당신이 직접 고치지 말고 그 직원이 고치도록 하라. 그렇게 하면 그 직원은 당신의 기준을 배울 것이다.

▶ 가능한 한 모든 책임을 위임하라. 그리고 그 책임을 수행할 수 있는 사람 중 직급이 가장 낮은 직원에게 위임하라. 책임이나 권한을 당신이 갖고 있지만 말고 직원들에게 나누어 주어라.

▶ 업무 달성에 필요한 책임과 권한은 위임할 수 있지만, 설명의 의무는 위임할 수 없다는 사실을 명심하라. 일이 잘못되면 관리자로서 당신이 보고하고 설명해야 한다. 이때 부하 직원을 탓하는 것은 매우 바람직하지 못한 행동이다.

부하 직원을 지원하라

위임을 효과적으로 했다고 해서 관리자의 일이 끝난 게 아니다. 사실 정말 힘든 일은 지금부터이다. 다른 사람들을 통해 업무를 수행하려면 무엇보다 그 사람들을 지원해야 한다.

왜 지원을 해야 하는가? 그리고 어떻게 지원하는 것이 가장 효과적인가?

지원을 해야 하는 첫째 이유는 직원들이 업무를 달성하는 데 방해가 되는 장애물이 있기 때문이다. 그러한 장애물은 회사 안팎에 있는데, 회사 안의 장애물은 관료주의와 제한된 자원이고, 회사 밖의 장애물은 경쟁과 고객들의 반감이다.

지원을 해야 하는 둘째 이유는 직원들이 사람이기 때문이다. 그렇기 때문에 시정과 지적과 격려와 유머가 필요하다. 빡빡한 마감 시한에 쫓기고 있다거나 일련의 정리 해고가 일어날 때와 같이 일이 힘들거나 상황이 나쁠 때는 특히 더 그렇다.

부하 직원을 지원할 수 있는 가장 좋은 방법은 그들의 일에 방해가 되는 장애물들을 제거해 주고, 좋은 코치 역할을 해주는 것이다. 그런 방법 몇 가지를 소개하면 다음과 같다.

MBA Alert

직원들의 불만을 무시하면 그 회사는 금전적, 법적 문제에 직면할 수 있다. 내가 아는 어떤 회사는 과중한 양의 워드 작업으로 손목에 무리가 갔다는 직원의 불평을 무시했다. 그 결과 그 회사는 법률 소송을 막기 위해 그 직원의 손목 수술비, 수술과 치료 때문에 일을 못한 날에 대한 급료, 그리고 손해 배상금을 지불해 주어야 했다.

▶ 당신의 상사와 다른 부서 사람들에게 당신의 부하 직원들을 좋게 말해 주어라. 부하 직원들의 이익을 위해 노력하라. 부하 직원들에게 충실하라. 부하 직원들이 업무 수행에 필요한 장비, 인력, 자금, 시간 등을 얻을 수 있도록 최선을 다하라.

▶ 부하 직원들의 불평불만을 진지하게 받아들여라. '불평은 그만' 이라는 식의 접근 방법은 한계가 있다. 그리고 불평이 타당한 것일 경우에는 큰 화를 초래할 수도 있다.

▶ 직원에게 고칠 점이 있으면 사적인 자리에서 말하고, 칭찬할 만한 점이 있으면 사람들 앞에서 공개적으로 말하라.

▶ 그들의 노력이 회사의 목표 달성과 회사 전체에 얼마나 큰 보탬이 되는지 부하 직원들에게 말해 주어라.

▶ 부하 직원의 자기 개발과 발전을 지원하라. 사람들은 대부분 더 많은 책임을 맡고 싶어하고, 발전하고 싶어하며, 새로운 기술을 습득하고 싶어한다. 내 경험에 의하면 심지어 겉으로는 안 그런 척하는 사람들도 마찬가지였다. 부하 직원에게 자신의 능력을 입증할 수 있는 기회를 충분히 제공하라. 그리고 가끔 실패할 수 있다는 걸 참작하라.

▶ 편애하지 마라. 이것은 말할 필요도 없이 당연하지만, 당신도 사람이라서 누굴 더 편애할 수 있다. 그러나 직원들을 공평하게 대하지 않으면 직원들의 의욕이 크게 떨어질 것이다.

나는 '손짓' 관리를 하는 관리자를 많이 보아 왔다. 손짓으로 임무만 부여하면 마술처럼 일이 다 되어 있을 것처럼 행동하는 사람들 말이다. 그런 관리자는 대개 일이 자기 생각대로 되지 않으면 놀라거나 화를 낸다.

관리를 접촉 스포츠라고 생각해 보라. 그러면 다음 기술로 넘어가게 된다.

커뮤니케이션: 말 이상의 것

커뮤니케이션 기술은 관리자가 갖추어야 할 자질 중에서 늘 가장 중요한 것이었다. 커뮤니케이션은 글로 할 수도 있고 말로 할 수도 있다. 사업을 하려면 분명하고 정확하며 솔직하고 설득력 있게 커뮤니케이션을 할 줄 알아야 한다. 몇 가지 기술을 터득하면 사업에서 커뮤니케이션을 효과적으로 할 수 있는 능력이 향상될 것이다.(여기서는 말로 하는 커뮤니케이션에 초점을 맞추고자 한다. 글로 하는 커뮤니케이션에 관해 좀더 알고 싶으면 내가 이전에 쓴 저서 'The Complete Idiot's Almanac of Business Letters and Memos'를 보기 바란다.)

커뮤니케이션을 잘하려면 우선 남의 말을 경청해야 한다. 그런데 그런 사람이 매우 드물다. 상대방이 말할 때 끼어들지 않고 몰입해서 들으면 상대방은 경계심을 완전히 풀어 버릴 것이다. 누군가 말하고 있을 때 사람들은 보통 뭐라고 대답할지 혹은 그 말에 동의하는지 등을 생각하는데, 어떻게 보면 그건 당연한 일이다.

그러나 그러지 말고, 상대방을 이해하겠다는 생각으로 들어 보라. 이해하려고 하다 보면 시간이 지나면서 둘 사이에 유대감이 생긴다. 그러나 상대방의 말을 귀 기울여 듣지 않으면 그 유대감이 약해진다. 상대방이 자신의 얘기를 잘 듣고 있는지 아닌지 사람들은 잘 안다. 당신도 그렇지 않은가?

말한 사람이 보낸 메시지와 그걸 들은 사람이 받은 메시지가 틀릴 수도 있다는 사실을 명심하라. 그것은 사람마다 말하고 들은 것을 여과시키는 준거의 틀이 다르기 때문이다.

일반적으로 미국의 기업 문화에서는 우회적으로 말할 때보다는 직접적으로 말할 때, 추상적으로 말할 때보다는 구체적으로 말할 때 더 좋은 결과를 얻는다. 직접적이고 구체적으로 말했을 때가 말을 하는 사람과 듣는 사람의 준거의 틀이 일치할 가능성이 가장 높기 때문이다. 그러나 모든 기업 문화가 미국처럼 직접적인 것을 좋아하는 것은 아니다. 어떤 기업 문화에서는 너무 단도직입적으로 말하면 직장에서 소외된다. 해가 바뀔수록 기업이 점점 세계화되고 있기 때문에 모든 관리자는 문화적 차이를 잘 인식해서 그 차이를 감안한 커뮤니케이션을 해야 한다.

MBA Lingo

준거(準據)의 틀(frame of reference)이란 사람의 관점을 형성하는 사실, 생각, 관심을 말한다. 'charge'를 예로 들면 보병, 소매상 점원, 피고측 변호사마다 이 단어를 다르게 받아들일 것이다. 준거의 틀이 모두 다르기 때문이다.

그러나 사람들에게 당신이 기대하는 바를 정확하게 말해서 손해볼 것은 없다. 회사에서 일상적으로 일어나는 상황에서 애매하게 말한 경우와 정확하게 말한 경우의 예를 제시해 놓았다. 이것은 관리자가 부하 직원에게 하는 말인데, 거의 대부분 정확하게 말한 경우에 결과가 더 좋았다.

애매한 표현	정확한 표현
이 프로젝트를 빨리 끝냈으면 좋겠네.	금요일 정오까지 이 프로젝트를 끝냈으면 좋겠네.
그것에 대해 누군가에게 연락해 보게.	빠진 페이지에 대해 마케팅부의 Jim에게 전화해 보게.
지금은 곤란하네. 나중에 연락하게.	미안하네. 지금은 너무 바쁘니까 4시 이후나 내일 아침에 다시 전화하게.
최근에 회의에 늦는 날이 많더군.	최근 직원 회의 때 세 번 늦었더군. 무슨 문제라도 있나?
요즘 실적이 떨어지고 있는 것 같은데.	자네의 시장 분석에 몇 가지 핵심 사항이 빠졌더군. 지난 목요일 회의 준비를 제대로 하지 않은 것 같아.
자네 요즘 일을 정말 잘하고 있네.	Acme 프로젝트, 잘해 주었네. 그리고 지난주 월요일에 늦게까지 근무하느라 수고했어.

MBA Mastery

직장 사람들에 대해 객관적인 태도를 키워라. 그들을 한 팀의 동료로 생각하라. 중요한 것은 공통의 목표를 달성하기 위해 함께 일해 나가는 것이다. 친구가 되는 것도 좋지만, 더 중요한 것은 서로를 존중하고 잘 협력하는 것이다. 물론 정말 골치 아픈 문제 직원이 없는 것은 아니다. 그런 상황에 대처하는 방법은 Chapter 4에서 다룰 것이다.

회사에서 관리자와 부하 직원 사이에 일어나는 커뮤니케이션은 대부분 부하 직원이 데드라인 안에 기준에 맞게 과제를 달성할 수 있도록 지도하고 도와주기 위한 것이다. 애매하고 부정확하게 말하면 무엇을 언제까지 해야 하는지 부하 직원이 잘못 알아들을 수도 있다. 그러나 정확히 말해야 한다는 것이 명령을 하거나 마구 부려먹어도 된다는 의미는 아니다. 부하 직원과 자신을 업무의 성공적인 달성이라는 동일한 목표에 함께 초점을 맞추고 있는 동료로 생각하는 것이 커뮤니케이션을 가장 잘할 수 있는 방법이다.

마지막으로, 가능한 한 많은 정보를 부하 직원과 공유하라. 대부분의 사람들은 자기를 제외시켜 버렸다는 것을 알면 분개한다. 물론 당신이 알고 있는 정보를 전부 말해 줄 수는 없다. 그리고 말하면 다른 사람의 사생활을 침해하게 되는 경우도 있다. 하지만 그 정보가 직원들에게 직접적인 영향을 끼치는 것이라면 무조건 알려 주어야 한다.

'버섯 관리'를 하지 마라. 즉, 부하 직원들에게 상황을 알려 주지 않고 '시키는 대로 일만 하라'고하지 마라.

계획의 관리

"일을 계획하고 계획을 관리하라."라는 말이 있는데, 이것은 관리자들이 꼭 새겨 두어야 할 말이다. 이 말은 계획을 세우고 그것을 이용하라는 뜻이다. 이것의 좀더 격식 있는 표현이 바로 '계획을 관리하라'는 것이다. 이것은 가지고 있는 자원, 즉 인력, 시간, 장비, 자금을 목표 달성을 위해 관리하는 것을 의미한다. 좋은 계획은 목표를 향해 나아가는 매 단계마다 도움이 될 것이다.

계획은 종이에 적은 다음에 그냥 쓰레기통에 던져 넣고 잊어버리는 것이 아니다. 앞으로 나아갈 때 참고해야 할 지도와 같은 것이다. 때로는 계획을 지키기 위해 도중에 업무를 변경해야 하거나 속도를 높여야 할 것이다. 때로는 하고 있는 업무뿐 아니라 계획 자체를 바꿔야 할 것이다. 계획을 바꾸는 것은 괜찮다. 그러나 계획을 수정하려면 또 다른 계획이 필요하다. 그리고 계획하여 적어 놓은 것을 정규적으로 참고해야 한다.

여느 일에서나 마찬가지이지만 사업에서 성공하려면 기본을 성실하고 꾸준히 실행해 나가야 한다. 관리의 '기본'은 지금까지 설명한 6가지, 즉 계획 수립, 목표 설정, 위임, 지원, 커뮤니케이션, 계획의 관리이다. 이것들을 습득하면 최고의 기업 관리자가 될 것이다.

이것만은 알아 두자

▶ 관리는 계획 수립과 목표 설정에서 시작하여 계획의 관리로 끝난다. 관리를 잘하려면 목표와 그것을 달성하기 위한 계획이 있어야 한다. 그리고 그 계획을 이용하여 목표를 향해 나아가야 한다.

▶ 문제가 발생한 다음에 대응하지 말고, 의사결정 6단계 과정을 활용하라. 즉, 문제를 파악하고, 관련 정보를 수집하고, 정보를 잘 분석하고, 선택할 수 있는 방안들을 마련한 뒤 최선의 방안을 선택하라. 그리고 그것이 최선의 선택이었는지 모니터하라.

▶ 효과적 위임은 다른 사람을 통해 일을 수행할 수 있는 유일한 방법이다. 적절한 사람을 선택해 일을 맡겨라. 가능한 한 모든 일을 위임하고, 제대로 할 수 있는 사람 중에서 직책이 가장 낮은 사람에게 맡겨라.

▶ 부하 직원들을 지원하고, 그들의 성공을 가로막는 장애물을 제거하라.

Chapter 3

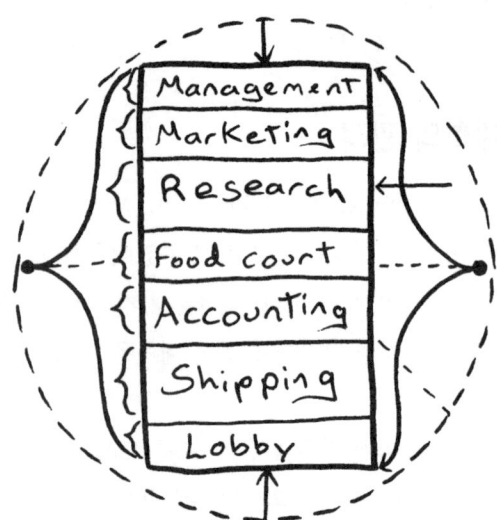

기업 해부

In This Chapter
Point

▶ 기업의 주요 부서들
▶ 재무부와 회계부는 어떻게 돈을 통제하고 추적하는가?
▶ 마케팅부와 판매부는 어떻게 제품과 서비스를 판매하는가?
▶ 경영 정보 시스템 역할의 증가
▶ 지원 기능이 기업의 다른 부서에 어떤 역할을 하는가?
▶ 조직도와 기업의 계층 구조 파악

기업의 목적은 무엇인가? 아주 간단히 말하면, 제품을 팔거나(부품에서부터 피자 파이, 자동차에 이르기까지 어떤 것이든) 서비스를 제공해(소포 발송, 메시지 전달, 파티 음식 준비 등) 이윤을 내는 것이다. 그리고 모든 기업은 제품이나 서비스를 생산하기 위해 노동, 장비, 재료를 이용한다.

기업의 규모가 큰 경우에는 업무별로 부서가 나뉘어진다. 예를 들어, 재무를 담당하는 부서, 마케팅을 담당하는 부서, 판매를 담당하는 부서 등으로 말이다. 이때 관리자의 역할은 회사 전체에 기여할 수 있도록 자기 부서를 잘 운영하는 것이다. 이 Chapter에서는 기업에 어떤 부서들이 있으며, 부서 운영에 있어서 관리자의 역할이 무엇인지에 관해 설명할 것이다. 그리고 모든 기업에 적용되는 몇 가지 기본 원칙도 설명할 것이다.

이 Chapter에서는 여러 기능과 부서가 필요할 정도로 큰 규모의 회사를 대상으로 한다는 점을 알아 두기 바란다. 그 정도 규모의 회사란 직원이 10~20명 정도의 소규모 회사에서부터 50~100명 정도인 회사(은행의 관점에서 보거나 대기업에 비하면 여전히 작은 회사이지만), 그리고 대기업까지 모두 포함된다.

기업의 부서

제품이나 서비스를 성공적으로 생산, 판매하고 거기서 이윤을 얻기까지는 엄청나게 많은 일들이 필요하다. 그 각각의 일들은 특정 부서가 처리한다. 회사가 성공하려면 각 부서가 잘 운영되어야 한다. 대기업은 대개 다음과 같은 부서로 구성되어 있다.

> ▶ 재무
> ▶ 회계
> ▶ 운영
> ▶ 마케팅
> ▶ 판매
> ▶ 경영 정보 시스템
> ▶ 지원

이제 각 부서가 하는 일을 자세히 살펴보자.

> **MBA Lingo**
>
> *재무부(finance department)*는 회사 안팎으로 흐르는 자금을 통제하는 일을 담당한다. 자금 통제를 위한 도구에는 재무와 투자 계획, 판매와 비용 예산, 회계부에서 제공받은 기록, 수표 발행과 현금화에 대한 회사의 절차 등이 있다. 재무부에는 회사 거래 은행과 협력하여 실제 현금을 관리하는 자금과가 있다.

> **MBA Lingo**
>
> *예산(budget)*은 특정 기간 동안에 대한 매출이나 경비를 예측해 놓은 것이다. 예산에는 한계나 목표 달성치가 나타난다. 따라서 예산은 핵심적인 재무 통제 도구이다. 대부분의 기업에서는 각 부서마다 예산이 있다. 부서 내에서는 개인적 프로젝트에 예산이 할당되기도 한다. 관리자의 주요 책임 중 하나는 *예산 편성(to make budget)*, 즉 매출 목표를 달성하거나 혹은 자기 부서나 프로젝트가 예산을 초과하지 않도록 하는 것이다.

재무부는 돈을 관리한다

기업에서는 돈의 흐름이 생긴다. 부서 안으로, 부서 밖으로, 그리고 각 부서를 거쳐 돈이 흐른다. 재무부는 사무실 공간 같은 자산이나 장비의 구입 및 임대, 원자재 구입, 임금 지불 등 회사 운영에 필요한 돈이 마련되어 있도록 하는 부서이다. 또, 좋은 투자 기회가 생기면 회사가 거기에 투자할 수 있도록 하는 역할도 한다.

재무부는 다른 부서들의 예산 수립을 돕고, 각 부서의 예산을 통합해 회사 전체의 예산을 세운다.

재무부는 고위 관리자들과 함께 다음 연도 판매와 수익 목표를 세우고 회사의 재무 관리 방법을 설계한다.

대기업의 재무부는 회사의 현금을 관리하고 은행을 상대하는 자금부를 포함한다. 재무부는 주로 재무 분석가로 구성되어 있는데, 이들은 예산과 투자를 다루고 다른 부서의 관리자들을 위해 재무 보고서를 만든다.

MBA Lingo

회계(accounting)부는 회사의 판매, 경비와 영수증, 그리고 현금 지급금을 추적하여 재무 상태를 기록한다. 그리고 회사가 내야 할 세금도 계산한다. 수취 계정(accounts receivable)과는 신용 판매에 대해 받아야 할 돈을 추적한다. 지불 계정(accounts payable)과는 공급 업체에 발행한 어음을 지불할 수 있도록 한다. 급료(payroll)과는 직원들의 임금과 봉급을 추적한다.

MBA Lingo

신용(credit 또는 trade credit)거래란 신용 납부 기록이 좋은 경우 고객에게 제품에 대한 대금을 일정 기간 후(보통 30일)에 지불할 수 있게 하는 것을 말한다. 신용이 거부된 사람은 현금 결제(COD, cash on delivery)를 해야 한다. 신용 거래 결정은 회사 내 신용과에서 한다.

회계부

회계부는 재무부와 긴밀히 협력해서 회사에서 발생하는 돈의 흐름을 추적한다. 예를 들어, 회계부에는 회사가 빌려 주어 돌려받아야 할 돈을 추적하는 수취 계정과, 지출을 추적하고 공급 업체에 발행할 어음을 승인해 주는 지불 계정과, 그리고 직원들에게 임금을 주는 급료과가 있다.

그리고 회사의 신용(거래 신용) 한도를 결정하는 신용과도 대부분 회계부에 있다. 비자카드 영수증을 받고 괴로워해 본 적이 있는 사람이라면 신용의 개념을 이미 잘 알고 있을 것이다. 신용 납부 기록이 좋은 고객이나 회사일 경우에는 장기 결제 기간에 카드로 수천 아니, 수십만 달러어치를 구입할 수 있게 해준다. 고급 승용차와 같은 값비싼 제품을 팔거나 대규모 컨설팅과 같은 서비스를 제공하는 회사의 경우, 대개 장기 신용 거래를 이용한다. 그렇게 하면 제품 구매가 수월해지고, 따라서 회사 수익 향상에도 도움이 되기 때문이다.

신용이 불량한 고객이나 회사는 현금 결제(COD)를 해야 한다.

마지막으로, 회계부 안에는 세무과가 있다. 회사가 내야 할 세금을 계산하고, 연방, 주, 지방, 수출세가 제때에 지급되도록 하는 곳이다.

논리적으로 생각하면 알겠지만, 회계부는 주로 회계사들로 구성되어 있다. 회계사들은 회계 관행과 회계 및 조세법에 관해 훈련을 받는다. 회계 관행과 규제가 복잡하고 자주 바뀌는 데다가 엄청난 액수의 돈이 걸려 있기 때문에 회계사들은 회계 관행과 규제의 변화를 따라잡기 위해 많은 시간을 보낸다. 대개 회계사는 수취 계정, 지불 계정, 세금 등 특정 부문을 전담한다. 그리고 다른 부문의 일도 돌아가며 맡아 경력을 쌓는다. 마지막으로, 회사에 고용된 회계사는 자사가 이용하는 모든 외부 회계 사무소와 함께 일한다. 회계에 관해서는 Part 3에서 좀더 자세히 다룰 것이다.

> **MBA Lingo**
>
> 아주 큰 회사에서는 *세무(tax)*과가 해외 업무 활동에 대한 세금을 비롯해 연방, 주, 지역 세금을 계산하고 세금을 최소한으로 줄일 수 있는 방법을 모색한다. 조세법이 원래 복잡한 데다 특히 해외 업무를 하면 더 복잡해지기 때문에 이 업무는 전문가가 전담해야 한다. 그러나 작은 회사일 경우 세무과가 꼭 필요하지는 않다.

운영부는 판매할 제품을 만든다

제조 회사는 마사지 같은 서비스를 판매하는 회사가 아니라 부품 같은 제품을 생산하는 회사이다. 제조 회사의 운영부는 제품을 만들어 내는 공장, 제품을 선적하는 선적과, 공급 업체로부터 자재를 공급받는 수납과, 자재와 공급 물품을 구매하는 구매과로 구성된다. 제조 회사에서는 운영부를 생산부라고 부르기도 한다.

은행이나 증권 거래소 같은 서비스를 판매하는 서비스 회사에서는 고객에게 서비스를 제공하는 종업원들과 그들이 일하는 장소가 운영부이다. 은행을 예로 들면, 은행의 각 지점이 운영부에 해당된다.

> **MBA Lingo**
>
> *제조 회사(manufacturing company)*는 원자재나 다른 제조 회사가 만든 부품을 이용해 제품으로 만들어 그것을 파는 회사이다. *서비스 회사(service organization)*는 음식(식당), 보험과 은행 서비스(금융 서비스), 머리 미용과 마사지(개인적 서비스), 호텔 숙박 시설(호텔 서비스)과 같은 서비스를 제공한다. 제조 회사든 서비스 회사든 *운영(operations)*이라는 말은 제품이나 서비스를 창출하고 전달하는 활동을 일컫는다.

서비스 회사에서는 백 오피스 기능도 운영부에 포함된다. 백 오피스 기능이란 고객의 눈에는 보이지 않지만 고객과의 거래와 관계된 활동을 말한다. 은행을 또 예로 들어 보자. 수표가 발행된 뒤에 그것이 어떤 식으로 처리되는지 아마 당신은 모를 것이다. 수표가 은행에 들어오면 수표 액수만큼의 돈이 당신 계좌에서 빠져 다른 사람의 계좌에 들어가기까지 일련의 절차를 거친다. 이 수표 처리 과정이 백오피스 기능의 한 예라고 할 수 있다.

MBA Lingo

서비스 회사에서 **백 오 피스 기능**(*back-office functions*)은 고객의 눈에는 보이지 않지만 서비스 창출과 제공에 있어 핵심적인 업무를 말한다.

조직에서는 관리자와 직원이 노동 생산성(한 시간 동안 직원 한 명이 얼마나 많은 부품을 생산할 수 있는가), 비용 관리(부품 하나 조립하는 데 얼마의 비용이 드는가), 품질(완성된 부품의 모양과 기능이 제대로 되어 있는가)을 직접 책임진다.

운영부 직원들은 우리가 흔히 실질적인 회사 업무라고 생각하는 일을 하는 사람들이다. 제조 회사에서는 생산 근로자와 그 관리자가, 서비스 회사에서는 직접 고객을 상대하여 서비스를 제공하는 사람들이 해당된다. 운영부는 대개 정식 직원이 아니라 시간제 종업원들로 구성된다.

운영에 관해서는 **Part 2**에서 좀더 자세히 다룰 것이다.

마케팅부는 집단을 상대로 판매한다

판매는 일대일로 파는 것을 말하고, 마케팅은 집단에게 파는 것이라고 생각하면 쉽게 이해가 갈 것이다. 마케팅부는 제품과 서비스를 고객과 잠재 고객에게 알리는 일을 한다. 이를 위해 광고, 판촉, 직접 우편, 특별 행사, 그리고 기타 대중의 인식을 얻기 위한 방법들을 동원한다. 이 용어들에 관해서는 **Part 3**에서 자세히 설명할 것이다. 마케팅부의 핵심 업무는 판매 요원들이 제품을 판매할 수 있도록 도와주는 것이다.

MBA Lingo

마케팅(*marketing*)부는 회사의 제품과 서비스, 그리고 그것의 이점을 고객과 잠재 고객에게 알리기 위한 전략, 계획, 프로그램, 메시지를 준비한다. **잠재 고객**(*prospects*)은 앞으로 그 회사의 고객이 될 가능성이 있는 사람을 말한다.

마케팅 활동 중 하나는 시장 조사이다. 시장 조사는 고객과 잠재 고객의 필요, 구매 동기, 구매 행동을 조사하는 것이다. 구매자의 평균 연령과 교육 수준에 관한 조사가 한 예이다. 제품 개발과 홍보(또는 대외 커뮤니케이션)도 마케팅 활동 가운데 하나이다. 고객이 좀더 빠르고 튼튼한 장비를 필요로 할 때 그것을 충족시킬 수 있는 새로운 방법을 개발하는 것이 제품 개발이고, 제품 홍보 책자를 만드는 것과 같은 활동이 홍보이다.

마케팅에 종사하는 사람들은 특정 마케팅 분야에 대한 전문가이거나 마케팅에 관한 일반 지식을 가지고 있는 사람들이다. 마케팅 전문가들은 주로 시장 조사, 제품 개발, 홍보, 직접 우편, 통신 마케팅, 제품이나 회사에 대한 홍보 문안 작성에 관한 일을 한다. 전문가들은 대개 큰 마케팅부가 있는 대기업에서 일한다. 한편, 일반 지식을 가지고 있는 사람들은 전문가들이 가지고 있는 능숙함 면에서는 부족하지만 전반적으로 여러 일을 하고, 대기업이나 작은 회사에서 일한다.

오늘날처럼 경쟁이 치열한 환경에서는 마케팅에 따라 회사의 흥망이 결정될 수 있다. 제품이 아무리 우수해도 제품을 고객에게 알리지 못하고 판매 공간을 확보하지 못하고 가격을 적절히 책정하지 못하고 구매를 유도하지 못하면 팔지 못할 것이고, 따라서 수익도 얻지 못할 것이다.

> **MBA Lingo**
>
> **시장 조사(market research)**란 고객과 잠재 고객의 태도와 구매 행동을 조사하는 것을 말한다.
> **제품 개발(product development)**이란 새로운 제품과 서비스를 구상, 계획, 설계, 개발하는 것을 말한다. 화학품이나 의료 기구와 같은 복잡한 제품을 판매하는 회사에서는 연구개발부의 과학자와 기술자들이 제품개발을 맡는다.

> **Case IN Point**
>
> 재무부로 유명한 회사가 많은 것처럼, 마케팅부로 유명한 회사도 많다. Procter & Gamble 사는 Tide 세척제, Crisco 쇼트닝, Comet 세제, Zest 비누와 같은 여러 유명 브랜드 제품을 만든 회사인데, 그 마케팅 역량은 거의 전설적이다. 사실 P&G 사는 미국에서 가장 큰 규모인 연간 25억 달러를 광고비로 지출하고 있다.

판매부는 돈을 번다

판매부는 회사 제품이나 서비스를 판매하는 사람들로 구성된 부서이다. 판매 직원들은 전화를 이용하거나 직접 고객을 상대하여 판매를 한다. 판매 대상은 제품을 구매한 뒤 되파는 유통 업체나 소매 업체일 수도 있고, 개인이나 기업일 수도 있다. 일회성 구매자일 수도 있고, 전국적으로 사업을 하는 전국 규모 신용 거래 고객(national accounts)일 수도 있다. 누구에게 무엇을 어떻게 팔든 판매 직원은 팔기만 하면 된다.

대부분의 경우 판매가 회사의 가장 중요한 부분이다. 판매 직원들은 고객을 설득함으로써 지갑을 열어 제품이나 서비스를 사게 만든다. 그러나 그게 그렇게 쉬운 일은 아니다.

MBA Lingo

판매(sales)부는 제품이나 서비스를 판매하는 사람들로 구성된다. 판매 직원들은 개인이나 기업, 또는 신용 거래 고객에게 판매를 한다. 신용 거래 고객(account)은 그 회사에서 반복적으로 제품을 구입하는 고객을 말하며, 그 고객은 대체로 기업이다. 대부분의 회사에게 전국 규모 신용 거래 고객(national account)은 전국적 사업망을 갖춘 대고객을 의미한다. 예를 들어, 전국 체인망을 가지고 있는 미국의 Sears 백화점은 전동 공구 제조 회사인 Black & Decker 사의 전국 단위 신용 거래 고객이다.

대부분의 판매부는 고객 서비스도 같이 한다. 고객 서비스는 판매가 이루어진 이후 고객에게 제공되는 서비스이다. 고객 서비스는 고객이 구매 제품이나 서비스에 대해 진정한 만족을 얻을 수 있게 하고, 구매 후 문제가 발생했을 때 고객이 도움을 받을 수 있도록 하기 위한 것이다.

많은 회사들은 자사를 판매 주도라고 생각한다. 이러한 회사의 판매 요원들은 제품을 고객에게 적극적으로 알리고, 고객 만족을 위해 최선을 다하며, 경쟁적으로 독창적인 판매 방법을 생각해 낸다. IBM 사의 경우 첨단 기술을 갖고 있으면서도 그 기술보다는 판매를 하나의 사명이라고 생각하는 판매 요원으로 더 유명하다.

판매부는 대개 판매 요원들로 구성되어 있다. 판매 요원들은 새로운 잠재 고객을 찾아내어 그들로 하여금 제품이나 서비스를 구매하게 만든다. 고객 서비스 직원들은 주로 고객과 전화 상담을 하며, 나중에 판매 요원이 되거나 경험을 살려 마케팅부로 가기도 한다.

MBA Lingo

고객 서비스(customer service)는 판매가 이루어진 이후에도 회사와 고객간의 연결이 계속 이어지게 하는 역할을 한다. 고객 문의에 대한 대답, 고객 불평 해결, 제품 사용법 알려 주기 등이 고객 서비스에 속한다.

판매에 관해서는 Part 4에서 더 자세히 논의할 것이다.

경영 정보 시스템은 모든 사람에게 정보를 알려 준다

경영 정보 시스템(MIS) 기능은 회사의 전산 시스템을 운영한다. 컴퓨터가 기업 운영에 필수적인 부분이 되면서 지난 20년 동안 이 기능은 다른 어느 기능보다 중요성이 커졌다. 예전에는 데이터 처리라고 불렸었는데, 당시 고위 관리자들은 MIS를 회사의 실질적 사업과 동떨어진 기능이라고 생각했었다. 그러나 이제 더 이상 그렇지 않다. 이제 대부분의 회사에서 MIS는 핵심 기능이 되었다. 특히 대규모 서비스 회사의 경우 더욱 그러하다.

MIS는 회사 컴퓨터를 구입, 프로그래밍, 보관, 보호한다. 얼마 전부터 회사들은 경쟁 우위 확보를 위해 '정보 추적'이 아니라 '정보 활용'에 초점을 맞춰 왔다. 경쟁 우위에 관해서는 Chapter 1에서 자세히 다룬 바 있다. 이렇게 정보의 가치가 높아짐에 따라 MIS의 가치와 위상도 함께 높아졌다.

항공사를 예로 들어 보자. 수년 동안 항공사들은 고객에게 티켓을 발급하고, 고객이 탄 비행기의 출발 장소와 도착 장소를 추적하여 그 두 지점 사이의 거리를 알아내는 것이 고작이었다. 그러나 1979년 American Airlines 사는 '단골 고객 프로그램'이라는 마일리지 프로그램을 도입했다. 그런 종류로는 최초였던 이 프로그램은 데이터 전산 처리 기능을 활용하여 아주 따분한 정보를 매우 흥미로운 마케팅 도구로 변신시켰다. 그 도구 덕분에 American Airlines 사는 경쟁 항공사들이 그것을 모방하기 전까지 몇 년 동안 경쟁 우위를 지킬 수 있었다.

경영 정보 시스템은 주로 컴퓨터 시스템 분석가, 디자이너, 소프트웨어 프로그래머들이 담당한다. 시스템 분석가는 회사의 하드웨어적인 필요를 파악하고 충족시키는 일을 하고, 프로그래머는 소프트웨어적인 필요를 충족시키는 일을 한다. 그리고 대개 프로그래머는 한 개 이상의 컴퓨터 프로그램 언어를 전문적으로 다룰 줄 안다.

> **MBA Lingo**
>
> *경영 정보 시스템 (management information system, MIS)* 기능은 회사에 필요한 컴퓨터와 소프트웨어, 그리고 관련 제품들을 파악하여 그것들을 구입, 설치, 프로그래밍, 보관하고, 전산 시스템을 이용하여 회사의 모든 관리자에게 보고서를 전달하는 것이다.

지원 기능은 나머지 일을 한다

지금까지 논의한 것 이외의 모든 일을 지원 기능이라고 할 수 있다. 대기업의 지원 기능은 주로 다음과 같은 부문을 담당한다.

- ▶ 인적 자원
- ▶ 법률 문제
- ▶ 투자자 관계
- ▶ 시설 관리

> **MBA Lingo**
>
> *지원 기능(support functions)*은 뭔가를 만들고 팔고 돈을 다루는 모든 다른 부서를 지원한다. *법무(legal)*부도 지원 기능 중 하나이다. *사내 변호사 제도(house counsel)*라고도 알려져 있는데, 회사의 법률 문제를 해결해 주는 전속 변호사들로 구성된다.

법무(legal)부는 주로 변호사로 구성되어 있으며, 회사가 법과 정부 규제를 준수할 수 있도록 해준다. 그리고 자사가 제기한 소송이나 자사에 대해 제기된 소송을 처리한다. 법무부는 사내 변호사 제도(house counsel)라고도 알려져 있다. 반대로, 독립적인 법률 회사를 이용하는 것을 사외 변호사 제도(outside counsel)라고 한다. 대부분의 회사들은 복잡한 법률 문제가 생겼을 때 독립적인 법률 회사를 이용한다.

인적자원(흔히 **HR**이라고 함)부는 다른 부서 관리자와 더불어 직원을 모집, 고용, 보유, 교육하는 일을 한다. 인적자원부는 모든 부서의 관리자와 밀접히 협력하는데, 이에 관해서는 Chapter 4에서 좀더 자세히 살펴볼 것이다.

대개의 경우 투자자관계부는 마케팅부나 대외 커뮤니케이션부에 속하거나, 고위 관리자 직속하에 놓인다. 투자자관계부란 회사 주주나 오너에게 회사 방침을 전달하고 연례 주주 총회를 결성하는 일을 한다.

서비스 회사에서는 시설관리부 또는 시설부가 운영부에 속하기도 한다. 시설관리부는 부동산과 회사 건물을 정비하고 보수하는 일을 한다. 예를 들어, 건물 내 난방과 에어컨 같은 시설들을 정비한다. 시설관리부와 관계된 부서에는 전화 시스템을 운영하는 통신부와 회사 내에서의 범죄를 방지하는 보안부가 있다.

종합: 조직도

조직도는 방금 논의한 부서들이 회사 내에서 어떤 식으로 조직되어 있는지 보여 준다.

보다시피 궁극적으로 모든 부서는 보통 대표 이사장이나

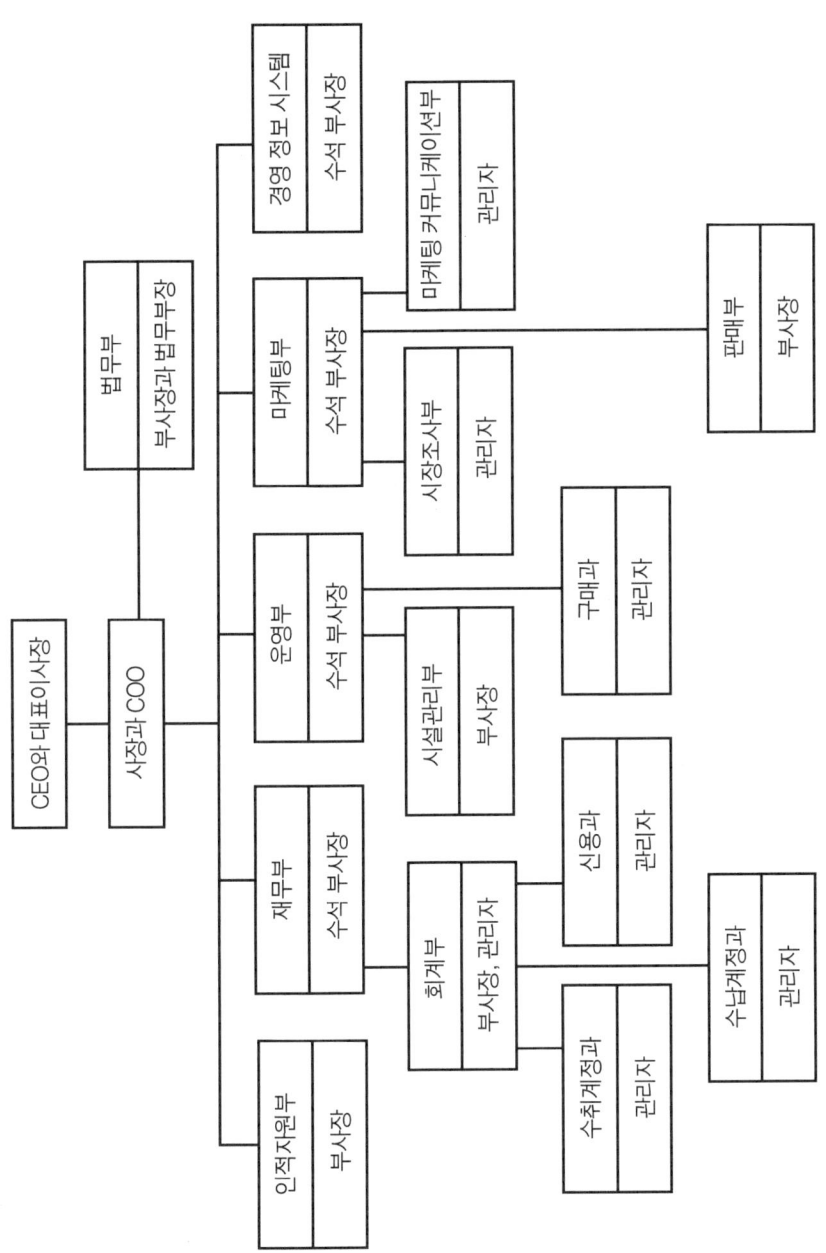

▲ 대기업의 조직도

사장직을 겸하는 최고경영자(CEO)에게 보고한다. CEO와 사장의 직책은 대부분 한 사람에게 맡겨지는데, 그 사람이 회사의 궁극적인 책임자이다. 한편, 최고운영책임자(COO)는 실질적인 일상 업무를 감독한다.

최고경영자가 기업을 소유하고 있지 않을 경우에는 보통 이사회로 대표되는 기업 오너에게 보고해야 한다. 이사회는 회사의 운영과 재무 성과를 감독하며, 주주의 이익을 수호한다.

각 부서는 관리자에 의해 운영되고, 관리자는 부사장에게 보고하며, 부사장은 다시 사장이자 최고운영담당자(COO)에게 보고한다는 점을 주목하라. 회사에서의 보고 라인이 매우 표준적인 패턴을 따르기 때문에 이 조직도가 전체를 대표한다고 할 수 있다.

MBA Lingo

여기에서 *대기업(large company)*이란 연 매출액이 1억 달러 이상인 회사를 의미한다. 그리고 5백만~천만 달러 이상에서 1억 달러 미만인 회사가 *중간 시장 회사(middle market companies)*, 5백만~천만 달러 미만인 회사가 *작은 회사(small businesses)*이다. 이것은 많은 은행이 이용하고 있는 분류 방법이다.

작은 회사는 어떠한가?

대기업은 거의 대부분 앞에서 설명한 부서들로 나뉘어져 있다. 한편, 작은 회사들은 각 업무별로 부서가 나뉘어져 있지는 않아도 대기업과 마찬가지의 기능들을 수행한다. 규모가 작든 크든 모든 회사는 예산을 준비하고, 재무 상태를 기록하고, 세금을 내고, 투자를 해야 한다. 그리고 직원이 한두 명인 가게를 제외하고는 인적자원부가 있든 없든 모든 회사는 좋은 직원을 모집하고 고용해야 한다.

작은 회사나 신생 회사들은 앞에서 논의한 기능 중 일부 또는 대부분을 갖추지 못할 수도 있다. 그러나 회사가 점점 성장할수록 그 기능에 대한 필요성이 점점 커질 것이다. 그렇게 계속 성장하면 결국 한 사람에게 특정 활동을 담당하게 해야 할 정도가 될 것이고, 시간이 더 흐르면 그 활동을 처리할 부서를 만들어야 할 정도가 될 것이다.

이것만은 알아 두자

▶ 기업의 각 부서는 특정 기능을 수행한다. 각 부서의 기능이 잘 수행되도록 하는 것이 관리자의 일이다.

▶ 재무부와 회계부는 돈을 관리하고 계산한다.

▶ 운영부는 제품이나 서비스를 만들거나 운반한다.

▶ 마케팅부와 판매부는 판매를 통해 돈을 번다.

▶ 경영 정보 시스템(MIS)의 중요성이 매우 커졌다. 이것은 컴퓨터 정보가 대부분 산업의 핵심 자원이 되었다는 사실을 반영한다.

▶ 조직도는 회사의 구조를 나타내는 표이다.

Chapter 4

효과적인
인사 관리

Good   Bad

In This Chapter
Point

▶ 인적자원부의 역할

▶ 잠재 직원 면접하는 방법

▶ 직원 고용 및 해고하는 방법

▶ 문제 직원 다루는 방법

▶ 직원의 성장과 일에 대한 만족도를 높이는 방법

Chapter 2에서 나는 사람들을 지원하는 것이 관리의 핵심 업무라고 말했다. 인적자원부는 회사 내의 모든 관리자와 직원들을 지원한다. 인적자원부는 사람 관리의 '큰 그림적인' 측면을 다룬다. 즉, 업무 수행을 위해 사람들을 관리하는 일상적인 일이 아니라, 직원 고용 및 해고, 임금 정책 및 규모 결정, 그리고 회사가 고용 법규를 준수할 수 있도록 하는 일을 담당한다.

어떤 회사는 아직도 그렇게 부르는데, 예전에는 인적자원부를 인사부라고 불렀다. 그러나 '인적자원'이라는 단어 속에는 이 부서의 새로운 역할과 새로운 의식이 반영되어 있다. 오늘날 직원들의 성장과 개발 보장, 다양한 인력 관리, 의료 보험 회사와의 연계, 회사의 유연성을 위한 직원 훈련의 필요성이 증가하면서 인적자원부도 새로운 기능을 수행해야 하게 되었다. 인적자원부는 이제 더 이상 단순히 출근 상황만 점검하는 부서가 아니다.

이 Chapter에서 나는 인적자원부가 어떤 일을 하고, 관리자들에게 어떻게 도움을 줄 수 있는지 설명할 것이다. 회사 규모가 너무 작아 인적자원부가 없는 경우라면 이 Chapter를 통해 모든 관리자가 꼭 알아야 할 '큰 그림'을 접하게 될 것이다.

인적자원부는 어떤 일을 하는가?

인적자원부는 직원 고용, 오리엔테이션, 훈련에 관해 관리자에게 조언을 해주고, 임금, 업무 평가, 징계에 대한 지침을 세운다. 그리고 회사가 고용 차별이나 안전에 관한 법규를 준수할 수 있도록 한다. 노조가 있는 경우에는 노조가 제시한 근로 규율을 처리할 수 있도록 관리자에게 조언을 제공한다.

전반적으로 인적자원부는 직원이 많은 회사에 필요한 행정 기능을 수행한다. 인적자원부는 주로 다음과 같은 일을 한다.

MBA Lingo

노조(unionized workers)
란 직원들이 관리자와 개인적이 아닌 집단적인 협상을 하기 위해 결성하는 것을 말한다. 직원들이 찬성하면 노조 대표가 직원들에게 적용되는 계약을 관리자와 협상한다.

- ▶ 직원 모집
- ▶ 보수 분석
- ▶ 혜택 관리
- ▶ 직원 훈련 및 개발
- ▶ 전반적인 직원 관리

각 항목을 간단히 살펴보자.

리쿠르터는 회사에 빈자리가 생겼을 때 직원을 모집하는 일을 담당한다. 리쿠르터는 구인 신문 광고를 내거나 직업 소개소에 의뢰하거나 대학 캠퍼스를 방문해 응시자를 모집한 뒤 선별 작업을 거쳐 담당 관리자에게 후보자 명단을 보낸다.

MBA Lingo

리쿠르터(recruiter)는
직원이 필요할 때 직원을 채용하는 일을 담당한다.

채용에 앞서 리쿠르터는 후보자가 이전에 다녔던 회사 기록을 조회해 보거나, 필요한 경우 경찰 전과 기록을 살펴보기도 한다. 당신도 예상했겠지만, 구직 희망자들이 제출한 이력서를 읽은 다음 파일로 보관하거나 버리는 곳이 인적자원부이다.

보수 분석가는 각 직책의 기능과 자격 요건을 결정하고 직무 기술서를 작성한다. 여기서 직무 기술서는 각 직무의 내용, 성격, 수행 방법 등을 기록한 공식 문서를 말한다. 그런 다음 각 직책에 대해 어느 정도의 보수(즉, 임금과 보너스)를 주는 것이 적당한지 결정한다. 대개 임금은 '16,000달러에서 27,000달러까지' 식의 범위로 나타낸다.

그리고 각 직책에 대해 얼마 만에 한 번씩 임금 인상을 고려해야 하는지 결정한다.

MBA Lingo

직무 기술서(job description) 는 각 직무의 내용, 성격, 수행 방법 등을 기록한 공식 문서를 말한다. 직무 기술서는 회사의 모든 직무에 대해 작성되어야 하며, 모든 직원은 자신의 직무 기술서 사본을 가지고 있어야 한다. 그리고 관리자는 자기의 모든 부하 직원들의 직무 기술서 사본을 가지고 있어야 한다.

혜택 관리자는 의료 보험이나 퇴직금 및 기타 혜택을 제공하는 업체와 협력해서 직원들이 혜택을 받을 수 있도록 한다.

훈련 개발 전문가는 모든 직원이 업무 훈련을 받고 승진 준비를 할 수 있도록 하기 위해 외부의 직원 훈련 회사에 위탁하고, 사내 훈련 과정을 개발한다.

일반 인력 관리자는 직원들과의 커뮤니케이션, 헌혈 운동 같은 봉사 활동, 직원들의 불만을 다룬다. 대기업에서는 뉴스레터 같은 정기 간행물을 발간하기도 한다. 그리고 흡연, 사무실 파티, 직장 안전 규정 준수를 위한 정책도 마련한다.

MBA Lingo

보수(compensation) 는 직원들에 대한 임금과 보너스, 그리고 회사에서 지불해 주는 의료비나 생명 보험료와 같은 혜택을 합친 것이다. 총보수는 봉급, 보너스, 혜택, 그리고 회사 자동차나 회사 가맹 클럽 회원권과 같은 특혜를 전부 합한 것을 말한다.

인적자원부는 인사 관리에서 생기는 거의 모든 문제에 관해 컨설팅을 제공하지만, 특히 다음과 같은 상황에 처했을 때 큰 도움이 된다.

▶ 직원을 새로 채용할 때
▶ 문제 직원을 다룰 때
▶ 직원에게 공정함과 안전을 보장하려 할 때

이제부터 각 상황에 관해 좀더 자세히 살펴보자.

직무에 맞는 사람 고용하기

규모가 큰 회사들은 인적자원부가 직원 채용 과정에 관여할 수 있도록 방침을 만든다. 관리자의 편리, 회사 보호, 비용 절감의 효과를 위해서이다.

예를 들어, 직업 소개소를 통해 고용할 경우 인적자원부는 믿을 만한 소개소를 추천해 줄 것이며, 수수료를 가장 적절한 선으로 협상해 줄 것이다. 고급 인력 스카우트 회사를 통하거나 구인 광고를 낼 때도 마찬가지이다. 또한 인적자원부는 구직 희망자들의 이력서를 파일로 보관하고 있기 때문에 그 파일만 검토해도 적절한 후보를 찾는 데 도움이 될 것이다.

MBA Lingo

직업 소개소 (employment agency)는 충원이 필요한 회사들이 이용하는 회사이다. **고급 인력 스카우트 회사**(executive search firm 또는 executive recruiter 또는 headhunter)는 잠재 후보를 찾아 만나서 새로운 직장을 구할 의사를 물어 보고 선별한다. 그리고 회사에 빈자리가 생기면 후보를 추천해 준다.

그리고 인적자원부는 고용 법규에 위배되는 행동과 그렇지 않은 행동을 조언해 줌으로써 회사가 소송에 휘말리는 것을 막아 준다. 예를 들어 인종이나 성별, 또는 나이를 근거해서 고용을 차별하는 것은 법적으로 금지되어 있다. 그리고 어느 정도 규모가 큰 회사는 장애자 고용이 의무이다. 모든 부서의 관리자가 고용법에 대해 전문가일 수는 없기 때문에 인적자원부가 그 전문가 역할을 대신한다.

구인 광고

직원을 새로 또는 충원하기 위해 채용할 때 상사의 승인을 거쳐야 한다. 승인을 받은 다음에는 인적자원부 직원과 직무 기술서를 검토하라. 그리고 회사의 고용 절차에 관해 모르는 점이 있으면 설명해 달라고 부탁하라.

MBA Mastery

인적자원부에게 자료를 신청하고 그것을 신중하게 고려함으로써 구인 광고 카피와 이력서 전송 정책을 놓고 인적자원부와 줄다리기하지 마라. 하지만 고용 담당자로서 고용에 관여하기 위해서 필요한 자료와 정보는 달라고 해야 한다.

될 수 있으면 인적자원부가 내려고 하는 구인 광고 카피를 검토하라. 그리고 광고를 어디에 실어야 효과가 있을지 인적자원부에게 구체적으로 일러 주어라. 가령 산업잡지에 실어야 할지, 뉴스레터 혹은 인터넷 사이트에 실어야 할지를 말이다.

이력서가 도착하면 인적자원부는 선별 작업을 통해 확실히 자격 미달이라고 생각되는 사람의 이력서를 제외한다. 그러나 나는 도착한 이력서를 모두 갖다 달라고 인적자원부에게 당부한다. 왜냐하면 첫째, 어떤 사람들이 지원했는지 확인함으로써 광고가 효과가 있었는지 파악하기 위해서이고, 둘째, 인적자원부는 자격 미달이라고 생각할지 모르지만 나에게는 왠지 관심이 가는 사람일 수 있기 때문이다.

지원자 면접

직원 채용 과정에서 관리자의 준비가 가장 많이 필요한 때가 지원자를 면접할 때이다. 대부분의 면접은 지원자가 회사와 공감대가 형성되었는지 여부만을 파악할 뿐 형식적이다. 그러나 그것만으로는 그 지원자의 실제 업무 수행 능력을 판단할 수 없다.

어떤 회사의 인적자원부는 관리자에게 사원 면접 방법을 훈련시키기도 한다. 모든 인적자원부는 면접에 대한 지침과 조언을 제공하고 1차 면접을 한다. 인적자원부 사람과 관리자 외에 면접관이 둘 이상일 경우에는 인적자원부가 호스트 역할을 하며 일정을 조절한다. 당신과 인적자원부 직원 외에 다른 사람, 가령 경험 많은 상사와 함께 면접을 하는 것이 바람직하다. 제3자의 견해가 있으면 지원자 파악에 도움이 되기 때문이다.

면접을 하기 전에 질문 내용을 적어 준비해 두어라. 면접이 시작되면 인사를 나누고 응시자의 긴장을 풀어 주어라. 그런 다음 일을 해낼 수 있는지, 일을 할 것인지, 이 두 가지에 초점을 맞춰 질문을 던져라.

일을 해낼 수 있는지 여부는 학력, 경력, 과거 성과를 물어 보면 알 수 있다. 특히 과거에 다녔던 직장에서 어떤 일을 했고 어떤 성과를 올렸는지를 구체적으로 물어라.

일을 해낼 것인지는 응시자의 성격, 응시 동기, 진정한 관심 사항을 파악하면 알 수 있다. 응시자에게 과거에 다녔던 직장에서 좋았던 점과 싫었던 점, 그리고 왜 회사를 옮기려 하는지를 자세히 물어 보아라. 응시자가 무엇에 관심을 갖는 것 같은가? 자신과 다른 사람을 어떻게 생각하는가? 질문에 얼마나 성실히 대답하는가? 질문에 엉뚱한 대답을 하지는 않는가?

마지막으로, 법적으로 금지되어 있는 질문이 있다는 사실을 명심하라. 예를 들어 건강, 종교, 인종, 결혼 여부, 가족 계획, 나이는 물을 수 없다. 법적으로 금지되어 있는 질문과 허용되는 질문을 인적자원부가 자세히 알려 줄 것이다. 간단히 말해, 업무 능력과 직접적인 관계가 없는 질문은 하지 마라.

조회

면접 성적이 아무리 우수해도 채용 제의를 하기 전에 일단 조회를 해보아야 한다.

될 수 있으면 당신이 직접 조회를 하고, 여의치 않으면 인적자원부에 부탁하라. 조회를 할 때는 상대방에게 이번 채용은 아주 중요하며, 따라서 적절한 채용이 될 수 있도록 솔직하게 말해 달라고 부탁해야 한다. 객관적인 대답을 얻기가 쉽지 않지만, 그래도 시도하라. 많은 회사들은 옛 직원에 대해 나쁜 얘기하기를 꺼린다. 그 직원으로부터 소송을 당할까 우려하기 때문이다. 그래서 그곳에 다녔다는 사실만 확인시켜 주고 다른 얘기는 잘 해주려 하지 않는다. 그렇더라도 지원자의 옛날 직장 상사에게 객관적이고 유용한 대답을 부탁하는 노력을 포기하면 안 된다. 조회는 채용 결정에 대한 더 많은 근거 자료를 준다.

채용 제의

충분한 수의 후보를 면접했다면(전문 직책인 경우 5~8명이 적당하다고 생각한다) 이제 채용 제의를 할 차례이다.

일반적으로 채용 제의 방법은 회사 프로토콜에 명시된다. 인적자원부가 제의하도록 하는 회사도 있고, 담당 관리자가 하도록 하는 회사도 있다. 후자가 더 따뜻한 방법이기는

MBA Alert

조회 결과 대답이 부정적이었다면 그것은 분명 적신호이다. 그러나 그렇다고 해서 꼭 그 응시자의 기회가 사라지는 것은 아니다. 사적인 적대감이 있어서 그런 것일 수 있으므로, 그 응시자의 업무 성과를 구체적으로 말해 달라고 부탁하라. 그래서 구체적인 대답이 믿을 만하면 조심하라. 그러나 그 응시자의 특정 행동이 아니라 개인 특성에 대해 애매하게 부정적으로 말한다면 그것은 '단지 개인적인' 의견일 뿐이다.

MBA Lingo

고용 계약(employment contract)은 고용 조건을 명시한 회사와 직원 사이의 계약을 말한다. 고용 계약서에는 직무, 보수, 그리고 해고 및 퇴직에 관한 조건들이 기술되어 있다.

하지만 협상이 뒤따를 경우에는 전자가 더 낫다. 담당 관리자와 지원자 사이에 인적자원부가 '거리'를 마련해 주고 완충 역할을 해주기 때문이다. 누가 하든 대개 먼저 전화로 제의를 한 다음에 나중에 확인서를 보낸다.

간부급 채용인 경우에는 회사측이 고용 계약서 서명을 요구하는 경우가 종종 있다. 그럴 때는 서명하기 전에 계약서를 꼼꼼히 읽어 보거나 변호사에게 검토를 부탁하라.

회사 적응

인적자원부는 정식 채용된 직원에게 정책 보고서나 혜택 안내서 같은 회사 방침, 구조, 혜택, 윤리 등이 설명되어 있는 자료를 준다. 회사와 관계된 유용한 비디오 자료를 보여 주기도 한다.

관리자로서 당신은 부하 직원들의 능력을 개발할 책임이 있다. 따라서 업무와 관련되어 있고 예산에 포함되어 있으면, 필요하다고 생각되거나 직원이 요청한 교육을 제공해 주어야 한다. 1년에 500달러에서 1,000달러의 적은 액수라도 회사는 부하 직원을 둔 모든 관리자에게 직원 교육 예산을 마련해 준다. 그렇지 않을 경우엔 더 큰 부서나 중앙 인적자원부에 할당된 인력 개발 예산을 사용할 수 있게 한다.

대기업들은 대부분 수업료 상환 프로그램을 실시한다. 이것은 직원이 승인된 과정에 대해 수업료로 낸 돈을 되돌려주는 프로그램이다. 더 많은 걸 배우고자 하는 직원들은 그렇게 할 수 있도록 북돋아 주어야 한다. 수업료 상환 프로그램은 유능한 직원을 계속 머물게 할 수 있는 하나의 방법이다.

교육을 요청하는 직원이 있으면 인적자원부에 말해 보라. 한 가지 주제에 대해 많은 요청이 들어 오면 인적자원부는 강좌를 개설하거나 세미나를 열어 줄 것이다. 주로 소프트웨어, 커뮤니케이션 기술, 관리 기술 및 관리 관련 주제에 대한 교육 요청이 많다.

문제 직원 다루기

내가 관리자로 있으면서 인적자원부의 도움을 가장 많이 필요로 했던 때는 문제 직원을 징계하거나 해고해야 했을 때였다. 상사들도 도움을 주기는 했지만, 대부분은 그런 상황을 회피하거나 오히려 악화시켰다.

문제 직원을 다루고 싶어하는 사람은 아무도 없을 것이다. 문제 직원이란 업무 능력이 떨어지고, 태만하고, 성격상의 문제를 보이며, 회사에 피해를 주는 직원을 말한다. 대부분의 관리자들은 문제 직원을 처리하지 않고 '회피'하려고만 한다. 그러나 회사 전체와 다른 유능한 직원들을 위해 관리자는 문제 직원에게 책임을 묻고, 필요하면 해고해야 한다.

나는 근무 태만이거나 업무에 지장을 주지만 그렇다고 즉각적으로 해고할 수는 없는 사람을 문제 직원이라고 정의한다. 즉각적인 해고가 가능한 경우는 그리 많지 않다. 대부분의 대기업에서는 증거가 있거나 자신이 시인한 부정 행위(볼펜을 훔치는 가벼운 절도 이상의 행위), 협박, 폭력적인 행동, 사내에서의 음주와 마약 복용, 심한 불복종(상사의 합리적인 요구를 따르지 않은 것)에 한해서만 즉각적인 해고를 할 수 있다.

MBA Lingo

불복종 (insubordination)이란 업무와 관계된 직속 상사의 합리적인 지시를 거역하는 것을 말한다. 반복적으로, 또는 강하게 거역하면 그것을 심한 불복종이라고 한다.

그러나 출근 성적 불량, 업무 성적 저조, 근무 태도 불량 등에 대해서는 공식적인 해고 절차에 따라 개선할 수 있는 시간을 준다. 보통 90일의 근신 기간을 주고, 그 기간 동안 시정되지 않으면 바로 해고한다.

대기업은 공정을 기하고 부당 해고 소송을 피하기 위해 관리자들에게 해고의 타당한 이유를 제시하도록 한다. 이 단계에서 인적자원부는 한편으로는 문제 직원의 말을 들어주고, 다른 한편으로는 관리자에게 조언을 제공한다.

해고 절차는 문제 직원에게 개선할 수 있는 기회를 주기 위한 것이다. 해고 절차에 따라 문제 직원은 경고장을 받는다. 경고장에는 출근 성적이나 업무의 질 등 어떤 점이 부족한지가 구체적으로 명시되어 있다. 그리고 출근율 100%, 생산품 100개당 불량품 2개 미만 등과 같이 문제 직원이 달성해야 할 목표도 구체적으로 명시되어 있다.

MBA Lingo

부당 해고(wrongful termination)는 나이, 성별, 인종, 종교를 근거로 직원을 해고하는 것을 말한다. 여성이 임신을 했거나 이혼을 했다는 이유로 해고하는 것도 부당 해고에 속한다. 부당 해고는 근로자 차별 금지법에 위배된다. 해고에 대한 타당한 이유는 업무 성과와 관련된 것이어야 한다.

그리고 그 목표를 달성해야 할 기간도 명시되어 있다. 보통 30일, 35일, 60일의 기간이 주어진다. 그리고 개선된 상태를 '경고 기간 이후에도 계속 유지해야 함'이라는 문구가 적혀 있다. 해고를 면하기 위해 경고 기간에만 잘하고 그 기간이 지나면 다시 이전 상태로 돌아가는 것을 막기 위해서이다. 경고장을 받고 정신을 차리는 직원도 있지만, 큰 기대는 하지 마라. 그들은 이미 말로 몇 차례 경고를 받았는데도 전혀 개선하려 하지 않았던 사람들이다. 따라서 내 경험에 의하면, 공식 경고장을 받고 근신에 처해지는 직원은 거의 대부분 결국 해고된다.

인적자원부는 해고의 법적 측면과 절차에 관해 유용한 조언을 제공해 준다. 예를 들어, 인적자원부는 사람에 대한 평을 쓸 때는 그 사람의 성격 문제보다 행동에 초점을 맞춰 쓰라고 조언해 줄 것이다. 그리고 당신과 해고되는 직원 사이에 발생하는 감정적 차원의 문제를 해결할 수 있도록 도와줄 것이다.

뭐니뭐니 해도 문제 직원을 피할 수 있는 가장 좋은 방법은 고용을 신중하게 하고, 정규적으로 업무 평가를 실시하는 것이다.

Case IN Point

어떤 회사는 해고 절차를 불필요할 정도로 질질 끈다. 나는 관리자에게 해고할 권한이 없다는 이유로 성격 장애가 있는 직원이 수개월 동안 회사에 머물렀던 두 경우를 알고 있다. 한 경우는 우리 회사, 또 한 경우는 다른 회사에서 있었던 일이다. 그중 한 명은 제정신이 나간 후에 경비의 부축을 받으며 건물을 나가야 했다. 그런 상황에서는 해고를 강력히 주장하라.

업무 평가를 진지하게 생각하라

대부분의 회사는 관리자가 직원 개개인에 대한 공식 업무 평가서를 정기적으로 작성해야 한다는 정책을 채택하고 있다. 사실 모든 회사가 이 정책을 가지고 있어야 한다. 모든 관리자가 이 정책을 따르고 있지는 않지만, 이 정책은 모든 관리자가 따라야 하는 정책이다. 왜냐하면 첫째, 직원들에게는 자신의 위치에 대한 평가서를 정기적으로 받을 권리가 있기 때문이고, 둘째, 차기 관리자가 직원들에 관해 알려면 평가 기록이 있어야 하기 때문이다.

업무 평가를 꺼리는 관리자도 있다. 그들은 평가 대신 다른 것을 하려는 사람이거나, 나쁜 소식을 전하는 것을 싫어하는 사람들이다.

업무 평가서 작성 요령과 관리에 관해서는 인적자원부와 상사가 알려 줄 것이다.

업무평가서 견본

	등급				
	매우 뛰어남	아주 우수함	좋음	보통	기준 미달
1. 출근	☐	☐	☐	☐	☐
2. 근무의 질	☐	☐	☐	☐	☐
최고 기준 달성	☐	☐	☐	☐	☐
통제 결함	☐	☐	☐	☐	☐
반려의 최소화	☐	☐	☐	☐	☐
3. 근무 시간 분배	☐	☐	☐	☐	☐
합리적인 데드라인을 설정한다	☐	☐	☐	☐	☐
데드라인을 맞추거나 넘길 것이다	☐	☐	☐	☐	☐
빡빡한 데드라인을 맞출 것이다	☐	☐	☐	☐	☐
4. 커뮤니케이션 기술	☐	☐	☐	☐	☐
쓸모 있는 아이디어를 내놓는다	☐	☐	☐	☐	☐
생각을 분명하게 전달한다	☐	☐	☐	☐	☐
타인의 얘기를 듣는다	☐	☐	☐	☐	☐
5. 다른 사람들과 더불어 일을 잘한다	☐	☐	☐	☐	☐
다른 사람의 업무를 도와준다	☐	☐	☐	☐	☐
팀의 목표를 우선시한다	☐	☐	☐	☐	☐
다른 사람들의 기술을 발전시킨다	☐	☐	☐	☐	☐
6. 업무 기술을 정기적으로 향상시킨다	☐	☐	☐	☐	☐
회사 훈련에 참가한다	☐	☐	☐	☐	☐
향상되는 모습을 보여 준다	☐	☐	☐	☐	☐
7. 솔선수범	☐	☐	☐	☐	☐
지시가 거의 필요 없다	☐	☐	☐	☐	☐
문제를 예상하고 조심한다	☐	☐	☐	☐	☐
적극적으로 문제를 해결한다	☐	☐	☐	☐	☐

업무 평가를 아예 하지 않거나 정기적으로 하지 않는 것 외에 가장 흔히 저지르는 잘못은 실제에 비해 지나치게 높은 점수를 주고, 문제점을 개선할 수 있는 확실한 프로그램을 제공하지 않는 것이다. 이 말은 나쁜 점만 부각해서 평가하라는 게 아니라, 좋은 점과 나쁜 점을 균형 있게 평가하라는 뜻이다. 지난 20년 동안 내가 본 완벽한 직원은 딱 2명뿐이었다. 즉, 나를 포함한 대부분의 사람들은 장점과 문제점을 동시에 가지고 있다는 뜻이다. 관리자는 평가서에 그것을 모두 기록해야 한다.

정기 평가 결과 직원의 업무 성과가 떨어진 사실이 발견되면 그 직원의 업무 성과를 기록한 뒤, 향상을 위한 실천 방안과 함께 30일에서 60일 정도의 향상 기간을 주어라.

Case IN Point

몇 년 전 실시한 설문 조사 결과, 일반 회사에서 직원의 50%가 자신의 업무 성과가 상위 10%에 속한다고 생각하는 것으로 나타났다. 이것은 수학적으로나 실질적으로나 불가능하다. 아마 업무 평가를 너무 좋게 해준 게 그 원인이 아닌가 생각된다.

가야 할 때: 해고하기

안타깝게도 결국 당신은 개선을 못하거나 개선할 의지가 없는 문제 직원을 만나게 될 것이다. 기회를 충분히 주었는데도 개선을 못했다면 즉각 해고하라. 물론 해고하기 전에 인적자원부와 상사의 의견을 참고해야 한다. 직원을 해고할 때 다음 지침을 이용해 보라.

▶ 해고 통보를 위해 만날 장소는 당신이나 그 직원의 개인 사무실이 아니라 회의실이나 공공 사무실로 정하라.

▶ 해고 사실은 공식적인 자리에서 말로 전하라. 그리고 나서 "우리 회사는 자네를 더 이상 필요로 하지 않네."라는 간략하고 덤덤한 문구의 편지를 전해 주어라.

▶ 사과하지 마라. 원한다면 "일이 이렇게 돼서 유감이네. 앞으로 잘 되길 바라네."라는 말 정도는 할 수 있다. 그러나 당신 위치에서 진심으로 사과할 필요는 없다.

▶ 당신이 직접 전하되 인적자원부 사람이 보는 자리에서 해고 소식을 전하라. 그 사람이 당신과 그 직원 사이의 마지막 대화나 싸움의 증인이자 당신의 지원자가 되어 줄 것이다.

▶ 그 직원에게 얘기가 끝나는 즉시 회사를 떠나라고 말하라. 당일 하루 정도는 남게 할 수도 있지만, 빨리 떠나게 할수록 좋다.

소지품을 챙기고 당장 회사를 떠나라고 하는 게 너무 가혹하다고 생각될지 모른다. 그러나 그럴 만한 충분한 이유가 있다. 통보 당일 회사에 있어도 된다고 하면 소란을 피우거나 회사 물건을 파괴하거나 훔쳐 갈지도 모르기 때문이다. 통보 당일 회사에 남아 있어도 좋다고 말하는 이유는 단 하나, 예의 때문이다. 그런 예의를 지켜 줘야 할 만한 사람이라면 그렇게 하라. 그러나 좋지 않은 결과가 생길 수 있음을 명심하라.

해고를 당하는 직원이 소송을 내겠다고 협박해도 당황하지 마라. 나는 그런 위협을 받으면 "자네에게 무엇이 최선일지 생각해서 행동하게."라고 말한다. 그뿐이다. 많은 회사가 퇴직 수당을 안겨 주어 소송을 막아 보려고 한다. 간부급 직원이 해고될 때는 고용 계약에 따라 퇴직 수당을 받기도 한다. 그러나 해고된다고 해서 무조건 퇴직 수당을 받는 것은 아니다.

퇴직 수당을 받는 경우는 소송을 내지 않을 것이며 퇴직 수당을 완전한 합의금으로 받아들이겠다고 동의한 문서에 서명했을 때, 즉 해고 형태가 아니라 '명예 퇴직' 형태일 때이다.

공정함과 직원 안전 보장하기

인적자원부는 직원들이 공정한 대우를 받고 회사가 직원 건강과 안전에 대한 규제를 준수할 수 있도록 해준다. 예를 들어, 공정함과 관련해서는 정리 해고 기간 동안에 퇴직 수당을 조정하고 간부급이나 전문가를 위해 전직 알선을 해준다. 정리 해고하는 걸 좋아하는 사람은 아무도 없다. 그러나 그것을 처리하는 좋은 방법도 있고 좋지 않은 방법도 있다. 인적자원부는 이 어려운 일을 도와줄 수 있다.

직원 건강과 안전 규제 준수와 관련해서 인적자원부는 관련 법규가 회사에 미칠 수 있는 영향을 파악하고, 회사가 그 법규를 준수할 수 있도록 도와줄 것이다. 예를 들어, 인적자원부는 직장 안전에 관해 미국에서 가장 포괄적인 법안인 직장 안전 및 건강법(OSHA)과 장애자 고용을 의무화하는 장애인 고용법을 지킬 수 있도록 해줄 것이다. 그 밖에 인종 차별 철폐 프로그램과 차별 금지법이 지켜질 수 있도록 관리자들을 도울 것이다.

인적자원부는 공정함과 안전을 위해 그 밖에 다음과 같은 일들을 한다.

▶ 직원 불만 처리
▶ 직원들에게 원조 프로그램 이용 방법 알려 주기
▶ 사내 직원 공모제 운영
▶ 관리자에게 승진, 임금 인상, 커리어 경로에 대해 컨설팅해 주기

각 항목들을 하나씩 살펴보자.

직원 불만

인적자원부는 관리자의 불공정한 처우에 대한 직원들의 불만을 처리한다. 그리고 성희롱이나 인종, 성, 종교 차별에 대한 건의도 처리한다. 일반적으로 인적자원부에는 직원들의 불만이나 건의를 처리하고 해결하는 절차가 마련되어 있다.

MBA Lingo

직원 원조 프로그램(EAP; Employee Assistance Program)은 병원이나 HMO와 같은 의료 업체가 직원들에게 마약, 술, 부모, 정신과적인 문제에 대해 상담을 해주는 서비스를 말한다. 비용은 회사가 지불해 주며, 비밀이 보장된다.

직원 원조 프로그램

직원 원조 프로그램(EAP)이 있는 회사인 경우, 인적자원부가 그 프로그램을 세우고 직원들에게 이용 방법을 알려 준다.

마약이나 술에 취한 상태에서 근무한 것이 확실한 경우는 말할 것도 없고, 마약이나 술 때문에 업무 처리에 지장을 받는 것으로 의심되는 직원이 있다면 인적자원부 직원과 비밀리에 의논해 보라.

사내 직원 공모제

대기업에는 대개 사내 직원 공모제라는, 현재 비어 있는 자리의 명단과 지원 방법을 사내에 공고하는 제도가 있다. 대부분의 회사는 빈자리가 생겼을 때 사내 직원으로 충원하는 것을 선호한다. 지원자의 자질이 이미 입증되어 있기 때문이다. 보통 사외 직원 채용 공고를 내보내기 전 2주~4주 동안 사내 직원을 공모한다.

당신 회사에 이 제도가 있다면 잘 알아 두어라. 더 좋은 직책을 찾을 때 혹시 도움이 될지도 모르지 않은가?

승진, 임금 인상, 커리어 향상

관리자로서 당신은 당신 부하 직원의 승진과 임금 인상에 큰 역할을 한다. 당신의 상사가 당신에 대해 그런 역할을 하는 것처럼 말이다. 그런데 임금 인상과 승진 체계를 관리하는 곳은 인적자원부이다. 그 체계를 잘 알고 있을수록 당신뿐만 아니라 임금 인상과 승진이 당연한 다른 직원들에게 더 큰 도움이 된다.

이것이 무슨 의미인지 예를 들어 설명해 보겠다. 전에 다녔던 회사에서 내 부하 직원 중 매우 유능한 마케팅 코디네이터가 있었다. 임금 인상 시기가 다가왔을 때, 그 직원은 이미 자기 직책에 해당되는 임금 범위에서 가장 높은 액수를 받고 있었기 때문에 인상 대상이 되지 못했다. 그러나 그 직원의 업무 양과 질로 볼 때 나는 인상이 당연하다고 생각했다. 물론 그 직원도 그렇게 생각했을 것이다.

나는 그 직원의 업무를 분석하다가 그 직원이 마케팅 코디네이터일 뿐만 아니라 그보다 직책이 높은 마케팅 관리자 일도 겸해서 하고 있다는 사실을 알게 되었다. 그러나 아직 마케팅 부장으로 승진할 단계는 아니었다.

그럼 해결책은 무엇인가?

나는 인적자원부의 보수 분석가와 상의해서 마케팅 코디네이터와 마케팅 부장 사이에 마케팅 부부장이라는 새로운 직책을 만들었다. 그리고 이 직책의 임금이 마케팅 코디네이터보다 높도록 했다. 그런 다음 그 직원을 마케팅 부부장으로 승진시켰고, 임금도 인상해 주었다. 그렇게 함으로써 훌륭한 직원을 보상하고 또 계속 남아 있게 할 수 있었다.

커리어 경로는 직책의 이동 경로를 의미한다. 그러나 항상 커리어 향상 즉, 책임이 더 많아지는 직책으로의 이동을 나타내지는 않는다. 인적자원부는 회사 내 커리어 경로를 개

> **MBA Lingo**
>
> **직무 교대(job rotation)**란 직원들에게 여러 다른 부서의 업무를 배정하여 회사의 모든 기능을 익힐 수 있도록 하는 프로그램을 말한다. 배정된 각 업무는 2~3주에서 2~3개월 지속된다. 이 프로그램은 정규 경영 훈련 프로그램에 포함되는 경우가 많다.

발한다. 커리어 경로 개발 활동에는 승진에 대한 조언 제공 같은 비정규적인 것에서부터 경영 훈련과 직무 교대 프로그램 개발 같은 정규적인 것에 이르기까지 모든 것이 포함될 수 있다.

가장 포괄적으로 설명하면, 커리어 경로는 당신의 커리어가 지나가는 모든 경로라고 할 수 있다. 한 회사에서 꾸준히 승진하는 수직선일 수도 있고, 회사를 여기저기 옮기거나 커리어를 바꾸는 지그재그일 수도 있다. Chapter 26에서 설명하겠지만, 한 회사에서의 커리어는 이전에 비해 점점 짧아지고 있는 추세이다. 그러므로 커리어 경로를 설계하는 것은 궁극적으로 우리 각자가 해야 한다.

이것만은 알아 두자

▶ 인적자원부의 주요 기능은 직원 채용, 보상 분석, 혜택 관리, 직원 교육 및 개발, 그리고 기타 일반 직원 관리이다.

▶ 인적자원부는 직원 모집을 위해 여러 방법을 동원한다. 가령 학교를 방문하거나, 직업 소개소에 의뢰하거나, 구인 광고를 낸다.

▶ 인적자원부는 관리자에게 응시 직원 면접과 고용에 관한 조언을 제공한다. 그리고 직원 채용 시 조회를 하고 채용 제안을 한다.

▶ 회사는 모든 직원에게 담당 역할과 보수가 자세히 설명되어 있는 직무 기술서를 주어야 한다.

▶ 인적자원부는 관리자가 문제 직원을 처리할 때 도움을 준다. 부당 해고 소송을 당하지 않으려면 문제 직원을 조심해서 다루어야 한다. 문제 직원에 대한 회사 방침을 알아 두고, 인적자원부에 도움을 요청해 신속히 해결하라.

▶ 회사의 전 직원과 관리자에 대해 최소한 1년에 한 번씩 정식으로 업무 평가를 해야 한다. 이때 그 사람의 장점과 문제점을 모두 진지하게 평가해야 하며, 더 발전할 수 있는 프로그램을 제시해 주어야 한다.

Chapter 5

직장에서의 자기 관리

In This Chapter
Point
▶ 시간 관리와 체계적 정리에 관한 유용한 정보
▶ 프레젠테이션 준비 방법과 효과적인 방법
▶ 효과적인 회의 방법

인사 관리, 돈 관리, 작업 과정 관리 외에 관리자가 해야 하는 일이 또 있다. 바로 자기 관리이다. 업무의 기술적 측면에 관한 지식의 양과는 별도로, 대개 자기를 얼마나 잘 관리하느냐에 따라 승진과 봉급이 결정된다.

자기 관리란 자기가 해야 할 일들의 우선순위를 정하고, 시간을 잘 활용하며, 직장에 자신의 최상의 모습을 보이는 것을 말한다. 그리고 전화 통화, 프레젠테이션, 회의를 효과적으로 하는 것을 말한다.

회사에 다니는 사람은 누구나 승진을 바란다. 그러나 승진은 자기 자신에게 달려 있다. 일 처리를 프로처럼 완벽하게 하면 되는 것이다. 이 Chapter에서는 MBA 과정에 포함되어 있는, 직장에서 꼭 필요한 자기 관리 기술에 관해 다루기로 하겠다.

업무 지식 이외의 것

업무 파악은 필수이다. 당신이 재무 분석가나 회계사, 시장 조사가, 판매원, 또는 운영부 관리자라면 분야에서 최고가 되기 위해 노력해야 한다. 그러나 보다 앞서기 위해서는 전문 지식 이외의 다른 기술들도 갖고 있어야 한다. 이 기술들은 모든 직업에 해당되며, 사실상 모든 직장인들의 일상 업무와 관계된 것이다.

그중 가장 중요한 기술들은 다음과 같다.

- ▶ 시간 관리
- ▶ 정리 정돈
- ▶ 적절한 전화 통화
- ▶ 프레젠테이션
- ▶ 회의 진행

당신이 어떤 일을 하고 있든 이 기술들을 잘 마스터하면 업무 수행에 큰 도움이 될 것이다.

시간은 당신 편이 아니다

모든 직장인들은 바쁘게 일하지만, 그렇다고 누구나 생산적이지는 않다. 바쁘면서도 생산적으로 일할 수 있는 방법은 딱 하나이다. 할 일을 제대로 선택해 알맞은 시간 동안 적절한 방법으로 하는 것이다. 그리고 그렇게 하려면 계획을 세우는 수밖에 없다.

아직 그럴 준비가 되어 있지 않다면 계획을 세워 보는 습관을 들여라. 그냥 계획표에다 써 놓기만 하지 말고 당신이 어떤 일을 맡게 되었는지, 그 일을 마치기까지 어느 정도의 시간과 누구의 도움이나 지원이 필요한지, 그 일이 어느 정도 중요한지 신중히 생각해 보라.

어떤 일을 맡기 전에 그것이 얼마나 중요한 일인지, 당신과 부하 직원들에게 얼마나 도움이 될지 생각해 보라. 요즘 회사들은 인력 부족난에 시달리고 있기 때문에 당신이 알아서 당신과 부하 직원들의 시간을 지켜야 한다. 업무의 중요성을 파악할 때 다음과 같은 질문을 해보면 많은 도움이 될 것이다.

▶ 이 일을 하면 수익이 생길까? 만약 그렇다면 얼마나, 언제 생길까?

▶ 이 일을 하면 비용이 줄어들까? 만약 그렇다면 얼마나, 언제 줄어들까?

▶ 상사가 내게 지시한 목표나 계획서에 명시된 우리 부서의 목표와 관계된 일인가? 관계되지 않았다면 어떻게 어울리는가?

▶ 이 일을 완수하지 못하면 어떤 일이 생길까? 어떤 위기에 직면하고, 어떤 기회를 잃을 것인가?

▶ 우리 부서가 이 일을 맡으면 어떤 일을 못하게 될까?

이 가운데 마지막 질문이 핵심이다. 다운사이징을 하는 회사들은 보통 일자리를 없애는 것이 아니라 직원을 해고한다. 그래서 남아 있는 직원들이 더 많은 일을 떠맡게 된다. 그러면 직원들의 사기와 고객 서비스의 질이 떨어지고, 결국 회사 자체의 질이 떨어진다. 다운사이징을 하는 회사에서는 중요하지 않은 일을 맡지 않는 것이 중요한 일을 맡는 것만큼이나 중요하다.

MBA Alert

시간 관리의 핵심은 가장 중요한 일을 가장 먼저 하는 것이다. 중요하지 않은 일을 하느라 중요한 일을 하지 못하면 회사에 오래 남아 있지 못할 것이다. 상사의 지시 때문이었다고 해도 말이다.

그러나 일을 거절하는 것은 쉽지 않다. 특히 상사의 요청일 때는 더욱 그렇다. 그럴 때는 당신과 당신 부하 직원들이 얼마나 많은 일을 하고 있는지, 그 일을 새로 맡으면 어떤 프로젝트에 지장이 생기는지 말하라.

그렇게 말했는데도 중요하지 않은 일을 맡게 되었다면 그 것을 우선순위 아래쪽에 두고, 중요한 업무부터 먼저 끝낸 다음에 하라.

시간 관리

시간 관리의 중심은 계획이다. 그러므로 계획을 세우고 계획을 관리하라.

먼저 장기 목표부터 정하라. 왜냐하면 시간은 가장 중요한 일에 써야 하는데, 가장 중요한 일은 장기 목표 달성을 위한 활동들이기 때문이다. 그리고 중간 목표와 단기 목표도 구체적으로 세워야 한다.

그러므로 우선 한 해 동안 혹은 다음 2년이나 3년 또는 5년 동안의 사업 목표를 세우고, 그 해 분기별, 월별 목표를 정하라. 그런 다음 그 목표에 도달하기 위해 각 주말, 그리고 매일매일 해야 하는 일들을 구체적으로 정하라. 그리고 나서 주말 목표와 하루 목표를 구체적으로 세워라.

대체로 계획을 세우는 것보다 계획을 실천하는 것이 더 힘들다. 왜냐하면 급한 일이 생기면 계획했던 일보다 그것을 먼저 하게 되기 때문이다. 누군가가 말했듯이 급한 일 때문에 중요한 일을 하지 못하게 되는 것이다. 이러한 상황은 당신이 판단해서 대처해야 한다. 우선 중요한 일과 급한 일의 차이를 알아야 한다. 우리가 맡는 '급한' 일은 대부분 그리 중요하지 않은 일들이다. '이걸 나중으로 미루면 어떤 일이 생길까?' 라고 계속해서 컨설팅해 보고, 그 결과를 저울질해 생각해 보라.

MBA Mastery

시간에 쫓기는 일이 생기지 않도록 하는 가장 좋은 방법은 서로의 시간을 존중하는 것이다. 남들이 당신 문제로 비상 사태에 빠지는 일이 없도록 하고, 적절한 페이스대로 일하고, 지킬 수 있는 약속만 한다면 당신도 남들에게 똑같은 것을 요구할 수 있다.

Case IN Point

프랑스의 대장군 나폴레옹은 부하 장군들의 요청을 30일 동안 무시하고 있다가 30일이 지나도 계속되면 비로소 심각하게 고려하였다고 한다.

나폴레옹 시대는 '실시간' 시대가 아니었고 전화, 이메일, 팩스가 없었다는 것은 인정한다. 그러나 별로 중요하지 않은 요청을 저절로 수그러지기를 바라며 무시하는 것은 효과가 있는 방법이다. 나는 가치도 없으면서 직원들 일만 많아지게 하는 잡다한 아이디어를 생각해 내는 상사들에게 이 방법을 이용한다. 그러나 너무 자주, 그리고 모든 사람에게 이 방법을 사용하지는 말고, 시간을 낭비하는 요청에 대해서만 사용하라.

어디에 두었더라?

시간 부족 외에 관리자가 부딪히는 가장 큰 골칫거리는 문서가 너무 많다는 것이다. 당신은 아마 '종이 없는 사무실' 이라는 말을 들어 본 적이 있을 것이다. 이것은 개인용 컴퓨터가 가져다 주는 큰 혜택이 될 것으로 생각되었었다. 그러나 그렇지 않았다.

개인용 컴퓨터와 프린터가 생기면서 문서는 오히려 더 많아졌다. 이메일 때문이라고 생각할 수도 있겠지만, 나는 그렇게 생각하지 않는다. 그 많은 문서들은 사무실에 쌓여, 그대로 내버려두면 사무실이 쓰레기장으로 변해 버릴 것이다.

그렇다면 어떻게 해야 할까? 정리를 하라. 그럼 정리는 어떻게 해야 할까?

하나의 주제에 대해서라도 파일을 세 가지 종류로 분류하는 방법을 고려해 보는 것은 어떨까? 하나는 매일 일상적으로 수행하는 프로젝트에 대한 '실무 파일'. 늘 가까이 두고 회의에 가지고 다니는 파일이다. 다른 하나는 파일 서랍 안에 두는 '역사 파일'. 참고가 될 만한 자료가 들어 있지만 실무 파일에 넣고 싶지는 않은 파일이다. 마지막으로, 세금 납부할 때나 법적인 문제가 생겼을 때 등 앞으로 언젠가 필요할 것이라고 생각되는 자료를 모아 둔 '보관 파일'. 보관 파일은 사무실 밖이나 다른 장소에 보관할 수도 있다.

'깔끔 도착증'까지 보일 필요는 없지만, 많은 간부들은 사무실을 어지럽게 사용하는 사람을 마땅치 않게 생각한다. 일반적으로 주변이 지저분한 사람이라는 평은 당신에게 해가 될 수 있을 뿐 분명 도움은 되지 않을 것이다.

우선 문서를 파일로 만들어 보관하라. 어떻게 만드는지 모르는 사람들은 다음에 설명된 방법을 따라 해보아라.

중요한 건 여러 주제별로 적당한 크기의 파일을 만드는 것이다. 여기서 여러 주제란 일상 업무와 관계된 모든 일들, 예를 들어 고객과 잠재 고객, 프로젝트, 인사 등을 말한다.

파일의 크기는 주제를 어떻게 선택하느냐에 따라 달라질 것이다. 주제는 유용한 내용이 들어 있을 정도로 좁히되, 지나치게 좁아도 좋지 않다. 그러면 알맹이가 없는 파일만 수백 개가 생기기 때문이다. 그러나 주제가 너무 넓으면 파일 수는 줄겠지만 파일이 너무 두꺼워질 것이다.

이해를 돕기 위해 예를 들어 보겠다. 당신이 판매 사원이라고 해보자. 만약 생산 라인이 적고 고객층도 넓지 않다면 잠재 고객에 대한 파일은 하나만 있으면 될 것이다. 그러나 생산 라인이 많고 고객층도 넓다면 '잠재 고객 – 복사기', '잠재 고객 – 사무 가구' 식으로 이름을 붙여 파일을 여러 개 만들어야 할 것이다. 물론 파일이 너무 두꺼워지면 그것을 다시 세분화할 수도 있다.

일단 파일을 만들었으면 그것을 제대로 사용해야 한다. 즉, 파일에서 서류를 꺼내 본 다음에는 다시 파일에 집어넣어 제자리에 갖다 놓아야 한다는 말이다. 아주 간단하게 들리지만, 천성적으로 정리 정돈을 잘 못하거나 정리를 해줄 비서가 없는 경우에는 매일 일부러 시간을 내서 정리하지 않으면 사무실은 곧 난장판이 되어 버릴 것이다.

그 밖의 서류 정리 방법으로는 다음과 같은 것들이 있다.

▶ 당신이 받은 메일이나 메모는 각각 읽을 때 한 번만 건드리도록 하라. 즉, 버리거나(trash), 소개 글을 쓰거나(refer), 답장을 보내거나(answer), 파일로 보관하는 것은(file) 읽은 즉시 하

라. The Organized Executive의 저자 Stephanie Winston은 머리글자를 따서 이것을 'TRAF 시스템'이라고 부른다.

▶ 답장이나 소개 글은 될 수 있으면 받은 편지 위에 바로 써라. 불필요한 문서를 만들지 마라.

▶ 제안에 응답할 것이 아니라면 정크 메일을 열어 보지 마라.

▶ 기입해야 할 양식은 바로바로 기입하라. 필요한 정보를 다 갖고 있지 않다면 알고 있는 것만 기입하라. 그러면 당신에게 어떤 정보가 필요한지 알게 될 것이다.

▶ 사무실 안에 문서나 보고서를 여러 부 복사해 두지 마라. 여유 문서는 창고에 보관하거나 필요한 사람이 복사할 수 있도록 한 부만 복사해 두어라.

▶ 신문이나 잡지에 보관해 두고 싶은 기사가 있으면 그 기사만 오려서 파일로 만들어라. 신문이나 잡지를 쌓아 두지 마라.

전화의 힘

간단한 전화 통화는 아직까지 회사의 주요 커뮤니케이션 수단이다. 여기서는 전화를 가장 잘 이용할 수 있는 방법을 소개하겠다.

전화 받기

전화를 받을 때는 '안녕하세요'라고 말한 다음 자기 이름을 밝혀라. 부서나 회사 이름을 말하는 게 회사 방침이라면 그것도 말하라. 그냥 '네'라고 말하거나, 그게 회사 관행이라면 모르겠지만 성만 밝히는 것은 좋지 않다. 너무 퉁명스럽게 들리기 때문이다.

고객 서비스 같은 업무를 하는 사람이 아닌 한 전화 벨이 울릴 때마다 전화를 받으면 정작 해야 할 일을 못하게 될 것이다. 이런 경우 오전과 오후 대부분의 시간 동안 자동 응답기를 틀어 놓았다가 오전 늦게나 오후 늦게 답신을 하는 것이 좋다.

MBA Alert

자동 응답기 인사말을 만들 때 날짜나 요일, 또는 전화를 받지 못하는 이유를 길게 설명하는 것은 시간 낭비이다. 더 나쁜 것은 소위 '귀여운' 인사말이나 '무엇을 언제 어떻게 해야 하는지 아시죠?', 또는 '그럴 가치가 있다고 생각하시면 메시지를 남겨 주세요'와 같은 인사말이다. 꼭 이런 식으로 당신을 표현해야 한다면 차라리 당신 자동차에 범퍼 스티커를 붙여라.

자동 응답기 인사말은 간단하게 하라. 나는 지난 수년 동안 '안녕하세요. Tom Gorman입니다. 메시지를 남겨 주시면 곧 연락 드리겠습니다.'라는 간단한 인사말을 써 왔고, 효과가 있었다. 마찬가지로 응답기에 메시지를 남길 때도 최대한 짧게 하라. 그리고 항상 당신 연락처를 남기고, 연락처를 말할 때는 천천히 말하라. 사무실 밖에서 메시지를 확인하는 사람이 많은데, 그런 경우 당신 연락처를 갖고 있지 않을 수도 있기 때문이다.

마지막으로, 전화는 받은 당일 답신해 주는 것이 예의이다. 그러나 오후 4시 이후 늦은 시각에 전화가 왔을 경우에는 대개 다음날로 미루어도 괜찮다.

전화 걸기

전화할 일이 있으면 바로 하라. 많은 사람들은 "이런, 누구누구한테 전화해야 하는데."라고 말하면서도 막상 전화를 하지 않는다. 무엇 때문에 그러는가? 자꾸 미루지 마라. 누구한테 할 말이 있으면, 특히 도움을 요청할 일이 있다면 될 수 있는 한 빨리 하라. 계속 미루다 보면 그 사람이 너무 바빠지거나 출장을 가 버릴 수도 있고, 회사를 그만둬 버릴 수도 있기 때문이다.

MBA Mastery

아는 사람 중에 판매원이나 판매 지배인, 헤드헌터 등 전화로 큰돈을 버는 사람이 있으면 그 사람의 직장에 가서 일하는 모습을 한번 관찰해 보라. 거기엔 그들이 마스터한 정중함과 끈질김의 혼합, 대화의 완급을 조정하고 질문을 하고 침묵을 감안하는 방법이 있다. 귀를 곤두세워 들어 보라. 그러면 내가 의미한 게 들릴 것이다.

내 경험에 의하면, 하루 중 전화 걸고 답신하는 시간을 따로 마련하는 것이 효과가 있었다. 그리고 통화를 간단히 하는 것도 좋은 방법이다. 인사말은 짧게 하고, 본론을 얘기한 뒤에는 전화를 끊고 다음 전화를 하는 것이다. 잡담을 하면 20분 ~30분이 금방 지나가는데, 그것은 그리 생산적이지 못하다.

전화 걸기와 관련해서 일반적으로 알아야 할 사항들은 다음과 같다.

▶ 전화번호 수첩을 정리해서 시간과 돈을 아껴라. 돈을 아끼라는 말은, 요즘에는 전화번호 안내도 돈을 받기 때문에 하는 말이다.

▶ 통화할 때 목소리는 중간 톤으로 하라. 요즘은 전화기 성능이 좋아서 장거리 통화를 할 때에도 큰소리로 고함칠 필요가 없다.

▶ 전화 판매원이나 구직 희망자의 전화는 관심이 없으면 정중하게 빨리 끊어라.

▶ 전화 교환원이 다른 직원에게 걸려 온 전화를 계속 당신에게 돌리면 교환원에게 연락해서 그 전화를 어디로 돌려야 하는지 말해 주어라.

프레젠테이션의 힘

대기업에서 프레젠테이션을 할 기회가 왔다면 그것은 당신의 명성을 높일 수도, 떨어뜨릴 수도 있는 기회가 왔음을 의미한다. 프레젠테이션을 잘하면 요청이 또 들어와 계속 하게 되지만 잘하지 못하면 다시는 요청이 들어오지 않을 것이다.

여러 사람 앞에서 발표하는 것은 성인들이 가장 두려워하는 일 중 하나이다. 중요한 게 걸려 있다는 사실을 다들 알기 때문이다. 사람들을 감탄케 하거나 아니면 나락으로 떨어지거나 둘 중 하나라는 것을 말이다. 사실 그 중간의 결과가 나오는 경우가 대부분이지만 프레젠테이션을 하기 전에는 그런 생각이 들지 않는다. 프레젠테이션을 잘하려면 이 세 가지를 꼭 해야 한다. 준비하고, 준비하고, 또 준비하는 것이다.

내용 준비

중요한 건 포인트가 있어야 한다는 것이다. 하나도 좋고, 둘도 좋고, 셋도 좋다. 포인트가 없다면 사람들 앞에 서 있을 이유가 없지 않은가?

아마 이런 경우를 겪은 적이 있을 것이다. 어떤 사람이 45분 동안 발표를 했다. 듣고 있을 때는 그 사람이 무슨 말을 하는지 알 것 같고 그럴듯하게 생각되기까지 했는데, 끝나고 나니 요점이 뭔지, 왜 그런 말을 했는지 잘 알 수 없는 경우 말이다.

하나든 둘이든 셋이든 포인트가 있으면 반은 끝난 것이다. 세 개 이상의 포인트를 기억하는 사람은 거의 없다. 사실 포인트가 많으면 많을수록 기억을 못한다. 주요 포인트를 중심으로 프레젠테이션을 구성할 때, 다음의 간단한 공식을 이용해 보라.

1. 자기 소개를 하고 주요 포인트를 설명한다.
2. 포인트를 뒷받침해 줄 근거를 제시한다.
3. 포인트를 다시 한번 말하거나 요약한 다음 마친다.

MBA Mastery

유머는 청중을 당신 편으로 만들어 줄 수 있다. 그러나 주의하라. 아무리 발표에 능한 사람이라도 모든 발표자가 유머를 잘할 수 있는 것은 아니다. 청중이 알고 있는 사람들이라면 공통된 문제, 국세청이나 주요 경쟁자 등 공통의 적, 주차의 어려움 등에 대해 '당신들끼리만 아는 농담'을 하는 것도 효과적일 수 있다. 재치 있는 몇 마디 말이 장황한 설명보다 대개 더 효과적이기 때문이다. 그러나 당신 자신이나 다른 사람, 또는 회사에 대한 농담은 하지 마라. 원색적이거나 듣기 거슬리는 농담도 하지 마라. 당신은 재미있다고 생각할지라도 그런 농담은 회사에서는 적합하지 않다.

프레젠테이션을 구성할 때 가장 많이 하는 실수는 다음과 같다.

▶ 세부적인 내용을 너무 많이 설명한다.
▶ 주제의 범위를 넓히거나 주제에서 벗어난다.
▶ 포인트를 뒷받침해 줄 확실한 근거가 없다.
▶ 계획했던 순서를 지키지 않는다.

사실 머리가 아주 좋고 동기가 남다르고 필기를 꼼꼼히 하는 사람이 아니라면 당신이 한 말을 거의 대부분 잊어버릴 것이다. 자세한 걸 이것저것 설명하면 듣는 사람들은 금방 잊어버릴 뿐 아니라 지루해 한다. 그리고 주제에서 벗어나면 다른 사람들의 시간을 낭비하는 것과 마찬가지이다.

프레젠테이션을 어떻게 할지 결정했으면, 결정한 대로 하라. 즉흥적인 말이나 농담은 가급적 삼가라.

한편, 목소리가 좋지 않아 사과해야 할 때를 제외하고는 피곤하다거나 아프다는 말은 하지 마라. 불만도 말하지 마라. 밝고 긍정적인 모습을 보여라.

시각적 보조 자료

회사에서의 프레젠테이션에는 시각적 자료가 필요한 경우가 많다. 프레젠테이션에 따라 숫자 표, 재무 개요를 나타내는 하이라이트, 조직도, 그래픽, 또는 강조점을 나타내는 화살표 등을 이용하라. 시각적 보조 자료를 이용하면 프레젠테이션의 전달력이 커지고, 사람들의 집중력이 분산되는 것과 주제에서 벗어나는 것을 막을 수 있다.

MBA Mastery

마이크로소프트 파워포인트나 로터스 1-2-3과 같은 그래픽 소프트웨어를 이용하면 스프레드시트에 있는 데이터를 막대 차트, 파이 차트, 도표 등의 차트로 나타낼 수 있다. 직무 수행에 프레젠테이션이 중요한 부분을 차지하고 있다면 그런 소프트웨어 사용법을 익혀 두어야 한다.

단순하게 하라. 이것은 시각적 보조 도구에 대한 가장 중요하면서도 가장 많이 어기게 되는 규칙이다. 복잡함은 전달력을 떨어뜨리는데도 많은 사람들은 복잡한 것을 고집한다. 그러나 복잡한 시각 자료를 보는 청중들은 '시력 검사표'를 보는 기분이 들 것이다.

간단한 그림, 막대 차트, 파이 차트, 아주 간단한 표를 사용하라. 그리고 한 자료에 5개 이상의 화살표를 사용하지 마라. 이런 것들은 적으면 적을수록 좋다.

시각 자료를 너무 많이 이용하지 마라. 이것 역시 잘 어기는 규칙이다. 45분 동안 슬라이드 40개를 보여 주는 것은 아마추어들이나 하는 행동이다. 슬라이드는 2분에 한 번씩 바꿔 주는 게 적당하다. 그것은 45분 길이의 프레젠테이션일 경우 20개 정도의 슬라이드가 필요하다는 의미이다. 슬라이드 하나를 2분이나 보여 주는 것은 너무 길다고 생각될지 모른다. 그러나 슬라이드로는 포인트만 보여 주고 각 슬라이드에 대해 설명을 곁들이면 전혀 긴 게 아니다. 그리고 프레젠테이션을 시작할 때 소개 형식의 말을 하고, 프레젠테이션이 끝나고 난 후 질문 답변 시간을 갖는 것이 좋다.

요즘은 출판 기술이 확대되어 유인물, 오버헤드 슬라이드, 35mm 슬라이드, 컴퓨터 파일 등 다양한 자료를 프레젠테이션에 이용할 수 있다.

다음 표는 각 프레젠테이션 자료에 대한 찬반 의견을 나타낸 것이다.

프레젠테이션 자료

자료	찬성	반대
유인물	만들기 쉽다 복사기 외에는 장비가 필요 없다 청중이 자료에 필기를 할 수 있다 자료가 다섯 개 미만인 짧은 프레젠테이션에 가장 적합하다	참고할 수 있는 시각 자료가 앞에 없다 프레젠테이션의 뒷부분을 먼저 보는 사람이 있을 수 있다 세련되어 보이지 않는다
오버헤드 슬라이드	혼자서도 만들기 쉽다 컬러 프린터가 있으면 비교적 적은 추가 비용으로 컬러로 만들 수 있다 강조를 위해 슬라이드 위에 글씨를 쓸 수 있다	프레젠테이션 도중 쓰기가 나쁘기 때문에 오버헤드 프로젝터가 필요하다 세련되어 보이지 않는다
35mm 슬라이드	아주 전문적으로 보인다 쓰기가 간편하다 컬러로 만들 수 있다	필름을 만들려면 특별한 장비가 필요하다 사진 현상을 위해 필름을 사진관에 맡겨야 한다 고가(高價)이다
컴퓨터 슬라이드	아주 전문적으로 보인다 프레젠테이션 도중 쓰기가 간편하다 컴퓨터만 있으면 적은 돈으로도 만들 수 있다	개인용 컴퓨터와 소프트웨어가 필요하고, 사용법을 익혀야 한다 프레젠테이션 장소에 휴대용 컴퓨터를 가지고 와야 한다

어떤 걸 이용하든 정확한지 두 번 세 번 점검해 보고, 순서가 맞는지 알 수 있도록 번호를 매겨라. 그리고 가능하면 한두 사람을 앞에 두고 프레젠테이션을 연습해 보라. 확실히 하기 위해서는 이것이 가장 좋은 방법이다.

자기 점검

당신이 청중보다 우월한 입장에 있다고 생각하며 준비하라. 발표 주제에 대해 청중들보다 당신이 더 잘 안다. 당신 자리를 노리는 사람이 아니라면 청중들은 당신이 잘 해내기를 바라고, 당신을 응원해 줄 것이다. 아무도 지루하고 따분한 프레젠테이션을 원하지 않기 때문이다.

프레젠테이션에 앞서 이렇게 준비하라.

▶ 언제든지 참고할 수 있도록 인덱스 카드에 프레젠테이션 내용을 적어 두어라. 그러나 그걸 읽으려고 하지는 마라. 십중팔구 청중을 지루하게 만들 것이다.
▶ 프레젠테이션을 여러 번 연습하라. 그러나 너무 무리하지는 마라.
▶ 전날 밤 충분한 휴식을 취하라.
▶ 최대로 멋지게 입어라. 전날 저녁에 입을 옷을 생각해 보고 구두를 닦아 두어라.
▶ 예정 시간보다 최소한 한 시간 먼저 도착할 수 있도록 하라.

청중 앞에서는 이렇게 하라.

▶ 목소리는 방의 뒤쪽을 향해 내보내라. 특히 목소리가 작은 경우엔 더 그래야 한다. 목소리가 너무 작으면 마이크를 사용하라. 그러나 마이크에 입을 너무 가깝게 대지 마라.
▶ 두 손은 편안히 앞으로 올려라. 그러면 자동적으로 손을 움직이게 될 것이다. 주머니에 손을 넣고 동전을 딸랑거리지 마라.
▶ 원한다면 연단을 이용해도 좋다. 그러나 나는 청중과의 호흡을 위해서는 연단이 없는 편이 낫다고 생각한다. 연단이 없으면 왔다갔다하면서 시각적인 흥미도 유발할 수 있다. 그러나 그것도 너무 심하면 안 된다.
▶ 한 번에 한 명씩 돌아가며 방에 있는 사람들과 눈을 맞춰라. 그러나 노려보지는 마라.
▶ 청중이 시끄러워 신경이 쓰이면 정중하게 "주목해 주십시오." 또는 "제 말 듣고 계시는 겁니까?"라고 말하거나, 조용해질 때까지 가만히 기다려라.
▶ 질문은 프레젠테이션이 끝난 다음에 받겠다고 말하라. 대개 그때그때 질문을 받는 것보다 이

것이 훨씬 효과적이다. 아니면 새로운 주제로 넘어갈 때 질문이 있는지 물어 보라.

장소와 장비 준비

일찍 도착해서 장소가 제대로 준비되어 있는지 확인하라. 프레젠테이션 경험이 많은 사람은 35mm 슬라이드를 가지고 갔더니 그 방에는 오버헤드 프로젝터가 있었다는 경험담을 들려줄 수도 있다.

장소와 장비를 준비할 수 있는 유일한 방법은, 프레젠테이션 장소가 호텔 같은 낯선 곳일 경우 그곳 책임자에게 미리 전화를 걸어 보고 일찍 도착하는 것이다.

마지막으로, 프레젠테이션 도중 목이 마르게 될지 모르니까 물 한 컵이 준비되어 있는지 확인하라.

회의에 관한 모든 것

회의는 날씨와 같다. 모든 사람이 그것에 대해 얘기하지만, 그것에 대해 아는 사람은 아무도 없다. 대부분의 관리자들은 회의에 시간을 너무 많이 뺏긴다고 생각한다. 사실 그들의 말은 비생산적인 회의에 시간을 너무 많이 보내고 있다는 얘기이다. 정말 효과적인 회의는 아주 드물다. 그래서 그런 회의가 있다면 사람들이 그걸 칭찬할 정도이다. 다음 방법을 따르라. 그러면 당신이 그 칭찬의 주인공이 될 것이다.

> ▶ 꼭 필요한 사람만 참석케 하라. 사람이 많을수록 말은 많아지면서 행동은 적어진다. 그러므로 회의에서 논의할 결정이나 계획에 이해관계가 있는 사람만 초대하라. 그러나 단지 일반 공고 내용을 말하는 회의에서는 전 간부나 회사 전체 직원을 불러야 할 것이다.

> ▶ 회의 시작 시간과 끝나는 시간을 정해 놓아라. 회의 공고장에 회의가 끝나는 시간을 적어 놓아라. 그리고 원만한 회의 진행을 위해 회의 중간 중간에 끝나는 시간을 언급하라.

MBA Alert

대부분의 사람들은 회의가 적었으면 하고 바란다. 그러나 이해관계가 거의 없어도 어느 회의든 가리지 않고 참석하고 싶어하는 사람이 있다. 이것은 보통 성격상의 문제이다. 만약 그런 사람을 알고 있다면 회의에 초대하라. 초대하지 않을 경우에는 "왜 나는 초대하지 않았습니까?"라는 질문에 대답할 타당한 이유를 생각해 두어라.

MBA Mastery

회의를 진행할 때 도움이 될 말들을 보면, "내 말 알겠습니까?", 서로 잡담하는 사람들에게는 "스테레오 대화는 곤란합니다.", 한 가지 주제를 물고 늘어지는 사람에게는 "이러다간 오늘 다 못 끝내겠어요.", 끼여드는 사람에게는 "죄송합니다. Mary 씨가 진행하시겠답니다." 등이 있다. 진행자로서 당신의 권한을 망설이지 말고 주장하라. 한두 번쯤 모든 사람이 그로 인해 회복된 질서에 감사할 것이다.

그리고 회의 시간을 최대한 짧게 정하라. 한 시간 또는 세 시간이 필요하다면 무슨 수를 써서라도 그만큼의 시간을 예정하라. 그러나 사람들은 더 이상 할 얘기가 없는데도 할당된 시간을 다 채우려고 하는 경향이 있다. 회의는 짧으면 짧을수록 좋다.

▶ 안건을 적어 놓아라. 회의 참석 전에 준비가 필요한 경우라면 모르지만, 꼭 회의 전에 안건을 나누어 주어야 할 필요는 없다. 중요한 것은 안건을 적어 놓아야 한다는 것이고, 그것을 회의할 때 나누어 주어야 한다는 것이다. 그러면 참석자들에게 신뢰감을 줄 수 있을 뿐만 아니라 회의 진행에도 도움이 된다.

▶ 회의를 진행하라. 아니면 다른 사람이 진행하도록 하라. 회의 진행자는 서열이나 학식 면에서 회의의 질서와 효율성을 유지할 권한을 갖는다.

▶ 누군가에게 노트와 회의 의사록 작성을 부탁하라. 노트와 회의록 작성을 좋아하는 사람은 아무도 없지만, 그걸 해 두면 기록이 생기고 참석하지 못한 사람들에게도 도움이 된다. 이것은 보통 비서나 행정 보조가 하는 일이다. 비서나 보조가 있다면 좋지만, 없다면 적임 후보들에게 돌아가면서 작성하게 하라. 보통 하급 사람이 적임 후보가 될 것이다.

▶ 회의를 마치기 전에 항상 분명한 결론이나 결정 혹은 다음 단계를 정리하라. 많은 회의에서 나타나는 문제점은 회의가 결론 없이 끝난다는 것이다. "이제 회의를 마치겠습니다. 하지만 끝내기 전에 오늘 아침 우리의 결론을 다시 한번 말씀드리겠습니다."라는 간단한 말로 회의를 마쳐라. 결론이 생각나지 않거나 결론이 아예 없으면 사람들에게 "이번 회의의 결론이 무엇입니까?", "여러분은 우리의 다음 단계가 어떠해야 한다고 생각하십니까?"라고 물어라.

회의에서 결정하거나 계획한 내용을 다시 한번 정리하고, 다음 단계와 더불어 특히 누가 무엇을 책임질 것인지를 설계하는 것은 필수적이다. 이것은 의사록에 기록되며, 진전을 도와준다.

MBA Lingo

회의 의사록(minutes of meeting)은 회의 절차를 기록한 공식 문서이다. 회의가 연속해서 열리고 있다면 사람들이 최근 내용을 알 수 있도록 이전 회의의 의사록을 읽어 주는 것이 관행이다. 의사록을 나누어 주기 전에 그것을 검토해 보아야 한다. 회의 도중 사람들에게 알려져서는 안 되는 내용이 말해지기도 하므로, 그런 내용이 의사록에 없는지를 확인해야 한다.

어떤 사람들, 특히 조직 생활이 처음인 사람들은 회의에서 어떤 성과를 발휘하거나 빛을 발해야 한다고 생각한다. 그러나 당신이 할 수 있는 최선은 그런 것을 걱정하는 게 아니라 회의를 위해 준비하는 것이다. 즉, 기록이나 보고서를 빨리 훑어보거나, 일상 대화를 통해 회의의 주제를 파악하는 것이다.

회의 도중에는 쟁점을 부각하고 당면한 문제에 대한 실행 가능한 해결책을 찾기 위해 노력하라. 대개의 경우 당신이 한 말이 기발하거나 가치 있지 않는 한 말을 하지 않을수록 당신에게 이롭다.

이것만은 알아 두자

▶ 생산적인 업무 수행과 목표 달성을 위해서는 시간 관리가 필수적이다. 가장 중요한 것은 일상적인 활동을 가장 중요한 목표에 연결시키는 것이다.

▶ 전화는 짧게, 하지만 조심해서 사용하라. 비즈니스에 종사하는 많은 사람들은 주로 전화를 통해서 당신을 파악할 것이다. 정중하고 친근하게, 그러면서도 사무적으로 말하라.

▶ 프레젠테이션을 하는 데 있어서 가장 중요한 것은 완전한 자신감이 생길 때까지 준비하는 것이다. 프레젠테이션을 처음 하는 사람은 아마 준비를 지나치게 많이 할 것이다. 그러나 철저한 준비는 사람들 앞에서 자신감을 갖도록 해준다.

▶ 항상 시각적 보조 자료 준비에 최선을 다하고, 미리 연습을 해보아라. 프레젠테이션 장소에 미리 도착하여 만약의 큰 실패를 방지하라.

▶ 효과적인 회의를 위해서는 꼭 참가해야 할 사람만을 초대하라. 시작 시간, 끝나는 시간을 정하고 의제를 기록하라. 그리고 회의를 원활히 진행하라.

▶ 회의를 끝마치기 전에 회의에서 결정된 내용이나 다음 단계, 후속 계획 등을 항상 재검토하라.

Master's of Business Administration

Master's of
Business Administration

Part 2

운영 원리의 모든 것

한 발짝 뒤로 물러서서 사업에 영향을 미치는 시스템을 한번 살펴보자. 가장 큰 시스템은 경제이다. 국가 경제, 국제 경제, 그리고 세계 경제도 있다. 경제는 기본적으로 각 분야에서 벌어지는 모든 사업 활동의 총체이다.

경제는 일정한 원리로 돌아가며 각 사업은 한 경제권 안에서 이루어지므로, 전문 경영인은 경제 원리를 반드시 잘 이해하고 있어야 한다. 또한 사업 상태가 좋아지거나 나빠질 것이라는 전조로서 경제 내의 어떤 신호를 지켜봐야 하는지도 알아야 한다. 이 Part에서 이런 신호들과 기본적인 경제 개념 몇 가지를 알아보도록 하자.

또한 소위 운영 관리(operations management)에 관련한 개념들도 살펴보자. 운영 관리란 사업 의사결정의 포괄적인 전 영역을 말한다. MBA를 포함한 전문 경영인들은 사업 문제를 분석하는 방법으로서 다양한 분석 도구를 활용하여 최선의 사업 결정에 도달하는 방법을 알고 있다. 이 Part에서 이런 도구에 관한 사항과 그런 도구를 활용하는 방법을 배울 것이다.

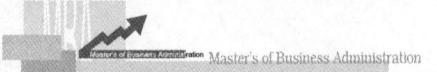

Chapter 6

이것이 경제이다

In This Chapter
Point

▶ 경제 구조
▶ GNP와 GDP의 이해
▶ 경기 후퇴와 경기 회복의 원인
▶ 인플레이션과 실업의 결과
▶ 재정 정책과 금융 정책의 차이

국가 경제는 국내에서 진행되는 모든 재무 거래의 총체이다. 여기에는 모든 것이 포함된다. 예를 들어, 고사리 손에 쥔 동전 한 닢으로 꼬마가 사는 사탕, 국제간 거래에서 한 거대 기업이 인수하는 다른 거대 기업, 정부가 여는(또는 닫는) 군 기지(軍基地) 등을 모두 포함한다. 경제는 도시, 주, 국가, 지역에서 벌어지는 모든 금전 거래를 포함한다.

사업은 물고기가 물 안에서 수영하는 것과 같은 방식으로 경제 안에서 움직인다. 이것이 바로 사업을 하는 사람들이 경제 뉴스에 따라 움직이는 이유이다. 1970년대에 몇몇 대기업이 본사를 뉴욕 밖으로 이전했을 때 뉴욕 시의 경제가 타격을 입었던 것처럼, 사업이 경제에 영향을 미치는 것도 사실이다. 하지만 경제는 사업에 훨씬 더 크고 엄청난 영향을 끼친다.

이 Chapter에서는 경제를 개관하고, 알아 두어야 할 경제 개념을 요약해 보자. 경제 뉴스를 알아듣고 당신의 사업에 미치는 경제의 영향을 이해하는 데 도움이 될 것이다. 이 Chapter에서는 미국 경제를 특정 사례로 들어 설명하는 경우가 있다. 그러나 이런 경제 개념들은 일반적이며, 모든 국가에 적용된다는 점을 이해하기 바란다.

국가 경제: C + I + G

경제학자들은 정부 기관 및 다른 기관에서 발행하는 다양한 경제 데이터의 특정한 통계가 경제의 현재 상태 또는 앞으로의 상태를 나타낸다는 점을 알았다. 이런 데이터는 경제 상태를 나타내기 때문에 경제 지표(economic indicators)라고 부르는데, 사업가는 이 데이터를 참고하여 경제 변동기에 기업을 잘 이끌어 갈 수 있다.

경제는 한 지역 내에서 이루어지는 모든 재무 거래의 총체이므로, 지역 경제의 규모는 그 거래를 합산하여 측정할 수 있다. 예를 들어, 한 국가 내에서 생산되는 모든 제품과 서비스의 달러 가치는 GDP(국내 총생산; gross domestic product)로 측정한다. GDP는 한 국가 경제의 규모를 측정한다.

GDP 공식

$$GDP = C + I + G + (Ex - Im)$$

공식의 구성 요소

C = 소비자의 총지출

I = 총투자(기업의 지출)

G = 정부의 총지출(연방 정부, 주 정부, 지방 정부)

(Ex − Im) = 순수출(수출 − 수입)

미국 경제 규모는 현재 7조 달러가 넘는다. 이것은 미국이 국경 내에서 매년 7,000,000,000,000달러가 넘는 상품과 서비스를 생산한다는 것을 의미한다.

> **MBA Lingo**
>
> 국내 총생산(gross domestic product) 즉, GDP는 한 국가의 국경 내에서 생산되는 모든 상품과 서비스의 총가치이다. 여기에는 그 국가 내의 외국인 소유 기업이 생산한 상품과 서비스도 포함된다. 반대로 국민 총생산(gross national product) 즉, GNP는 그 국가의 국민이 소유한 기업에서 생산한 모든 상품과 서비스의 가치를 말하며, 여기에는 국민 소유의 국외 기업과 시설도 포함된다.

GNP란?

오늘날 경제학자들은 경제를 말할 때 국민 총생산, 즉 GNP 대신 GDP에 관해 말한다. 여기에는 이유가 있다. GDP는 한 국가의 국경 내에서 생산되는 모든 상품과 서비스를 가리키지만, GNP는 국민이 생산하는 모든 상품과 서비스를 가리키며, 여기에는 해외 생산도 포함된다.

MBA Lingo

수출품(exports)은 다른 나라에서 소비하도록 제조한 제품으로, 제조 국가 밖으로 수송되는 상품이다. **수입품(imports)**은 소비할 국가로 수송되어 들어오는 상품이다. 이 상품은 수출하는 국가에서 제조한 것이다. 한 국가의 수출품은 다른 국가의 수입품이 된다. **순수출(net exports)**은 1년과 같은 특정 기간 동안의 한 국가의 총수출에서 총수입을 뺀 것이다. 순수입(net imports)은 일정 기간 동안의 총수입에서 총수출을 뺀 것이다.

예를 들어, 미국 기업들은 해외에서 많이 생산하고, 외국 기업들(특히 외국 자동차 제조 업체)은 미국 내에서 많이 생산한다. 이런 외국 기업들이 유발한 돈은 미국 내에서 유발된 돈이 아닌데도 GNP는 이 돈을 포함한다. 경제학자들은 GDP로 미국 내에서 실제 벌어지고 있는 상황을 파악한다.

GDP 공식을 보면 그중 어느 요소가 커지더라도 총 GDP가 늘어난다는 것을 알 수 있다. 예를 들어 보자.

▶ 소비자의 지출이 늘면, 즉 사람들이 옷과 자동차, 그리고 주택을 더 많이 사면 경제는 성장한다.
▶ 기업 투자가 늘면, 즉 기업들이 건물과 장비에 투자하고 새로운 인력을 고용하면 경제는 성장한다.
▶ 정부의 지출이 늘면, 즉 우주 프로그램, 도로 시설, 경찰관들에게 돈을 더 많이 지출하면 경제는 성장한다.

마찬가지로, GDP 공식의 어떤 한 요소라도 줄어들면 총 GDP도 감소한다.

경제의 역학 관계에 관해 알아보기 전에 수출과 수입을 먼저 살펴보자.

수입과 수출

한 국가가 상품을 수출한다는 말은 외국 시장에 상품을 판매한다는 것을 뜻한다. 외국 시장이란 다른 국가의 소비자, 기업, 또는 정부를 말한다. 수출로 그 나라에 돈이 들어오면 GDP는 증가한다. 그러나 한 국가가 상품을 수입한다는 말은 외국 생산자에게서 상품을 구매한다는 것을 의미한다. 수출에 지출한 돈은 국가 경제를 떠나므로 GDP는 감소한다.

순수출이라는 용어는 수출이 수입보다 크다는 것을 가정하고 있다. 가령 한 국가가 1천억 달러만큼 수출하고 8백억 달러만큼 수입하면 순수출은 2백억 달러이다. 이 액수는 그 나라 GDP에 합산된다.

그러나 수입이 수출보다 많으면 순수출은 마이너스가 된다. 예를 들어, 8백억 달러만큼 수출하고 1천억 달러만큼 수입하면 순수출은 마이너스 2백억 달러이다. 이 액수를 그 나라의 GDP에서 빼므로 국가 경제는 그만큼 감소한다.

따라서, 수출과 수입이 같으면 순수출은 0(zero)이 된다.

순수출이 플러스이면 국가의 무역 수지가 플러스이지만, 순수출이 마이너스이면 무역 수지도 마이너스이다.

무역 수지가 마이너스가 되기를 바라는 국가는 없기 때문에 일부 국가에서는 자신의 국가를 보호하려고 한다. 이런 정책을 보호 무역주의라고 하며, 수입을 막기 위해 장벽을 사용한다. 이런 장벽에는 높은 관세(수입 물품에 대한 세금 또는 추징금)와 수입 가능 품목에 관한 엄격한 규정 등이 있다.

MBA Lingo

보호 무역주의 *(protectionism)*란 정부가 자신의 국가로 수입품이 들어오는 것을 제한하려고 고안한 정책을 말한다. *관세(tariffs)*는 duty라고도 하는데, 자신의 국가로 들어오는 수입품에 대하여 부과하는 세금이다. *자유 무역(free trade)*은 관세나 기타 형태의 보호 무역주의 정책에 제한받지 않는 국제간 무역을 의미한다.

일부 국가에서 보호 무역주의를 시도하고 있기는 하지만, 장벽의 방해를 받지 않는 자유 무역이 금세기 대부분 국가에서의 지배적인 흐름이었다. 경제학자들은 대개 자유 무역을 선호하는데, 이는 자유 무역이 가장 낮은 가격에 가장 넓은 선택의 폭을 소비자에게 제공하기 때문이다. 어떤 국가는 다른 국가보다 특정 제품을 더 잘 만들기 때문에 이런 현상이 나타난다.

Case IN Point

한 국가의 무역 수지(balance of trade)는 그 나라와 나머지 전 세계에 관하여, 그리고 다른 개별 국가에 관하여 계산한다. 또한 특정 산업에 관하여 계산하기도 한다.

예를 들어, 미국은 대개 나머지 전 세계에 관하여 무역 수지가 마이너스이다. 이것은 미국이 수출보다 수입을 더 많이 한다는 의미이다.

미국은 또한 일본과의 무역 수지도 마이너스이다. 미국은 일본에 수출보다 수입을 더 많이 한다. 그러나 미국은 과일, 곡식, 야채에 대해서는 일본에 수입보다 수출을 더 많이 한다. 그러므로 미국은 일본과의 관계에서 농업 무역 수지가 플러스이다.

수출로 경제를 움직일 수 있을까?

대부분의 경제권에서, 수출과 수입은 경기 순환에서 다른 3개 부문보다 그 중요성이 덜하다. 그러나 예외의 경우가 있다.

가령 석유를 많이 수출하는 한 국가가 그 국가의 석유에 대한 외국 수요가 갑작스럽게 떨어지는 일을 당했다고 해보자. 그 국가는 빠르게 경기 후퇴로 접어들 수 있다. 마찬가지로, 그 국가의 석유에 대한 수요가 갑자기 치솟으면 그 국가는 곧 경기 회복으로 옮겨 갈 수 있을 것이다(이 Chapter의 후반부에서 경기 후퇴와 경기 회복을 좀더 자세히 다루기로 하자).

수출에 크게 의존하는 경제, 특히 단일 품목을 수출하는 경제는 경기 후퇴를 겪기 쉽다. 그런 경제는 무역 정책에 따라 살기도 하고 죽기도 하며, 또한 그 국가가 수출하는 주요 수출품이 무엇이든 그것에 따라 살거나 죽는다.

성장은 좋다

경제학의 중요성은 어디에 있는가? 왜 경제학에 관하여 관심을 두어야 하는가? 경제학은 개인의 직업이나 사업에 어떤 관계가 있는가?

아주 많다!

경제는 사람들에게 필요한 것과 원하는 것을 제공하는 동적(動的) 시스템이다. 다른 동적 시스템과 마찬가지로 정지해 있지 않고 성장하거나 감소한다.

MBA Lingo

생활 수준(standard of living)은 경제가 제공하는 생활의 총체적 질(質)이다. 여기에는 도시, 국가, 지역의 직업, 주택, 음식, 교육, 교통, 위생, 오락, 보건의 유용성과 질(質)이 포함된다.

경제가 성장하고 있다면 그것은 두 가지 이유에서 좋다. 첫째, 대부분의 경제에서 인구는 증가하고, 새로운 사람들은 충족시켜야 할 욕구를 가지고 있다. 인구가 증가하고 있다면 그런 욕구를 충족시키기 위해 경제가 성장해야 한다.

둘째, 인구가 증가하지 않는다고 해도 사람들은 항상 더 많은 상품과 서비스에 대한 필요와 욕구를 지닌다. 사람들은 생활 수준이 향상되기를 바란다. 경제가 계속 성장해야만 사람들의 생활 수준이 향상될 수 있다.

GDP: 모든 요소의 상호 관련성

아직 토론하지 않은 GDP의 중요한 측면이 있다. GDP 공식을 구성하는 모든 요소가 상호 관련이 있다는 점이다.

주립 경찰에서 포드 자동차 회사의 차를 구매하면 정부의 지출인 G가 증가한다. 포드 자동차가 광고 대행사에 대금을 지불하면 투자, 즉 기업 지출인 I가 증가한다. 그 광고 대행사의 카피라이터가 프랑스산(産) 샴페인 한 병을 사면 수입인 Im이 증가한다. 포도주 상인이 캘리포니아산 Chardonnay를 많이 가지고 있어 캐나다 상인에게 판매하면 수출인 Ex가 증가한다.

> **MBA Lingo**
>
> *경기 순환(business cycle)*이란 확대와 축소를 반복하는 경제의 순환적 패턴을 일컫는다. 확대는 경기 회복(recoveries)이라고 하고, 축소는 경기 후퇴(recessions)라고 한다. 공식적으로 경기 후퇴는 축소의 연속적인 두 단계이다. 즉, GDP 성장이 마이너스일 때를 말한다.

반대로, 주 정부가 정부 기관 하나를 폐쇄하면 G가 감소한다. 그곳에서 일하던 사람들은 이제 봉급을 받지 못하므로 지출을 줄일 것이다. 가령 새로운 포드 자동차의 구매를 연기한다든지 하면 C가 감소한다. 포드 자동차에서 성장률이 감소함을 알고 공장 확장 계획을 취소하면 I가 감소한다.

한 경제권 안의 모든 활동, 모든 거래, 모든 사람, 그리고 모든 조직은 직접적으로든 간접적으로든 서로 연결되어 있다. 그래서 경제가 확대하거나 축소하면 모든 사람이 영향을 받는다. 이것이 바로 모든 사람이 경제의 확대와 축소, 즉 경기 순환에 관심을 두는 이유이다.

올라간 것은 반드시 내려와야 한다

수요의 변동 때문에 경기 순환이 생긴다(여기서 수요란 지출의 대용어이다). C + I + G +(Ex − Im)는 총수요를 나타낸다. 소비자의 지출은 소비자의 수요이다. 기업의 지출은 투자 수요이다. 정부의 지출은 정부의 수요이다. 수출은 한 국가의 상품에 대한 외국의 수요를 나타내며, 수입은 외국 상품에 대한 국내의 수요를 나타낸다.

수요의 변동은 타이밍과 강도(強度) 면에서 모두 거의 예측이 불가능하다. 일부 경제학자들 가운데는 경기 후퇴와 경기 회복을 예측해 보려고 애쓰면서 평생을 보내는 사람들도 있다. 그러나 이들의 업적은 아주 미미해서 하나의 파(波)를 이루기도 어려울 정도이다. 이런 학자들뿐만 아니라 우리도 알아야 할 것은 경기 후퇴 뒤에는 반드시 경기 회복이 오고, 경기 회복 뒤에는 반드시 경기 후퇴가 온다는 사실이다. 단지 언제 어느 정도의 세기로 올지 모르는 것뿐이다. 경기 순환은 결코 멈추지 않는다.

경기 순환

전형적인 경기 순환에서 발생하는 일들을 소개해 보겠다. 경기 회복 기간 동안은 모든 일이 순조롭게 진행된다. 지출자들은 물건을 구매한다. 이것은 지출, 즉 수요가 증가하는 것을 의미하고, GDP 공식에서는 C가 증가한다.

증가한 이런 수요를 충족시키기 위해 업계는 생산 능력을 확대한다. 기업들은 새로운 공간을 임대하고 새로운 장비를 사들이며, 새로운 직원을 고용하여 생산 능력을 확대하고 생산을 늘린다. 이로써 투자인 I가 증가한다. 경기 회복 기간 동안 대부분의 기업은 기회를 놓치지 않으려고 열심히 사업을 확장한다.

소비자들이 계속 구매를 하고 기업들이 계속 투자하는 한 경기 회복은 계속되며, 모든 것이 순조롭다. 경기 순환은 계속 상승세를 유지하고 GDP는 계속 증가한다.

그러나, 불가피하게 소비자의 수요는 마침내 감소하게 된다. 소비자가 마침내 만족하게 되어 이런 일이 발생할 수 있다. 즉, 사람들이 새로운 자동차, 옷, 주택을 충분히 소유하게 되는 점에 도달하여 지출이 줄어들게 되는 것이다. 또는 전쟁 따위의 사건으로 소비자들이 위축되어 지출을 줄이고 저축을 시작함으로써 수요가 감소할 수도 있다.

이런 상황이 일어나더라도 전체 업계가 충분히 빠른 속도로 대응하기는 어렵다. 각 기업은 이런 수요의 하락에 잘 적응할 수도 있고 그렇지 못할 수도 있겠지만, 전체적으로 기업들은 남아도는 생산 능력 때문에 문을 닫게 된다. 수요의 수준이 새롭게 낮아지는 것에 비해 과도한 생산 능력과 직원들을 가지고 있기 때문이다.

기업들은 어떻게 하는가?

첫째, 기업은 인원을 감축한다. 인원 감축으로 기업의 적응 능력은 더 좋아지지만, 바로 그것 때문에 소비자의 지출은 더 낮아진다. 해고된 소비자들은 봉급을 받지 못하므로 지출할 수 없기 때문이다.

둘째, 기업은 공장과 장비의 확장을 중단한다. 이미 과도한 생산 능력이 있는데 왜 더 확장하겠는가? 그래서 소비자가 지출을 줄인 다음에는 기업이 지출을 줄이고, 이것으로 경기 순환은 하강하기 시작한다.

악순환과 호순환

경기 후퇴는 악순환의 좋은 예이다. 소비자들은 지출을 줄이고, 기업들은 인원을 감축하고(물론 이들도 소비자들이다) 투자를 삭감한다. 이것 때문에 소비자들은 지출을 더 줄이고, 따라서 수요는 한층 더 줄어들어 기업들은 더 많은 인원을 감축하고 투자를 더 삭감한다.

반대로, 경기 회복은 호순환이다. 소비자들이 이미 가지고 있던 자동차, 옷, 주택으로 마침내 견딜 수 없게 되면 경기 회복이 시작된다. 소비자들은 다시 지출하기 시작한다. 업계는 인원을 고용하여 증가한 수요에 대응한다. 소비자들은 봉급으로 인해 주머니가 두둑해진다. 또한 업계는 그런 수요를 충족시키기 위해 새로운 생산 설비에 투자한다. 그러면 경제에서 더 많은 돈이 움직이게 된다. 그 결과 경기 순환은 상승세를 시작하게 되고, 차기 경기 후퇴를 불러올 다음번 수요 하락과 과도 생산 능력 상황이 올 때까지 상승세를 계속해 나간다.

다행히도 경기 회복은 경기 후퇴보다 대개 그 기간이 훨씬 길다. 1990년대에는 1991년에서 1993년 사이에 약 2년 간 아주 경미한 경기 후퇴가 있었고, 그 후 1994년에 강력한 경기 회복이 시작되어 내가 이 글을 쓰고 있는 지금까지 지속되고 있다. 1980년대의 대부분은 하나의 긴 경기 회복 기간이었다.

더욱 다행인 것은 수요의 붕괴, 엄청나게 과도한 생산 능력, 대량 실업을 의미하는 불황(depression)은 아주 드물다는 것이다. 1930년대의 대공황(the Great Depression)은 금세

> **MBA Mastery**
>
> 매니저로서 당신은 경제 주기가 당신의 사업에 어떻게 영향을 미칠 수 있는지 알고 있어야 한다. 예를 들어, 당신이 상품이나 서비스를 고객에게 판매하고 있다고 하자. 소비자의 지출이 줄어들면 수요가 떨어지므로 당신은 과도한 재고 물량 때문에 곤란한 처지에 빠지게 된다.

기에 미국과 유럽에서 발생한 단 한 번의 불황이었지만, 전 세계에 오랫동안 영향을 미쳤다.

정부의 역할

지금까지는 소비자와 기업의 행동 면에서 경기 순환을 살펴보았다. 그러나 정부는 어떤가?

정부는 세(稅)와 차입이라는 두 가지 원천에서 나온 돈만 지출할 수 있다.

MBA Lingo

소득(*income*)은 지출과 같다. 경제는 상호 연결되어 있기 때문에 개인이나 기업이 지출하는 돈은 다른 사람이나 기업이 소득으로서 모아들인다. 총지출, 총소득, 그리고 GDP는 본질적으로 모두 같은 것이다.

대부분의 정부 지출 자금은 소비자와 기업에게 부과한 세금에서 나온다. 경기 후퇴 동안 소비자와 기업의 지출이 감소하고, 따라서 소비자와 기업의 소득도 감소한다. 연방 정부와 대부분의 주 정부에서 부과하는 세금은 소득을 근거로 책정하기 때문에 세금 수령액도 역시 줄게 된다.

이 모든 일련의 상황들은 정부가 경기 순환에 영향을 미치기 위한 조치를 전혀 취하지 않았을 때의 이야기이다. 그러나 사실상 정부는 우리 경제를 포함한 대부분의 현대 경제에서 능동적인 역할을 하고 있다.

정부가 원하는 것은 무엇인가?

정부는 본질상 경제의 질서를 원한다. 정부는 건전한 통화, 낮은 실업률, 지속적인 경제 성장을 바란다.

MBA Lingo

인플레이션(*inflation*)이란 여기서 통화의 가치를 손상시키는 빠른 가격 상승을 가리킨다.

좀더 구체적으로 말하면, 정부는 통화에 최소의 인플레이션(달러의 가치를 손상하는 빠른 가격 상승)만 있기를 바란다. 정부는 장기 평균치로 연간 약 3%의 지속적인 성장을 바라는데, 이는 연간 약 3%가 인플레이션을 통제권 안에 두면서도 가능한 성장률이기 때문이다. 또한 실업률은 가능하면 4%에 가깝게 낮기를 바란다. 실업률이 이보다 훨씬 낮아질 수는 없다.

늘 노동 인력 가운데 소수는 직장을 바꾸는 중이기 때문에, 공식적으로 직업을 가지고 있지 않게 마련이다. 그래서 4%를 일반적으로 하위 한계(lower limit)로 생각한다. 일자리를 찾고 있는 중인 사람들은 대부분 직장에서 해고된 지 얼마 안 됐고 아직 새 일자리를 찾지 못한 상태에 있다. 또는 직장을 그만두었지만 실제로 직업을 찾고 있지 않고 잠시 쉬고자 하는데도 여전히 실업자로 계산된다.

인플레이션과 실업의 상충 관계

경제는 동적(動的) 시스템이기 때문에 상태가 나빠질 수 있다. 대개 너무 느리게 성장하여 일자리를 충분히 공급할 수 없거나, 너무 빨리 성장하여 인플레이션을 낮게 유지할 수 없다. 사실상 이 문제는 경제를 관리하는 데 있어 늘 있어 왔던 상충 관계의 문제이다. 낮은 인플레이션에 높은 실업률이 되든지, 아니면 높은 인플레이션에 낮은 실업률이 된다.

이유는 다음과 같다.

경기 회복기에 수요가 증가하여 모든 물건의 값이 올라가면 경제가 '과열' 된다고 말한다. 이것이 바로 인플레이션이며, 극소수의 상품을 쫓는 너무 많은 돈(너무 많은 수요)으로 정의한다. 수요가 생산 능력을 초과하면 소비자는 상품 값을 올려서 부른다. 또한 기업들도 수요가 많으면 값을 올릴 수 있다는 사실을 잘 알고 있다.

그러나 이런 상황의 긍정적인 면은, 확장해 놓은 새로운 생산 시설을 운용하도록 근로자를 모두 고용하므로 실업률이 낮다는 점이다. 그래서 경기 회복, 특히 '과열' 경제에는 인플레이션의 압박감은 있지만 실업률이 낮다.

수요가 감소할 때 경제가 '냉각' 되고 있다고 말하는데, 이것은 경기 후퇴로 접어들고 있다는 뜻이다. 물론 수요가 떨어지면 극소수의 상품을 쫓을 너무 많은 돈도 없다. 상품에 대한 수요가 줄어들었기 때문에 오히려 팔지 못한 상품만 있을 뿐이다. 그러면 물건 값을 오르게 하는 인플레이션의 압박도 사라진다.

MBA Lingo

*경제 정책(economic policy)*은 연방 정부가 경제 성장을 자극하거나 제어하는 수단이다. 두 가지 종류의 경제 정책이 있다. *재정 정책 (fiscal policy)*과 *금융 정책(monetary policy)*이다. 재정 정책은 경제에 영향을 주기 위해 정부 지출과 조세(租稅)를 이용하는 방법이다. *재정(fiscal)*이라는 용어는 예산상의 문제를 가리키는 말이다. 금융 정책은 경제 내의 화폐량에 영향을 미치기 위한 조치를 가리킨다.

이런 상황의 부정적인 면은 일자리 역시 사라진다는 점이다. 제품에 대한 수요가 떨어지고 있는데 제품을 만들 노동자가 왜 필요하겠는가? 따라서 인플레이션은 낮지만 실업률은 높다.

그러므로 궁극적으로 정부와 우리 모두가 바라는 것은 행복한 중간 지대(happy medium)이다. 사람들은 안정된 직업과 고정된 가격을 바란다. 그러나 경제는 동적이기 때문에 계속해서 상태가 나빠진다. 정부 경제 정책의 목표는 경제를 건강한 상태로 유지하는 것이다.

경제 정책

미국 정부는 미국 경제에서 막대한 역할을 한다. 연방 정부의 지출만도 1조 5천억 달러가 넘기 때문이다. 관리해야 할 것이 아주 많다. 주 정부와 지방 정부를 더하면 정부 총지출은 미국 경제의 1/4이 넘는다.

그러나, 여기서는 연방 정부만 살펴보기로 하자. 주와 도시도 경제 관리를 하지만, 연방 정부만이 전체 경제에 영향을 미칠 수 있다. 정부는 경제 정책을 통해 경제에 영향을 미친다.

재정 정책: 조세와 지출

정부의 예산에는 조세와 지출이라는 두 가지 측면이 있기 때문에 정부는 재정 정책에 네 가지 도구를 가지고 있는 셈이다. 지출을 늘리거나 줄이면서 세금을 올리거나 낮출 수 있다.

MBA Lingo

경기 회복을 부추기기 위해 정부의 지출을 늘리는 것을 *재정 자극 (fiscal stimulus)*이라고 한다. 늘어난 수요로 나머지 부문이 자극을 받음에 따라 경제가 자극을 받게 되기 때문이다.

정부가 지출을 늘리면 경제를 가열시키는 것이 된다. 왜냐하면 C + I + G에서 G가 증가하기 때문이다. 정부의 지출 증가로 수요가 늘면 GDP 성장에 기여하는 셈이다. 이로써 정부는 기업의 계좌와 소비자의 주머니에 돈을 넣어 줄 수 있다. 경기 회복에 불을 붙이기 위해 정부가 지출을 늘리는 방법을 재정 자극이라고 한다.

덧붙여 말하자면, 이것은 정부가 조세에서 나온 돈을 이용하든 채권을 발행하여 돈을 차입하든 모두 적용된다. 정부가 조세로 거두어들인 액수보다 더 많은 돈을 지출하면 적자 지출이 된다. 1920년대에 영국인 경제학자 메이나드 케인스(Maynard Keynes)가 정부는 적자 지출로 경기 후퇴의 경제를 도울 수 있다는 이론을 정립한 이래 이 정책은 일반적인 관례가 되었다. 여기에서 '지팡이(canes)' 라는 말이 생기게 되었으며, 재정 정책의 효과를 믿는 경제학자를 케인스학파 학자(Keynesians)라고 부른다.

경제가 과열되고 인플레이션이 천정부지로 치솟을 때 정부는 반대 정책을 시행하여 상황을 냉각 시킬 수 있다. 정부가 지출을 삭감하거나 연기하면 수요가 줄어들고, 이것으로 경제 전체가 영향을 받게 된다.

조세도 같은 효과를 지닌다. 정부가 활기 없는 경제를 자극하려고 할 때, 지출을 늘리는 대신 조세를 삭감할 수 있다. 이렇게 하여 더 많은 돈을 소비자와 기업에 남겨 두어 이들이 지출하도록 한다. 반대로 조세를 늘리면 소비자와 기업에게서 돈을 가져오는 셈이므로 경제는 냉각된다.

금융 정책: 돈이 세상을 돌아가게 한다

경제는 돈을 기반으로 돌아간다. 그러므로 사용 가능한 통화 총액은 경제 규모에 영향을 미친다. 금융 정책으로 정부는 통화 공급에 영향을 미칠 수 있고, 따라서 경제 성장률에도 영향을 미칠 수 있다.

금융 정책의 효과를 믿는 경제학자들을 통화론자라고 부른다. 이들은 통화 공급이 연방 예산보다 경제 성장에 더 큰 영향을 미친다고 생각하기 때문에 케인스학파 학자들과 재정 정책에 반대한다. 경제학자 Milton Friedman은 이 운동의 핵심 세력으로 활동해 왔으며, 통화 공급의 완만하고 꾸준한 성장을 선호한다.

MBA Lingo

*적자 지출(deficit spending)*은 도시, 주, 연방 정부가 일년과 같은 일정 기간 동안 조세로 거두어들인 액수보다 더 많은 돈을 지출할 때 생긴다. 이 용어는 정부가 예산 적자, 즉 지출과 조세 소득 사이에 부족액이 생기더라도 지출하는 것을 뜻한다. 적자 기간 동안 지출하는 돈은 조세에서 나오지 않기 때문에 정부는 채권을 발행하여 돈을 차입해야 한다.

통화론자들은 GDP를 아래의 공식으로 본다.

GDP = 통화 공급량 × 속도

여기서 GDP는 C + I + G +(Ex − Im)의 결과로 나온 GDP와 같다. 그러나 결정 방법이 다르다. 여기서는 통화 공급량(유통 중인 통화량에 저축 및 당좌 예금 계좌의 적립금을 합산한 액수)에 그 속도를 곱하여 GDP를 결정한다. 속도는 통화 공급이 경제를 통해 유통되는(또는 회전되는) 횟수를 말한다. 은행의 저축과 당좌 예금에 적립된 돈을 포함한 한 경제 내의 각 통화 조각을 머릿속으로 상상해 보라. 총통화량의 소유주가 바뀐 평균 횟수가 속도이다.

MBA Lingo

통화의 속도(velocity)란 한 경제권에서 총통화 공급량의 소유주가 바뀐 횟수, 즉 유통된 횟수를 말한다. GDP를 통화 공급량으로 나누어 얻은 숫자가 통화의 속도이다.

간단히 말해서, 가령 미국 통화 공급량이 1조 달러이고 일년에 이 1조 달러가 경제를 통해 일곱 번 유통되었다고 하자. 1조 달러 곱하기 7은 7조 달러이므로 GDP도 7조 달러이다.

이 개념에는 몇 가지 복합적인 면이 있다. 속도는 정확히 측정하기 힘들다. 또한 속도는 변할 수 있다. 예를 들어, 일부 전문가들은 공격적인 기업 현금 관리(corporate cash management)가 지난 30년 간 통화의 속도를 증가시켰다고 생각한다. 기업들은 기업 현금 관리를 통해 청구서의 지불 속도는 늦추고 채권의 회수 속도는 앞당기려 한다.

MBA Lingo

금리(interest rates)란 간단히 말하면, 여러 가지 상황에서 채무자가 돈에 대해 지불하는 대가를 말한다. 돈은 항상 같지만(천 달러는 천 달러이다) 그 대가, 즉 금리는 누가 돈을 빌리느냐에 따라 달라진다. 채무자가 돈을 갚지 못할 위험성이 클수록 금리는 더 높아진다.

연방준비위원회의 역할

'페드(Fed)'라고 부르는 연방준비위원회(Federal Reserve Board)는 미국의 통화 공급을 조절한다. 연방준비제도(the Federal Reserve System)는 미국의 중앙은행이다. '은행을 위한 은행'인 국가의 중앙은행이다. 페드는 오래된 화폐를 새로운 화폐로 대체하고, 은행 예금을 보장하고, 은행 시스템을 주관한다.

페드는 중요한 세 가지 방법으로 경제에 영향을 미친다.

▶ 금리를 조정한다.
▶ 정부 발행 유가 증권을 사고 판다.
▶ 경제에 관해 말한다.

하나씩 자세히 살펴보자.

경제 상황을 조정하기 위한 금리 조정

금리란 '돈의 대가'이므로, 페드는 금리를 낮추어 활발하지 못한 경제를 자극할 수 있다. 금리가 내려가면 대출이 쉬워진다. 금리가 낮을수록 그만큼 대출받기는 쉽다. 소비자와 기업은 금리가 낮으면 돈을 대출받아 지출을 시작하므로 수요가 증가하고 경제도 상승하게 된다.

반대로, 페드는 과열된 경제를 냉각하기 위해 금리를 올릴 수 있다. 페드에서 인플레이션이 심화되고 있다고 판단하면 대개 금리를 올린다(통화 관장의 의무를 지닌 중앙은행가들은 인플레이션을 아주 싫어한다). 페드가 금리를 올리면 돈이 비싸지므로, 지출은 둔화되고 수요도 줄어든다.

페드는 인플레이션을 아주 싫어하기 때문에 처음 인플레이션의 기미가 보일 때 금리를 올리고 싶어한다. 그래서 페드는 '잔치가 벌어지고 있는 도중에 음식을 치운다'는 비난을 자주 받는다. 그러나 한편으로는 이렇게 하는 것이 바로 페드의 의무이다.

페드는 또한 은행간에 이루어지는 단기 대부의 금리(연방 기금 금리)와 페드가 은행에게 빌려 주는 대부의 금리(재할인 금리)를 결정한다. 페드에서는 이런 금리만 직접 조정하지만, 대개 이러한 금리가 다른 금리도 조정한다.

사고 팔라!

페드는 또한 정부 유가증권(국채)의 판매와 구매를 관장하고, 이것으로 화폐 공급량에 영향을 줄 수 있다.

경제를 냉각하고 싶을 때, 페드는 유가증권을 판매하여 통화량을 줄인다. 이렇게 생각할 수 있다. 즉, 기업과 소비자가 정부채를 구매하면 이들은 채권을 소유하고 정부는 이들의 돈을 갖게 된다. 통화량이 줄어들면 지출이 줄고 경제 성장이 둔화되며 경제가 냉각된다.

> **MBA Lingo**
>
> 흔히 페드 기금 금리 (fed funds rate)라고 하는 **연방 기금 금리**(*federal funds rate*)는 하룻밤 사이의 대부에 대해 은행간에 부가하는 금리를 말한다. **재할인 금리**(*discount rate*)는 정부 유가증권, 그리고 페드가 유가증권으로 인정하는 기타 유가증권으로 지불 보증된 대부에 대해 페드가 회원 은행에게 부과하는 금리이다.

경제를 가열시키고 싶을 때, 페드는 정부 유가증권을 사들인다. 이렇게 하면 돈은 기업과 소비자의 손으로 되돌아가서 다시 유통된다. 유통 중인 돈으로 인해 지출이 늘고 경제는 상승하게 된다.

사람들은 이자율만 잘 지켜보지만, 사실 통화 공급량을 조절하는 면에서 페드에게는 유가증권의 구매와 판매가 훨씬 더 중요하다. 연방공개시장위원회(Federal Open Market Committee)의 지시에 따라 뉴욕 연방준비은행의 유가증권 부서에서 유가증권을 판매한다. 뉴욕 연방준비은행은 미국의 은행 시스템을 감독하는 12개의 연방준비은행(Federal Reserve Banks) 가운데 하나이다.

페드가 경제를 말할 때…

페드, 더 정확히 말해 페드의 의장은 또한 업계에게 경제에 관해 말하기도 한다. 사실상 업계는 현 페드 의장인 앨런 그린스펀(Alan Greenspan)의 발표에 매우 촉각을 곤두세우고 있어 사람들 사이에는 이에 관한 농담도 오간다. '앨런 그린스펀이 재채기를 하면 경제는 독감에 걸린다'와 같은 농담을 당신도 들어 보았을 것이다.

페드의 이런 '말하는 기능'을 '도의적 권고'라고 한다. 다시 말해, 페드는 은행, 소비자, 기업에게 경제에 관한 올바른 행동을 하도록 지시를 내린다.

이것만은 알아 두자

▶ 경제는 사업의 환경이며 기후이다.

▶ 경기 후퇴기에는 지출과 수요가 감소하기 때문에 경제가 비교적 어려워진다. 경기 회복기에는 지출과 수요가 증가하기 때문에 경제가 비교적 쉬워진다.

▶ 국내 총생산 GDP는 한 국가 내에서 생산된 모든 상품과 서비스의 가치를 말한다. 전체 경제는 소비자 지출, 기업 투자, 정부 지출, 순수출(수출 − 수입)의 4개 부문으로 이루어져 있다.

▶ 연방 정부는 경제를 자극하거나 냉각하기 위해 조세와 지출을 조정하는 방법으로 재정 정책을 펼친다.

▶ 경제를 가열하거나 냉각시키기 위해 금리 조정, 정부 유가증권의 구매와 판매, 도의적 권고의 방법으로 금융 정책을 펼친다. 연방준비위원회(Federal Reserve Board)에서 금융 정책을 관장한다.

Chapter 7

경제 지표

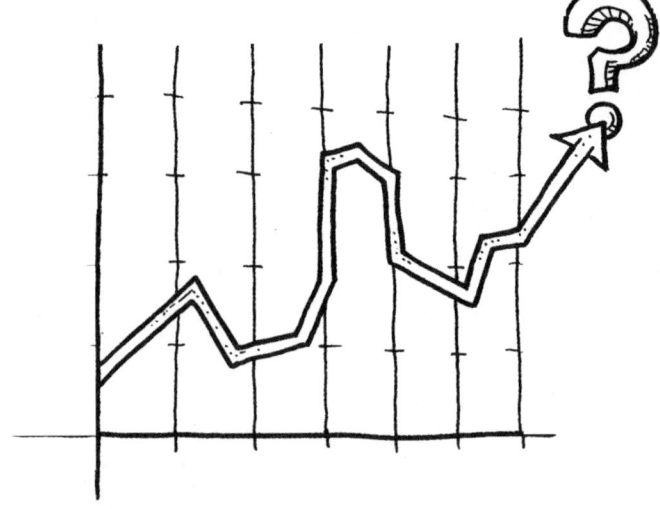

In This Chapter
Point

▶ 경제 지표를 알아볼 수 있는 곳

▶ 유일하게 가장 중요한 경제 지표

▶ 주택 신축 착공수가 경기에 미치는 영향

▶ 경제 동향을 보는 법

앞 Chapter에서는 기본적인 경제 이론을 알아보았다. 경기 회복과 경기 후퇴의 개념, 인플레이션과 실업의 개념, 그리고 재정 정책과 금융 정책이 경기 순환에 미치는 영향. 이런 모든 요소들은 전체 산업계와 당신의 사업에 큰 영향을 미친다.

경영자는 선장이 바다에서 배를 조종해 나가듯 경제라는 바다에서 기업을 조종해 나간다. 바다는 때론 잠잠하지만 때론 사납다. 느닷없이 돌풍이 밀려올 수도 있고, 엄청난 폭풍우로 피해를 입을 수도 있다. 그러나 순항을 할 때도 있다.

바다의 선장이 해도(海圖)와 부표(浮標)를 읽고 정기적인 일기 예보를 들으면서 항해하는 것과 마찬가지로, 경영자는 경제학자들이 소위 지표라고 부르는 경제의 신호를 읽으면서 기업을 조종해 나간다. 이런 지표들을 보고 우리는 경제 상황이 어떤지, 그리고 어느 방향으로 나갈 것인지 짐작할 수 있다. 경영자인 당신은 경기 회복에 대비해 생산 능력을 확대하고, 경기 후퇴에 대비해 생산 능력을 삭감하면서 올바른 방향으로 움직일 수 있다.

이 Chapter에서는 주요 경제 지표를 분석하고 이해하는 방법과 그 중요성을 알아보자.

주요 경제 지표

경제에서 어떤 일이 일어나고 있는지 어떻게 알 수 있을까? 경제학자들은 경제와 산업의 상황을 알아보고 예견하고 분석하기 위하여 경제 자료를 이용한다.

정부 기관과 기타 학회들이 발행하는 다양한 경제 자료에서 경제학자들은 경제의 현재 상태와 앞으로의 상태를 나타내는 특정한 통계들을 찾아낸다. '경제 지표'라고 하는 이런 자료를 참고하여 기업가들은 경제 순환기를 거치는 동안 기업을 잘 이끌어 나갈 수 있다.

> **MBA Lingo**
>
> **경제 지표(economic indicators)**는 경제 자료의 주요 통계 및 일부 내용으로, 경제의 현재 상태를 나타내며 때로는 앞으로의 방향을 나타내기도 한다.

그러면 경제 자료를 어디에서 찾을 수 있을까? 경제 언론에서 철저한 분석을 통해 발표하는 자료에서 찾아볼 수 있다. 특히 전국적으로 발행하는 일간 경제 신문인 Wall Street Journal에 잘 나와 있다. New York Times와 기타 신문들의 경제 및 업계 관련 기사도 지난 10년 간 많이 향상되었다. 수많은 경제 잡지들, 특히 Business Week도 확실한 경제 뉴스를 제공한다.

월드 와이드 웹의 여러 사이트, 특히 미국 상무부(www.doc.gov)와 경제 컨설팅 회사인 DRI/Standard & Poor's(www.dri.mcgraw-hill.com)에서는 인터넷 상으로 경제 자료를 제공해 준다.

주요 경제 지표를 알아보자.

> **MBA Lingo**
>
> **경제 자료(economic data)**는 거래 및 항목(예를 들어, 소득, 물가, 취업, 자동차 판매, 금리)의 실제 총계와 추정 총계로 이루어져 있다. 미국에서는 이런 자료를 경제분석국(BEA)과 같은 연방 정부 기관이나 주 정부 기관이 수집한다.

- ▶ 경제 성장률
- ▶ 물가와 인플레이션
- ▶ 금리
- ▶ 실업
- ▶ 소비자 신뢰도
- ▶ 주택 신축 착공수와 주택 판매수
- ▶ 소매 매출과 새로운 자동차 판매

▶ 주식 시장

가장 큰 경제 지표: 경제 성장률

경제 성장률은 주시해야 하는 주요 지표이다. 경제 성장률은 전체 경제가 성장하는 속도로서, GDP로 측정된다. Chapter 6에서 GDP를 전체 경제로 정의했던 것을 기억할 것이다. GDP는 소비자의 총지출, 기업의 총투자, 정부의 총지출, 순수출(수출 − 수입)을 모두 더하여 측정한다.

이 수치는 매달 보고되지만, 후에 경제분석국(BEA; Bureau of Economic Analysis)이 더 많은 자료를 수집하여 이 수치를 수정한다. 최초에 보고한 추정치와 마지막 수정치는 1~2% 포인트 정도 차이가 날 수 있다. 장기간의 평균치인 3%를 기준으로 한다.

시간의 흐름에 따른 동향뿐만 아니라 3%의 기준선에서 벗어나는지를 살펴보아야 한다. 가장 중요한 요소는 동향이다. 여러 달 또는 여러 분기에 걸쳐 경제 성장이 둔화하고 있다면 다수 기업에게 상황이 더 어려워질 가능성이 크다. 완만한 성장 기간 동안 소비자들은 지출을 줄이는 경향이 있고, 이에 따라 기업들도 지출을 줄이게 된다. 기업은 팔 수 없는 제품을 계속 가지고 있지 않기 위해 생산 수준을 낮춘다. 당신 사업의 성장이 둔화되고 있다면 일반적으로 소비자의 행동과 판매 동향을 면밀히 살피고, 직원 고용, 구매, 생산 계획을 하향 조정하는 것이 좋다. 경기 후퇴기 동안에는 당황할 필요는 없지만 각별히 신중하게 행동해야 한다.

MBA Lingo

경제 성장률 (economic growth rate)은 특정 시기의 경제가 전년도 같은 시기에 비해 얼마나 늘었는지(또는 줄었는지)를 측정한다. 도시, 주, 지방, 국가의 경제 성장을 측정할 수 있다. 사람들이 가장 많이 지침으로 삼는 것은 국가의 경제 성장이다.

경제 성장이 빨라지면 소비자는 좀더 자유롭게 지출하는 경향이 있다. 소비자들은 직업에 안정감을 느끼고, 더 많이 지출하며, 구매를 위한 자금을 마련하기 위해 대출을 받는다. 이때 대부분의 기업은 시기를 놓치지 않고 이런 상황을 잘 이용하려고 애쓴다. 경제가 팽창할 때는 생산 능력을 확대할 준비를 해야 한다. 직원을 더 많이 고용하고, 시설도 확충해야 할 것이다. 그러나 경기 후퇴기 때와 마찬가지로 자사의 고객과 매출을 잘 주시하여 자사의 사업이 호기(好期)의 시류를 잘 타고 있는지 살펴야 한다. 과도한 확장과 직원 고용 또는 과도한 사무 공간 및 설비의 확충을 피해야 한다. 불경기가 오래 가지 않듯이 호경기 역시 영원히 지속되지는 않는다.

구매력: 물가와 인플레이션

Chapter 6에서 알아본 것처럼, 인플레이션은 수요가 공급을 초과할 때 상품과 서비스의 가격이 전체적으로 올라가는 현상을 지칭한다. 인플레이션은 빠른 경제 성장의 자연스런 결과로 생겨나기도 한다.

그러나 인플레이션은 통화의 구매력 감소를 의미하기도 한다. 예를 들어, 올해 100달러 하는 양복이 내년에 200달러가 된다면 달러의 가치는 줄어든 것이다. 인플레이션 시기에는 물가가 임금보다 빠르게 올라가므로 소비자의 구매력은 떨어지게 된다.

높은 인플레이션은 통화의 신뢰도를 손상시키고 무질서를 낳을 가능성이 있기 때문에 좋지 않은 것으로 인식된다. 1990년대 미국 경제 정책의 목표는 인플레이션을 최소화하는 것이었다. 즉, 인플레이션을 제로(0)에 가깝게 잡아 두는 것이다.

인플레이션을 나타내는 주요 지표로는 소비자 물가 지수(CPI; Consumer Price Index)와 생산자 물가 지수(PPI; Producer Price Index)가 있다. CPI는 소비자가 구매하는 다양한 상품과 서비스의 가격을 측정한다. PPI는 기업이 구매하는 재료의 가격을 측정한다. 이러한 지수들이 보고될 때는 전년도 수치도 함께 제시되므로, 물가 지수가 상승했는지 하락했는지를 알 수 있다. 또한, 대중 매체에서도 이러한 사실을 알려 준다.

금리

Chapter 6에서 토론했던 대로 금리는 돈의 대가이다. 금리가 낮으면 소비자와 기업은 돈을 대출하여 쓸 수 있다. 금리가 낮으면 수요가 발생하는데, 돈을 쉽게 얻을 수 있으므로 사람들은 돈을 빌려 물건을 사게 된다.

주시해야 할 주요 금리로는 연방 기금 금리와 재할인 금리가 있다. 이 두 가지 금리가 연방준비위원회에서 직접 결정

MBA Mastery

금리가 올라가고 있다면 필요한 주택 융자나 대출을 받기는 더 쉽다. 다만, 금리가 올랐을 때는 이자가 좀 높기 때문에, 금리가 내려갔을 때 낮은 금리로 대출받아 그 돈을 상환하면 된다.

할 수 있는 금리이기 때문이다. **Chapter 6**에서 공부한 대로 연방준비위원회가 금리를 올리는 것은 성장을 둔화하려는 것이고, 금리를 낮추는 것은 성장을 자극하려는 것이다. 단 번의 금리 인상이나 인하에 민감하게 반응하지 말고, 여러 달 또는 여러 분기에 걸친 인상과 인하의 장기적인 양상을 주시해야 한다.

주시해야 할 또 하나의 주요 금리는 최우대 금리로, 대형 은행들이 자사의 최고 기업 고객에게 부과하는 금리이다. 이 금리는 연방준비위원회에서 결정하지 않고 은행에서 설 정한다. 다시 한번 말하지만, 금리가 어느 방향으로 가는지 전반적으로 알려면 최우대 금리의 동향을 잘 살펴보아야 한다.

실업

실업률(unemployment rate)은 노동력 가운데 일자리를 잃은 사람의 백분율을 측정한 것이다. '노 동력'의 정의가 불확실하기 때문에 실업률을 둘러싸고 약간의 논란이 있다. 일자리 찾기를 그만둔 사람은 더 이상 노동력으로 간주하지 않는다. 그러므로 많은 장기 실업자들이 실업률에서 제외된 다. 이 때문에 일부 전문가들은 미국에서 현재 계산되고 있는 실업률은 실제보다 낮게 평가된 것 이라고 주장한다.

그렇지만 미국에서는 4%에서 7% 사이의 실업률을 상당히 양호한 상태로 받아들인다. 10%를 넘 어야 높다고 생각한다.

실업률이 낮아야 좋은 것은 사실이지만, 낮은 실업률 때문에 기업은 가장 큰 비용 가운데 하나인 임금을 인상해야 하는 압박에 시달리게 된다. 실업률이 낮다는 것은 노동 시장에 사람이 별로 없 다는 것을 의미하므로, 노동자는 자신이 쉽게 대체될 수 없다는 사실을 이용해 임금 인상을 요구 할 수 있다. 실업률이 높으면 노동자들이 임금 인상을 요구할 때 기업은 물러서지 않을 수 있다. 노 동자들이 쉽게 새로운 일자리를 찾을 수 없다는 것을 잘 알기 때문이다.

소비자 신뢰도

미시건 대학과 협의회(Conference Board; 뉴욕 시에 있는 기업 지원 정보 당국)에서는 각각 자체적으로 소비자 신뢰 지수를 발표한다. 이 지수들은 소비자 표본에게 향후 몇 달 간 살림이 좋아질 것으로 기대하는지 나빠질 것으로 기대하는지, 현재 직업이 안정적이라고 느끼는지 아닌지 등의 질문을 통해 소비자 심리를 측정한다.

미시건 대학의 소비자 신뢰 지수에는 구매 계획 조사도 포함되는데, 이 조사를 보면 얼마나 많은 소비자가 향후 6개월에서 1년 간 값비싼 설비나 자동차와 같은 주요 구매를 계획하고 있는지를 알 수 있다.

대부분의 경제학자들과 사업에 종사하는 사람들은 소비자 신뢰도 지수를 주시한다. 소비자 신뢰도 지수를 경제가 앞으로 가게 될 방향의 조기 경고 신호로 보기 때문이다. 높은 신뢰도나 신뢰도의 증가는 경기 회복이 지속되고 있거나 앞으로 경기가 회복될 것이라는 신호이다. 반면, 낮은 신뢰도나 신뢰도의 감소는 반대를 의미한다.

MBA Lingo

*소비자 신뢰도(consumer confidence)*는 소비자가 경제에 관해 어떻게 느끼는지, 그리고 현재 경제와 미래 경제의 전망에 관하여 어떻게 느끼는지를 측정한 것이다.

주택 신축 착공수와 주택 판매수

주택 시장 동향은 중요하다. 주택, 아파트, 콘도미니엄을 구매하는 것이 주요 구매이기 때문만은 아니다. 주택의 구매는 주요 구매의 사슬을 의미한다. 주택이나 콘도에는 가구, 카펫, 커튼, 가전 제품, 전력 장비가 필요하며, 대개의 경우 페인트공, 미장이, 조경 전문가가 필요하다(주택 융자 서류에 서명할 때, 경기 부양의 역할을 하고 있다는 점에 기뻐하라!).

주택 신축 착공수와 주택 판매수는 경제의 상태를 나타낸다. 주택 신축 착공수와 주택 판매수가 증가하고 있거나 높은 수준에 있으면 경제가 안정적임을 가리키는 것이지만, 반면 감소하고 있거나 낮은 수준에 있으면 경제가 불안정함을 의미한다. 주택 융자금을 갚아 나갈 수 있도록 직업과

MBA Lingo

*주택 신축 착공수(housing starts)*는 정확히 말해, 특정 기간 동안 특정 지역에서 건축이 시작되는 주택의 수이다. 판매할 주택 목록에 오르려면 3개월에서 6개월이 소요되므로, 주택 신축 착공수는 앞으로 다가올 상황에 대한 전조이다.

*주택 판매수(housing sales)*는 일반적으로 신축 주택과 기존 주택의 판매수로 나누며, 경제의 건강 상태를 나타내는 또 하나의 지표이다.

소득을 보장해 줄 만큼 경제가 계속 안정된 상태로 있을 것으로 기대될 때 사람들은 주택을 신축하거나 구매한다. 지방 또는 주 단위의 주택 신축 착공수와 주택 판매수는 그 지방 또는 주의 경제 상태를 아주 잘 나타내 주는 지표이다.

일반적으로 한 국가나 주 또는 도시에서 주택의 건축이나 매매가 빈번해질수록 그 경제는 더욱 활성화된다.

마지막으로, 주택 가격 동향은 한 지역의 주택 수요를 나타낼 뿐만 아니라 그곳이 주거 지역으로서 일반적으로 바람직한지도 나타낸다. 주택 가격이 높거나 인상되고 있다는 것은 수요가 많음을 의미한다. 이것은 그 지역의 경제 안정과 구직(求職) 가능성을 반영한다.

소매 매출과 신형 자동차 판매

소매 판매량과 신형 자동차 판매량이 많아지면 경제가 활기 있고 소비자의 소득 수준이 높다는 사실을 알 수 있다. 그러므로 소매 판매와 신형 자동차 판매의 강세와 약세의 동향을 잘 살펴보아야 한다.

소매 판매가 강세일 때 기업은 소비자의 수요를 충족시킬 수 있어야 한다. 대부분의 기업들은 판매 공간 및 장비를 증축하거나, 판매 규모 또는 생산 인력을 늘려야 한다. 또한 수요가 많으면 가격을 올릴 수 있으므로 판매가 강세일 때는 가격을 올리는 것도 가능하다.

소매 판매가 약세일 때는 대부분의 기업이 긴축해야 할 때라는 점을 인식해야 한다. 소비자의 수요가 감소하고 있다면 일반적으로 생산을 줄이고 재고를 축적하지 않도록 하는 것이 좋다. 당신 회사의 판매가 감소하는데 판매할 수 없는 물건을 쌓아 두고 싶지는 않을 것이다. 또한 경기 회복기에 운영을 과도하게 확장했다면 직원을 일부 해고하거나 경기 팽창기에 필요로 했던 만큼 공간과 장비의 임대를 중단해야 할 것이다.

월스트리트 주시하기: 주식 시장

주식 시장은 아주 훌륭한 경제 지표이지만, 일반적인 기업 신뢰도와 소비자 신뢰도 이외에 이 경제 지표가 무엇을 나타내는지 확실히 아는 사람은 거의 없다. 주식 시장은 실제적인 경제 지표라기보다는 심리적인 지표이다. 주식 가격은 기업의 이익과 밀접한 관련이 있긴 하지만 시장 정서(情緒)가 물가를 움직일 수도 있기 때문이다.

다우존스 산업 평균 주가 지수는 뉴욕 증권거래소에 상장된 주식 가운데 전체 주식 시장을 대표하는 것으로 여겨지는 30대 주식을 기초로 한다. 다우존스 지수는 사람들이 가장 많이 참고로 하는 지수이지만, 금융 정보 회사 Standard & Poor's가 관찰하는 500대 주식인 S&P 500은 다우존스 지수보다 그 표본 집단이 훨씬 크기 때문에 더 대표적이다.

일반적으로 주식 시장이 상승하고 있다면 경기 회복이 진행 중임을 나타내며, 하락하고 있다면 경기 침체를 가리킨다. 그러나 경제 발전에 투자가들이 반응을 보이는 데는 시간이 좀 걸리기 때문에 주식 시장은 대개 선행 지수라기보다는 지행(遲行) 지수라고 할 수 있다.

> **MBA Lingo**
>
> **다우존스 산업 평균 주가 지수(Dow Jones Industrial Average)**는 주식 시장 활동의 척도로서 널리 보도되며, 사람들은 이 지수를 긴밀한 지침으로 삼는다. 다우존스 지수는 널리 소유된 30대 주식의 가격에 기반을 두고 있다. 평균은 이 30대 주식의 총가치를 측정한 값이다.
>
> 통상 S&P 500이라고 하는 *S&P 500 종합 주가 지수(Standard & Poor's Composite Index of 500 Stocks)*는 많은 사람이 널리 소유하고 있는 500대 주식을 기반으로 하며, 다우존스 지수와 매우 유사한 기능을 한다.

무엇을 주시해야 하는가?

이 Chapter에서 계속 강조했듯이, 경제 자료의 동향을 주시해야 한다. 각 지표에 대한 과거 몇몇 보고서에 나타나는 동향뿐만 아니라 각 지표의 연도별 비교도 살펴보아야 한다(이러한 비교는 가장 최근의 자료와 지난해 같은 시기의 자료를 비교한다). 동향과 더불어 전년도 비교를 잘 지켜보면 자료의 맥락을 이해할 수 있다.

> **MBA Lingo**
>
> **지행(遲行) 지수 (lagging indicator)**는 이미 일어난 경제 단계(경기 회복 또는 경기 침체)를 나타낸다.
>
> *선행 지수(leading indicator)*는 앞으로 다가올 경제 단계를 가리킨다.

지표의 모든 변화에 반응하지 마라. 그러나 경제 변화를 자신의 계획에 적용하거나 통합할 시기를 계속 기다리기만 해서도 안 된다. 당신이 한동안 경기 회복기(또는 경기 침체기)에 운영을 해 왔다면 그 분위기에 맞도록 당신의 심적 태도가 적응하여 변화에 방심하고 있다가 낭패를 당할 수도 있다.

경제가 당신의 사업에 미치는 영향을 이해하도록 하라. 여러 해에 걸쳐 관찰하면 그 감각을 익히게 될 것이다. 금융 회사(비은행 투자 기관), 미수금 처리 대행 회사, 중고 자동차상과 같은 사업은 경기 침체기에 장사가 잘된다. 그러나 식당, 여행사, 그리고 상당히 선택적인(필수품이 아닌) 품목을 판매하는 기타 많은 기업들은 심한 경기 하락에 피해를 입는다. 경기 침체기가 다가온다는 사실을 알고 있다면 그에 대비해야 한다.

MBA Mastery

지금 경제가 좋아질 것이라고 생각하든 나빠질 것이라고 생각하든, 끊임없이 돌아가는 경기 순환 때문에 조만간 그 생각이 맞게 될 것이다.

또한 당신이 살고 있는 지역에 국가 경제가 미치는 영향에 관해서도 알아야 한다. 지역별로 차이가 많이 날 수 있다. 북부와 동부에 비해 남부와 서부(캘리포니아는 가끔 예외의 경우가 되는 것으로 유명하다)는 지난 10년에서 20년간 일반적으로 더 큰 성장률을 보여 왔다. 어떤 도시나 주, 그리고 지역도 경기 침체를 겪지 않을 수는 없지만, 다른 곳에 비해 비교적 더 빨리 회복하는 지역이 존재하는 것으로 입증되었다.

마지막으로, 명심해야 할 법칙이 있다. 혼합 신호는 대개 변화를 알리는 전령이다. 모든 지표가 위를 향하고 있다면 경기 회복기에 있는 것으로, 한동안 그대로 머무를 것이다. 그러나 모든 지표가 아래를 향하고 있다면 경기 침체기에 있는 것이다. 그러나 지표가 일부는 위를 향하고 일부는 아래를 향한다면 어떤 변화이건 현재 상태에서 변화가 일어날 것이라고 생각하라.

이것만은 알아 두자

▶ 경제 지표는 대개 경제의 전반적인 방향을 알려 주지만, 당신의 특정 사업이 어떤 영향을 받게 될 것인지는 시간이 흐르는 동안 당신이 어떻게 하는지에 달려 있다.

▶ 경제 성장률은 가장 중요하고 가장 널리 보고되는(다우존스 지수를 제외하고) 지표이다. 성장률이 약 3%이거나 그 이상이면 일반적으로 경제가 안정된 것으로 생각한다.

▶ 주택 신축 착공수와 주택 판매수는 특히 앞으로의 경제 성장을 알려 주는 데 좋은 지표이다. 사람들이 주택을 구입하면 집에 비치할 가구와 기타 물건을 사야 하기 때문이다.

▶ 모든 경제 지표에서 가장 중요한 것은 여러 기간에 걸친 동향이다. 동향을 지켜보면 한두 개의 지표보다 경제 방향에 관해 훨씬 더 많이 알 수 있다.

Chapter 8

사업: 운영 관리

In This Chapter
Point

▶ 자원 관리의 비결

▶ 비용 편익 분석

▶ 수익 체감의 법칙

▶ 고정 비용과 변동 비용의 차이

▶ 규모의 경제 이해하기

▶ 집중화와 분권화

결정, 그리고 결정. 사업 운영을 관리하려면 하루에도 수십 가지를 결정해야 한다. 작은 결정과 큰 결정, 그리고 일상적인 결정과 특별한 결정 등. 사업의 운영이나 자원에 관한 결정과 같은 특정한 결정을 내릴 때, Chapter 7에서 다룬 개념을 바탕으로 하여 이 Chapter에서 다루는 분석 도구를 활용하면 최선의 결정을 내릴 수 있다.

예를 들어 설명해 보겠다.

사업체를 운영하는 두 사람이 있다고 하자. 한 사람은 전문 경영인이고 다른 한 사람은 경험을 바탕으로 운영해 나가는 사람이다. 이 두 사람은 매일 수십 가지의 비슷한 결정을 내린다. 원료 공급자가 다음주에 얼마나 배달해야 하는지 전화로 물어 온다. 저녁 당번 감독자는 저녁 7시 이후에는 더 바빠지는데 한 사람을 추가해야 할지 알고 싶어한다. 기계가 고장나면 어떻게 하는 것이 더 경제적인가에 따라 기계를 바꿀 수도 있고 수리할 수도 있을 것이다. 각 업체는 생산 능력을 확대해야 하는데, 얼마나 확대할 것인지 사장이 결정해야 한다.

전문 경영인은 경험으로 일을 진행하는 경영자가 활용할 수 없는 방법으로 이런 결정을 바라볼 것이다. 전문 경영인은 경험으로 운영하는 사장이 접근하는 방법보다 좀더 체계적이고 조직적인 방법으로 이런 상황들을 생각할 것이다. 전문 경영인은 운영 관리의 중요한 개념을 이해하고 있기 때문에 여러 가지 사업 상황을 좀더 세련된 관점에서 바라볼 수 있다.

이 Chapter에서 살펴볼 개념으로 '짐작'과 '적절한 결정'의 차이를 알아보자.

자원 관리

사업 결정의 대부분은 자원을 어떻게 배분하느냐를 결정하는 일로 귀착된다. 자원에는 금전, 노동력, 원료, 건물, 장비가 있다. 모든 사업은 한정된 자원으로 운영된다. 다시 말해, 한정된 액수의 돈, 노동력, 자원, 건물로 운영된다. 그러므로 실정을 이해하고 있는 경영자는 자신이 가지고 있는 자원을 최선의 방법으로 활용할 수 있는 결정을 해야 한다.

자원을 배분할 때 경영자가 해야 할 어려운 결정에는 다음과 같은 것이 있다.

▶ 신제품을 개발하는 데 회사는 얼마나 많은 돈을 투자해야 하는가?

▶ 사업을 하기에 가장 적당한 규모는 어느 정도인가? 얼마나 많은 직원과 물리적 공간이 필요한가?

▶ 값비싼 장비의 최선의 구매를 경영자는 어떻게 결정하는가(예를 들어, 컴퓨터 네트워크, 공업용 오븐, 트랙터 등)?

▶ 사업을 위해 상점은 언제 문을 열고 닫을 것인가?

▶ 특정 프로젝트는 시간이 얼마나 소요되며, 어떻게 실행할 것인가?

▶ 사업 확장을 위한 부지를 알아볼 때, 가능성 있는 장소가 두 곳 이상 있을 경우 회사는 어느 곳을 택할 것인가?

> ## MBA Lingo
>
> 여기에서 *수익(return)*은 회사가 벌어들이는 이익의 총액이다. 수익을 백분율로 나타낼 수 있다. 예를 들어, 소유주들이 회사에 총 천만 달러를 투자했는데 회사의 연간 수익이 백만 달러가 되었다면 투자 수익은 백만 달러, 즉 10%이다.

이런 질문에 경영자는 어떻게 대답할 것인가? 자원은 한정되어 있으므로 경영자는 자원이 최선이 되도록, 즉 최고의 수익을 내도록 배분해야 한다.

경영자가 최대의 수익을 올리기 위해 자원을 가장 효과적으로 활용할 수 있는 방법을 결정할 때 참고로 해야 할 몇 가지 중요한 개념이 있다. 그 개념은 다음과 같다.

- ▶ 비용 편익 분석
- ▶ 수익 체감의 법칙
- ▶ 고정 비용과 변동 비용
- ▶ 규모의 경제
- ▶ 집중화와 분권화

아래에서 이러한 개념들을 하나씩 다루어 보도록 하자.

비용 편익 분석: 이것의 가치는?

품목, 캠페인, 직원, 운영 등 사업의 모든 것에는 그에 수반하는 비용이 든다. 이 비용은 대부분의 경우 돈으로 계산할 수 있다. 비용이 드는 것은 대부분 그에 수반하는 이익을 낳기도 한다. 이 이익은 대개(항상은 아니지만) 돈으로 계산할 수 있는 수익이다.

MBA Lingo

비용 편익 분석(cost-benefit analysis)은 어떤 결정에서 기대되는 이익을 측정하는 방법, 그 결정에 따라 발생할 것으로 기대되는 비용을 측정하는 방법, 그리고 나서 이익이 비용을 능가하는지 살펴보는 방법이다. 여기에서 이익이 비용을 능가했다면 분석 결과는 계획한 실행 과정을 진행하라는 쪽으로 나온 것이다.

"돈을 벌려면 돈을 써야 한다."고 사업가들이 말하는 것을 자주 들어 보았을 것이다. 그러나 모든 지출에서 이익을 낼 수 있는 것은 아니다. 이익을 내는 지출 가운데는 다른 지출보다 이익을 더 많이 내는 것이 있다. 그러므로 돈을 지출하기 전에 대부분의 사업가들은 비용 편익을 분석한다. 비용 편익 분석을 위한 여러 가지 도구가 있다. Chapter 9에서 손익 분기 분석, 교차 분석과 같은 몇 가지 도구를 알아보겠다.

동네에 있는 작은 복사 가게를 예로 들어 보자. 대중을 상대로 하는 모든 사업체의 소유주들과 마찬가지로 복사 가게를 운영하는 이 사람도 영업 시간을 정해야 한다. 몇 가지 요소를 고려할 것이다. 예를 들어, 가장 가까운 곳에 있는 경쟁자의 영업 시간, 그리고 가장 큰 고객의 편의를 고려할 것이다. 그러나 이 사람의 주요 관심사는 가게 문을 한 시간 일찍 열거나 한 시간 늦게 닫을 경우에 이익에 대한 비용의 관계가 어떻게 되느냐 하는 점이다.

오래 전에 이 사람은 가게 문을 아침 7시에 열어야 한다고 결정했는데, 직장이나 학교에 가는 사람들이 도중에 복사 가게에 들르는 시간이기 때문이었다. 그러나 밤에는 11시에 문을 닫았다. 그것은 단지 이전 주인이 그렇게 했기 때문이었다. 밤 시간이 그만한 가치가 없다는 것을 잘 알지 못하는 것이다.

MBA Lingo

*순이익(net benefit)*은 비용을 공제한 후 남은 이익이다.

이 사람은 지난 3개월 간의 판매 자료에서 비용 편익 분석에 필요한 정보를 얻는다. 마지막 한 시간 동안 가게 문을 열어 두는 데 드는 비용이 얼마이고, 그 한 시간 동안 벌어들이는 돈의 평균 액수가 얼마인지 알게 된다.

이 사람은 밤 10시에서 11시 사이에 가게 문을 열어 두는 데 23달러의 비용이 든다는 것을 알게 되었다. 이 액수에는 전등과 장비의 전기 요금, 난방 비용, 보조원의 봉급이 포함된다. 10시에 문을 닫는다면 이런 비용을 절약할 수 있다.

MBA Mastery

사업체나 사무실 관리자가 회사에서 일상적으로 구입하는 사소한 항목(예를 들어, 커피, 펜, 사무용품)에서 몇 센트를 절약하려 하면 이상하게 생각하는 사람들이 있다. 그러나 규모가 큰 사업체를 운영할 때 푼돈을 모으면 목돈이 된다. 비용 통제로 비용을 줄일 수 있으며, 비용을 줄이면 자동적으로 이익이 증가한다.

이번에는 그 마지막 한 시간 동안 낸 수익을 계산해 본다. 복사 한 장당 5.5센트의 평균 이익이 남는다(이것은 단지 복사할 때 드는 비용만을 계산한 것으로, 전기 요금, 난방 비용, 노동 비용은 계산하지 않은 것이다). 마지막 한 시간 동안 평균 460장의 복사를 한다. 그래서 마지막 한 시간의 영업 시간 동안 평균 25달러 30센트(복사 한 장당 460장 × 5.5센트)를 번다. 이것이 바로 '이익'이다.

이 시점에서 중요한 질문이 있다. "이 이익이 비용보다 더 큰가?"이다.

위의 경우에는 이익이 비용보다 크다. 25달러 30센트의 이익에서 23달러의 비용을 빼면 2달러 30센트를 얻는다(이것을 순이익이라고 한다. 순이익은 비용을 공제하고 남는 이익이다). 따라서 순수한 비용 편익 기준으로 보았을 때, 마지막 한 시간 동안 가게 문을 열어 둘 만한 가치가 있다.

물론 그런 결정을 내릴 때는 다른 고려 사항도 참고해야 한다. 예를 들어, 점원이 일찍 퇴근하기를 원하거나 밤 시간의 범죄가 증가하고 있다면 주인은 2달러 30센트를 벌기 위해 한 시간 더 가게 문을 열어 두는 것이 가치가 없다는 결정을 내릴 것이다. 그러나 순수한 비용 편익 기준으로 보았을 때는 가게 문을 열어 둘 만한 가치가 있다.

비용 편익 분석에는 여러 가지 방법이 있다. 비용과 편익에 금전 가치를 부여하는 데도 여러 가지 방법이 있다. 이 책에서 그중 몇 가지를 살펴볼 것이다. 그러나 여기에서 중요한 것은, 경영자는 대부분의 상황을 비용과 편익의 관점에서 바라본다는 점이다.

Case IN Point

사업체가 비용 편익 기준에 맞지 않게 행동하는 경우가 많이 있다. 예를 들면, 직원들이 자발적으로 일하도록 격려하는 경우, 지역 소년 야구 리그 팀을 지원하는 경우, 심지어 최근에 장애인이 된 장기 고용 직원에게 퇴직할 때까지 봉급을 계속 지급하는 경우이다.

회사는 체면이나 훌륭한 시민 의식에서 이런 일을 한다. 그러나 많은 경영자들은 이런 행동이 긍정적인 기업 이미지를 창출하고, 이런 이미지 창출이 판매 증가로 연결될 수 있다고 생각한다.

수익 체감의 법칙

수익 체감의 법칙은 한마디로 '아무리 좋은 것이라도 지나치면 해로울 수 있다.'는 말로 대변할 수 있다. 다시 말해서, 당신 회사가 기존에 가지고 있던 자원에 계속 자원을 더 추가한다면 처음에는 수익이 증가하지만 얼마 후에는 자원이 가져다 주는 추가 수익이 떨어지게 된다.

가령, 앞에서 나왔던 복사 가게 주인이 자신의 사업에 관해 이전에는 하지 않았던 광고를 하기로 결정했다고 하자. 주인은 광고를 지역 신문과 라디오 방송에 내고 싶어한다. 아래의 그래프는 이 상황을 그림으로 나타낸 것이다. 사람들은 광고를 접하고 이 복사 가게에 온다. 따라서 판매가 빠르게 증가한다. 판매는 계속 증가한다. 그런데 광고를 하루, 한 주 더 연장할수록 판매는 증가하지만 그 증가 비율은 줄어든다. 그러므로 수익 체감의 법칙이 성립한다. 다시 말해서, 추가 광고로 늘어날 새로운 매출액에는 한계가 있다.

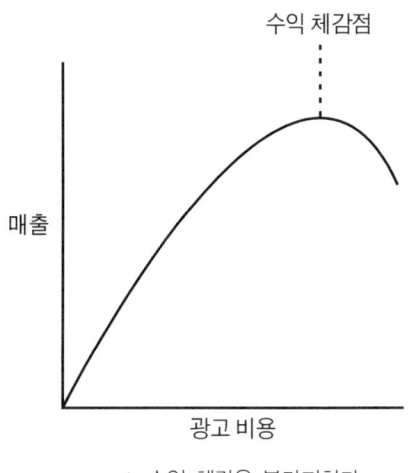

MBA Lingo

수익 체감의 법칙
(*Law of Diminishing Returns*)이란 어떤 자원이건 그 자원에서 생산되는 한계 수익(marginal return) 즉, 추가 수익이 그 자원이 한 단위 추가될 때마다 감소한다는 법칙이다.

▲ 수익 체감은 불가피하다

수익 체감의 법칙은 끊임없이 제기된다. 예를 들어, 노동자를 필요로 하는 상황에서는 대개 노동자 한 명을 추가할 때마다 더 많은 일을 해낼 수 있거나 더 빠르게 해낼 수 있을 것이다. 그러나 결국 추가되는 각 노동자는 추가 생산력이 점점 떨어지게 될 수도 있다(기계 등 다른 자원을 전혀 추가하지 않는다면).

수익이 언제 체감할 것인지 측정하기란 까다롭다. 일반적인 공식이나 최고의 규칙 같은 것은 없다. 이 '수익 체감의 법칙'이 언제 시작될 것인지는 각각의 상황에 달려 있기 때문이다. 선택적으로 숲을 개간하는 한 벌목 업체가 있다고 하자. 이 업체는 추가되는 각 노동자가 하루에 더 많은 나무를 벨 수 있는 어느 지점까지 계속 새로운 노동자를 추가할 수 있다.

그러나 어느 지점에 이르면 추가되는 노동자가 같은 수의 나무를 베지 못하게 될 것이다. 노동자가 너무 많아서 서로 지나다니는 데 방해가 되거나, 노동자들이 일한 만큼 빠르게 트럭이 목재를 실어 나르지 못하거나, 기타 다른 요소 때문에 생산성이 제한될 수 있다. 어떤 면에서 보면 자원을 비교해 보는 것이 수익 체감 발생 시기를 알아내는 유일한 방법이다. 예를 들어, 톱 한 개당 벌목자 두 명, 트럭 한 대당 노동자 열 명, 아니면 경험에 따라 이 두 가지를 모두 기준으로 삼을 수 있다.

비용 계산: 고정 비용과 변동 비용

대부분의 사업체에는 고정 비용과 변동 비용이 있다. 고정 비용은 회사가 생산하고 판매하는 제품의 양과 상관없이 항상 일정하게 들어가는 비용이다. 가령 앞에서 나왔던 복사 가게의 경우, 건물 매입 융자금과 보험 비용은 고정되어 있다. 일부 고정 비용은 간접 비용(생산이나 판매와 직접 관련이 없는 비용)으로 간주된다.

반면, 변동 비용은 회사의 생산 및 판매량에 따라 바뀐다. 복사 가게의 변동 비용에는 점원의 봉급, 복사지 및 잉크의 비용이 포함된다. 기업의 형편이 나빠졌을 때(그리고 경기 침체기 동안) 직원의 해고가 빈번한 이유 중 하나는 대부분의 기업에서 가장 큰 변동 비용이 바로 노동력이기 때문이다(이 복사 가게가 극적인 경기 하락을 맞게 되면 봉급을 절약하기 위해 주인은 점원 가운데 몇 명을 해고할 것이다).

사업에 관한 이런 말이 있다. '장기적으로 보면 모든 비용은 변동 비용'이라는 것이다. 아주 길게 보면 기업은 심지어 고정 비용도 없앨 수 있다는 말이다. 예를 들어, 회사는 그 공장이나 장비를 팔 수 있다. 그러나 여기서 장기적이라는 말은 매우 긴 기간을 의미하는 것이므로, 고정 비용은 고정된 것으로 생각하는 것이 현명하다.

일부 사업, 특히 제조업에서는 본래 고정 비용이 높다. 정유 산업, 자동차 제조업, 인쇄업이 좋은 예이다. 다른 사업, 특히 서비스 사업은 변동 비용이 높은 편이다. 배달 서비스, 임시직 소개소, 법률 회사가 이런 카테고리에 속한다. 그러나 거의 모든 기업에 고정 비용과 변동 비용이 모두 있다는 점을 명심해야 한다.

규모의 경제

규모의 경제는 묶음으로 사는 것이 왜 더 저렴한가를 설명해 준다. 제품 한 단위를 만들어 내는 데 드는 평균 비용은 추가로 하나 더 만들 때마다 줄어들기 때문에 규모의 경제로 수량 할인을 얻을 수 있다.

양이 늘어나면 고정 비용이 더 많은 제품 단위에 분산되기 때문에 양이 늘어날 때 규모의 경제가 생긴다. 추가되는 각 단위가 고정 비용의 일부를 흡수하고, 이전의 모든 제품 단위가 흡수해야 했던 고정 비용의 액수도 줄인다. 그래서 단위당 평균 원가가 떨어지게 된다. 각 단위에 대한 변동 비용이 일정하더라도 규모의 경제가 생긴다.

> **MBA Lingo**
>
> **수량 할인**(*volume discount*)은 더 많이 구매할 때 아이템 하나당 값을 덜 지불하여 생긴다. 기업은 판매를 증가시키기 위해 수량 할인을 제시한다. 총이익을 더 크게 내기 위해 각 아이템에서 얻을 이익은 낮춘다.

앞에서 다루었던 복사 가게의 경우를 생각해 보자. 가령 주인이 1년에 10,000달러의 임대료를 주고 고성능의 복사기를 임대했다고 하자. 복사지와 토너 등의 변동 비용은 복사 한 장당 2센트이다.

복사 분량이 각기 다른 경우 복사 한 장당 드는 비용을 비교해 보자. 5년에 걸쳐 연간 50만 장을 복사할 경우와 연간 100만 장을 복사할 경우이다.

	연간 50만 장 복사	연간 100만 장 복사
총변동 비용(복사지, 토너)	$10,000	$20,000
총고정 비용(연간 복사기 임대료)	10,000	10,000
총복사 비용	20,000	30,000
복사 한 장당 비용	$0.04	$0.03

위에서처럼 고정 비용(연간 복사기 임대료)과 변동 비용(복사 한 장당 2센트)에 변함이 없는데도 한 장당 총비용은 양이 많을 때 더 낮아진다.

규모의 경제는 회사가 무엇인가를 더 많이 할수록, 즉 그 운영 규모가 더 클수록 좀더 경제적으로 할 수 있다는 말이다. 규모의 경제로 회사는 경쟁 우위를 갖출 수 있다.

> **MBA Lingo**
>
> **규모의 경제** (*economies of scale*)란 많은 양을 생산할 때 낮아지는 비용을 일컫는 말이다. 회사가 더 많은 양을 생산할수록 일반적으로 아이템 하나를 제조하는 데 드는 단위 비용은 줄어든다.

이렇게 생각해 보자. 복사기 예에서 1년에 100만 장을 복사

한 회사는 고객에게 한 장당 평균 8센트를 요구하고도 한 장당 5센트의 이익을 얻을 수 있다. 그러나 1년에 50만 장을 복사한 회사는 장당 5센트의 이익을 내려면 고객에게 9센트를 요구해야 한다. 많은 분량을 복사하는 회사는 적은 분량을 복사하는 회사보다 이렇게 더 낮은 비용을 요구할 수 있다. 그러면 사업을 더 크게 벌일 수 있고, 복사하는 양도 더 크게 늘릴 수 있다.

Case IN Point

많은 사업을 지배하고 있는 대규모 상업 체인 업체들을 비난하는 사람이 많다. 그러나 이런 거대 기업들은 오랫동안 번성해 왔다. 체인 업체들은 이미 오래 전에 일반 소매업(시어스와 월마트)과 냉동 식품(피자헛과 맥도날드) 같은 시장을 지배하기 시작했고, 최근에는 복사 업종(Sir Speedy, Kinko's)에도 뛰어들었다.

이런 업체들은 규모의 경제로 지방 운영자들과 단독 운영자들의 가격을 내리게 할 수 있으며, 궁극적으로는 단독 운영자의 상점이 가격 경쟁을 할 수 없게 만든다. 단독 운영 상점은 대개 정선된 품목과 서비스로 경쟁한다.

규모의 경제는 또한 기업 합병이 많이 일어나는 이유이기도 하다(합병은 두 개의 기업이 그들의 운영을 통합하면서 일어난다). 대부분의 합병은 사업 비용을 줄이기 위해 특정 기능을 통합한다. 예를 들어, 합병한 회사는 두 개의 회계부나 두 개의 인사부가 필요 없다. 그러므로 두 개를 하나로 합치고 (또는 하나를 없애고), 통합된 부서의 고정 비용을 더 확대된 합병 운영에 분산한다.

집중화와 분권화

집중화와 그 반대인 분권화로 많은 사업 결정을 내린다. 집중화는 여러 기능과 운영체를 통합하려는 시도이다. 다양한 기능을 하나의 기능으로 통합하여 중앙에서 집권한다. 대개 규모의 경제나 기타의 효율적인 형태를 추구한다.

이렇게 생각해 보자. 맥도날드는 전 세계에 수천 개의 매장을 가지고 있는 거대한 체인 업체이다. 맥도날드는 각 매장이 식품과 종이 제품 등을 각자 사도록 할 수도 있었다. 그러나 한 공급자에게 식품과 종이 제품을 구입하여, 즉 집권적 구매 기능을 통해 맥도날드는 공급 업자에게 대량으로 구매함으로써 수량 할인을 받을 수 있다. 마찬가지로 Vogue, House & Garden, Vanity Fair를 발행하는 Condé Nast와 같은 매거진 출판사는 집권적 구매를 통해 제지와 잉크를 더 좋은 조건으로 살 수 있다.

회사의 중앙 기능 부서에서 모든 구매를 담당한다면 양이 증가하기 때문에 수량 할인을 받을 수 있다. 그러나 운영을 집중화하는 데는 다른 몇 가지 이유가 있다. 중요한 이유 중 하나가 바로 통제이다. 예를 들어, 중앙 부서에서 구매와 고용을 담당하면 수많은 하위 단위가 스스로 결정하는 것보다 비용이나 보수를 더 효과적으로 통제할 수 있다. 또한 집중화로 인해 구매하는 재료의 품질이나 고용하는 사람의 자격을 보다 효과적으로 통제할 수 있다.

중앙의 기능이 무엇이든 간에 중앙에서는 각 운영 관리자에게 맡겨 두기로 한 결정에 대해 간섭하면 안 된다. 중앙은 전적으로 하위 단위를 위해 일해야 한다. 예를 들어, 개별 운영 관리자들이 직접 거래할 필요가 없도록 구매부에서 공급자와 거래하거나, 새로운 고용이나 승진을 위한 봉급 범위와 같은 지침을 인사부에서 마련해 준다.

MBA Lingo

집중화(*centralization*)는 사무용품 구입, 직원 채용, 제품 가격 결정과 같은 기능이나 결정을 회사 전체를 대표하는 한 곳에 두는 것을 의미한다. 집중화 방식으로 더 많이 통제할 수 있고, 좀더 표준화된 결과와 결정을 얻어 낼 수 있다.

분권화(*decentralization*)는 예를 들어 여러 도시나 나라에 있는 개별 사업 단위 사무실에게 기능과 결정을 독립적으로 처리하도록 허용하는 것을 의미한다. 이 두 가지 방식의 중용은 본사가 지침을 마련하여 개별 사업 단위들이 스스로 결정을 내릴 수 있도록 하는 것이다.

적절한 집중화의 정도는?

경영자들은 항상 '어느 정도의 집중화가 적절한가?' 라는 의문을 가진다. 사람은 누구나 자기 논리로 상황을 해석한다. 고위 경영자들은 집중화를 좋아한다. 자신들이 더 많은 통제권을 가질 수 있기 때문이다. 직급이 낮은 관리자들은 분권화를 더 좋아한다. 자신들이 더 많은 결정을 내릴 수 있기 때문이다. 하위 관리자들은 '본부에 앉아 있는 나으리' 보다 고객이나 직원들과 더 가까이 있기 때문에 자신이 최선의 결정을 내릴 수 있는 위치에 있다고 생각한다. 게다가 이들은 자신의 일을 수행할 권한이 필요하다.

기업은 집중화와 분권화라는 두 가지 요구를 균형 있게 유지해 나가야 한다. 의사결정 권한이 중앙에 너무 집중되어 있으면 직원들은 자신을 로봇처럼 느낀다. 생각하는 사람으로 인정받지 못한다고 느끼는 것이다. 그러나 의사결정이 너무 분권화되어 있으면 통제력을 잃을 위험이 있다. 그중에서도 특히 재정 관리와 품질 관리를 제대로 할 수 없게 된다.

현재까지 알려진 가장 좋은 해결책은 1934년에 제너럴 모터스를 창립한 CEO Alfred Sloan이 만들어 낸 방식이다. Sloan 아래 제너럴 모터스는 집권적으로 정책을 관리하였고, 운영상의 의사결정은 분권화하였다.

제너럴 모터스 사에서는 의사결정이 상당히 분권화되어 있어 자사 내에도 유리 제조 시설이 있었지만 공장장은 거래 조건이 더 좋을 경우 회사 밖에서 자동차 유리를 구매할 수 있을 정도였다. Peter Drucker가 자신의 경영학 고전(古典)인 Concept of the Corporation(John Day & Co., 1946 출판, 1972 개정)에서 언급했듯이, 이런 의사결정 방식 덕분에 제너럴 모터스 자체의 유리 공장은 경쟁 의식을 가지고 안주하지 않게 되었다. 그러나 유리는 사실 제너럴 모터스 사의 모든 제품에 대한 품질 기준에 적합해야 했다.

최근의 경영학 고전인 In Search of Excellence(Harper & Row, 1982)에서 Tom Peters는 우수한 기업은 그가 소위 '엄격하고 자유방임적인 통제(tight-loose controls)' 라고 이름 붙인 방식을 택하고 있다고 말한다. 우수한 기업들은 기업 목표 면에서는 엄격하지만, 이 목표를 달성하도록 관리자들에게 허용하는 방식 면에서는 자유방임적이다.

Case IN Point

집중화와 분권화는 모두 업계의 현재 동향이다. 예를 들어, 많은 기업의 세계적인 규모 덕분에 거대하고 다국적인 운영이 정당화되고 있다. 이런 기업들은 품질과 수익성을 보장하기 위해 중앙의 통제가 필요하다. 그러나 다양한 시장에서 그 지역 실정에 맞게 거래할 수 있도록 충분히 분권화되어야 한다.

잘 보면 이런 개념을 이해할 수 있다

이 Chapter에서 토론한 다섯 가지 중요한 개념은 사업에서 자주 부딪히게 된다. 경영자가 직접 언급하지 않더라도 이런 개념은 많은 경영상의 결정의 기초가 된다.

경영자는 거의 무의식 중에 이런 개념 가운데 하나를 기초로 하여 결정을 내린다. 경영자는 수익 체감이나 비용 편익을 생각하지 않고서도 또 한 사람의 노동자를 추가하는 것이 그만한 가치가 없다는 것을 안다. 또한 아직은 새로운 설비를 구입하여 고정 비용을 늘릴 수 없다는 것을 알고 있기 때문에 같은 공간 안에 더 많은 노동자들을 억지로 밀어 넣는다. 수량 할인이나 단체 생명보험을 이해하기 위해 규모의 경제에 관해 이야기할 필요는 없다.

그렇지만 이런 경영상의 기본 개념을 이해하면 사업 결정에 무엇이 정말로 영향을 미치는지 알 수 있으며, 또한 다음 Chapter에서 살펴볼 분석 도구를 활용하는 데에도 도움이 될 것이다.

이것만은 알아 두자

▶ 모든 사업에는 고정 비용과 변동 비용이 있다. 고정 비용은 생산량 및 판매량에 따라 바뀌지 않지만, 변동 비용은 이에 따라 바뀐다.

▶ 규모의 경제는 기업이 대량으로 생산할 때 생긴다. 기업은 대량 생산으로 단위당 생산 비용을 줄일 수 있다. 규모의 경제는 많은 대규모 업체와 체인점의 성공 비결이기도 하다.

▶ 수익 체감의 법칙이 거의 모든 신생 벤처 사업이나 캠페인에 영향을 미친다는 점을 유의하라. 무엇인가를 처음 할 때는 비교적 수익이 높지만, 시간이 흐름에 따라 그 수익은 줄어들게 된다.

▶ 의식적이든 무의식적이든 비용 편익 분석은 경영자가 내리는 거의 모든 결정의 기초가 된다.

Chapter 9

결정, 그리고 결정: 운영 분석 도구

In This Chapter
Point

▶ 손익분기 분석의 중요성
▶ 교차 분석
▶ 기획 도구와 스케줄 도구의 활용
▶ 의사결정수(意思決定樹) 작성

지금까지는 사업 상황을 전문가처럼 바라볼 수 있도록 도와주는 여러 가지 개념을 공부해 보았다. 이제 이런 사업 상황을 헤쳐 나갈 수 있도록 도와주는 도구를 살펴볼 차례이다. 명칭에서도 알 수 있듯이, 이러한 분석 도구는 사업 상황을 점검하고 경영상의 결정을 내리는 체계적인 방법이다. 모든 분석 도구의 목적은 더 나은 결정을 더 쉽게 내릴 수 있도록 하는 것이다.

손익분기 분석이나 교차 분석 같은 도구는 두 개 이상의 선택 사항을 표준 방식으로 비교하는 데 도움이 된다. 기획 도구, 스케줄 도구, 의사결정수 같은 도구는 복잡한 문제의 요소들을 몇 개 부분으로 묶어 한눈에 볼 수 있도록 해준다. 분석 도구란 경영상의 의사결정 그 자체는 아니며, 경영자가 의사결정을 내릴 때 그 과정을 보조하도록 고안된 것이다. 분석 도구는 대개 제 기능을 제대로 해낸다.

경영자의 도구 상자

분석 도구에는 한 가지 목적이 있다. 더 나은 경영상의 의사결정을 내릴 수 있도록 하는 것이다. 이 Chapter에서는 네 가지의 도구를 살펴보도록 하자.

- ▶ 손익분기 분석
- ▶ 교차 분석
- ▶ 기획 도구와 스케줄 도구
- ▶ 의사결정수

이러한 분석 도구는 다양한 사업과 상황에 적용된다.

손익분기 분석

제품이나 서비스의 손익분기점은 판매 수익과 생산 비용이 같은 지점이다. 손익분기점은 판매된 단위의 수로 나타낸다. 간단히 말하면, 손익분기점은 돈을 벌어들이기 시작한 시점이다.

MBA Lingo
제품이나 서비스의 **손익분기점(*break-even point*)**은 판매 수익이 생산 비용과 같은 지점이다. 손익분기점은 판매된 단위의 수로 나타낸다.

손익분기 분석의 중요성은 새로운 제품이나 서비스의 제시를 계획할 때, 이익을 내기 시작하려면 얼마나 판매를 해야 하는지 알아야 한다는 것이다. 손익분기 분석으로 그 판매의 수를 알 수 있다.

아래의 공식으로 손익분기점을 계산한다.

$$\text{손익분기 단위} = \frac{\text{고정 비용}}{(\text{판매 가격} - \text{단위당 변동 비용})}$$

이 공식을 사용하려면 제품을 제조하거나 서비스를 전달하는 데 드는 고정 비용과 변동 비용(Chapter 8 참고)을 모두 알아야 한다.

손익분기점 알아내기

Chapter 7에서 나왔던 복사 가게의 예로 돌아가 보자. 이 복사 가게에서는 10,000달러에 복사기를 임대(고정 비용)하여 사용하고, 종이, 잉크 등의 비용이 한 장당 2센트(변동 비용) 든다. 그리고 평균 복사비를 8센트 받는다고 하자.

이런 수치들을 공식에 대입해 보면 다음의 결과를 얻는다.

손익분기 단위 = $10,000 /($0.08 − 0.02)

또는

손익분기 단위 = $10,000 / $0.06

또는

손익분기 = 166,667단위

이것을 다시 정리하면, 기계가 약 167,000번의 복사를 하고 나서 '스스로 이익을 낸 것'이다.

손익분기 분석은 경영자가 일정 기간 동안 기대할 수 있는 양에 관해 생각할 수 있게 해주므로, 결정을 내리는 데 도움이 된다. 또한 공식에 다른 값을 대입하면 다른 상황에서 일어날 수 있는 결과를 알 수 있다.

예를 들어, 복사 가게 주인이 연간 총고정 비용 5,000달러, 즉 10,000달러의 50%로 기계를 임대할 수 있다면 손익분기점도 약 83,000번의 복사로 약 50%가 떨어질 것이다.

손익분기 = $5,000 / $0.06

또는

손익분기 = 83,333단위

만일 이 가게가 평균 복사비를 한 장당 10센트로 올릴 수 있다면 고정 비용으로 10,000달러가 들더라도 손익분기점을 167,000단위 아래로 떨어뜨릴 수 있다.

손익분기 단위 = $10,000 /($0.10 − 0.02)

또는

$$손익분기 단위 = \$10,000 / \$0.08$$

또는

$$손익분기 = 125,000단위$$

또한 복사비를 장당 10센트로 올리면서 고정 비용을 5,000달러로 내렸을 때의 결과도 계산할 수 있다(그러면 손익분기점이 62,500단위로 내려간다).

앞으로 Chapter 14에서 공부하겠지만, '손익분기 분석'은 투자 결정을 내릴 때 자주 사용된다. 임대료, 판매 가격, 변동 비용과 같은 관련 변수를 고려한 후에 이것들을 여러 기계와 비교한다. 물론 기계 자체, 기계가 처리할 수 있는 양, 복사의 품질, 내구성도 고려해야 한다. 그러나 손익분기 분석에서 고려하는 것과 같은 재정적 측면은 모든 결정에서 핵심이 된다.

MBA Alert

손익분기 분석을 할 때는 반드시 모든 고정 비용과 변동 비용을 고려해야 한다. 이 Chapter에서는 아주 단순화하여 예를 들었다. 그러나 모든 비용을 분석에 집어넣기 위해 필요한 모든 정보를 샅샅이 알아내야 할 때가 있을 것이다.

손익분기점을 그래프로 나타낼 수 있다. 이 그래프에서 다양한 각 판매량의 비용과 편익뿐만 아니라 손익분기점을 시각적으로 확인할 수 있다.

이 그래프는 비용과 편익을 정확하게 나타내지는 않지만, 다양한 각 판매량에서 비용과 편익이 가지는 상관 관계를 그림으로 나타내 준다.

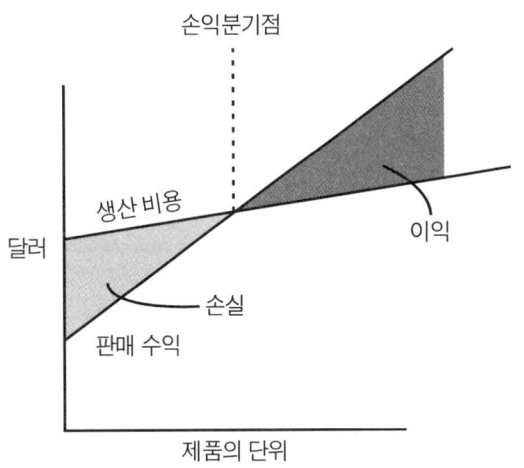

▲ 손익분기점(The break-even point)

그래프는 손익분기점을 왼쪽으로 옮기기 위해 어떤 조치(예를 들어, 고정 비용이나 변동 비용을 낮추거나 가격을 올린다)를 취하면 이익을 더 빨리 낼 수 있다는 점을 시사하고 있다. 반대로, 손익분기점을 오른쪽으로 이동하게 하는 일이 생기면 이익은 더 늦게 발생하게 된다.

교차 분석

경영자로서 당신은 때로 비교할 만한 두 개의 장비 가운데 하나를 선택하여 구입해야 할 경우가 있을 것이다. 대개의 경우 각 장비는 각기 다른 고정 비용과 변동 비용이 필요하다. 문제는 어느 기계를 구입할 것인가이다.

MBA Lingo

교차 분석(cross-over analysis)으로 한 제품이나 서비스에서 유사한 일반 이익을 내지만 고정 비용과 변동 비용이 다르게 들어가는 다른 제품이나 서비스로 전환해야 할 지점을 알 수 있다.

당신이 Chapter 8에 나온 복사 가게 주인이라고 가정하고, 두 대의 복사기 가운데 한 대를 살 수 있다고 해보자. 기계 1은 고정 비용이 10,000달러이고 변동 비용이 장당 2센트이다. 기계 2는 고정 비용이 5,000달러이고 변동 비용이 장당 4센트이다.

어느 기계를 살 것인지는 보통 당신이 기대하는 복사 분량에 달려 있을 것이다. 우선 해야 할 일은 교차점(cross-over point)을 알아내는 것이다. 즉, 기계 두 대의 비용이 같아지는 단위량을 알아내야 한다. 교차 분석으로 이 지점을 알아낼 수 있다.

다음은 교차 분석 공식이다.

교차 단위 =(기계 2의 고정 비용 − 기계 1의 고정 비용) /(기계 1의 변동 비용 − 기계 2의 변동 비용)

교차 단위 =(5,000 − 10,000) /(.02 − .04)

교차 단위 =(−$5,000) /(−.02)

교차 단위 = 250,000번 복사

(연간) 250,000번 복사에서, 복사기 두 대의 총비용은 같다.

이 단위량보다 많거나 적으면 기계 한 대는 나머지 기계 한 대보다 더 가치가 있다. 어느 것이 더 나은가?

이것을 알아내려면 교차점의 바로 위와 바로 아래의 단위량에서 각 기계에 드는 비용을 계산한다.

예를 들어, 240,000번 복사할 때 각 기계에 드는 비용이 아래와 같다고 하자.

기계 1 $(240,000 \times \$0.02) + \$10,000 = \$14,800$
기계 2 $(240,000 \times \$0.04) + \$5,000 = \$14,600$

이 두 가지 계산으로 240,000번 복사할 때 기계 2의 비용이 더 적게 든다는 것을 알 수 있다.

260,000번 복사할 때 각 기계에 드는 비용은 아래와 같다.

기계 1 $(260,000 \times \$0.02) + \$10,000 = \$15,200$
기계 2 $(260,000 \times \$0.04) + \$5,000 = \$15,400$

이 두 가지 계산으로 260,000번 복사할 때 기계 1의 비용이 더 적게 든다는 것을 알 수 있다.

따라서 기계 2(고정 비용이 적게 드는 기계)는 교차점 이하에서 더 바람직하고, 기계 1은 교차점 이상에서 바람직하다는 것을 알 수 있다.

그렇다면 복사 가게 주인은 어느 복사기를 사야 하는가? 그것은 주인이 예상하는 분량에 달려 있다. 복사 횟수가 250,000번 이상이라면 기계 1을 구매해야 하고, 그 이하라면 기계 2를 구매해야 한다.

물론 이것은 복사 가게 주인이 어느 정도 정확하게 분량을 예견할 수 있다고 가정했을 때의 얘기이다. 또한 손익분기 분석 때와 마찬가지로 이 계산에서도 복사의 품질, 속도, 내구성 등 다른 차이는 고려하지 않았다.

기획 도구와 스케줄 도구

프로젝트 관리(프로젝트의 기획, 개시, 통제)에는 특별한 도구, 즉 현재 진행 중인 운영을 관리하는 데 필요한 도구와는 다소 다른 특별한 도구가 필요하다. 프로젝트에는 시작, 도중, 그리고 끝이 있다. 프로젝트 관리자는 프로젝트가 시간과 예산을 기초로 목표를 달성하도록 수많은 활동을 기획하고 조정해야 하며, 잘 유지해 나가야 한다. 다음 섹션에서는 프로젝트를 가장 잘 관리해 나갈 수 있는 방법을 알아보겠다.

MBA *Lingo*

크리티컬 패스 방법 (CPM; Critical Path Method)은 관리자가 프로젝트의 과업과 활동을 기획하고 조정하는 데 도움이 되는 시각적 도구이다.

프로젝트 관리의 크리티컬 패스

크리티컬 패스 방법(CPM)은 시각적 도구로서, 프로젝트의 과업과 활동을 기획하고 조정하는 데 도움이 된다. CPM은 대규모 생산 설비의 건설과 같은 대규모 프로젝트를 관리하기 위해 1950년대 후반에 대규모 화학 기업 듀퐁에서 개발한 방법이다.

가령 당신이 식당을 개업할 계획으로 이 프로젝트의 주요 과업으로서 다음과 같은 과제를 정했다고 하자.

과업 코드	과업 구분	선결 과업	시간(주 단위)
A	장소 물색	없음	6
B	임대 협상	A	2
C	혁신 단행	A, B	8
D	주방장 고용	없음	8
E	설비 구매	A, B	2
F	메뉴 계획	D	2
G	종업원 고용과 훈련	D, F	8
H	설비 설치 및 시험	A, B, F	4
I	예행 연습	모두	1
총시간			41

과업을 정하고 나서 과업 처리 순서를 정해야 한다는 점에 유의하라. 다른 과업을 시작할 수 있도록 먼저 끝내야 하는 선결 과업을 정하고, 각 과업에 소요될 시간을 어림잡아야 한다.

또한 이 식당 사례의 10가지 과업은 할 일을 철저하게 찾아낸 것이 아니라는 점을 명심하라. 단순화하기 위해 광고와 식품 구입 등은 제외시켰다.

도표로 나타내기

과업간의 관계를 알 수 있도록 과업을 시각적 도표로 그리는 것이 CPM의 첫 단계이다.

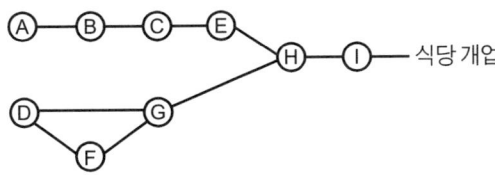

일단 관계를 알고 나면 어떤 과업은 동시에 처리할 수 있음을 알 수 있다. 이 경우에는 두 개의 경로가 있다. 하나는 '설비 경로'이고, 하나는 '식품 경로'이다. 설비 경로(과업 A, B, C, E)에는 식당 공간을 준비하는 일이 포함되고, 식품 경로(과업 D, F, G)에는 주방장과 종업원을 고용하고 메뉴를 정리하는 일이 포함된다.

프로젝트를 분해하고, 전체 프로젝트에 필요한 시간보다 경과 시간을 덜 들여 프로젝트를 끝마칠 수 있는 방법을 CPM을 통해 알 수 있다. 포함되는 추정 시간을 설정하는 방법은 다음과 같다.

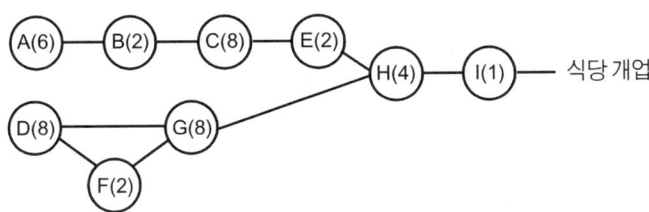

프로젝트에서 가장 긴 길을 크리티컬 패스라고 한다. 위의 예에서 가장 긴 길은 지점 A에서 지점 I까지 뻗어 있고, 총 23주 걸린다. 프로젝트의 총시간은 41주이지만, 프로젝트의 총 경과 시간은 23주가 걸린다는 의미이다. 설비 경로는 18주 걸리지만, 그 동안 16주 걸리는 식품 경로를 동시에 끝마칠 수 있기 때문이다.

주방장과 의논하여 메뉴를 계획하면서 동시에 종업원을 고용하면 식품 경로 자체는 18주에서 16주로 줄어들 수 있다. 그런다고 해서 총 경과 시간이 줄어드는 것은 아니지만, 가장 효율적으로 일을 처리할 수 있다면야 거부할 이유가 없다. 어쨌든 사업에서는 항상 머피의 법칙이 작용한다.

퍼트(PERT; 프로그램 평가 검토 방법)

퍼트 방법은 크리티컬 패스 관리 방법과 비슷하다. 퍼트는 미 해군과 록히드 사(Lockheed Corporation)가 1950년대 후반에 폴라리스 미사일 시스템에 사용하기 위해 개발해 냈다.

MBA Mastery

프로젝트 관리 소프트웨어를 찾고 싶다면, 마이크로소프트 프로젝트와 같은 프로젝트 기획 소프트웨어 패키지의 크리티컬 패스 매니지먼트 같은 기획 도구가 있다.

퍼트와 크리티컬 패스의 중요한 차이점은 무엇인가? 퍼트 방법으로 당신은 각 과업과 전체 프로젝트를 완성하는 데 소요될 시간을 낙관적 추정치, 비관적 추정치, 최적 추정치로 만들어 낼 수 있다. 그리고 나서 비관적 추정치와 낙관적 추정치에 값 '1'을 주고 최적 추정치에 값 '4'를 주어 가중 평균을 계산한다. 그리고 그 값을 다음 공식에 대입한다.

추정 시간 = (낙관적 추정치 × 1) + (최적 추정치 × 4) + (비관적 추정치 × 1) / 6

(1 + 4 + 1 = 6이기 때문에 6으로 나누고, 시간 추정치의 가중 평균을 계산한다.)

가령 한 가지 과업을 이행하는 기간의 최적 추정치가 10주이고, 비관적 추정치가 14주, 그리고 낙관적 추정치가 8주라고 하자. 퍼트 공식에서 추정 시간은 다음과 같이 계산된다.

추정 시간 = 8 + (10 × 4) + 14 / 6
추정 시간 = 62 / 6
추정 시간 = 10.2주

이것은 퍼트를 단순화하여 보여 준 것이며, 실제 상황에서는 매우 정교한 통계적 방법을 사용할 수 있다.

기획을 위한 퍼트의 진정한 가치는 낙관적 추정치와 비관적 추정치를 얻어냄으로써 최적에서 벗어난 편차가 어느 방향으로 갈 것인지 알 수 있다는 점이다. 이 경우에는 10.2가 10보다 크기 때문에 '최적'에서 이탈한다면 비관적 방향으로 갈 가능성이 있다.

내 경우에는, 내가 직접 통제할 수 없는 큰 과업에 대해 퍼트의 비관적 추정치를 택한다. 프로젝트에 관해 상관에게 말할 때, 그 프로젝트에서 해야 할 여러 과업(따라서 그 프로젝트)의 비관적 추정치만을 말하고 그 추정치가 최적인 체한다.

한 대기업에서 제품 개발 프로젝트를 담당했을 때 나는 그 프로젝트를 최적 추정치에서 8주나 늦게 완성했다. 프로그래밍 문제가 내 통제권 밖에 있었기 때문이다. 그러나 그것은 비관적 추정치에서 2주밖에 벗어나 있지 않았고, 내가 경영진에게 말했던 것은 비관적 추정치뿐이었다. 경영 정보 시스템이 나에게 제공했던 프로그래밍 시간 추정치를 나는 두 배로 불려 놓았었던 것이다!

> **MBA Lingo**
>
> 프로그램 평가 검토 방법인 *퍼트(PERT; Program Evaluation and Review Technique)*는 프로젝트 관리 시스템으로, 프로젝트를 완성하는 데 소요될 시간의 낙관적 추정치, 비관적 추정치, 그리고 최적 추정치를 알아낼 수 있다. 그리고 나서 이 시스템을 이용하여 위의 세 가지 추정치를 하나의 통일된 분석으로 통합할 수 있다.

의사결정수(意思決定樹): 좀더 시각적인 도구

의사결정수는 의사를 결정하는 데 도움이 되는 또 하나의 시각적 도구이다. 퍼트와 마찬가지로 의사결정수도 세 가지의 추정치를 사용하므로 가능성이라는 요소를 포함한다.

가령 복사 가게 주인이 자신이 살고 있는 도시의 서부 지역이나 옆 도시에 가게를 하나 더 낼 기회가 생겼다고 하자. 물론 사업을 확장하지 않는 쪽을 택할 수도 있다.

복사 가게 주인은 향후 5년 동안 두 곳에서 얻을 수 있는 수익을 각각 다음과 같이 추정하였다.

추정	서부 지역	옆 도시
낙관적 추정	6백만 달러	5백만 달러
최적 추정	3백만 달러	4백만 달러
비관적 추정	2백만 달러	2백만 달러

두 장소 모두 최적 추정이 맞을 가능성이 60%, 낙관적 추정이나 비관적 추정이 맞을 가능성이 각각 20%이다.

따라서 의사결정수는 다음과 같이 된다.

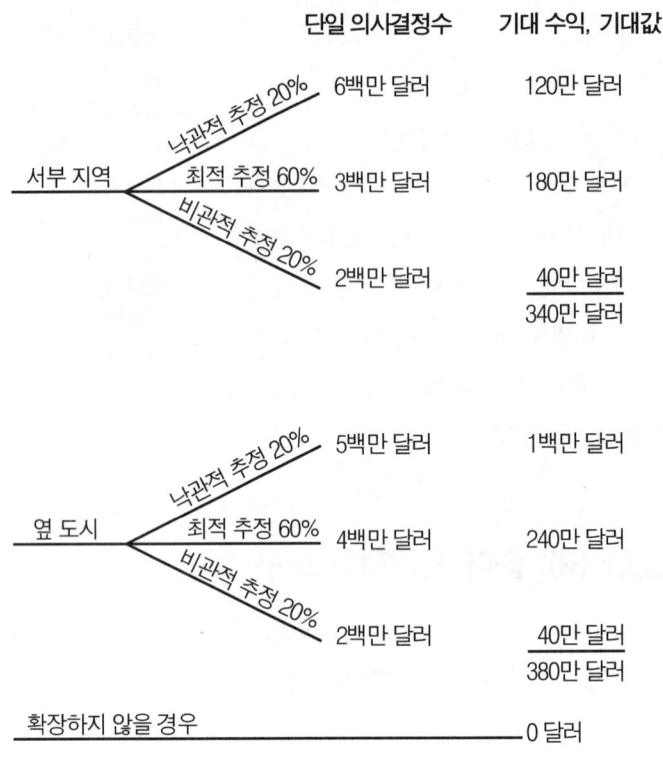

	단일 의사결정수	기대 수익, 기대값
서부 지역 낙관적 추정 20%	6백만 달러	120만 달러
최적 추정 60%	3백만 달러	180만 달러
비관적 추정 20%	2백만 달러	40만 달러
		340만 달러
옆 도시 낙관적 추정 20%	5백만 달러	1백만 달러
최적 추정 60%	4백만 달러	240만 달러
비관적 추정 20%	2백만 달러	40만 달러
		380만 달러
확장하지 않을 경우		0 달러

▲ 단일 의사결정수

MBA Lingo

의사결정수(*decision tree*)를 사용하여 가능성 있는 의사결정(또는 '시나리오')과 그 잠재적 결과를 그림으로 나타낼 수 있다. 본래 의사결정수는 여러 가지 가능성을 통합하는 의사결정의 시각적 도구이다.

의사결정수는 선택 사항과 위험성을 시각적으로 보여 준다. 추정치에 가능성을 곱하여 실제로 어떤 일이 벌어질 가능성이 있는지 신중하게 생각해 볼 수 있다. 대부분의 사람들은 어떤 기회를 볼 때 낙관적으로 생각하기 쉽다. 그러므로 비관적 추정치를 분석에 포함시키는 것이 좋다. 의사결정수는 비관적 추정치를 분석에 포함시키는 한 가지 방법이다.

복사 가게의 예로 다시 돌아가 보자. 복사 가게 주인은 어떻게 해야 할까?

의사결정수를 기초로 하여 엄격히 선택하려면 '기대값'이 가장 높은 쪽을 택해야 한다. 앞의 예에서는 옆 도시에서 사업을 확장하는 쪽을 택할 것이다. 옆 도시의 경우 그 기대값이 380만 달러인 반면, 서부 지역의 경우는 기대값이 340만 달러이기 때문이다.

물론 실제 상황에서라면 복사 가게 주인은 의사결정수를 자신이 분석하는 데 사용하는 여러 가지 도구 가운데 하나 정도로 생각할 것이다. 그것이 바로 내가 바라는 바이다.

되도록 많은 도구를 활용하라

이 Chapter에서는 MBA 스타일의 몇 가지 분석 도구를 알아보았다. 이런 도구는 더 많이 있지만, 여기에 소개한 도구들은 그중에서도 가장 유용하다.

당신에게 우위를 제공하고자 이 Chapter에서 이러한 도구들을 소개해 보았다. 그러므로 활용할 수 있는 도구는 모두 사용하라. 당신이 생각하는 것보다 결정을 잘못 내릴 위험성이 더 큰 경우가 많다.

그러나 분석 도구가 마술을 부리지는 않는다는 점을 명심하라. 분석 도구는 단지 기획과 의사결정에 관한 정보를 개발하고, 그 정보를 전달하기 위한 방법일 뿐이다. 거의 모든 상황에서 당신은 분석 도구에서 나온 결과뿐만 아니라 분석에 넣을 수 없는 고려 사항들도 기초로 삼아 결정을 내려야 한다.

이것만은 알아 두자

▶ 분석 도구는 사업 상황을 검토하는 체계적인 방법이므로, 좀더 나은 결정을 좀더 쉽게 내리도록 도와준다.

▶ 수익을 내려면 제품의 단위를 얼마나 판매해야 할지 손익분기 분석으로 알 수 있다.

▶ 비슷한 가격의 설비 두 대 가운데 어느 것을 구매(혹은 임대)할 것인지 결정할 때, 교차 분석을 실시하면 기계 사용량에 따라 결정할 수 있다.

▶ 크리티컬 패스 방법이나 의사결정수와 같은 시각적 도구는 문제와 여러 선택 사항을 부분까지 상세히 보여 주므로 해답을 '시각적'으로 얻을 수 있다.

Master's of Business Administration

Master's of
Business Administration

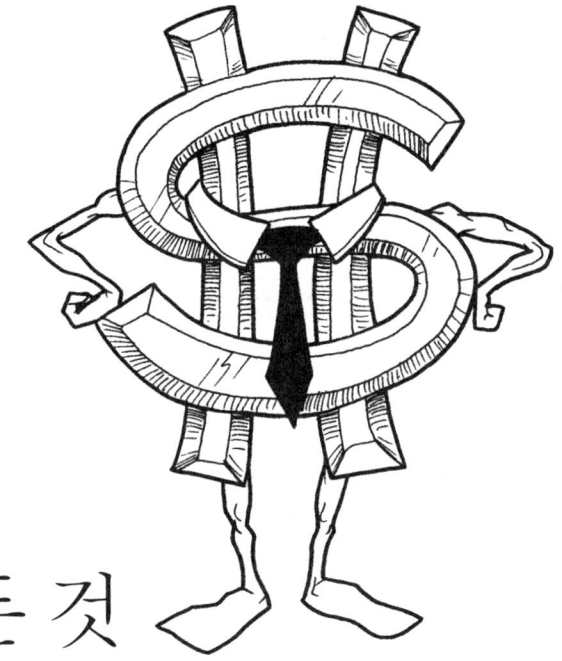

Part 3

돈에 관한 모든 것

회계는 복잡하고 재정은 난해하다고 생각하는 사람들이 있지만, 나는 꼭 그렇다고는 생각하지 않는다. 가감 승제를 할 수 있거나 또는 계산기를 사용할 줄 안다면 기본적인 예산부터 주요 투자에 이르기까지 모든 범위에 걸쳐 나오는 숫자를 무리 없이 처리할 수 있으므로, 복잡한 산술 문제라고 할 수도 없다.

물론 숫자를 처리하는 데 문제가 없더라도 용어 때문에 어려움을 느낄 수 있다. 예를 들어, '감가상각', '현재 가치', '자기 자본' 등은 생소한 단어들일 수 있지만, 걱정할 필요는 없다. 단지 용어에 불과하다. 그리고 일단 설명을 들어 보면 이런 용어의 뜻이 간단명료하다는 사실을 알게 될 것이다.

Part 3에서는 회사의 현금 흐름, 즉 현금이 어디에서 나오고 어디로 가는지를 포함한 전반적인 내용을 자세히 설명한다. 또한 재무제표 보는 방법을 소개한다. 일단 재무제표를 읽을 줄 알게 되면 '비즈니스에 관한 한 진정한 식자'가 되는 길로 들어서게 될 것이다.

오늘날 성공하기 위해서는 반드시 숫자를 잘 처리할 줄 알아야 하며, 또는 적어도 숫자를 다루는 사람들이 하는 바를 이해할 수 있어야 한다.

자, 이제 계산을 시작해 보자.

Chapter 10

대차대조표

In This Chapter
Point
▶ 재무제표의 중요성
▶ 자산과 부채: 회사의 현금 흐름 내역
▶ 대차대조표 전반

회사에서는 현금이 끊임없이 흐르며, 누군가가 이 흐름을 기록해야 하기 때문에 회계사가 생겨나게 되었다. 또한 회사가 확실한 이익을 내는 결정을 하도록 할 사람도 필요하므로 재무 관리자가 생겨나게 되었다.

회계사와 재무 관리자는 회사의 상태와 성장을 특별한 방식으로 분석한다. 주로 숫자를 이용하고, 이 숫자를 재무제표에 기입한다. 재무제표는 한 회사를 이해하고 분석하는 가장 중요한 방법이다. 관리자로서 당신은 예산과 거래, 결정 사항이 회사에 미치는 영향을 알기 위해 반드시 이 표를 이해해야 한다.

이번 Chapter에서 세 개의 주요 재무제표 중 하나인 대차대조표를 먼저 소개하겠다.

자산, 부채, 자본: 모두 필요한 요소

대차대조표를 이해하려면 우선 회사에 현금이 어떻게 들어오고 나가는지를 이해해야 한다. 회사가 행하는 모든 거래는 현금의 유입 또는 유출이다. 현금은 대부분 판매를 통해, 일부는 대출 또는 주식 판매를 통해 유입된다. 현금 유출은 대부분 비용 지출에 의한 것이다. 원료를 구입하거나 직원에게 급료를 지불할 때, 또는 대출 이자를 갚을 때 비용이 지출된다.

일반적으로 회사가 소유하고 있는 것 모두를 자산으로 분류할 수 있다. 가구, 재고품, 설비, 건물, 심지어는 은행 잔고와 사무실 서랍에 들어 있는 소량의 현금까지도 모두 자산이다. 자산에는 하나의 공통점이 있다. 즉, 자산은 현금을 창출하기 위해 존재한다는 것이다(자산이 현금이 아닐 경우를 말하며, 현금일 경우는 투자되어야 한다). 만일 자산이 어떤 형태로든 현금을 창출해 내지 못한다면 장부 계원이나 회계 담당 직원이 기록하는 장부(books)에 넣지 않는다.

MBA Lingo

*자산(assets)*은 회사가 소유하고 있는 모든 것을 의미한다. 즉, 가구, 재고품, 설비, 건물, 심지어 은행 잔고까지도 모두 자산이다. *부채 (liability)*는 회사가 기관이나 개인에게 지고 있는 빚이다. 회사는 대개 공급 업체, 채권자, 그리고 정부(세금의 형태로)에게 빚을 지고 있다.

자산에는 외상 매출금도 포함된다. 고객이 회사로부터 외상으로 구입한 재화 및 용역비를 예로 들 수 있다. 외상 매출금에 대해서는 이번 Chapter에서 다시 자세하게 다루겠다.

부채는 한 회사가 기관이나 개인에게 지고 있는 빚이다. 부채는 특정한 근거에 따라 특정 날짜, 또는 그 이전에 지불해야 한다. 회사는 공급 업체와 채권자에게 대부분의 부채를 지고 있다. 한 가지 공통적인 예외는 정부에 납부해야 하는 '미지급 법인세' 이다.

부채는 과거에 발생한 거래에서 생긴다. 예를 들어, 누군가가 못을 한 통 보냈다면 지불 기일 30일 정도를 표시한 송장도 함께 보내게 되는데, 이 송장 역시 일종의 부채이다.

MBA Lingo

*소유자 지분(owners' equity)*은 자산에서 부채를 뺀 후 회사에 남게 되는 금액을 말한다. 자산에서 부채를 빼면 소유자 지분이 된다. 소유자 지분은 *자기 자본(net worth)*이라고도 한다.

소유자 지분은 자산에서 부채를 감한 후 회사 소유주에게 남게 되는 금액을 말한다. 즉,

　자산 − 부채 = 소유자 지분

말하자면, '주주들은 자산을 소유하고, 부채를 지고 있다.' 라고 간단히 표현할 수 있다. 소유분에

서 부채분을 빼면 소유주가 회사에 보유하고 있는 실제 액수를 알 수 있게 된다. 소유자 지분은 '자기 자본'이라고도 한다.

대차대조표

대차대조표(balance sheet)는 특정 시기, 즉 대개 각 분기 말이나 회계연도(회사가 예산과 재정 보고를 위해 사용하는 해) 말에 자산, 부채, 그리고 소유자 지분을 나타낸다.

대차대조표 공식은 아래와 같다.

자산 = 부채 + 소유자 지분

위의 공식이 소유자 지분을 계산하는 방식과 약간 다르다는 것을 알 수 있다. 위 공식은 다음 세 가지를 나타낸다.

▶ 대차대조표의 왼쪽에는 자산을 표시하고, 오른쪽에는 부채와 소유자 지분을 표시한다. (공간이나 포맷 사정상 위쪽에 자산을 표시하고 아래쪽에 부채와 소유자 지분을 표시하기도 하지만 개념은 같다. 자산 = 부채 + 소유자 지분)

▶ 대차대조표는 수지(收支)가 맞아야 한다. 즉, 자산은 반드시 부채와 소유자 지분을 합한 금액과 일치해야 한다.

▶ 자산은 부채와 소유자 지분으로 조달된다. 부채와 지분은 자산을 조달하기 위해 존재하는 것이다. 자산은 부채를 갚고 소유주에게 충분히 이윤을 내 주기 위한 현금을 창출하기 위해 존재한다.

바로 이런 방식으로 회사의 돈이 유입되고 유출된다. 소유주는 회사에 현금을 투자하고, 공급 업체는 회사와 신용 거래를 한다. 이로 인해 소유자 지분과 부채가 생긴다. 경영진은 그 돈을 자산을 사는 데 사용한다. 이 자산에서 대차대조표의 오른쪽 면에 기입하게 되는 현금이 생겨난다. 즉, 이 현금은 부채를 갚고 소유주에게 (수익이나 소득으로)남겨지는 돈이 된다.

대차대조표는 보통 회사의 스냅 사진으로 묘사된다. 왜냐하면 일정 시점의 회사 재무 상태를 보여 주기 때문이다. 그러나 이 스냅 사진이라는 개념 때문에 자산, 부채, 그리고 지분간의 역동적인 관계가 잊혀질 수도 있다. 대차대조표를 회사의 현금 흐름으로 보아야 하는 몇 가지 이유를 나중에 더욱 분명히 알게 될 것이다.

우선 대차대조표를 본 후에 다양한 자산, 부채, 그리고 소유자 지분을 살펴보도록 하겠다.

> **MBA Lingo**
>
> *대차대조표(balance sheet)*는 특정 시기, 즉 대개 각 분기 말이나 회계 연도 말에 자산, 부채, 그리고 소유자 지분을 나타낸다. *회계 연도(fiscal year)*란 회사가 예산과 재정 보고를 위해 사용하는 연도이다. 미국 대부분의 회사(약 70%)에서는 달력과 일치하는 1월 1일에서 12월 31일까지를 회계 연도로 정한다. 그러나 회사의 특정 시기에 맞추어 회계연도를 정하는 회사들도 있다.

대차대조표 견본

대차대조표를 더욱 분명하게 이해하기 위해 아래에 있는 한 가상 회사의 대차대조표를 살펴보자.

견본 회사의 대차대조표

12월 31일	1998년 12월 31일	1997년 12월 31일
자산		
유동 자산:		
현금	$900,000	$600,000
시장성 있는 유가증권	1,700,000	920,000
외상 매출금(공제: 1998년 40,000달러 및 1997년 38,000달러의 대손 충당금)	4,000,000	3,800,000
재고 자산	5,400,000	6,000,000
유동 자산 총계	**$12,000,000**	**$11,320,000**
유형 고정 자산:		
건물 & 기계류	$9,700,000	$9,090,000
공제: 감가상각 누계액	(3,600,000)	(3,000,000)
토지	900,000	900,000
유형 고정 자산 총계	**$7,000,000**	**$6,990,000**
기타 자산:		
선급 비용 & 이연 비용	200,000	180,000
무형자산(영업권, 특허)	200,000	200,000
자산 총계	**$19,400,000**	**$18,690,000**

12월 31일	1998년 12월 31일	1997년 12월 31일
부채 & 소유자 지분		
유동 부채:		
외상 매입금	$2,000,000	$1,880,000
지급 어음	1,700,000	1,800,000
미지급 비용	660,000	600,000
미지급 연방 법인세 및 기타 세금	640,000	380,000
장기 부채의 당기 지급분	400,000	400,000
유동 부채 총계	$5,400,000	$5,060,000
장기 부채:		
장기 부채	5,000,000	5,400,000
부채 총계	$10,400,000	$10,460,000
소유자 지분		
우선주(6%, 액면가 100달러, 1,200주 발행)	1,200,000	1,200,000
보통주(액면가 10달러, 300,000주 발행)	3,000,000	3,000,000
주식 발행 초과금	1,400,000	1,400,000
이익 잉여금	3,400,000	2,630,000
소유자 지분 총계	$9,000,000	$8,230,000
부채 & 소유자 지분 총계	$19,400,000	$18,690,000

위 대차대조표를 볼 때 다음 몇 가지 사항에 유의하라.

MBA Mastery

2개 혹은 그 이상 기간의 대차대조표를 비교해야 회사의 재정 상황을 정확하게 판단할 수 있다. 현 상태를 알아 보려면 전년 대비 금액 변화를 검토해 보라.

▶ 대차대조표의 각 달러 가치는 그 계정의 '스냅 사진'이다. 즉, 재무제표 작성 당시의 가치를 나타낸다. 위 대차대조표에서는 1998년과 1997년의 12월 31일이다.

▶ 총자산은 총부채와 소유자 지분을 합한 총액과 같아야 한다. 이렇게 균형을 이루어야 하기 때문에 대차대조표라 하는 것이다.

▶ 괄호는 마이너스 수치를 나타낸다. 즉, 괄호가 등장하는 줄에서 빼야 하는 수치이다.

▶ 자산은 얼마나 쉽게 현금화되는지에 따른 유동성 순서로 열거한다. 당연히 현금이 맨 위에 위치하고, 그 다음으로는 시장성 있는 유가증권이 열거된다(재무부 채권을 예로 들 수 있는

데, 이는 미국 정부가 재무부 채권 지불 의무를 지고 있기 때문이다).

▶ 부채와 소유자 지분은 지급 날짜 순서로 열거한다(소유자 지분은 맨 끝에 열거함에 주의하라!).

▶ 유동 자산은 대차대조표에 기록된 날짜로부터 1년 이내에 유동화, 즉 현금화되어야 한다. 유동 부채는 1년 이내에 지불되어야 한다.

▶ 2개, 혹은 그 이상 기간의 대차대조표를 가지고 있으면 금액간의 가치 비교를 할 수 있다. 단한 기간 동안만의 대차대조표는 비교가 불가능하므로 별로 가치가 없다.

자산

대차대조표에 나오는 용어와 숫자 중 생소한 것이 많을 것이다. '코끼리를 먹는 방법은?' 이라고 묻자 '한 번에 조금씩 먹으면 되지요!' 라고 대답하는 오래된 농담을 독자는 기억할 것이다. 우리도 대차대조표를 한 번에 한 개씩, 한 줄한 줄 살펴보자.

앞에서 본 견본 대차대조표의 목록이 전부를 총망라하는 것은 아니지만, 보통 소매 업자나 제조 업자와 같은 상업회사 및 공업 회사의 대차대조표에서 나오는 자산(assets)이다. 은행과 같은 금융 서비스 업체, 전력 발전이나 정유와 같은 특수 산업에 속하는 업체는 이 외에 자신만의 특정 자산을 가지고 있다. 여기서 우리가 다루고자 하는 자산은 대부분의 회사에서 볼 수 있는 표준 대차대조표이다.

현금

현금(cash)은 수표와 보통 예금, 그리고 소액 현금을 의미한다. 대차대조표에서 현금과 시장성 있는 유가증권이 한 줄에 같이 있는 것을 자주 보게 될 것이다.

시장성 있는 유가증권

시장성 있는 유가증권(marketable securities)은 미국 정부 증권이나 다른 회사들의 기업 어음에 대한 단기 투자 형태이다. 증권의 만기일이 짧고, 가격은 안정적이다. 현금 유동성 때문에 이 증권은 준현금 자산이라고도 한다. 수표나 보통 예금보다 높은 이자율 때문에 회사들은 시장성 있는 유가 증권을 많이 이용한다.

시장성 있는 유가증권은 대차대조표에서 원가나 시장가보다 낮게 표시한다. 즉, 회사가 지불한 가격인 원래 가격 또는 현 시장 가격이 낮을 경우 현 시장가로 표시하게 된다. 이 때문에 이들 자산의 가치를 낮게 표시하는 것이다. 증권이 원가로 표시되고 현 시장 가격이 더 높을 경우, 현 시장 가격은 대차대조표에서 괄호나 인용 부호로 표시하게 된다.

MBA Lingo

*외상 매출금(accounts receivable)*은 고객이 외상 거래로 회사로부터 재화 및 용역을 구입했을 때 고객이 지는 부채이다.

외상 매출금과 부실 채권

외상 매출금(accounts receivable)은 고객이 신용 거래로 회사로부터 재화 및 용역을 구입했을 때 고객이 지는 부채의 양이다. Chapter 15에서 외상 거래 운영 방법을 자세히 다루겠다. 비교적 매우 신속하게 이 부채를 갚는 고객들이 있기 때문에 이것이 필요하다.

불행하게도 이를 전혀 갚지 않는 고객들도 있다. 그러므로 대차대조표에 대손 충당금란이 있는 것이다. 이 대손 충당금은 결국 회수할 수 없는 외상 매출금을 누계하기 위해 설정된 대조 계정이다.

MBA Lingo

*재고품(inventories)*은 대차대조표를 준비하는 시기의 고객 판매용 제품이나 제조 과정에 있는 제품을 말한다. 제조 업자는 세 가지 종류의 재고품을 가진다. 회사가 제품을 생산해 내기 위해 구입한 *원료(raw materials)*, 현재 제조 과정 중에 있는 *재공품(work in process)*, 판매 대기 중인 *완제품(finished goods)*이다.

회사는 일정 비율의 외상 매출금(대부분의 회사에서 2%정도)이 회수 불가능하다고 알고 있다. 판매시에 회사는 이 정도(약 2%)를 부실 채권(bad debt) 비용으로 책정해 둔다.

재고품

재고품(inventories)은 대차대조표를 준비하는 시기의 고객 판매용 제품이나 제조 과정에 있는 제품을 말한다.

제조 업자는 보통 세 종류의 재고품, 즉 원료, 재공품, 그리고 완제품을 가지게 된다. 원료는 회사가 제품을 생산하기 위해 구입한 제품이고, 재공품은 이름이 암시하듯 현재 제조 과정 중에 있는 제품을 말하며, 미완 제품이라고도 한다.

완제품은 판매를 위해 대기하고 있는 제품이다.

소매 업자는 완제품을 매매하기만 하므로, 재고품은 가지고 있으나 원료나 재공품이 없다.

서비스 회사들은 미용실에서 헤어 손질 제품을 파는 등 주변 제품 판매를 제외하고는 물건을 판매하지 않으므로, 대차대조표에서 재고품이 최소량 존재하거나 또는 전혀 존재하지 않는다.

유형 고정 자산

유형 고정 자산(property, plant, and equipment)은 사무실, 공장, 창고 등의 건물과 회사가 소유하고 있는 기계, 가구, 그리고 전등 및 전시함과 같은 비품을 말한다. 유형 고정 자산의 다양한 요소를 따로따로 분류할 수도 있다. 예를 들자면, 건물과 설비 또는 건물과 비품, 건물과 가구로 분류하기도 한다.

유형 고정 자산의 양은 회사가 판매하고 있는 제품이 아닌, 회사의 생산 능력과 부동산을 더 잘 나타내 주고 있다는 점을 주지하기 바란다. 그래서 '유형 고정 자산'이라고 한다.

감가상각 누계액(accumulated depreciation)은 고정 자산 가치의 감가상각을 추적하는 대조 계정이다. 설비와 건물의 가치는 일반적으로 시간이 갈수록 떨어지기 때문에 고정 자산의 진정한 가치(구입 양과는 반대되는)를 대차대조표에서 반영해야 한다. Chapter 13에서 자세히 설명하겠지만, 감가상각은 고정 자산 비용을 자산 수명의 1년 단위로 배분하는 방법이다. 다시 말해, 자산 비용은 자산의 수명을 다하는 기간에 걸쳐 수익에 대해 부가할 뿐, 한 해에 전부 부가하지는 않는다.

그러나 견본 대차대조표에서 감가상각을 독립된 한 줄에 표시했고, 부실 채권 대조 계정은 외상 매출금 칸에 넣었다. 이들 둘 다 맞다.

MBA Alert

유동 자산을 반드시 계속 이동하게 하라. 당신은 재고품과 외상 매출금이 회사를 통해 계속 흐르기를 원할 것이다. 그렇게 해야 물건을 팔고, 대금을 좀 더 빠르게 회수할 수 있기 때문이다. 유동 자산의 흐름 속도를 높이는 방법으로는 흐름이 빠른 제품만을 비축하고 흐름이 느린 제품은 할인하며, 재고량을 계속 낮게 유지하기 위해 제품 배달을 좀 더 자주 하고, 외상 매출금을 적극적으로 회수하는 방법 등이 있다.

MBA Lingo

고정 자산(fixed assets)은 회사 운영 중에 사용되는 유형 자산을 말한다. 고정 자산은 일상적인 회사 운영 중에 소비되거나 현금으로 전환되지 않는다. 대부분의 회사에서 고정 자산의 거의 대부분은 생산 공장, 기계류, 설비, 가구 및 비품(예를 들어, 전시함이나 전등) 등이다. 고정 자산은 대개 감가상각된 액수로 대차대조표에 표시된다.

MBA Lingo

감가상각(depreciation) 은 1년 이상의 수명을 가진 고정 자산의 비용을 배분하는 방법이다. 자산 비용은 자산의 수명을 다하는 기간에 걸쳐 수익에 대해 부가할 뿐, 한 해에 전부 부가하지는 않는다. 비용을 배분한다는 것은 그 비용을 이어지는 운영 기간에 적절히 *배분(allocating)*하는 것을 말한다.

당장 또는 1년 이내에 사용하게 되는 자산(종이나 사무용품)의 가치는 감가상각을 시키지 않는다. 그러나 Chapter 13 에서 설명하겠지만 조세법에 따라 이보다 수명이 긴 자산, 즉 생산 설비나 회사 차량 등은 감가상각을 시켜야 한다.

토지

회사가 소유하는 토지(land)는 대개 원가로 표시하고, 그 외의 고정 자산과는 별도로 기록한다.

선급 비용 및 이연 비용

선급 비용(prepayments) 및 이연 비용(deferred charges)은 어떤 의미에서는 실제 자산이라기보다는 차라리 미리 지불된 부채라고 할 수 있다.

MBA Lingo

선급 비용(prepayments) 과 *이연 비용(deferred charges)*은 앞으로 몇 년 간 이익을 내게 될 대금으로 이미 지불된 것이다. 선급 비용에는 미리 지불한 보험료를, 그리고 이연 비용에는 연구개발비로 할당된 돈을 각각 예로 들 수 있다.

선급 비용을 가장 잘 설명해 줄 수 있는 예로 선불 보험료를 들 수 있다. 회사는 보험료 5년치를 선불로 지불했다. 이러한 선급 비용은 앞으로 5년간 사용될 자산을 창출하게 된다. 그래서 이를 장기 자산에 기입한다.

이연 비용도 이와 유사하다. 앞으로 몇 년 동안 이익을 낼 대금으로 이미 지불된 것이다. 예를 들어, 새로운 제품의 연구개발비는 그 제품의 수명을 다하는 동안에 걸쳐 배분될 것이다. 회사는 이에 해당하는 액수에 대해 자산 금액을 만들어 배분한다.

무형 자산

무형자산(intangibles)은 물리적으로 존재하지는 않지만 회사에 이득을 주는 자산을 말한다. 무형 자산에는 상표, 특허, 그리고 영업권 등이 있다.

상표는 법적인 보호를 받는 브랜드명, 슬로건, 또는 제품이나 회사의 디자인이다. 등록 상표는 다른 회사가 사용할 수 없다. 자원을 들여 상표를 개발해 냈기 때문이다.

특허는 특허권자에게 제품이나 과정에 대한 독점적인 권리를 부여한다. 상표와 마찬가지로 특허 역시 특허권자 외에 다른 사람이나 회사가 이를 사용하지 못하도록 보호해 준다.

영업권은 특정 자산에 지불하는 금액이다. 어떤 제품 라인이나 또 하나의 다른 회사를 예로 들 수 있는데, 이러한 것의 가치가 이전 소유주가 부여한 가치보다 초과하는 것을 말한다. 회사마다 자사의 영업권을 다른 방식으로 설명한다. 대부분의 경우, 어떤 회사가 다른 회사를 인수할 때 어떠한 영업권이라도 40년 이내에는 장부상의 가치를 인하해야 한다.

> **MBA Lingo**
>
> **무형 자산(*intangibles*)**은 물리적으로 존재하지는 않지만 회사에 이득을 주는 자산을 말한다. 무형 자산에는 상표, 특허, 그리고 영업권 등이 있다.

주요 부채

자산과 마찬가지로, 대차대조표에 열거되어 있는 부채의 종류도 재정 서비스 분야와 전문 분야의 회사에 따라 약간의 차이가 있다. 그러나 아래에서는 대부분의 회사에 대한 가장 일반적인 부채 형태를 제시하겠다.

외상 매입금

외상 매입금(accounts payable, or payables)은 회사가 공급업체에게 지는 부채의 양이다. 즉, 어떤 회사의 외상 매출금은 또 다른 회사의 외상 매입금이다.

> **MBA Lingo**
>
> **외상 매입금(*accounts payable*)**은 회사가 공급업체에게 지는 부채의 양이다. **지급 어음(*notes payable*)**에는 회사의 단기 부채를 의미하는 기업 어음이나 그 외의 약속 어음이 있다.

지급 어음

지급 어음(notes payable)에는 서면으로 지불할 것을 약속하는 기업 어음이나 그 외의 약속 어음이 있는데, 이는 1년 이내에 지불하는 단기 대부를 의미한다.

미지급 비용

미지급 비용(accrued expenses payable)은 회사가 거래 회사와 개인에게 지불해야 하는 비용이다. 예를 들어, 직원,

> **MBA Lingo**
>
> **미지급(*accrued*)**이라는 말은 기록되어 있지만 지불, 회수, 또는 배당되지 않았음을 의미한다. 대차대조표에서 **미지급 비용(*accrued expenses*)**은 대차대조표에 명시되어 있는 날짜에 직원, 변호사, 공공 설비 회사에게 지불하지 않은 금액을 말한다.

독립 계약자, 변호사 및 그 외의 외부 전문가, 그리고 전기, 전화 회사에게 대차대조표에 명시되어 있는 날짜에 지불하지 않은 비용이다.

연방 법인세 및 기타 세금

이윤을 내는 회사는 반드시 연방 법인세(federal income) 또는 적용 경우에 따라 주 및 시 법인세를 내야 한다. 또한 부동산세, 소비세, 근로 법인세 등 여러 가지 사업 관련 세금이 있다. 세금은 지급 기일까지 적립되고, 그 적립 금액을 해당 금액란에 기입한 것이다.

MBA Lingo

대차대조표에서 **유동 부채**(current liabilities)는 대차대조표의 날짜로부터 1년 이내에 갚아야 하는 금액이다. **장기 부채**(long-term debt)는 대차대조표의 날짜로부터 1년 이후에 만기가 되는 부채를 말한다.

장기 부채의 당기 지급분

유동(또는 단기) 부채와 장기 부채를 어떻게 구분하는지 기억하는가? 유동 부채는 대차대조표의 날짜로부터 1년 이내에 갚아야 하는 부채이다.

그러므로 '장기 부채의 당기 지급분(current portion of long-term debt)'은 장기 부채 중 다가오는 해에 만기가 되는 지급분이다. 예를 들어, 앞에서 본 견본 회사가 1998년 12월 31일에 만기가 되는 3년 만기 부채를 졌다고 가정하면 지급 첫 해인 1997년에 갚아야 하는 대부액이 이 계정에 기록되고, 다음 2년에 걸쳐 갚게 될 금액은 장기 부채 금액 계정에 기록된다.

장기 부채

장기 부채(long-term debt)는 대차대조표의 날짜로부터 1년 이후에 만기가 되는 부채를 말한다. 대개 은행과 채권 소유주에게 빌리는 부채이다.

소유자 지분

소유자 지분(owner's equity)은 소유주가 그 회사에서 가지는 재정상의 몫을 가리킨다. 회사는 자산을 소유하고 있다. 여기에서 회사가 돈을 빌린 이에게 지고 있는 부채를 공제하고 남은 금액이 바로 소유주의 몫이다. 회사의 자산 총액보다 부채가 많다면 이 수치는 제로(0) 또는 심지어 마이너스가 될 수도 있다(물론 이는 재빨리 시정하여 상당한 이윤을 남길 수 있는 판매 성장이 뒷받침되지 않는다면 파산할 수 있는 상황이다).

모든 회사는 주식을 발행할 수 있다. 이는 직원이 한 사람 뿐인 회사에서 수천 명의 직원을 거느린 대기업에 이르기까지 모든 법인 회사를 포함한다. 앞의 예에서 보았듯이, 회사는 대차대조표 상에 항상 주식 계정을 둔다.

출자자 지분 회사나 합명 회사 같은 비법인체에는 주식 계정이 없을 것이다. 그러나 자본 출자(단독 소유주나 여러 명의 소유주들이 해당 사업에 투자하는 돈)와 이익 잉여금(사업에서 획득한 소득과 이를 재투자하여 얻은 소득)의 형태로 소유자 지분을 나타낸다.

주식

주식(stock) 또는 주식 자본금은 회사에 대한 소유권을 나타낸다. 주식 한 주가 소유권의 단위이다. 발행된 총 주식 중 소유주가 가지고 있는 비율이 바로 회사에 대한 소유 비율을 의미한다. 투자가들은 회사의 이윤을 공유하고자 주식을 사고, 회사는 투자가에게서 현금을 마련하고자 주식을 발행한다.

투자가들은 여러 가지 방식으로 회사의 재정과 방향에 영향을 미친다.

> ▶ 투자가는 회사의 미래 수익의 몫을 산다.
> ▶ 투자가는 배당금의 형태로 미래 소득을 공유한다(배당금이란 회사의 소득에서 주식 소유주에게 지불하는 금액).
> ▶ 투자가는 또한 회사에 영향을 미치는 사항(이사회 임원 선정 및 회사의 매각 문제에 관한 것 등)과 관련하여 투표할 수 있는 의결권(voting rights)을 얻는다.

투자가와 채권자의 차이점에 주목하라. 투자가는 회사의 성장에 영향을 주고 그 성장에서 이득을

MBA Lingo

*주식 회사(corporation)*는 법적인 사업 조직으로, 국가에 등록되어 있고 소유주 및 경영진과 분리되어 있다. 즉, 소유권이 주식 판매를 통해 쉽게 분리되거나 이전되고, 소유주가 바뀌어도 회사는 계속 살아남을 수 있다. 주식 회사는 또한 유한 책임제이다. 즉, 소유주는 회사에 투자했던 것만 잃고, 일반적으로 회사의 부채에 대해서 개인적인 책임을 지지 않는다. *출자자 지분 회사(proprietorship)*는 한 명의 소유주가 있는 비법인체 회사이다. *합명 회사(partnership)*는 소유주가 두 명 이상이고, 조합에 대한 조항과 조건을 기술한 법적인 계약을 가지고 있다.

MBA Lingo

주식(stock), 또는 *주식 자본금(capital stock)*은 회사에 대한 소유권을 나타낸다. 주식 한 주가 소유권의 단위이다. 투자가들은 회사의 이윤을 공유하기 위해 주식을 사고, 배당금을 받으며, 의결권을 갖는다. *배당금(dividends)*은 분기별 또는 연별로 회사의 소득에 대해 주주에게 지불된다.

얻지만, 채권자는 회사에게 단순히 돈을 빌려 준다.

회사는 몇 가지 종류의 주식을 발행할 수 있다. 각 주식은 배당 정책 및 의결권과 같은 다양한 특징을 가지고 있다. 주식 가운데 광범위한 두 가지 종류는 우선주와 보통주이다.

우선주

우선주(preferred stock)는 회사의 성과에 관계없이 일정 비율로 배당금을 지불한다. 우선주의 주주는 의결권이 없다. 주식 배당금 지급에 있어 보통주에 우선하여 지급되기 때문에 우선주라고 한다.

MBA Lingo

주식의 종류(classes)와 유형은 여러 가지이다. 가장 대중적인 종류는 우선주와 보통주이다. *우선주(preferred stock)*의 주주는 의결권을 가지지 않지만 배당금을 고정 비율로 받고, *보통주(common stock)*에 우선하여 배당받는다. 보통주의 주주는 의결권을 가지지만, 고정 비율로 배당받지는 않는다.

우선주의 주주는 배당금에 대해 계약상의 권리가 없고, 회사가 우선주에 대해 배당금을 지불할 소득이 생길 경우 이를 지불할 뿐이다.

보통주

보통주(common stock)의 주주는 의결권은 있으나 배당금을 고정 비율로 받지 못한다. 보통주의 주주가 회사의 미래 소득을 공유하므로 보통주의 가치와 가격은 이 회사의 사업 전망 변화에 따라 상승할 수도 있고 하락할 수도 있기 때문이다. 보통주 주주들은 미래의 배당금뿐만 아니라 회사의 잠재력을 보고 이 주식을 산다.

MBA Lingo

*액면가(par value)*는 회사가 할당하는 주식 한 주당 가치이다. 주식의 실제 판매가는 시장에서 결정된다. 주식이 액면가를 넘게 되어 회사로 지불되는 금액은 주식 발행 초과금으로 계산한다.

보통주는 우선주보다 훨씬 많은 금액의 배당금을 받을 수 있다.

주식 발행 초과금

회사가 주식을 발행할 때 그 주식은 액면가, 즉 회사가 할당한 주식 한 주당 가격이 책정된다. 예를 들어, 한 주에 1달러나 5달러, 또는 10달러 한다. 이 가치로 판매가(즉, 시장가)가 결정되는 것은 아니다. 투자가가 실제로 지불하게 되는 판매가는 시장에서 결정된다.

주식이 액면가를 넘게 될 때 회사로 지불되는 금액이 주식 발행 초과금(additional paid-in capital)이다. 액면가 이외에 회사로 지불되는 자본이다(주식 발행 초과금은 또한 주식 발행 잉여금이라고도 한다).

이익 잉여금

회사가 일정 기간 동안 일정 소득을 얻을 때 다음 두 가지 방법으로 처리한다. 즉, 배당금의 형태로 주주에게 배당하거나, 자산을 더 많이 구입하는 데 사용하기 위해 회사에서 보유한다. 배당금으로 지급하지 않는 소득은 이익 잉여금(retained earnings)으로 분류하여 회사에 재투자한다. 그리하여 회사에 투자하는 자본의 일부가 된다.

Case IN Point

성장하고 있는 신생 회사는 몇 년 동안 배당금을 지급하지 않는 경우가 종종 있다. 이들 회사가 매우 빠르게 성장하고 있기 때문에 이러한 주식을 성장주라고 한다. 배당을 하지 않는 대신 이 회사는 수익을 모두 보유하고 있으면서 급속하게 늘어나는 판매를 지원하는 데 필요한 자산을 늘린다.

성장주를 사는 투자가는 이 점을 이해하고 투자 목적을 배당금에 두기보다는 주가 상승에 둔다.

이것만은 알아 두자

▶ 대차대조표는 일정 시점의 회사의 가치를 보여 준다. 그래서 대개 대차대조표를 일정 시점에서 본 회사의 '스냅 사진'이라고 일컫는다.

▶ 최소한 2년 동안의 대차대조표를 검토하는 것이 좋다. 대차대조표 하나로는 그 기업에 대해 거의 알 수 없다.

▶ 대차대조표의 간단한 공식: 자산 = 부채 + 소유자 지분

▶ 유동 자산에는 현금, 시장성 있는 유가증권, 외상 매출금, 재산, 공장 및 설비, 무형 자산 등이 포함된다.

▶ 부채에는 외상 매입금, 지급 어음, 미지급 비용, 세금 및 장기 부채가 포함된다.

▶ 소유자 지분에는 주식, 주식 발행 초과금, 이익 잉여금이 포함된다.

Chapter 11

손익계산서와 현금흐름표 작성

In This Chapter
Point
▶ 손익계산서를 이용하여 회사 이해하기
▶ 손익계산서 전반
▶ 현금 흐름 이해하기

Chapter 10에서 주요 재무제표 중 하나인 대차대조표에 대해 자세히 알아보았다. 이제 나머지 두 개의 주요 재무제표인 손익계산서와 현금흐름표에 대해 살펴보겠다.

손익계산서(income statement)는 회사를 이해하는 데 있어 대차대조표만큼 중요하다. 이에 비하면 현금흐름표는 부차적이다. 현금흐름표는 일정 기간 동안 어떤 회사에 유입되고 유출된 현금의 출처와 용도를 보여 주는 것으로, 대차대조표와 손익계산서 상의 금액으로 구성된다. 그렇지만 대기업이나 중소 기업 모두에게 회사의 현금 흐름 형태는 매우 중요하므로 이번 Chapter에 현금흐름표를 포함하였다.

손익계산서란?

손익계산서는 일정 기간 동안 즉, 대개 분기나 회계연도 동안의 회사 운영 결과를 나타낸다. 그 기간 동안의 회사의 판매와 비용도 보여 준다. 손해와 이익 상태도 나타내 주기 때문에 손익계산서 또는 P&L(profit and loss statement)이라고도 한다.

손익계산서의 간단한 공식은 다음과 같다.

매출액 − 비용 = 수익

판매가 잘될수록, 그리고 비용이 적게 들수록 소득이 극대화되는 것은 분명하다. 그러나 손익계산서는 이처럼 간단하지만은 않다. 대차대조표 상의 자산, 부채, 그리고 소유자 지분과 마찬가지로 비용에도 여러 가지 유형이 있기 때문이다. 손익계산서의 이런 다양한 유형을 보면 회사의 현금 지출 형태, 그리고 경영진의 가장 효율적인 부분과 가장 비효율적인 부분을 알 수 있다.

대차대조표가 일정 시점에서 본 회사의 스냅 사진이라고 한다면, 손익계산서는 대개 1년에 해당하는 전체 기간 동안에 걸친 회사 운영을 보여 준다. 대차대조표 계정과는 달리 손익계산서 계정은 한 기간의 시작이 제로(0)이다. 그러므로 손익계산서 상에서 '매출' 또는 '급료'는 그 기간 동안에 이루어진 매출이나 지불된 급료의 달러 총액이다.

위의 설명이 의미하는 바를 이해하기 위해 손익계산서 견본을 보도록 하자.

견본 회사의 손익계산서
1998년 12월 31일

	1998	1997
매출액	$22,000,000	$20,400,000
매출 원가	16,400,000	15,400,000
총수익	5,600,000	5,000,000
판매비, 일반 경비 및 관리비	2,800,000	2,650,000
감가상각비	600,000	550,000
영업이익	2,200,000	1,800,000
기타 비용:		
이자 비용	270,000	300,000
기타 이익:		
시장성 있는 유가증권의 이자	100,000	80,000
세금 공제 전 소득	$2,030,000	$1,580,000
법인세 납세 충당금	960,000	730,000
순이익(손실)	$1,070,000	$850,000

MBA Lingo

손익계산서(income statement)는 일정 기간 동안 즉, 대개 분기나 회계연도 동안 회사 운영의 재정상의 결과를 나타낸다. 우선 그 기간 동안의 판매를 기록하고, 그 다음에 총비용을 감하여 그 회사가 얼마나 수익을 얻었는가를 나타낸다.

MBA Lingo

매출 원가(cost of goods sold)는 재화 구입비와 제품 생산비이다. 직접 경비라고도 한다. 왜냐하면 제품 판매 비용이나 운영비와는 대조적으로 회사가 판매하는 것과 직접적으로 관련되어 있기 때문이다. 매출 원가는 주로 재료비와 노동비로 구성된다.

MBA Mastery

손익계산서를 검토할 때 여러 부분의 운영 상황을 명시화해 보라. 회사가 실제에서 행하는 바를 '보도록' 하라. 이 숫자들은 한낱 서류상의 숫자가 아니다. 이 숫자들 뒤에는 판매를 하고, 제품을 생산하고, 결제하고, 현금을 교환하고, 급료를 받는 실제 사람들이 있다. 회사는 하나의 역동적인 체계이다. 이 역학을 이해하려고 노력해 보라.

손익계산서를 살펴볼 때 주의할 사항들은 아래와 같다.

▶ 대차대조표와 마찬가지로 최소 2년 이상의 손익계산서를 가지고 있어야 유용하다. 매출액과 소득 경향에 특히 주목할 필요가 있다. 매출액과 소득의 증가는 경영진의 주요 책임 분야이므로 독자는 이 부분의 성장을 보고자 할 것이다. 매출액에 성장이 보이지 않거나 마이너스 곡선을 보일 때는 실질적인 문제가 있는 경우가 대부분이다.

▶ 궁극적으로 회사 현금이 매출액에서 나오기 때문에 회사는 판매 위주로 운영된다. 손익계산서에서 본 것처럼 모든 비용을 매출액에서 공제한다. 그 외 기타 이익이나 이자 이익은 회사의 정규 사업 부분에 속하지 않는다.

▶ 매출 원가에는 제품 생산에 드는 비용인 생산비가 포함된다. 직접 경비라고도 한다.

▶ 판매비, 일반 경비 및 관리비에는 제품 판매 비용과 운영 기능을 관리하는 비용이 포함된다.

▶ '기타 비용'과 '기타 이익'란에는 사업 운영과 관련되지 않는 비용과 이익을 기록한다. '기타 비용'의 예를 들면, 소송이 들어왔을 때 드는 회사 변호 비용이 있다. 그러나 소송에서 법정 외 타결을 보았을 때는 '기타 이익'이 생기게 된다.

손익계산서

손익계산서 금액을 살펴보도록 하자. 정해진 일정 시기 처음(이 경우에는 1년의 첫날)은 제로(0)에서 시작하여 그 기간 동안 계속 그 숫자가 누적 계산된다.

매출액

매출액(sales; 수익, 수입, 총매출액 또는 총수입이라고도 함)은 운영시 어떠한 비용도 공제하기 전에 회사가 가지고 있는 금액이다. 즉, 매출액에는 예를 들어, 기존 재산과 공장, 설비를 매각하여 얻은 돈은 포함되지 않는다. 이들은 '기타 이익'란에 기입한다. 단기 금융 제품에서 얻은 이자액도 매출액에 포함되지 않는다. 이는 이자 소득에 들어간다.

Chapter 10에서 설명한 대손 충당금이라고 하는 대조 계정을 매출액란에서 보게 될 것이다. '1백만 달러 미만의 매출액: 20,000달러의 대손 충당금'을 예로 들어 보자. 제조업자와 소매업자는 제품 중 어느 정도는 소비자가 만족하지 못하거나 결함 및 파손에 의해 반품되리라는 것을 알고 있으므로 이러한 대조 계정을 만든다. 이 경우에 대조 계정은 총매출액의 2%이다(1백만 달러 × 0.02 = 20,000달러). 제조업자에게 이 수치는 일반적인 범위이다.

매출 원가

소매업자에게 매출 원가(cost of goods sold)는 상점에서 팔리는 제품에 대해 소매업자가 공급업자에게 지불한 비용과 같다. 제품을 상점까지 운송하는 교통비도 이에 포함된다.

제조업자에게 매출 원가는 총 제품 생산 비용과 같다. 주요 생산비에는 원료비, 생산 근로자의 임금과 보너스, 운임 및 교통비, 대여비, 전력, 전등, 유지 보수 및 기타 공장 운영비 등이 있다.

매출 원가에는 회사가 판매하는 제품을 만드는(또는 소매업자에게는 이 제품을 구입하는) 것과 직접적으로 관계된 모든 비용이 포함된다.

총수익

총수익(gross income)이란 다음 난에 기재될 판매비, 일반 경비 및 관리비를 제하기 전의 판매 이익금이다. 총수익은 매출 총이익이라고도 한다.

이익을 위에서 설명한 대로 기록하지 않는 손익계산서도 있다. 매출 원가를 구분하지 않고 판매비, 일반 경비 및 관

MBA Lingo

총수익(gross income)은 매출 원가를 매출액에서 제한 것이다. 매출 총이익(gross profit)이라고도 하며, 판매로 벌어들인 돈에서 제품을 만드는 데 들어가는 직접 경비를 뺀 금액이다.

MBA Alert

회사를 운영하거나 제품 생산부서를 운영하는 사람이라면 제품 생산에 들어가는 비용을 조목조목 검토해야 한다. 임금(초과 근무는 계산에 빠르게 더해지므로 주의하라)뿐만 아니라 원료비, 부품비, 하드웨어 비용, 그리고 기계 작동비가 이에 포함된다. 생산비를 통제하고 매출 총이익을 높이기 위해 반드시 주의 깊게 보아야 할 비용의 수치이다. '푼돈에 주의하면 큰돈은 자연히 관리된다.'라는 말은 여기에 해당하는 말이다.

리비를 공제하여 바로 영업 이익금에 기입한다. 이렇게 하면 중요한 정보를 생략하게 되므로 안타까울 뿐이다. 다음 Chapter에서 그 이유를 알게 될 것이다.

판매비, 일반 경비 및 관리비
(SG&A; selling, general, and administrative expense)

제조업자가 제품을 만든 후, 또는 소매업자가 이를 공급업자에게서 구입한 후 제품을 판매하게 된다. 즉, 판매원에게 급료와 수수료를 지불해야 하는 것이다. 판매원은 전화를 하고, 편지를 발송하고, 고객을 직접 방문하고, 또는 가끔씩 점심 식사(심지어 술과 저녁 식사도)를 사기도 한다. 마케팅 비용뿐만 아니라 이런 모든 비용이 이 금액에 포함된다.

게다가 회사를 운영하는 데 필요한 사무실 공간, 전력, 전등, 사무용품뿐만 아니라 인적 자원, MIS(경영 정보 시스템), 회계, 재정 등의 보조 기능도 있다. 관리자의 급료와 보너스도 SG&A에 들어간다. 관리자는 제품 생산에 직접 관련되어 있지 않기 때문이다.

감가상각비

감가상각비(depreciation expense)는 일정 기간 동안 매출액에 반하여 발생하는 감가상각비를 의미한다. 이것은 대차대조표 상의 감가상각 누계액과는 다르다. 대차대조표 상의 감가상각 누계액은 회사의 기존 재산, 공장 및 설비에 대해 과거 전 시기에 걸친 감가상각비의 총합이다.

MBA Lingo

영업 이익(operating income)은 매출액에서 매출 원가와 판매비, 일반 경비, 관리비를 뺀 값이다. 직접적인 제품 제조 비용과 판매비, 그리고 회사 자체를 운영하는 데 드는 전반적인 비용을 뺀 후에 회사가 판매로 벌어들인 이익이다. 영업 이익은 또한 운영 이익(operating profit)이라고도 한다.

즉, 일정 기간 동안 손익계산서 상의 감가상각비는 그 시기 초에 대차대조표 상의 감가상각 누계액에 더해진다.

Chapter 10에 나와 있는 견본 회사의 대차대조표를 검토하여 Chapter 11의 손익계산서와 비교해 보면 1998년과 1997년의 대차대조표 사이의 감가상각 누계액의 차가 600,000달러임을 알게 될 것이다. 이 600,000달러는 그 회사의 1998년 손익계산서에서 운영비로 부과된 감가상각비이다.

영업 이익

매출 총이익에서 SG&A를 빼면 영업 이익, 운영 이익, 영업으로부터 발생된 이익, 계속적인 영업에서 나오는 이익이라고도 하는 영업 이익(operating income)이 된다.

영업 이익은 단지 운영과 직접 관련되는 이익만을 나타낸다는 점에 주의하라. 소송 타결에서 얻은 소득처럼 다른 출처에서 나온 이익은 별도로 '기타 이익'에 기입한다.

기타 비용

기타 비용(other expenses)에는 이자 비용 외에 임시 비용 또는 소위 일회성 비용이 포함된다. 이전에는 없었더라도 소송비, 소송 화해 비용 또는 부서 폐쇄 비용 등이 기타 비용에 포함될 수 있다.

이자 비용

이자 비용(interest expense)은 운영비와 기타 비용과는 별도로 계산한다. 이자 비용은 사업을 하는데 아주 밀접한 관계가 있다. 그러나 회사가 빌린 액수와 이자율에 따라 크게 달라질 수 있다. 경영자와 투자자가 돈을 빌리는 이유는 충분하지만, 빚을 너무 많이 지면 회사 운영에 방해가 될 정도로 높은 이자 비용을 치를 수 있기 때문에 이자 비용을 자세히 지켜보아야 한다.

Case IN Point

1989년 Time 사가 Warner Communications 사와 합병했을 때, 합병된 회사인 Time Warner Inc.는 대차대조표 상에 160억 달러의 어마어마한 부채를 지고 있었다. 이 부채액은 지금 반 이하로 줄었지만 이에 대한 이자 비용은 지난 몇 년 간, 그리고 오늘날까지도 계속 회사 이익을 줄이는 요소가 되고 있다.

기타 이익

기타 이익(other income)은 임시 또는 일회성 이익이라고도 하며, 정규 회사 운영으로 창출된 소득이 아니다.

이자 이익은 대표적인 기타 이익이다. 이자 비용을 별도로 계산한 것과 같은 이유로 인해 기타 이익 역시 별도로 계산한다. 회사가 은행(이 경우 이자 이익은 실질적으로 매출액을 나타낸다)이 아닌 한 이자 이익은 회사를 운영하여 얻은 소득원이 아니므로 '불로 소득'이다.

MBA Mastery

우리와 같은 경영인들은 세금을 납부하기 싫어하기 때문에 회사는 납세액을 최소화하기 위해 세금을 포함한 이익을 최소화하는 합법적인 방법을 사용한다. Chapter 13에서 소득 신고에 영향을 미치는 다양한 회계 방법을 소개하겠다.

이전 손익계산서에는 없었더라도 기타 소득원에는 소송 타결에서 회사에 지급된 돈, 고정 자산 판매금, 또는 상표나 특허 같은 무형의 자산 판매금이 포함될 수 있다.

세금 공제 전 소득

세금 공제 전 이익(income before taxes)은 정부가 세금을 부과하기 전에 임시 항목뿐만 아니라 운영 등 모든 출처에서 나온 이익이다. 세금을 포함한 이익이라고도 한다.

법인세 납세 충당금

회사의 법인세율은 연방, 주, 지방에 따라, 그리고 해당 연도에 따라 다르다. 앞에서 본 견본 손익계산서에서 나는 총 세율을 약 30%로 책정해 놓았다.

이것을 법인세 납세 충당금(Provision for income Taxes)이라고 하는데, 세금을 실제로 이 기간 동안에 납부하지는 않지만 이 기간 동안 얻은 이익에 대해 부과되는 세금이기 때문이다. 다시 말해, 이 금액은 이 기간 동안의 이익에 부과되는 총 법인세 지출금이다.

MBA Lingo

일정 기간 동안 손실을 본 회사를 **적자**(in the red)를 보았다고 한다. 손실을 장부에 기록할 때 보통 붉은 잉크로 적기 때문이다. 다음의 경우에도 '적자'라는 표현이 등장한다. '이번 신제품이 실패하면 우리는 적자에 허덕일 것이다.'

순이익(손실)

당신의 귀에 매우 익숙한, 결산표의 마지막 행에 표시하는 순이익(손실; net income: loss)이다. 매출액과 기타 이익에서 매출 원가; 판매비, 일반 경비, 관리비; 기타 비용 및 세금을 공제한 것이 순이익이다.

이 기간 동안에 지출 총액이 매출액과 기타 이익을 초과하게 되면 회사로서는 손실이다. 즉, 적자이다(앞에서 나왔던 손익계산서에서 마이너스 숫자를 표시하기 위해 '순이익'란에 '손실'을 괄호로 묶어 표시했다).

소득에 관한 이해 돕기

손익계산서는 일사분기나 1년 동안의 경영진의 성적표이다. 한 회사의 손익계산서 2, 3년치만 읽어 보아도 그 회사에 대해 상당히 알 수 있다. 손익계산서를 본 후에는 아래의 몇 가지 질문에 답할 수 있을 것이다.

▶ 매출액이 상승, 하락, 또는 현상 유지에 그치고 있는가?

▶ 비용의 증가 또는 감소 여부는 어떠하며, 그 속도가 매출액보다 빠른가? 또는 비용이 매출액의 변화에 잘 따라가고 있는기?

▶ 이자 비용 지출 상태 - 이자 비용이 1년 사이에 증가했는가, 또는 감소했는가?

▶ 이익이 매출액의 변화에 잘 따라가고 있는가? 어떻게 순이익(손실)을 유지해 나가는가?

▶ 회사에 뜻하지 않은 이익 또는 손실이 있었는가?

직원들의 업무 상태 파악하기

직원 한 사람당 매출액 실적과 순이익은 손익계산서를 보면 쉽게 계산해 낼 수 있고, 아주 쉽게 알아볼 수 있다.

▶ 직원 한 사람당 매출액을 계산하려면 손익계산서 상의 매출액 수치를 회사 직원 수로 나누면 된다.

▶ 직원 한 사람당 순이익을 계산하려면 순이익 수치를 직원 수로 나누면 된다.

위의 두 수치 중 하나라도 하락 추세를 보인다면 회사가 인적 자원을 효율적으로 운영하지 못하고 있음을 나타내는 것이다. 같은 업계 다른 회사의 이에 상당하는 수치를 계산하여 그 결과를 비교해 보면 효율성을 타사와 견주어 볼 수 있다.

Chapter 12에서는 여러 가지 계산 방법을 통해 대차대조표와 손익계산서를 분석하게 된다.

현금흐름표

현금흐름표(cash flow statement)를 설명하면서 재무제표 소개를 마칠까 한다. 현금출처표 또는 현금사용표라고도 하는데, 거두 절미하고 바로 현금흐름표를 설명하도록 하겠다.

대차대조표 및 손익계산서와 마찬가지로, 현금흐름표는 회사 연보에 나온다. 현금흐름표는 다음 두 가지 이유 때문에 중요하다.

1. 현금흐름표는 대차대조표와 손익계산서 내용에 대한 이해를 돕는다. 이 두 가지 표에 나오는 금액으

로 현금흐름표를 계산하기 때문이다.

MBA Lingo

현금흐름표(cash flow statement)는 이에 수반하는 대차대조표 및 손익계산서와 마찬가지로 대개 1년이라고 하는 일정 기간 동안에 회사에 유입 및 유출되는 현금의 용도와 출처를 보여 준다. 현금흐름표는 해당 기간 동안 회사의 현금이 어디에서 나오고 어디에 사용되는지를 보여 준다.

2. 현금흐름표는 '현금이 왕이다.' 라는 핵심을 더욱 강조한다. 회사는 실제 현금을 창출해 내야 하고, 회사의 일부분을 매각하거나 대부를 통해서가 아니라 회사 경영을 통해 창출해야 한다.

회사에 자산은 꽤 많지만 현금은 충분하지 않을 수 있다. 현금화되지 못하는 자산은 판매 불가능한 재고품, 회수할 수 없는 외상 매출금, 소비자가 원하는 제품을 생산해 내지 못하는 기계 등이다. 현금이야말로 청구서 대금을 지불할 수 있고 배당금을 배당할 수 있는 것인데, 위의 회사는 바로 이 현금을 창출해 내지 못하는 것이다.

현금 흐름

현금흐름표는 이 표의 해당 기간 동안에 현금이 어디에서 나오고 어디에 사용되는지를 보여 준다 (이 기간은 손익계산서와 대차대조표의 기간과 일치한다).

현금흐름표에서는 여러 금액 상의 증가 및 감소, 그리고 현금에 미치는 영향을 알 수 있다. 어떤 자산의 증가는 현금의 사용이고, 반면 어떤 자산의 감소는 현금의 출처이다. 이와 반대로, 소유자 지분 또는 부채 계정의 증가는 현금의 출처이고, 반면 이의 감소는 현금의 사용이 된다.

예를 들어, 만일 외상 매출금 마지막 수지가 처음 수지보다 높다면 이는 현금 '사용' 이 된다. 왜냐하면 회사가 이미 회수한 것보다 외상 매출금이 많기 때문이다. 외상 매출금을 회수하면 현금이 증가한다. 이를 회수하지 못하면 현금이 감소한다(Chapter 10의 견본 회사의 1998년 대차대조표에서 보았듯이, 외상 매출금이 1997년의 대차대조표에서보다 높았다. 그러므로 이를 현금 '사용' 이라고 한다.)

반대로, 외상 매출금 상의 마지막 수지가 처음 수지보다 낮으면 현금 '출처' 가 된다. 그 기간 중에 추가된 외상 매출금보다 많이 회수했기 때문이다. 현금에 대한 순효과는 증가이므로 현금의 '출처' 가 된다.

현금흐름표는 손익계산서 상에 기록되었지만 현금 지불이 필요 없는 비용이었던 '현금 지불을 하지 않는 비용'의 용도도 설명한다. 대표적인 예가 감가상각비이다. 실제 현금은 회계 기간 전에 고정 자산에 소비되었으나 그 비용은 운영 기간 동안 (감가상각비로)배분된다. 감가상각비로 쓰인 현금이 없으므로 이는 현금의 '출처'이다.

현금흐름표 견본

아래의 견본 회사의 현금흐름표는 Chapter 10의 대차대조표와 이번 Chapter 11에서, 앞에서 본 손익계산서에 기초한 것이다.

견본 회사
1998년 현금 출처 및 사용표

영업 활동으로 인한 현금 흐름:	
순이익	$1,070,000
감가상각비	600,000
외상 매출금의 감소(증가)	(200,000)
재고의 감소(증가)	600,000
외상 매입금의 증가(감소)	120,000
지급 어음의 증가(감소)	(100,000)
미지급 비용의 증가(감소)	60,000
미지급 법인세의 증가(감소)	260,000
영업 활동의 순현금 흐름	**$2,410,000**
투자 활동의 현금 흐름:	
시장성 있는 유가증권의 감소(증가)	(780,000)
건물과 기계류의 감소(증가)	(610,000)
선급 비용과 이연 비용의 감소(증가)	(20,000)
투자 활동의 순현금 흐름	**($1,410,000)**
재무 활동의 현금 흐름:	
장기 부채 총액의 증가(감소)	(400,000)
우선주의 증가(감소)	–
보통주의 증가(감소)	–
주식 발행 초과금의 증가(감소)	–
지급 배당금	(300,000)
재무 활동의 순현금 흐름	**(700,000)**
현금의 순변화	**$300,000**

앞의 현금흐름표를 검토할 때 주의할 사항은 아래와 같다.

▶ 현금흐름표는 대개 대차대조표와 손익계산서로부터 만들어진 것이므로, 현금흐름표가 정확하기 위해 밑줄 친 수치가 확실해야 한다.

▶ 손익계산서처럼 현금흐름표 기간은 한 기간에만 해당한다(이 경우에는 1998년). 즉, 대차대조표 기간의 처음부터 끝까지의 기간과 같다. 2년 또는 그 이상의 현금흐름표를 가지고 있는 것이 유용한 것은 분명하지만, 대차대조표와 재무제표의 경우처럼 필수적인 것은 아니다.

▶ 현금흐름표는 3개 부분으로 이루어져 있다. 우선 영업 활동, 투자 활동, 그리고 재무 활동에서 생긴 현금 흐름이다. 금융 기관이 아니라면 어떤 회사든 대부나 투자로만 지탱할 수는 없다.

▶ 현금 흐름표에서는 회계 기간 동안 기초(期初) 재무제표에서 기말(期末) 재무제표까지 발생한 현금 계정의 변화에 맞추어 다른 모든 계정을 조정한다.

▶ 일정 기간 동안 여러 현금 출처에서 유입된 현금의 양이 유출된 양보다 많을 때 현금 흐름은 플러스가 된다. 그와 반대가 되면 현금 흐름은 마이너스 상태가 된다.

▶ 현금 흐름 총액 또는 회사 영업의 현금 흐름 총액이라는 용어는 대개 순이익에 감가상각을 더한 것을 말한다.

조정하기

현금흐름표를 사용하면 대차대조표와 손익계산서 상의 계정들을 쉽게 조정할 수 있다. 즉, 한 계정의 변화가 끼치는 다른 계정 상의 영향을 쉽게 분석할 수 있다.

Chapter 10의 대차대조표 상에 나와 있는 견본 회사의 이익 잉여금을 예로 들어 보자. Chapter 10의 내용을 다시 상기해 보면, 순이익은 다음 두 가지 중 한 곳으로 간다. 즉, 이익 잉여금으로 회사 운영에 재투자되거나, 아니면 배당금으로 주주들에게 배당된다. 그러므로 회사가 보유하지 않는 순이익은 배당금으로 지불되는 것이다. 배당금은 현금의 사용이므로 이를 현금흐름표 상에서 계산해야 한다.

Chapter 10에서 본 견본 회사의 대차대조표 상 이익 잉여금을 조정하면 지불된 배당금의 양을 쉽게 계산할 수 있다.

기초 이익 잉여금(1997년 12월 31일)	$2,630,000
+ 1998년의 순이익	1,070,000

– 기말 이익 잉여금(1998년 12월 31일)	<u>3,400,000</u>
1998년 1년 동안의 배당금 지불액	$ 300,000

위의 액수는 현금흐름표 상의 '재무 활동의 순현금 흐름' 란에 표시한다. 왜냐하면 주식 배당금을 지불하는 것은 주식을 재정 출처로 사용하는 것에 포함되기 때문이다.

사실 현금흐름표는 모든 계정을 현금 계정에 일치하도록 크게 한번 조정하는 것이라고 요약할 수 있다. Chapter 10 의 1997년~1998년의 견본 회사 대차대조표를 다시 보면 현금이 300,000달러 증가했음을 알 수 있다. 다른 계정들의 어떤 변화로 인해 300,000달러의 현금이 증가했는지 현금 흐름표에서 알 수 있다.

MBA Lingo

어떤 계정을 *조정 (reconciliation)*한다는 것은 그 계정에 영향을 미치는 다른 계정의 변화를 분석하는 것이다.

현금흐름표 검토

현금흐름표가 계정을 열거하는 것이 아니므로 이를 한 줄 한 줄 검토하고 설명하지는 않겠다. 각 금액은 단지 대차대조표나 손익계산서 계정 상의 활동이 현금의 증가 또는 감소로 이어지는지의 여부를 보여 줄 뿐이다.

잘 검토해 보고 견본 회사의 재무제표를 참고하면 현금 상의 영향을 알게 될 것이다.

이것만은 알아 두자

▶ 이익 및 손실표 또는 P&L이라고도 하는 손익계산서는 일사분기나 1년의 해당 기간 동안의 경영진에 대한 성적표이다. 손익계산서는 기본적으로 경영진의 매출액과 비용 조절 노력의 결과를 보여 준다.

▶ 매출액과 주요 지출 사항의 경향을 알아 보려면 최소한 2년 간의 손익계산서를 검토해야 한다.

▶ 회사나 소유주에게는 그 회사의 규모나 성장률 또는 심지어 이윤보다도 현금 흐름이 더 중요하다. 예를 들어, 이윤이 적은데도 현금 흐름이 훌륭한 회사가 있는 반면, 현금 흐름 상태가 나쁜 대기업도 있다.

▶ 현금흐름표를 통해 현금의 출처와 특정 시기 동안의 현금의 용도를 알 수 있다.

Chapter 12

큰 그림: 재무 분석

In This Chapter
Point
▶ 재무 분석의 기본 사항
▶ 유동성 비율 측정
▶ 지급 능력 비율의 이해
▶ 수익률 분석

Chapter 10과 Chapter 11에서 대차대조표, 손익계산서, 그리고 현금흐름표의 기본 사항을 소개하였다. 단순히 재무제표를 읽어 보는 것만으로도 독자는 중요한 사항들을 알 수 있지만, 많은 것을 알 수는 없다. 각 계정 상의 액수를 알 수 있으며, 더 나아가 최소한 2년치의 표를 비교해 보면 한 계정이 증가했는지 감소했는지를 알 수 있을 것이다.

그러나 어떤 회사를 확실하게 이해하려면 그 회사의 재무제표를 분석해야만 한다. 이를 위해서는 각 계정을 기본적으로 이해하는 것 외에, 몇 가지 간단한 계산이 필요하다.

이번 Chapter 12에서는 재무제표의 기본적인 분석법을 배워 보자. 계정 상의 수치 이면을 이해하고, 이 수치들을 서로 관련시켜 분석해 보면 회사의 구조와 운영 전반에 관한 통찰력을 갖게 될 것이다.

재정 비율

비율이란 2개의 가치 사이의 관계를 보여 주는 계산이다. 비율은 바로 분자를 아래의 분모로 나누는 문제이다.

재정 비율(financial ratios)은 재무제표 상의 두 개 계정간의 관계를 보여 준다. 비율 분석을 통해 회사의 실적과 신용도(부채를 지불할 수 있는 능력과 추가로 부채를 받을 가능성)를 측정할 수 있다. 재정 비율이 유일한 재무 분석 도구는 아니지만, 가장 강력한 도구 중 하나이다.

MBA Lingo

*비율(ratio)*은 2개의 가치 사이의 관계를 보여 주는 계산이다. 재정 비율은 재무제표 상의 두 개의 계정간의 관계를 보여 준다.

유동성 비율

아래의 공식들(운전 자본은 비율이 아니므로 제외한다)을 유동성 비율(liquidity ratios)이라고 한다. 이것은 회사의 단기 부채 지불 능력과 외상 매출금 및 재고품을 현금으로 전환하는 능력을 측정한다. 여기서 다루고자 하는 유동성 비율은 유동 비율, 당좌 비율, 외상 매출금 회전율, 외상 매출금 평균 회수 기간, 재고 자산 회전율, 재고 처분 평균 기간이다. 우선 운전 자본부터 알아보자.

운전 자본

운전 자본(working capital)은 회사가 유동 부채를 갚을 수 있는 능력을 측정한다.

MBA Lingo

*운전 자본(working capital)*은 회사가 유동 부채를 갚을 수 있는 능력을 측정한다. 운전 자본은 유동 자산에서 유동 부채를 뺀 값이다.

운전 자본 공식은 아래와 같다.

　　운전 자본 = 유동 자산 − 유동 부채

유동 자산과 유동 부채는 대차대조표에 나와 있다.

Chapter 10과 Chapter 11의 재무제표를 바탕으로 견본 회사의 1998년 운전 자본을 보자.

　　운전 자본 = $12,000,000 − 5,400,000

　　운전 자본 = $6,600,000

MBA Alert

운전 자본을 볼 때 주의할 점은 이 자본이 가치 없는 유동 자산으로 인해 부풀려질 때가 있다는 것이다. 운영 상태가 형편없는 회사인데도 유동 자산 상황이 좋은 것처럼 보이기 위해 회수 가능성이 별로 없는 외상 매출금이나 거의 무용지물 같은 재고품을 운전 자본 증가에 포함시키는 경우도 있다. 비율 분석을 통해 운전 자본과 같은 단순한 수치 이면의 사실들을 이해하면 실제 상황을 더 잘 이해할 수 있게 될 것이다.

이 회사의 1997년 운전 자본은 다음과 같다.

운전 자본 = $11,320,000 − 5,060,000

운전 자본 = $6,260,000

견본 회사의 경우 1998년에 운전 자본이 340,000달러, 즉 5%(6,600,000 / 6,260,000 = 5.4%) 증가했다. 이때 매출액은 약 9%(22,000,000 − 20,400,000 = 1,600,000을 20,400,000으로 나누면 7.8%) 증가했다. 운전 자본 증가율이 매출액 증가율과 거의 일치함은 재정 운영 상태가 양호함을 보여 주는 것이다.

분명히 운전 자본은 최소한 플러스여야 한다. 일반적으로 유동 자본이 높을수록 좋은 것이다. 그러나 플러스 유동 자본은 단지 회사의 유동 자산이 유동 부채보다 많다는 것을 의미할 뿐이다. 이에 비해 비율은 운전 자본이 부채에 비해 얼마나 많은지와, 그 외의 많은 것을 알려 준다.

유동 비율

유동 비율(current ratio)은 운전 자본 비율이라고도 하며, 유동 자산과 유동 부채간의 관계를 보여 준다. 공식은 다음과 같다.

유동 비율 = 유동 자산 / 유동 부채

MBA Lingo

유동 비율(current ratio)은 운전 자본 비율(working capital ratio)이라고도 하며, 유동 자산과 유동 부채 간의 관계를 나타낸다. 유동 비율은 유동 자산을 유동 부채로 나누면 된다.

유동 자산과 유동 부채는 대차대조표 상에 있다.

견본 회사의 1998년 상황은 아래와 같다.

유동 비율 = 12,000,000 / 5,400,000

유동 비율 = 2.2

견본 회사의 1997년 상황은 다음과 같다.

유동 비율 = 11,320,000 / 5,060,000

유동 비율 = 2.2

대부분의 회사에서 유동 비율이 2.0 또는 그 이상일 때 양호하다고 한다. 이는 자산이 부채의 2배임을 의미한다. 여기서 주의할 점은 자산 유동성에 차이가 있다는 것이다(유동성에 대해서는 Chapter 10 참고). 그러므로 회사의 유동 부채 지불 능력을 측정하기 위해서는 또 다른 방법, 즉 당좌 비율이 필요하다.

당좌 비율

당좌 비율(quick ratio)은 당좌 자산 비율 또는 산성 시험 비율이라고도 하며, 유동성을 더욱 정밀하게 측정한다. 공식은 다음과 같다.

당좌 비율 = (현금 + 시장성 있는 유가증권 + 외상 매출금) / 유동 부채

이들 수치는 모든 대차대조표에 나와 있다. 당좌 비율은 회사가 가장 유동적인 자산들, 즉 현금, 시장성 있는 유가증권, 그리고 외상 매출금을 가지고 유동 부채를 해결할 수 있는 능력에 초점을 맞추고 있다. 업계마다 다를 수는 있으나, 당좌 비율이 1.0이나 그 이상일 때 회사는 유동 자산으로 유동 부채를 지불할 수 있는 상태가 된다.

MBA Lingo

당좌 비율(quick ratio)은 당좌 자산 비율(quick asset ratio) 또는 산성 시험 비율(acid test ratio)이라고도 하는데, 유동성을 더욱 정밀하게 측정한다. 당좌 비율을 계산하려면 현금과 시장성 있는 유가증권, 외상 매출금 수치를 합하여 유동 부채로 나누면 된다.

견본 회사의 1998년 상황을 보자.

당좌 비율 = (900,000 + 1,700,000 + 4,000,000) / 5,400,000

당좌 비율 = 6,600,000 / 5,400,000

당좌 비율 = 1.2

당좌 비율이 1.2이므로 견본 회사는 운전 자본 중 재고 자산보다 유동 자산이 많은 적당한 비율을 보이고 있다.

이번에는 외상 매출금과 재고 자산의 질을 측정하는 몇 가지 비율들을 살펴보자.

외상 매출금(매출 채권) 회전율

외상 매출금 수준만 보아서는 외상 매출금의 질을 판단하기 어렵다. 여기서 '질'이라는 용어는 외상 매출금 회수 가능성(accounts receivable turnover)을 말한다. 회수 불가능한 외상 매출금은 아무런 가치가 없다.

MBA Mastery

고객에게 외상 판매를 하면 지불 기일까지 판매품에 대해 회사가 현금을 대는 것이다. 고객이 늦게 지불할수록 더 오랫동안 현금을 대게 된다. 무료로 현금을 대고 싶지 않다면 회사는 송장에 지체료를 포함시켜야 한다.

외상 매출금 회전율이 느리다는 것은 회수해야 할 적정 시기보다 시간이 더 오래 걸린다는 것이므로 좋지 않은 징후이다. 다시 말해, 고객들이 만기일에 송장을 지불하지 않는 것이다.

이것은 두 가지 이유 때문에 좋지 않은 징후라고 할 수 있다. 우선, 경영 상태가 악화되면 회전율이 느린 외상 매출금은 그 속도가 더욱 느려질 수 있고, 심지어는 회수 불가능하게 될 수도 있다. 둘째로, 부채를 갚거나 시장성 있는 유가증권 투자에 이용해야 할 회사의 현금이 이렇게 회전율이 느린 외상 매출금에 묶이게 되기 때문에 회사에 좋지 않은 징후로 작용하는 것이다.

외상 매출금 회전율 공식은 다음과 같다.

외상 매출금 회전율 = 매출액 / 외상 매출금 평균

MBA Lingo

*회전율(turnover)*은 외상 매출금이 일정 기간 동안 발생하고 회수(회전)되는 주기(cycle)를 몇 번이나 거치는가를 나타낸다.

손익계산서를 보면 매출액 수치가 나와 있다. 외상 매출금 평균값은 (처음 대차대조표의)당기 초에 나와 있는 외상 매출금과 (두 번째 시기의)당기 말의 외상 매출금을 더한 값을 2로 나누면 된다.

좀더 엄밀한 의미에서 분모는 매출액이라기보다는 외상 매출액이어야 한다. 그러나 회사 매출액 전부가 외상 매출액이라고 추정한다. 일반적으로 재무제표 상에서 외상 매출액과 총매출액이 분리되어 있는 경우는 보지 못하게 될 것이다(외상 매출액만 따로 볼 필요가 있다면 회계부에서 정보를 찾아 자사의 외상 매출액 수치를 계산해 볼 수 있다).

견본 회사의 1998년 상황을 보자.

$$\frac{\$22,000,000}{(4,000,000 + 3,800,000) / 2}$$

외상 매출금 회전율 = $22,000,000 / 3,900,000

외상 매출금 회전율 = 5.6배

일반적으로 회전율이 높으면 높을수록 좋다. 왜냐하면 외상 매출금 회수가 빠를수록 이에 묶여 있는 회사 돈이 줄어들기 때문이다.

이 비율을 같은 업계 내 다른 회사들의 비율(업계 기준이라고 함)과 비교해 보면 특히 유용하다. 보통 30일인 지불 기일을 업계 내 한 회사가 45일로 고객에게 허용한다면 그 회사의 회전율은 자동적으로 낮아지게 된다.

회수 기간

회사의 외상 매출금을 더 완전한 그림으로 만들어 보려면 외상 매출금 회전율을 회수 기간(collection period)으로 환산하라. 이는 외상 매출금 평균 회수 기간이라고도 한다. 회수 기간은 회사의 외상 매출금을 회수하는 데 걸리는 평균 일수이다.

회수 기간 = 365 / 외상 매출금 회전율

견본 회사의 1998년 상황을 보자.

회수 기간 = 365 / 5.6

회수 기간 = 65일

즉, 견본 회사가 송장 금액을 회수하는 데 평균 65일이 걸린다는 것이다. 이 수치가 양호한지 불량한 것인지는 이 회사가 속한 업계의 기준과 회사의 판매 조건에 따라 다르다. 만일 견본 회사가 고객들에게 지불 기일을 60일, 또는 심지

MBA **Lingo**

*회수 기간(collection period)*은 회사가 외상 매출금을 회수하는 데 걸리는 평균 일수이다. 회수 기간은 365일을 외상 매출금 회전율 수치로 나눈 것이다.

MBA **Mastery**

회수 촉진 방법으로 '2/10, net 30' 이라는 방법을 사용하는 회사들이 있다. 즉, 송장 날짜의 10일 이내에 지불하면 2%를 할인해 주지만, 10일이 지나면 송장 금액 모두를 지불해야 한다는 것이다. 할인의 여부에 관계없이 지불 만기일은 30일 이내이다. 안타깝게도 10일이 지나서 지불했음에도 불구하고 할인을 받는 고객들이 있어서 곤란한 상황을 유발하기도 한다.

어 45일을 주었다면 연간 65일의 매출액 외상 매출금 회수 기간과 5.6의 회전율은 양호하다. 만일 지불 기한이 30일(앞의 기일보다 훨씬 더 일반적임)이라면 이 회사의 회전율은 충분히 빠르지 못한 것이다. 그러나 일반적으로 볼 때 65일의 회수 기간은 양호한 것이 아니다.

마지막으로, 회수 기간은 빨리 회수되거나 느리게 회수되는 모든 계정을 합한 수치로, 평균값임을 기억해 두어야 한다.

재고 자산 회전율

재고 자산 회전율(inventory turnover)은 외상 매출금 회전율과 흡사하다. 회사가 외상 매출금을 빨리 회수하고자 하는 것처럼 재고품이 빨리 회전될수록 재고품에 묶인 돈이 줄어들어 일정한 매출액 수준을 유지할 수 있다. 재고 자산 회전율 공식은 다음과 같다.

재고 자산 회전율 = 매출액 / 재고 자산 평균

매출액 수치는 손익계산서에, 재고 자산은 대차대조표에 나와 있다.

$$\frac{\$22,000,000}{(5,400,000 + 6,000,000) / 2}$$

재고 자산의 평균값은 (처음 대차대조표의)당기 초 재고 자산 수치와 (두 번째 시기의)당기 말 재고자산 수치를 더한 값을 2로 나눈 값이다.

재고 자산 회전율 = $22,000,000 / 5,700,000
재고 자산 회전율 = 3.9배

다른 비율들과 마찬가지로 업계 기준과 비교, 판단해야 한다. 예를 들어, 보석상의 재고 자산은 제품의 마진(이는 이번 Chapter에서 다시 다룬다)이 크고, 가격도 매우 높으며, 고객들이 다양한 제품을 원하기 때문에 1년에 단 한 번 회전한다. 그러나 식료품점의 제품은 가격과 마진이 훨씬 낮고, 금방 상하는 품목이 많으며, 진열 공간이 제한되어 있기 때문에 3~5일에 한 번씩 회전한다.

재고 처분 평균 기간(days' sales on hand)

외상 매출금과 마찬가지로, 재고 자산 회전율을 날짜로 계산하면 유용하다. 이 수치는 회사가 재고품을 판매하는 데까지 걸리는 평균 일수이다.

재고 처분 평균 기간 = 365 / 재고 자산 회전율

견본 회사의 1998년 상황을 보자.

재고 처분 평균 기간 = 365 / 3.9
재고 처분 평균 기간 = 94일

즉, 견본 회사의 재고품을 판매하는 데 평균 94일이 걸린다는 것이다. 다시 한번 언급하지만, 이 수치는 업계 기준과 비교해야만 양호한지 또는 불량한지를 알 수 있다(이 수치는 가장 빨리 팔리는 재고품의 날짜와 가장 오래 걸리는 날짜를 포함한 평균값임을 상기하기 바란다).

지불 능력 비율

장기 지불 능력 비율(solvency ratios)은 두 가지 요소를 검토하게 된다. 회사가 재무 구조 상에서 사용하는 부채 비율과 그 부채 이자의 지불 능력이다.

MBA Lingo

지불 능력(slovency)은 회사(또는 개인)가 청구 금액을 제때에 지불할 수 있는 능력이다.

부채-자본 비율

부채-자본 비율(debt-to-equity ratio)은 부채 자본 비율이라고도 하는데, 우리가 검토하게 될 세 가지 장기 지급률 중 첫번째이다. 부채-자본 비율은 회사가 자사에 현금을 투자할 때 자사 현금이 아닌 무역 외상, 부채 및 차용을 사용하는 범위를 측정하는 것이다.

부채-자본 비율의 공식은 다음과 같다.

부채-자본 비율 = 부채 총액 / 소유자 지분 총액

MBA Lingo

부채-자본 비율(debt-to-equity ratio)은 주주가 회사에 투자한 금액에 대해 회사가 채권자들에게 진 부채 총액을 비교하는 것이다. 부채-자본 비율은 대차대조표에 나와 있는 부채 총액을 소유자 지분 총액으로 나눈 것이다.

MBA Lingo

재무 구조(financial structure)라는 용어는 회사 재정 구성을 의미하며, 대차대조표의 오른쪽에 나와 있다. 재무 구조에 대한 주요 결정 사항은 지분과 관련해서 얼마만큼의 부채를 질 것인가에 관한 것이다.

부채 총액은 유동 부채와 장기 부채도 포함된다는 사실을 주의하라.

소유자 지분이란 소유주가 구입한 주식과 배당금 외에 회사에 재투자함으로써 얻은 소득으로, 그 회사에 투자한 총 금액을 나타낸다.

견본 회사의 1998년 상황을 보자.

부채-자본 비율 = $10,400,000 / $9,000,000
부채-자본 비율 = 1.2

부채-자본 비율 1.0 혹은 그 이하가 바람직하다고 보는 분석가들이 많다. 이는 회사에 현금 총액 중 절반(또는 그 이하)이 빚으로 조달됨을 의미한다. 그러나 회사의 재무 구조(대차대조표의 오른쪽에 나와 있다) 상에서 부채가 위 비율보다 높아도 이자와 주요 지급금을 처리하는 데 별 문제가 없다면 그리 문제가 되지 않는다고 보는 분석가들도 많다.

MBA Lingo

부채 비율(debt ratio)은 회사의 장기 부채와 소유자 지분을 비교한다. 부채-자본 비율처럼 부채 비율은 주주가 투자하는 금액과 채권자에게 빌리는 금액을 비교, 측정한다. 부채 비율은 대차대조표에 나와 있는 장기 부채 금액을 소유자 지분 총액으로 나눈 것이다.

부채 비율

부채 비율(debt ratio)은 부채-자본 비율과 흡사하다. 그러나 부채 총액과 소유자 지분을 연계시키는 것이 아니라 단지 장기 부채와 모든 재정 자원과의 관계만을 측정한다. 부채 비율은 회사의 재무 구조에서 장기 부채의 역할을 보여 준다. 부채-자본 비율은 은행과 같은 장기 대부업자에게 특히 유용하다.

부채 비율 공식은 아래와 같다.

부채 비율 = 장기 부채 / 부채 및 지분 총액

장기 부채와 부채 및 지분 총액의 수치는 대차대조표에 나와 있다.

견본 회사의 1998년 상황을 보자.

부채 비율 = $ 5,800,000 / $ 18,690,000

부채 비율 = 0.31

견본 회사의 총 재정 자원 중 31%가 장기 부채임을 알 수 있다. 일반적으로 볼 때 이 수치가 낮을수록 좋다. 업계의 관행과 기준을 고려해 보아야겠지만, 만일 부채 비율이 50%에 이른다면 그 회사의 소득 흐름이 안정적인지 확인하고 싶을 것이다.

이번 계산에서 장기 부채의 당기 지급분도 포함시켰음을 주지하라. 장기 부채의 당기 지급분을 유동 자산에 포함시키는 분석가도 있다. 그러나 장기 부채의 당기 지급분은 장기 부채의 한 부분이므로, 나는 장기 부채에 포함시켰다. 둘 중 어느 방법도 틀리지 않다.

이자 보상 비율

이자 보상 비율(times interest earned)은 회사의 장기 부채 이자 지불 능력을 측정한다. 공식은 다음과 같다.

이자 보상 비율 = 영업 이익 / 이자 비용

영업 이익과 이자 비용 수치는 손익계산서에 나와 있다. 영업 이익은 이 공식에서 보통 '이자와 세금 공제 전 소득' 또는 'EBIT('이-비트'로 발음한다)'라 한다. EBIT를 이용하면 영업 이익에서 이자를 공제하기 전에 이자 비용 지불 능력을 측정할 수 있다. 이자는 소득에서 세금을 공제할 수 있는 것이므로 세금 공제 전 소득을 사용하는 것이다.

이 계산에 '기타 이익'은 포함시키지 않는다. 회사 영업 이익만으로 부채를 감당하는 능력을 측정하고자 하기 때문이다.

견본 회사의 1998년 상황을 보자.

이자 보상 비율 = $2,200,000 / $270,000

이자 보상 비율 = 8배

1998년에 견본 회사는 이자 비용의 8배에 해당하는 영업 이익을 올렸다. 언제나 그렇듯이 업계의 기준으로 이 비율의 가치를 평가한다. 그러나 일반적으로 볼 때 EBIT가 적어도 3~4배일 때 안전하다고 한다.

이자 보상 비율은 이자 비용을 보상할 수 있는 비율을 의미하므로 보상률(coverage ratio)이라고도 한다.

수익률

수익률(profitability ratios)은 회사의 수익력, 그리고 회사를 운영하는 경영진의 효율성을 측정한다.

매출액 총이익률

매출액 총이익률(gross margin)은 총이익률이라고도 하며, 처음으로 살펴보게 될 수익률이다. 매출액 총이익률은 회사의 생산 관리 효율성을 측정한다.

매출액 총이익률 = 총수익 / 매출액

총수익과 매출액은 손익계산서에 있다.

견본 회사의 1998년 상황을 보자.

매출액 총이익률 = 5,600,000 / 22,000,000

매출액 총이익률 = 25.5%

분명히 매출액 총이익률이 높을수록 좋다. 이 수치의 가치는 업계마다 다를 것이다. 견본 회사는 생산비로 매출 총액의 약 75%를 매출 원가에 썼다. 대부분의 소매업자는 매출 원가를 약 50%로 유지하므로 견본 회사는 제조업자일 것이다.

다른 회사보다 본질적으로 마진 폭이 큰 회사들도 있다. 마진 폭이 큰 회사는 보통 고객이 제품 가치를 높이 평가하고 특히 생산비가 적게 드는 제품을 판매한다. 유명 디자이너의 옷과 같은 품목처럼 고객들이 제품 이미지나 명성 때문에 찾는 제품이 그 좋은 예이다. 예를 들어, 제너럴 모터스 사의 캐딜락과 포드 사의 링컨과 같은 미국의 자동차는 그보다 수준이 낮은 제품에 비해 마진 폭이 크다. 왜냐하면 이 호화 모델들은 사실 같은 부품에 비교적 값싼 얇은 금속으로 만들었지만 시장 가격이 비싸기 때문이다.

MBA Lingo

매출액 총이익률
*(gross margin)*은 총수익을 매출액의 백분율로 나타낸 것이다. 이 비율은 생산의 효율성을 측정하며, 총수익을 매출액으로 나눈 것이다.

마진을 크게 하기 위한 또 한 가지 방법은 제품에 많은 가치를 더하는 것이다. 예를 들어, 식품 가공 회사는 대개 농부보다 더 큰 마진을 얻는데, 그 이유는 농부가 농작물을 재배하여 더한 가치보다 더 많은 가치(예를 들어, 가공이나 포장)를 식품에 더하기 때문이다.

Case IN Point

성공한 하이테크 회사들은 종종 70~80%의 매우 높은 마진 폭을 본다. 비용이 많이 드는 문제에 대한 해결책을 제공하므로, 이러한 하이테크 회사들은 이 기술을 필요로 하는 사람(또는 회사)에게 원하는 금액을 요구할 수 있다.

매출액 영업 이익률

매출액 영업 이익률(operating margin)은 영업 이익을 매출액의 백분율로 측정하는 것이다. 매출액 총이익률과는 반대로 매출액 영업 이익률은 회사의 비생산 분야에서 경영의 효율성을 측정한다. 판매, 관리 및 기타 비생산 기능의 기여도(또는 기여도의 부족한 정도)를 측정한다.

만일 회사의 매출액 총이익률은 양호하나 매출액 영업 이익률 상태가 좋지 않다면 경영진이 판매비, 일반 경비, 관리비(SG&A) 관련 분야를 어느 정도 잘못 관리한 것이다. 판매비가 너무 높거나, 사무실과 자동차가 너무 사치스러운 경우, 또는 접대 비용이 과다한 경우일 수도 있다. 관리부의

MBA Lingo

매출액 영업 이익률 (operating margin)은 영업 이익을 매출액의 백분율로 나타낸 것이다. 매출액 영업 이익률은 비생산 분야의 효율성을 측정하며, 영업 이익을 매출액으로 나눈 값이다.

규모가 너무 크거나 경영진의 급료가 너무 많을 수도(감히 말하자면) 있다.

공식을 소개하자면 다음과 같다.

매출액 영업 이익률 = 영업 이익 / 매출액

영업 이익과 매출액은 손익계산서에 나와 있다.

견본 회사의 1998년 상황을 보자.

매출액 영업 이익률 = $2,200,000 / $22,000,000
매출액 영업 이익률 = 10%

모든 이익률의 계산에서와 마찬가지로, 매출액 영업 이익률이 높을수록 좋다.

매출액 순이익률

매출액 순이익률(net margin)은 순이익을 매출액의 백분율로 나타낸 것이다. 이자 및 기타 비용, 세금 공제, 그리고 생산비와 운영비 공제 후에 회사에 남는 금액의 백분율을 보여 준다.

매출액 순이익률 = 순이익 / 매출액

MBA Lingo

매출액 순이익률(net margin)은 순이익을 매출액의 백분율로 나타낸 것이다. 이 비율은 '순이익'을 내는 회사의 능력을 측정한다. 즉, 세금 공제 후 소득으로 주주에게 실제로 몇 퍼센트를 배당하는지 보여 준다. 매출액 순이익률은 순이익을 매출액으로 나눈 값이다.

순이익과 매출액은 손익계산서에서 찾아볼 수 있다.

견본 회사의 1998년 상황을 보자.

매출액 순이익률 = $1,070,000 / $22,000,000
매출액 순이익률 = 4.9%

매출액 순이익률이 5% 정도라면 매우 일반적인 것이다. 수년 전에 비경영인들을 상대로 실시한 조사에서 "회사 매출액 중 몇 퍼센트가 이윤으로 남는다고 생각하는가?"라는 흥미로운 질문이 있었다. 응답자들은 25%에서 심지어는 50%까지로 답하였다. 이는 일반 대중이 회사와 이윤에 대한 이해가 얼마나 부족한지를 보여 주는 단적인 예이다.

매출액 순이익률이 10%에 달한다면 매우 양호한 것이며, 특히 그 회사가 지속적으로 10% 정도를 유지한다면 최상의 상태이다.

총자산 회전율

알다시피 경영자의 직무는 회사 자산으로 현금을 창출하는 것이다. 그러므로 자산은 매출액과 이윤을 창출해야 한다. 총자산 회전율(asset turnover)은 자산을 이용해서 매출액을 창출해 내는 데 있어서의 경영진의 효율성을 측정한다.

총자산 회전율의 공식은 다음과 같다.

MBA Lingo

총자산 회전율(asset turnover)은 매출액을 자산의 백분율로 나타낸 값으로, 경영진이 회사 자산을 얼마나 효율적으로 사용하여 매출액을 창출하는지 보여 준다. 총자산 회전율은 매출액을 자산 총액으로 나눈 값이다.

　　총자산 회전율 = 매출액 / 자산 총액

매출액 수치는 손익계산서에, 자산 총액은 대차대조표에 나와 있다.

견본 회사의 1998년 상황을 보자.

　　총자산 회전율 = $22,000,000 / $19,400,000
　　총자산 회전율 = 1.1배

총자산 회전율은 경영진이 자산을 얼마나 효율적으로 사용하는지를 보여 준다. 견본 회사의 경우처럼 총자산 회전율이 약 1.0이면 자산을 효율적으로 사용하지 못하거나 근본적으로 자산 집약적이지 못하다는 것을 나타낸다. 즉, 정유 회사나 대규모 제조업체와 같이 공장과 설비가 많이 필요한 회사가 이에 속한다.

총자산 이익률

총자산 이익률(ROA; Return On Assets)은 경영진이 자산을 이용하여 이윤(수익이라고도 함)을 내는 능력을 측정한다.

MBA Lingo

총자산 이익률(return on assets)은 경영진이 자산을 이용하여 이익을 얼마나 잘 내는지를 보여 준다. 총자산 이익률은 순이익을 자산 총액으로 나눈 값이다.

총자산 이익률 공식은 다음과 같다.

총자산 이익률 = 순 이익 / 자산 총액

견본 회사의 1998년 상황을 보자.

총자산 이익률 = $1,070,000 / $19,400,000
총자산 이익률 = 5.5%

총자산 회전율이나 총자산 이익률의 감소는 시간이 갈수록 경영진이 자산을 다소 비효율적으로 사용하고 있음을 보여 준다. 고객들에게 제품을 판매하는 데보다는 돈을 자산에 쓰는 데 초점을 맞추고 있는 것일 수 있다. 매출액의 증가 속도보다 더 빠르게 자산 기반을 증가시켜 나가고 있을 수 있으며, 이러한 자산에는 현금이 들어가기 때문에 부채가 눈덩이처럼 불어날 수도 있다.

자산을 조화롭지 못하게 구입할 수도 있다. 예를 들어, 더 나은 기술이 개발되면 빠르게 대체될 수도 있는 설비를 가지고 있을 경우, 경영진은 곧 기존의 이런 자산들을 괜히 구입한 게 아닌지 후회할 수도 있다.

투자 이익률

투자 이익률(return on investment)이야말로 특히 주주들과 경영진에게 핵심적인 수익률 측정 방법이다. 자본 이익률이라고도 하는 투자 이익률(ROI)은 주주가 회사에 투자한 돈의 수익률을 측정한다.

경영진은 소유주들에게 높은 수익률을 가져다 주어야 하므로 이 수치는 중요하다. 만일 경영진이 높은 수익을 주지 못한다면 (1)주주들은 주식을 팔고 수익성이 높은 곳에 투자를 하거나, (2)이사회에서 경영진을 교체하게 된다.

이 중요한 투자 이익률의 공식은 아래와 같다.

    투자 이익률 = 순이익 / 소유자 지분

순이익은 손익계산서에서, 소유자 지분은 대차대조표에서
볼 수 있다.

견본 회사의 1998년 상황을 보자.

    투자 이익률 = $1,070,000 / $9,000,000
    투자 이익률 = 11.9%

> **MBA Lingo**
>
> *자본 이익률(ROE; return on equity)*이라고도 하는 *투자 이익률(ROI; return on investment)*은 수익을 내는 데 소요된 투자에 대한 순이익을 계산한다. 투자 이익률은 순이익을 소유자 지분으로 나눈 값이다.

일반적으로 ROI는 10%나 그 이상일 때 양호하다고 한다. 투자가들은 자신의 돈으로 다른 회사에서 얻을 수 있는 수익률과 이 수치를 비교한다. 타 회사의 수익률과 채권 및 기타 증권의 이자율을 고려한다. 그러므로 경영진은 자체 업무 상황을 경영자로서뿐만 아니라 소유주의 돈을 관리하는 자로서 항상 주시해야 한다.

중요한 요령 몇 가지!

지금까지 주요 재무 비율을 살펴보았다. 이제 비율 분석을 할 때의 몇 가지 요령을 소개하겠다.

▶ *계산은 정확하게.* 재무제표에는 감가상각비와 감가상각 누계액처럼 명칭이 비슷한 계정이 있기 때문에 처음에는 혼란스럽게 느껴질 수 있다. 그리고 각 열에 있는 계정과 숫자를 볼 때, 눈이 착각하여 다음 열을 본다든지 하는 실수를 하기 쉽다.

▶ *내림 잡아 계산하기.* 대부분의 회사들이 재무제표 상에 최상의 모습을 기록한다는 점을 고려하라. 내림 잡아 계산하면 벌충할 수 있다.

▶ *2년 또는 그 이상 기간의 비율 경향을 비교하기.* 단지 한 기간 동안의 비율로는 2년 이상의 자료를 비교하여 얻은 정보를 결코 얻을 수 없다.

▶ *비율을 여러 관점에서 검토하여 유형 찾아내기.* 경영진의 장·단점을 알아 보도록 하라. 경영진이 현금을 창출하는지, 그 현금의 유동성이 큰지, 자산이나 부채가 과다하지는 않은지, 그리고 자산 기반의 증가 속도가 매출액의 속도보다 빠른지, 마지막으로 마진이 많이 남는지를

잘 분석해 보아야 한다.

▶ *비율의 이면 바라보기.* 재무제표의 주식과 경영진이 회사 운영에 대해 토론한 내용을 연례 보고서에서 읽어 보라. 경영진 내의 변동 사항, 제품 발표, 그리고 합작 투자 사항들에 관한 회사의 소식을 그때그때 자주 읽어 보아야 한다.

▶ *업계 기준 이해하기.* 업계 기준에 따라 재무 비율의 가치가 결정된다. Standard & Poor's 와 Dun & Bradstreet Inc.와 (Revolutionary War의 제정자 중 한 사람의 이름을 따서 만 든)전국 은행가협회인 Robert Morris Associates에서 재무 비율에 대한 업계 기준을 발간 한다.

이것만은 알아 두자

▶ 여러 재무제표 계정간의 관계를 알아 보면 회사의 실적과 지불 능력을 알 수 있다. 재무 비율 은 이러한 관계를 측정하는 중요한 도구이다.

▶ 유동성 비율은 단기 부채를 만기일 내에 지불하는 능력을 측정한다.

▶ 장기 부채 지불 능력 비율은 장기 부채를 만기일 내에 지불하는 능력을 측정한다.

▶ 수익률은 회사 운영의 효율성을 측정한다. 매출 총이익이 많을수록 생산 경영을 효율적으로 한 것이고, 영업 이익이 많다면 판매와 관리를 효율적으로 관리했음을 의미한다.

▶ 계산한 비율이 기준 이하라면 유형을 찾아 보아야 한다. 또한 정확한 상황도 알아 보아야 한 다. 가능하면 회사의 비율을 업계 기준과 비교하라.

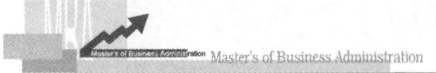
Chapter 13

회계 체계:
회계 장부를 보라

In This Chapter
Point

▶ 회계 체계 구축 방법
▶ 재고 자산 결산
▶ 공장과 설비의 감가상각 계산

재무제표는 어디에서 오는가? 그 이면의 상황은 어떠한가? 장부 계원은 어떤 일을 하는가? 여러 가지 자산, 부채, 그리고 비용을 결산하는 데 어떠한 결정이 나오는가? 이러한 결정이 회사 재정에 어떤 영향을 미치는가?

이번 Chapter에서는 바로 이러한 질문들에 대한 해답을 주겠다. 이를 통해 재무제표의 경영에 대해 더 잘 이해할 수 있게 될 것이다. 당신의 회사나 부서의 회계 체계를 구축하는 데 도움이 될 것이며, 만일 이미 구축되어 있다면 그 이해를 도울 것이다.

주요 원장

'장부'라고 하면 이는 회사의 일지 또는 원장, 또는 '회계 장부'를 의미한다. 특별한 규정에 의한 원장 양식의 장부이다.

회계 체계를 구축할 때는 거래 내역을 얼마나 자주, 여러 가지 원장에 기입할지를 결정해야 한다. 매일 기입할 수도 있고 주별, 월별 또는 분기별로 기입할 수도 있다. 건물과 설비처럼 자주 거래하는 것이 아닐 경우에는 거래가 이루어질 때만 원장에 기입할 수도 있다.

좀더 자주 기입하는 거래 내역도 있을 것이다. 소매점이나 식당에서는 당일의 수령 내역을 그날그날의 매출액 원장에 기록한다. 소매점이나 식당이 직원들에게 주급을 준다고 가정하면 급료 내역을 주별로 기입하게 될 것이다.

MBA Lingo

장부 계원이나 회계사가 어떤 계정을 회사의 회계장부에 기입할 때 '*기장한다(post)*'고 한다. 만일 어떤 금액을 한 계정에서 다른 계정으로 옮기면 이것 역시 '기장'한다고 한다.

대부분의 회사는 거래 종류별 원장이 있다. 판매는 판매 원장에, 급료는 급료 원장에, 고객에게 발송한 송장은 회수 원장에, 그리고 공공업체로부터 받은 청구서는 외상 매입금 원장에 기입한다.

이들 원장을 여러 권의 장부로 보관할 필요는 없다. 한 권의 장부에 여러 부분으로 분류해 두면 된다. 경영인, 회계사, 또는 장부 계원인 독자라면 자사의 장부 구축 방법을 선택할 수 있다. 그러나 회계 처리 표준을 따라야 하며, 다른 회계사나 장부 계원(또는 국세청)이 알아볼 수 있어야 한다.

대부분의 회사에는 최소 3개의 원장이 필요하다. 현금 수령 원장(즉, 현금 유입), 현금 지출 원장(즉, 현금 유출), 그리고 일반 원장이다. 어느 회계 체계에서든 여러 가지 일지와 부원장이 회계 기간 말에 일반 원장에 기장된다.

기장한다는 것은 장부에 어떤 계정을 기입한다는 것을 의미한다. 이 경우에는 회사의 전 계정을 요약하는 일반 원장으로 이동함을 의미한다. 재무제표는 일반 원장에서 나온 것이다.

복식 부기제

미국의 부기는 복식 부기제(double-entry system)이다. 즉, 거래마다 두 개의 일지를 기입하게 된다. 하나에는 거래 자체를, 또 다른 하나에는 거래 명세를 기록한다. 이 두 가지 기입은 서로 상쇄되어 장부 상의 잔액은 제로(0)가 된다. 다시 말해, 장부 상의 대차 균형이 맞아야 한다.

복식 부기제는 두 가지 기입, 즉 차변과 대변이 필수 사항이다. 차변은 계정의 왼쪽에, 그리고 대변은 계정의 오른쪽에 기입하는 것이다.

MBA Lingo

*T-계정(T-accounts)*은 원장 상의 한 계정의 두 가지 면을 나타낸다. T-계정 양식이 나와 있는 원장을 써도 되고, 자나 펜을 가지고 원장에 굵은 선을 그려 T-계정을 만들 수도 있다. 차변이나 대변을 표시하는 또 다른 방법으로, 차변 기입란에 'Dr'이라는 약자를 쓰고 대변 기입란에 'Cr'을 써 주면 된다(왜 Db 대신 Dr이라고 쓰는지는 모르겠다).

아래의 예는 두 개의 T-계정에 복식 기입으로 기록된 1,200 달러의 매출액을 나타낸다.

외상 매출금	매출액
$ 1,200	$ 1,200

외상 판매를 하면 회사가 나중에 회수하게 되는 외상 매출금이 생긴다. 그러므로 외상 매출금을 차변에 기입하고, 매출액을 대변에 기입한다. 즉, 계정 왼쪽에 외상 매출금을, 오른쪽에 매출액을 기입한다.

왜 그렇게 할까?

왜냐하면 차변은 항상 다음 중 한 가지이기 때문이다.

▶ 자산 계정의 증가
▶ 부채 또는 지분 계정의 감소
▶ 총수입 계정의 감소
▶ 비용 계정의 증가

그리고 대변은 항상 다음 중 한 가지이기 때문이다.

▶ 자산 계정의 감소
▶ 부채나 소유자 지분 계정의 증가
▶ 총수입 계정의 증가
▶ 비용 계정의 감소

Chapter 10에서 자산의 부채 명세를 참조하라.

Chapter 10에 나와 있는 회사가 외상 매출금을 회수할 때, 즉 고객이 구입 대금을 지불할 때 다음처럼 기입하게 된다.

현금	외상 매출금
$1,200	$1,200

두 가지로 기입하는 이유는 무엇일까?

고객이 송장 금액을 지불할 때 현금이라고 하는 자산이 증가하므로 현금을 차변에 기입한다. 여기서 차변은 자산의 증가를 나타낸다. 이때, 외상 매출금이라고 불리는 또 다른 자산은 감소하게 된다. 대변은 자산의 감소를 의미하기 때문에 그 감소를 외상 매출금 대변란에 기록한다.

기억해야 할 점은 다음과 같다. 즉, 복식 부기제에서 계정의 수지가 맞아야만 한다. 차변 금액 총액은 대변 금액 총액과 언제나 일치해야 한다. 단일 계정에서 차변과 대변의 수지가 맞아야 할 필요는 없고, 또 대개 맞지 않는다. 그러나 여러 계정 상의 차변 총액은 대변 총액과 같아야 한다.

왜 그럴까?

모든 거래에는 같은 액수의 차변과 대변이 생기기 때문이다. 만일 모든 거래에서 두 가지 기입 사항이 같은 액수가 나온다면 모든 거래에서의 차변 총액은 대변 총액과 같아야 한다. 그러므로 복식 부기를 통해 부기 제도가 정확해질 수 있다. 사실 회계사는 차변 총액이 대변 총액과 일치하는지 알아 보기 위해 언제라도 시산표를 계산해 볼 수 있다.

MBA Alert

처음에는 '차변'과 '대변'이라는 용어가 혼동될 수도 있다. 누군가에게 외상으로 무엇인가를 주는 것이므로 '대변'은 좋은 것이라고들 알고 있다. 그래서 대변이(현금과 같은)자산의 감소이고 반면에 차변이 자산의 증가라는 점에 대해 이상하다고 생각할 것이다. 일단은 차변이 T–계정 기입란의 왼쪽에 있는 것이고 대변이 오른쪽에 있는 것이라는 사실만 잘 알아 두면 될 것 같다. 또한 당신이 전화국에 전화비를 납부할 때, 전화국측은 '당신 회사의 계정을 대변에 기입하고' 이로써 전화국측의 외상 매출금은 줄어들게 되는 것이다.

MBA Lingo

각 계정마다 차변과 대변의 총합을 내 봄으로써 *시산표(trial balance)*를 계산하게 된다. 대개 매 계정마다 차변 잔액 또는 대변 잔액이 있다. 두 잔액이 일치하는지 검토하기 위해 차변 잔액과 대변 잔액의 총계를 내 본다. 두 잔액이 일치하면 장부의 수지가 맞는 것이다.

재무제표에 관해서

회계 기간 말에 모든 거래 내역을 기록한 후 여러 계정들의 총계가 일반 원장에 기장되고, 그 다음에는 대차대조표와 손익계산서에 기장된다. 그러므로 재무제표 상의 계정에서 보게 되는 것은 기입 내용을 모두 기장하고 총계를 낸 후의 계정 총액, 즉 순잔액이다.

MBA Lingo

공인 회계사(CPA; certified public accountant)는 개업하고 있는 주(州)에서 면허를 받는다. 필요 요건은 주마다 다르지만, 공인 회계사는 일정 수준의 교육을 받아 특정 시험에 합격하고 어느 정도의 경험을 쌓은 사람이다. *회계 감사(audit)*는 회사의 회계 실태와 재무 기록을 객관적, 공식적으로 검토하는 것을 말한다.

회계사의 의견

공인된 회사의 재무제표에는 독립 회계 감사의 의견이 들어 있어야 한다. 회계 감사원은 그 회사의 장부와 재무제표를 회계, 감사했던 공인 회계사를 말한다.

만일 그 회계사의 의견이 '무한적 적정 의견'이라면(즉, 재무제표가 '한정 사항이 없다'라고 판명되면) '이 회사의 관행과 기록 내용은 일반적으로 인정된 회계 원칙(GAAP)에 부합하며, 회사의 재무 상황을 정확하게 나타냈다.'라고 회계 감사원들이 인정하는 것이다.

만일 회계사의 의견이 '한정부 적정 의견'이라면 회계 감사원들은 관행이나 거래 내역이 GAAP에 부합하지 못한 점을 찾아냈거나 재무제표가 그 회사의 재무 상황을 사실대로 보여 주지 않는다고 생각되는 다른 이유를 밝혀 낸 것이다.

MBA Lingo

일반적으로 인정된 회계 원칙(GAAP; generally accepted accounting principles)은 한 회사의 재무 상황을 건전하고도 타당성 있게 반영하는 것으로서, 회계직 사람들이 인정하는 회계 규정과 규약 및 관행이다.

자산의 회계 처리

회계와 재무에 관한 Chapter에서 여러 품목의 '회계 처리'에 관해 언급한 바 있다. 회계 처리는 다양하고, 경영자가 특정 거래에 관한 계산법을 결정해야 할 때가 종종 생긴다고도 했다. 그리고 회계 처리는 재무제표에 영향을 미친다고 지적했다.

어떤 자산에 관해 다양한 회계 처리가 가능한 두 가지 상황을 보도록 하겠다. 재고 자산과 함께 감가상각비에 관한 회계 처리를 살펴보자.

재고에 대한 회계

대부분의 경제권에서 물가가 완전히 안정적이지는 못하다. 대부분의 경제권에서 인플레이션이 일어나고, 이보다는 덜 일반적이지만 가격의 총체적 하락인 디플레이션도 일어난다. 게다가 물가가 전체적으로 안정적일 때도 특정 품목의 가격은 상승하기도 하고 하락하기도 한다.

물가가 이렇게 가변적이기 때문에 소매업자가 매입하여 다시 판매하는 물건 값을 계산하는 방법(또는 제조업자가 구매하는 원료비를 계산하는 방법)은 매출 원가에 영향을 미칠 수 있고, 따라서 신고 소득액에도 영향을 미칠 수 있다.

예를 들어 설명해 보겠다. 한 소규모 석유 연료 공급업자가 6월에 갤런당 1달러에 1,000갤런을, 7월에는 갤런당 2달러에 1,000갤런을, 8월에는 갤런당 3달러에 1,000갤런을 구입했다고 하자. 그리고 9월에 이 공급업자가 갤런당 4달러에 1,000갤런을 팔았다고 하자(이 가격들은 너무 높고 급격히 변동되지만 단지 예를 들기 위한 것이다).

세 번에 걸쳐 구입한 3,000갤런 중 9월에 판 1,000갤런은 어떤 것이었을까?

알 수 없을 것이다. 석유는 석유일 뿐이니까. 그러나 세 가지의 시나리오에 따라 그 업자의 매출 총이익에 일어나는 변화를 볼 수 있다.

판매 가정 석유	'6월 석유'	'7월 석유'	'8월 석유'
총수입	$4,000	$4,000	$4,000
매출 원가	1,000	2,000	3,000
총수익	$3,000	$2,000	$1,000

재고품 가격이 얼마였느냐에 따라 이익에 차이가 생기는 것을 볼 수 있다.

대부분의 기업이 재고를 추적하는 방법은 당기 초의 품목들(달러 가치가 아닌 개수로)을 계산하고, 당기 중에 매입하여 재고가 된 품목들을 계산하고 나서 당기 말의 재고품을 계산한다. 당기 초의 총계에 당기간 중 구입한 것을 더한 후 당기 말의 재고를 빼면 판매량이 나온다.

매출 원가 공식은 다음과 같다.

매출 원가 = 당기 초 재고 + 구입한 재고 − 당기 말 재고

석유 연료의 예를 이 공식에 적용해 보자.

재고(단위: 갤런)	
당기 초 재고	0
구입량	1,000
	1,000
	1,000
총계	3,000
당기 말 재고	2,000
판매량	1,000

위에서 별다른 문제는 보이지 않는다. 단, 매출 원가는 달러 수치로 나타내야 한다. 판매한 1,000갤런을 달러로 표시할 때, 문제는 '판매한 1,000갤런은 어떤 것인가?' 하는 것이다. 그 답은 우리가 재고를 어떻게 결산하느냐에 따라 다르다.

FIFO와 LIFO

재고 가치를 측정하는 데는 두 가지 중요한 방법이 있다. FIFO('fife-oh'라고 발음. first in, first out)와 LIFO('life-oh'라고 발음. last in, first out)이다. FIFO 방법은 회사가 처음으로 구입한 재고를 가장 먼저 판매한다. LIFO 방법은 마지막으로 구입한 재고를 가장 먼저 판매한다.

어떤 결산법을 사용했는지와는 상관없이 당기간 중 실제 구입 내역을 달러로 아래에 기록했다.

당기 초 재고		0
구입량	1,000 @ $1.00/gal. =	$1,000
	1,000 @ $2.00/gal. =	$2,000
	1,000 @ $3.00/gal. =	$3,000
총계	3,000갤런	$6,000
당기 말 재고	2,000갤런	$????
판매량	1,000갤런	$????

이제 FIFO와 LIFO를 이용해 판매량을 계산하는 방법을 알아보도록 하자.

FIFO식 계산 결과

다시 한번 설명하지만, FIFO식 방법에 의하면 구입순으로 판매한다. 앞에서 본 석유 연료의 예를 FIFO식으로 계산하면 9월에 판매한 1,000갤런의 석유 연료는 6월에 구입한 것이 된다. 즉,

> 매출 원가 = 당기 초 재고 + 구입량 − 당기 말 재고
> 매출 원가 = 0 + $6,000 − $5,000 (7월과 8월에 구입한 재고)
> 매출 원가 = $1,000

다시 말해서,

> 총수입 − 매출 원가 = 매출 총이익

따라서,

> $4,000 − $1,000 = $3,000

즉, FIFO식으로 계산한 매출 총이익은 3,000달러이다.

LIFO식 계산 결과

LIFO식 방법에 의하면 가장 최근에 구입한 재고를 제일 먼저 판매한다. 그러므로 위의 석유 연료 예를 LIFO식으로 계산하면 가장 나중에 구입한 8월의 석유 연료를 9월에 판매한 것이 된다. 즉,

> 매출 원가 = 당기 초 재고 + 구입량 − 당기 말 재고
> 매출 원가 = 0 + $6,000 − $3,000 (6월과 7월에 구입한 재고)
> 매출 원가 = $3,000

왜냐하면,

총수입 − 매출 원가 = 매출 총이익
$4,000 − $3,000 = $1,000

즉, LIFO식으로 계산한 매출 총이익은 1,000달러이다.

어떤 방법을 사용해야 하는가?

FIFO식으로 계산하면 이익이 3,000달러이고, LIFO식으로는 1,000달러임을 한번 생각해 보라. 이 익에 상당한 차이가 난다. 그러나 두 가지 방법 모두 가능하다.

그렇다면 어떤 방법을 사용해야 하겠는가?

안타깝게도 답은 '상황에 따라 다르다' 이다. 선택할 때 고려해야 할 사항을 몇 가지 설명하겠다.

▶ 회사가 재고를 사거나 팔 때 재고 결산 방법을 선택해야만 한다. FIFO와 LIFO 모두 법인세 규정에서 인가된 방법이다. 그러나 일단 그중 한 가지를 선택하면 계속 그 방법을 고수해야 한다. 변동시에는 국세청에 허가를 요청해야 한다.

▶ 어떤 방법을 선택하느냐에 따라 이익에 차이가 생기게 된다. 물가가 오르고 있을 때 FIFO식 방법에 따르면 당기 말 재고의 가치가 더 높아진다. 그러므로 매출 원가는 더욱 낮아지고 이 익은 더욱 높아진다. 물가가 오르고 있을 때 LIFO식 방법을 이용하면 당기 말 재고 가치가 낮아져서 매출 원가는 높아지고 이익은 더욱 떨어지게 된다.

▶ 어떤 방법이든 찬반 의견이 있다. FIFO 방식을 이용하는 사람들은 이 방법을 사용하면 회사 가 실제로 재고를 움직이는 모습을 더 자세히 알 수 있다고 생각한다. 이들은 FIFO 방식이 인플레이션 시기에 재고의 가치를 대체 원가에 더 가깝게 측정한다고 생각한다(그 재고로 남 아 있는 물건은 최근에 구입한 것이므로 현재 시장 가격에 더 가깝다).

▶ LIFO식 방법 사용자들은(매출 원가에서처럼) 현 비용을 현 가격에 더 잘 맞출 수 있다고 생 각한다. 비용이 오를 때 이들은 최근에 구입한 더 값비싼 재고가 '판매된 재고' 가 되어야 한 다고 생각한다.

그러나 어떤 방법을 사용할지의 판단은 주로 이익에 어떤 영향이 미치는지에 달려 있다. 거의 늘 그렇지만 물가가 상승할 때에는 LIFO를 사용하는 것보다 FIFO를 사용하는 것이 이익의 수치를 더 크게 하며, 따라서 법인 세액도 더 올라간다. 반면, LIFO를 사용하면 이익의 수치는 줄어들고 따라서 법인 세액도 더 내려가게 된다. 일반적으로 경영인과 특히 회계사들은 납세액을 될 수 있으면 줄이고자 하므로 LIFO식 방법을 자주 택하게 된다.

그러나 경영자들은 대부분 현 소유주들과 투자가들 및 대금업자들에게 회사가 이익을 많이 내고 있음을 보여 주고 싶어한다. 그러므로 이럴 경우 FIFO를 선택하는 경우가 많다. 액수를 늘리는 것이 우선이라면 LIFO보다 FIFO를 사용하는 것이 당연할 것이다. 왜냐하면 당신은 투자가들과 대금업자들에게 이익을 많이 내고 있음을 보여 주고자 하기 때문이다.

감가상각비 결산

설비나 기계, 컴퓨터, 또는 차량과 같은 고정 자산 비용은 자산의 생산 수명 기간에 걸쳐 배분한다. 사실 회사측에서는 고정 자산 비용을 자산 구입시에 지출하기를 원한다. 이로 인해 신고 소득액이 줄어 법인세도 훨씬 줄기 때문이다.

회계 상의 견지에서 보면 고정 자산을 구입 당기에 지출하기보다 생산 수명 기간에 걸쳐 감가상각 하는 데는 설득력 있는 이유가 있다. 고정 자산을 감가상각 한다는 것은 그 고정 자산이 수익을 내는 기간에 걸쳐 그 비용을 인정하고 상각한다는 것이다. 여기에서 비용과 수익을 조화시키는 회계 이론을 볼 수 있다. 만일 생산 수명이 5년인 어떤 고정 자산이 5년 동안 제품을 생산해 내고 매출을 올린다면 생산 수명 기간 동안 그 자산 가치의 일부를 계속 인정하는 것이 이치에 맞다.

MBA Lingo

어떤 품목을 *지출한다* (expense)는 것은 그 비용이 쓰여진 회계 당기에 지급 총액을 장부에 기록하는 것을 말한다.

그러나 어떤 특정한 회계연도라도 비용과 수익을 완벽하게 일치시킬 필요는 없다. 왜냐하면 이런 식으로 감가상각을 처리하기란 문자 그대로 불가능하기 때문이다. 자산을 각기 다른 시기에 너무 많이 구입하기 때문에 이런 식의 감가상각을 할 수가 없다. 그러나 효과적이면서 목적에 맞는 결과를 내놓는 감가상각 계산 방법이 몇 가지 있다. 고정 자산 비용을 그 생산 수명 기간에 걸쳐 배분하는 것이다.

MBA Lingo

*잔존 가치(salvage value)*는 잔여 가치라고도 하며, 생산 수명 이후의 자산 가치를 말한다. 대부분의 고정 자산에는 아주 적기는 해도 어느 정도의 잔존 가치가 존재한다.

가장 일반적인 감가상각법 세 가지를 살펴보도록 하자.

▶ 정액법
▶ 이중 체감 잔액법
▶ 연수 합계법

이들 명칭 때문에 놀라지 마라. 계산 방법은 아주 간단하니까.

이 세 가지 방법을 살펴볼 때, 어떤 회사가 생산 수명 4년에 잔존 가치가 제로(0)인 10,000달러 상당의 설비를 구입한다고 가정해 보자. 편의상 잔존 가치는 전혀 없다고 하자.

잔존 가치가 존재할 때에는 그 잔존 가치 금액을 자산 총액에서 빼면 바로 감가상각비(즉, 감가상각이 되는 액수)가 나온다.

정액법

정액법(straight-line depreciation)은 자산 비용(또는 상각 비용: 여기서 들고 있는 예에서는 같다)을 그 자산의 생산 수명 연수로 나누는 방법이다.

아래의 표에서 보기의 기계를 정액법으로 계산해 보라.

연도	감가상각비	감가상각 누계액
1	$2,500	$2,500
2	2,500	5,000
3	2,500	7,500
4	2,500	10,000

정액법은 가속상각법이 아니다. 즉, 자산 구입 초기 연도에 감가상각을 더 많이 하여 법인세액을 줄일 수 있는 방법이 아니다. 그러므로 아래 두 가지의 가속상각법 중 하나를 이용하는 회사가 많다. 이 두 가지 모두 국세청에서 세금 계산 방법으로 인가한 방법이다.

이중 체감 잔액법

이중 체감 잔액법(double declining balance)에서는 자산의 장부 가치(즉, 감가상각되지 않은 가치)를 정액법 비율의 2배 비율로 곱하여 감가상각을 계산한다. 보기에서 정액법 비율은 매년 25%이고, 따라서 이중 체감 잔액법 비율은 매년 50%가 된다. 자산 수명 기간 중 장부 가치는 해마다 이 50%가 적용된다.

다음 표를 보면 이중 체감 잔액법을 이용하여 보기의 기계를 어떻게 감가상각하는지 알 수 있다.

연도	잔여 가치	감가상각비	감가상각 누계액
1	$10,000	$5,000	$5,000
2	5,000	2,500	7,500
3	2,500	1,250	8,750
4	1,250	625	9,375

이중 체감 잔액법을 가속상각이라고 하는 데에는 이유가 있다. 보기에서, 75%의 자산 가치가 자산 수명 기간의 처음 2년 동안 배분된다.

이중 체감 잔액법에서 주의할 사항 두 가지가 있다. 우선, 잔존 가치가 있다고 하더라도 없는 것으로 계산한다. 정액법 비율의 2배 비율로 자산을 감가상각하면 자산 수명의 말기에는 감가상각비가 극소량이 된다. 또 한 가지, 국세청은 자산 수명 기간 중 정액법으로 변경할 수 있는 기회를 1회 부여한다. 보기에서, 변경하는 데 적절한 시기는 3년째 되는 해일 것이다.

정액법으로 변경하면 반드시 잔존 가치를 계산에 넣어야 한다. 그러므로 잔존 가치가 250달러였고 회사가 3년째에 정액법으로 변경했다면 계산은 다음과 같다.

3년째 초기의 장부 가치를 계산해 보면 아래와 같이 된다.

$ 10,000	취득 원가
−7,500	감가상각 누계액
−250	잔존 가치
$ 2,250	장부 가치

그리고 나서 장부 가치를 2로(자산의 생산 주기 중 2년이 남았으므로) 나누면 3년째와 4년째에 각각 1,125달러의 정액 감가상각비가 나온다. 계속 이중 체감 잔액법을 적용했을 때와 비교해 보면 3년째에는 약간 적은 감가상각비가 나오지만 4년째에는 훨씬 더 많은 감가상각비가 나온다.

연수합계법

연수 합계법(sum of the years' digits)은 처음에는 약간 이상해 보일지 모르는 감가상각 계산법이다(적어도 내 경우에는 처음에 그랬다).

우선 자산 수명 연수를 더한다. 그리고 나서 자산의 상각 비용에 적용할 분수에서 그 숫자를 분모(아래에 위치함)로 사용한다.

복잡해 보일 것이다.

걱정하지 마라. 다음을 보면 이해할 수 있을 것이다.

예를 들어, 자산 수명이 6년이라고 할 때 그 수를 모두 더하면 1 + 2 + 3 + 4 + 5 + 6 = 21이다. 즉, 21이 분모가 된다. 분자는 이것의 반대 순서로 한다. 즉, 첫해의 감가상각비는 자산 가치의 6/21이고, 2년째는 5/21, 3년째는 4/21식으로 계산한다. 이 분수에 적용하는 것은 장부 가치가 아니라 자산의 취득 원가이다.

이해하겠는가?

앞에서 사용한 보기에서, 4년의 생산 주기와 잔존 가치가 제로(0)인 10,000달러 상당의 자산의 경우에 이 방법을 적용해 보자. 수명 연수를 합산하면 1 + 2 + 3 + 4 = 10이 된다.

연도	잔여 가치	×	분수	=	감가상각비	감가상각 누계액
1	$10,000		4/10		$4,000	$4,000
2	10,000		3/10		3,000	7,000
3	10,000		2/10		2,000	9,000
4	10,000		1/10		1,000	10,000

연수 합계법에서는 계산 후반부에 가면 자산의 가치가 모두 감가상각된다(이는 이중 체감 잔액법과 다르다). 또한 이중 체감 잔액법과 다른 점은 잔존 가치가 있을 경우 우선 감한다는 것이다.

세 가지 감가상각법 비교

목적에 따라 방법을 선택하게 된다. 즉, 재고 자산 가치 평가에서와 마찬가지로 수익과 세금에 미치는 영향을 고려해야 한다.

보기를 통해 이 세 가지 방법을 비교해 보자(이중 체감 잔액법에서는 정액법으로 변경하지 않기로 한다).

세 가지 방법을 이용한 감각상각비

연도	정액법	이중 체감 잔액법	연수 합계법
1	$2,500	$5,000	$4,000
2	2,500	2,500	3,000
3	2,500	1,250	2,000
4	2,500	625	1,000

이중 체감 잔액법에서는 첫해에 자산 비용의 반이 감가상각되었고, 첫해와 두 번째 해에 **75%**가 감가상각되었다. 수명이 보다 긴 자산의 경우, 초기 몇 해에 해당되는 감가상각비는 이보다 낮겠지만 그래도 정액법 비율의 2배가 될 것이다.

연수 합계법은 가속상각이라는 명칭이 그리 어울리지 않지만, 보기에서 알 수 있듯이 처음 2년 동안 **70%**나 감가상각되었다. 이는 이중 체감 잔액법 비율과 비슷한 수치이다.

그러므로 이중 체감 잔액법에서 첫해의 수익은 정액법보다 낮은 2,500달러가 된다. 연수 합계법에서 수익은 정액법보다 낮은 1,500달러이다.

여기에서 독자는 몇 가지 궁금한 사항이 생길 것이다. 후반기 연도에는 상황이 어떻게 될까? 상황이 뒤바뀌게 되어 정액법의 신고 소득액이 오히려 더 낮은 연도에는 어떤 상황이 되는가?

좋은 질문이다. 그러나 지금으로서는 단지 세금을 '될 수 있으면 적게, 그리고 늦게' 내는 방법을 확실히 알아 두도록 하자. 독자는 세금을 가능한 한 적게 내고자 하고, 가능하면 늦게 내기를 원하기 때문이다.

감가상각과 생산 수명의 조화

수익과 세금에 미치는 영향 외에, 감가상각비를 자산의 수명과 조화시켜야 하는 문제가 있다. 가속상각법을 선호하는 사람들은 자산 구입 초기에 생산성이 더 높다고 지적한다. 구입 초기에는 기계 작동이 정지되는 시간이 적고, 보수 유지가 덜 필요하므로 가속상각법이 경제적인 방법이라고 한다.

정액법을 주장하는 사람들은 그 자산이 수명 기간 내내 생산성이 있다고 생각하기 때문에 수명 기간 동안 계속 정액으로 감가상각비를 배분해야 한다고 생각한다. 또한 FIFO식 재고 결산 방법 사용자들처럼 정액법 사용자들은 자산 구입 초기에 높은 수익을 보여 주고자 하는 것일 수도 있다. 반복하지만, 투자가들과 대금업자들은 수익이 많은 회사를 좋아하기 때문이다.

재고 가치 평가에서와 마찬가지로 감가상각비 계산법 역시 세금과 수익 상황을 고려하여 당신이 선택해야 할 사항이다.

분명한 것은, 재무제표에 담겨 있는 내용이 상당히 많으므로 회계 체계와 그 관행을 잘 이해할수록 재무제표를 더 잘 이해할 수 있게 된다는 것이다.

이러한 사항을 결정하는 위치에 있는 사람이라면 각각의 방법이 미치는 영향에 대해서도 분명히 이해하고 있어야 한다. 사실 어떤 직위에 있든지 재무제표의 이면을 보려고 노력한다면 반드시 그 덕을 보게 될 것이다. 재무 사항을 이해할 수 있어야 회사에서 일어나는 상황을 실질적으로 알 수 있기 때문이다.

이것만은 알아 두자

▶ 거래마다 다양한 회계 처리 방법이 있기 때문에 대개의 경우 회사에 더 많은 이익을 가져다 줄 수 있는 방법을 선택해야 한다. 반대로, 제3자의 입장에서 어떤 회사를 바라볼 때, 어떤 회계 처리 방법을 사용했고 그 영향은 어떤지도 알 수 있어야 한다.

▶ 거래를 하면 차변과 대변이 생긴다. 차변은 계정의 왼쪽에 기입하고, 대변은 오른쪽에 기입한다.

▶ 차변은 자산 계정의 증가, 부채 또는 지분 계정의 감소, 수익 계정의 감소, 또는 지출 계정의 증가를 나타낸다. 대변은 자산 계정의 감소, 부채 또는 지분 계정의 증가, 수익 계정의 증가, 또는 지출 계정의 감소를 나타낸다.

▶ 재고 결산 방법에는 두 가지 중요한 방법인 LIFO 방법과 FIFO 방법이 있다. LIFO 방법을 이용하면 물가 상승 시기에 순수익의 수치가 낮게 나오므로 FIFO보다 납세액이 적어진다.

▶ 이중 체감 잔액법과 연수 합계법 같은 가속상각법은 정액법보다 수명 연수 초기에 자산 비용을 더 많이 배분한다. 그러므로 가속상각법을 사용하면 수명 연수 초기의 수익이 더 낮아진다.

Chapter 14

투자 결정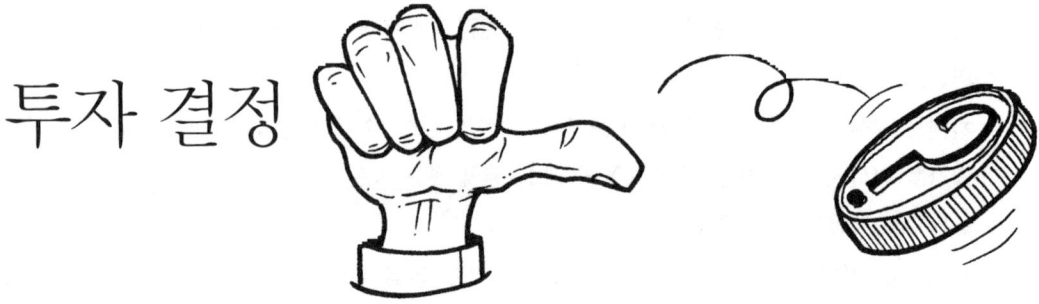

In This Chapter
Point
▶ 돈의 시간 가치
▶ 주요 투자 결정의 이해
▶ 세 가지 기업 투자 분석법
▶ 자산의 임대 또는 구입 여부 결정

주요 투자 결정은 경영인이 해야 하는 결정 중에서 가장 중요하고 어려운 사항이다. 큰 금액이 걸려 있고, 회사의 장기적인 미래와 직원들의 일자리에도 영향을 미치기 때문이다.

심지어 경영인 자신의 일자리가 걸려 있는 문제가 될 수도 있다. 회사의 주주들과 이사진은 경영인이 투자 결정을 잘못 내리면 이를 대단히 회의적으로 본다.

이렇게 많은 것들이 걸려 있는 결정이므로 치밀한 분석이 뒤따라야 한다. Chapter 14에서는 회사의 중요한 투자 결정 분석 방법을 소개하겠다. 하지만 먼저 몇 가지 기본 개념을 알아 둘 필요가 있다.

시간은 돈이다

투자 분석을 할 때 핵심적인 개념이 바로 '시간은 돈이다' 라는 개념이다. 돈의 시간 가치라는 것은 같은 1달러라고 해도 1년 후에 받는 것보다 오늘 받는 것이 더 가치가 있다는 것이다. 2년 후에 받는다고 해도 역시 오늘 받는 것이 더 가치가 있다. 여하튼 미래의 어느 시기에건 그보다는 오늘 받는 1달러의 가치가 더 높다.

왜 그럴까? 1달러는 결국 1달러일 뿐인데 말이다.

오늘 1달러를 받는다면 앞으로 1년이나 2년(또는 그 이상) 동안 일정 이자율로 투자를 할 수 있기 때문에 가치가 더 높다고 하는 것이다. 내년의 오늘에 받는다면 그 돈으로 지금 당장 투자할 수는 없는 일이다.

다른 각도로 보도록 하자. 지금 당장은 1달러가 없지만 그 대신 1년 후나 2년 후, 또는 5년 후에 1달러를 받는다고 100% 보장되어 있는 경우를 한번 가정해 보자. 그럼 오늘 그 1달러의 가치는 정확하게 얼마인가? 다시 말해서, 그 1달러의 현재 가치는 얼마인가?

MBA Lingo
*현재 가치(present value)*는 미래에 지불될 금액의 현재 가치이다. *할인율(discount rate)*이란 미래 현금 지급의 현재 가치를 계산할 때 분석가들이 사용하는 이자율을 말한다. 현재 가치를 계산하는 분석가가 선택하게 되는 비율이다.

재정 전문가들은 이렇게 답하고 있다. 즉, 1달러의 현재 가치는 적정 이자율을 곱해서, 받는 시기에 1달러가 되는 액수이다.

즉, 이자율이 10%라면 1년 후에 당신이 받게 될 1달러의 가치는 현재 90.9센트이다. 90.9센트에 1.10(이자율이 10%이므로)을 곱하면 1달러가 되기 때문이다.

이자율이 15%라고 하면 1년 후에 받게 되는 1달러의 현재 가치는 87센트이다. 87센트에 1.20을 곱하면 1달러가 되기 때문이다. 이자율이 5%라면 현재 가치는 95.2센트이고, 이자율이 1%라면 현재 가치는 99.9센트이다.

위의 이자율을 할인율이라 한다. 이 이자율을 사용하여 미래 지불액을 할인하면 현재 가치가 나오기 때문이다.

믿거나 말거나, 투자 분석의 핵심은 바로 이것이다. 즉, 현재 가치에 대한 투자로 생긴 미래 지급(즉, 미래 현금 흐름)을 할인한다. 그리고 나서 이 현금 흐름을 만들어 내기 위해 투자해야 하는 액수를 이 현금 흐

름과 비교한다. 그러면 독자는 이렇게 컨설팅하게 될 것이다. '이것이 그만한 가치가 있는 것일까?'

현가표

다음 표에는 해당 연도 동안의 1달러에 대한 현재 가치와 지시 할인율이 나와 있다. 예를 들어, 5년 동안 10%로 할인되었다면 1달러의 현재 가치는 62.1센트이다.

다음 표가 전 범위를 총망라한 표라고 할 수는 없다. 완전한 표라면 이자율이 더 많이 나와 있어야하고(예를 들어, 1%~40%), 기간도 1년~50년 또는 그 이상의 기간을 포함하고 있어야 한다. 그러나 이 표에 나와 있는 이자율과 기간으로도 우리가 살펴보고자 하는 바를 충분히 볼 수 있다. 재무관련 학습서에는 광범위한 현가표(present value table)가 나와 있다. 심지어 어떤 책에는 현가표만나와 있는 경우도 있다.

1달러의 현재 가치

| 연도 | 이자율 | | | | | | | | |
	5%	6%	7%	8%	9%	10%	11%	12%	15%
1	952	.943	.936	.926	.917	.909	.901	.893	.870
2	907	.890	.873	.857	.842	.826	.812	.797	.756
3	864	.840	.816	.794	.772	.751	.731	.712	.658
4	823	.792	.763	.735	.708	.683	.659	.636	.572
5	784	.747	.713	.681	.650	.621	.593	.567	.497
6	746	.705	.666	.630	.596	.564	.535	.507	.432
7	711	.665	.623	.583	.547	.513	.482	.452	.376
8	677	.627	.582	.540	.502	.467	.434	.404	.327
9	645	.592	.544	.500	.460	.424	.390	.361	.284
10	.614	.558	.508	.463	.422	.386	.352	.323	.247
12	.557	.497	.444	.397	.355	.319	.286	.257	.187
15	.481	.417	.362	.315	.271	.239	.209	.183	.123
20	.377	.312	.258	.214	.178	.148	.124	.104	.061

이 표의 이용법은 이번 Chapter에서 곧 다시 살펴보겠다. 지금은 우선 돈의 시간 가치를 고려하는방법이 주요 투자 평가 중 최상의 방법이라는 것만 알아 두면 된다. 이 방법을 알아보기 전에 여기

서 언급하고 있는 투자의 종류부터 알아보자.

기업의 주요 투자 결정

우리가 평가할 필요가 있는 투자 결정은 '자본 지출'과 관련된다. 이것은 새로운 공장과 설비, 기존 시설의 개선, 또는 다른 회사 인수에 투자하는 것을 의미한다.

공장과 설비 투자

새로운 공장과 설비에 대한 투자는 제조업자에게는 전형적인 투자 결정 사항이다. 생산 시설을 추가하는 것은 비용이 많이 들고 미래 비용에 영향을 미치기 때문에 매우 중요한 사항이다. 회사는 현금을 지출하거나 대출을 받아야 한다. 또는 현금을 마련하기 위해 주식을 발행해야 한다. 그러므로 경영진은 반드시 이번 투자로 매출액 및 수익이 증가할 것인지를 확인해야 한다.

투자에는 언제나 돈이 필요하다. 그러나 새로운 생산 시설(새로운 공장 같은)을 짓는 것은 장기적인 결정이고, 부실 채권처럼 처분할 수도 없다. 1~2년 후에 '아! 이건 좋은 생각이 아니었다. 이제 막 완공된 이 공장을 매각하자.'라고 말할 수는 없다. 이 자산은 제 값을 받지 못할 것이고, 이를 처분하는 데도 비용이 들 것이다.

MBA Lingo

*자본적 지출(capital expenditure)*은 당회계 기간 중의 비용으로 부가될 수 없다. 그 지출과 관련된 자산이 1년 이상 지속되기 때문에 시간이 지나면서 계속 부가되어야 한다. 이는 감가상각과 유사하다. 오히려 자본적 지출은 자본으로 *산입(capitalized)*되어야 한다. 다시 말해, 이어지는 회계 연도에도 비용을 계속 배분하는 자산으로 대차대조표에 기록해야 한다는 의미이다.

새로운 생산 시설을 추가하기 전에 총자산 회전율과 총자산 이익율(Chapter 12에 비율에 관해 자세히 나와 있다)을 잘 검토해 보아야 한다. 공장 및 설비 투자를 분석할 때 자사의 성장 전망을 신중히 고려해야 한다.

기업 인수

타 기업을 인수하는 것은 훨씬 더 복잡하다. 인수할 기업을 자회사의 운영 체계 안에 통합할 것인지, 또는 독립적인 기업으로 남겨 둘 것인지 반드시 계획해 두어야 한다. 이 두 가지 모두 나름대로 복잡하다(이는 이번 Chapter에서 다루지 않겠다).

기업 인수를 할 때, 현금 또는 주식으로만 지불하거나 혹은 현금과 주식을 함께 지불한다. 기업 인수 결산은 독립적인 하나의 분야이지만, 한 기업의 인수 결정과 이에 대해 지불해야 하는 값은 미래 현금 흐름의 현재 가치를 기초로 한다.

GIGO

GIGO('gee-goo' 라고 발음)라는 표현을 들어 본 적이 있을 것이다(재고 결산 방법 중 하나는 아니다). GIGO는 컴퓨터 전문가들이 쓰는 용어로, 'Garbage In, Garbage Out' 이라는 뜻이다(글쎄…, 어쩌면 재고를 말할 수도 있겠다).

핵심은 이렇다. 즉, 컴퓨터에 잘못된 자료를 입력했다면 이를 빼내야 한다. 이와 마찬가지로 투자 분석을 할 때 결과의 정확도는 사용하는 숫자의 신뢰도에 달려 있다. 미래 현금 흐름을 정확하게 평가하고, 분석에서 사용할 할인율을 가능한 한 확실하게 결정해야 한다. 그러면 먼저 투자 분석 방법을 살펴보고 나서 할인율 선택 방법을 보도록 하겠다.

세 가지 투자 분석 방법

기업 투자를 분석하는 세 가지 방법을 살펴보도록 하자.

MBA Lingo

투자에 대한 요구 수익률(required rate of return)은 투자 분석 및 투자를 행하는 회사 또는 개인이 해당 투자에서 성과를 올리기 위해 달성해야 한다고 규정한 비율이다.

1. 순현재 가치
2. 내부 수익률
3. 회수 기간

순현재 가치와 내부 수익률 두 가지는 돈의 시간 가치를 고려하고, 투자액 회수 기간은 돈의 시간 가치를 고려하지 않는다.

순현재 가치

순현재 가치(NPV; net present value) 방법에서는 모든 미래 현금 유출(투자할 돈)과 미래 현금 유입(투자에서 생기게 될 돈)의 현재 가치를 계산한다. 여기서 '순' 이라는 말의 의미는 유입에서 유출을 뺀다는 뜻이다. 이 값이 플러스이면(할인된 현금 유입량이 유출량을 초과한다면) 순현재 가치는 긍정적이며, 그 투자는 할 만한 가치가 있는 것이다.

여기서 사용하는 할인율은 요구 수익률, 즉 해당 투자에서 달성해야 하는 수익률이다.

순현재 가치 계산

당신이 피닉스에 있는 한 지역의 제조업자라고 가정하자. 지금 애틀랜타 부근에 생산 및 유통 시설을 건설하여 동남부로 확장할 기회를 검토하고 있다. 시설 건설비로 2천2백만 달러가 소요된다.

이때, 독자는 개인적인 이유로 7년 후에 이 회사 전체를 매각할지도 모르기 때문에 투자 범위는 7년으로 잡는다. 그러나 아직 확실한 것이 아니라서 여하튼 7년간 투자를 하여 이를 진행시키고자 한다.

> **MBA Lingo**
>
> **투자 범위(horizon)**는 투자 기간의 길이이다. 투자 범위는 투자의 자연 수명(예를 들어, 특정 날짜에 만기가 되는 채권 등)이 되거나, 투자자가 임의대로 정할 수 있다.

앞으로 7년에 걸쳐 새로운 설비에서 얻을 수익을 평가해 보자.

1년째	$ 2,000,000
2년째	5,000,000
3년째	7,000,000
4년째	8,000,000
5년째	10,000,000
	$ 32,000,000

그러므로 이 투자와 관련한 미래 현금 유입 액수는 총 3천2백만 달러가 된다.

이번 건으로 최소한 10%의 투자수익률이 필요하다고 하자. 그 10%는 이번 투자의 순현재 가치를 계산할 때 사용하게 될 할인율이다.

최초의 투자액 2천2백만 달러는 미래가 아닌 현재의 유출 금액이므로 할인하지 않는다. 이는 투자 금액이다. 그러나 만일 투자 범위 기간에 돈을 더 투자해야 했다면, 예를 들어 3년째에 5백만 달러를 추가로 투자했다면 앞에서 본 현가표의 3년째 수치 중 10%에 해당하는 수치(즉, 0.751)를 이용하여 그 금액을 10% 비율로 할인한다.

미래 현금 유입을 할인하려면 다음 계산을 이용하면 된다. 세 번째 열의 '1달러에 대한 현재 가치'는 이번 Chapter에서 앞서 소개한 현가표에 나온 수치이다.

연도	현금 유입	1달러에 대한 현재 가치	현금 유입의 현재 가치
1	$2,000,000	× 0.909	$1,818,000
2	5,000,000	× 0.826	4,130,000
3	7,000,000	× 0.751	5,257,000
4	8,000,000	× 0.683	5,464,000
5	10,000,000	× 0.621	6,210,000
			$22,879,000

반복하지만, 위의 22,879,000달러는 단지 미래 현금 유입의 현재 가치일 뿐이다. 투자의 순현재 가치를 계산하려면 할인된 유입 금액에서 최초 투자액(유출 금액)을 빼면 된다.

유입 금액의 현재 가치	$22,879,000
최초 투자액	$22,000,000
투자의 순현재 가치	$879,000

879,000달러가 바로 투자의 순현재 가치이다. 즉, 이번 투자로 생기게 될 돈의 현재 가치이다.

돈의 시간 가치

할인이 어떤 영향을 미치는지, 그리고 돈의 시간 가치(time value of money)가 얼마나 중요한지 이해하려면 현금 유입과 유출 금액을 할인하지 않았을 때 이번 투자액이 어떻게 되는지 생각해 보면 될 것이다.

할인되지 않은 현금 유입 금액	$32,000,000
최초의 투자액	$22,000,000
할인되지 않은 순수익	$10,000,000

돈의 시간 가치란 이론상이 아닌 실제 가치이므로, 이번 투자가 현재 천만 달러의 가치가 있다고 생각하면 큰 오산일 것이다. 천만 달러와 879,000달러는 많은 차이가 있다. 그러므로 투자액을 고려할 때는 달러로만 생각하기보다는 비율로 계산해 보는 것이 최상의 방법이다.

이번 투자로 약 10%를 웃도는 수익을 올리게 될 것이다. 10%는 당신의 할인율이고, 투자의 순현재 가치는 10%의 할인율을 적용했을 때 플러스이기 때문에 당신은 이번 투자에 'OK' 신호를 보낼 것이다.

순현재 가치 방법으로 두 가지 이상의 투자 기회를 분석한다면, 순현재 가치가 가장 높게 나오는 투자 기회를 선택할 것이다.

내부 수익률

내부 수익률(IRR; internal rate of return) 역시 돈의 시간 가치를 고려한다. 그러나 접근 방법과 계산 방법은 순현재 가치 방법과 약간 다르다.

어떤 투자에 대한 내부 수익률은 미래의 순현금 흐름의 현재 가치를 제로(0)로 만드는 할인율이다. 다시 말해, 미래 현금 유입 금액을 선행 투자된 현금 유출 금액과 같게 하는 할인율을 찾아내야 한다. 여기서 이 할인율은 주어지지 않으므로 시행 착오를 겪으며 찾아내야 한다.

MBA Lingo

*장애율(hurdle rate)*이란 어떤 투자에서 당신이 얻어 내고자 하는 수익을 백분율 또는 이자율로 나타낸 것이다. 투자가 이 목표율(target rate), 즉 '장애'를 해결할 수 있어야만 당신은 투자에 OK를 할 수 있다.

미래의 순현금 흐름을 제로로 만드는 할인율이 투자에 대한 내부 수익률이다. 이 비율을 찾아내게 된다면 당신의 장애율(목표율)과 비교해 보라. 내부 수익률이 장애율을 초과하면 투자를 해도 좋은 경우이다.

이 비율은 투자 자체에서 나오는 수익률이기 때문에 내부 수익률이라고 한다. 이 투자에는 단 세 가지 요소, 즉 현금 유출 금액, 현금 유입 금액, 그리고 연도 수만이 있다. 투자에 대한 내부 수익률을 계산할 때 이 세 가지 요소만 있으면 된다.

내부 수익률 계산

앞에서 동남부로 사업을 확장하려던 제조업자의 예를 다시 보도록 하자. 그리고 이번에도 장애율을 10%로 가정해 보자.

내부 수익률을 계산하기 위해 우선 현금 흐름을 12%로 할인해 보자(현재 가치의 수치는 이번 Chapter의 앞에서 나왔던 현가표에 나오는 수치이다).

연도	현금 유입	1달러에 대한 현재 가치	현금 유입의 현재 가치
1	$2,000,000	x 0.893	$1,786,000
2	5,000,000	x 0.797	3,985,000
3	7,000,000	x 0.712	4,984,000
4	8,000,000	x 0.636	5,088,000
5	10,000,000	x 0.567	5,670,000
			$21,513,000

할인된 현금 유입 금액	$21,513,000
최초 투자액	22,000,000
순금액	($487,000)

(재무와 회계에서 괄호 안의 숫자는 대개 마이너스임을 기억하라.)

이로써 내부 수익률이 12%보다 낮음을 알 수 있다. 왜냐하면 12%로 할인했을 때 순현금 흐름이 제로(0) 미만이 되기 때문이다. 그러므로 내부 수익률은 12%보다 약간 낮은 수치이다. 11%를 적용해 보자.

연도	현금 유입	1달러에 대한 현재 가치	현금 유입의 현재 가치
1	$2,000,000	x 0.901	$1,802,000
2	5,000,000	x 0.812	4,060,000
3	7,000,000	x 0.731	5,117,000
4	8,000,000	x 0.659	5,272,000
5	10,000,000	x 0.593	5,930,000
			$22,181,000

할인된 현금 유입 금액	$22,181,000
최초 투자액	22,000,000
순금액	$181,000

11%를 적용하면 순금액이 플러스가 되고 12%를 적용하면 마이너스가 되기 때문에, 투자에 대한 내부 수익률은 11%에서 12% 사이가 될 것이다. 이 경우에 11%보다 약간 높은 수치일 것으로 보인다. 즉, 12%보다는 11%에 더 가까운 수치일 것이다.

소수점 한 자리나 두 자리까지 내부 수익률을 계산할 필요는 없다. 특히 이번에는 장애율을 10%로 했기 때문에 더욱 그렇다. 만약 장애율이 10%라면 내부 수익률이 11%보다 약간 높은 투자는 타당성이 있다.

순현재 가치에서와 마찬가지로, 여러 가지 서로 비슷한 투자 기회를 평가할 때 내부 수익률이 가장 높은 투자를 선택하면 된다.

회수 기간

회수 기간(payback period) 분석법에서는 돈의 시간 가치를 고려하지 않는다. 그렇기 때문에 숫자 계산이 훨씬 쉬워질 수 있지만, 훨씬 더 낮은 가치의 숫자가 나온다.

회수 기간은 간단히 말해서 원래 투자액을 다시 벌어들일 때까지 걸리는 시간이다. 관련 금액들은 할인되지 않는다.

우리가 사용하고 있는 예에서, 투자액은 2천2백만 달러이다. 연간 수익은 다음 표에 나와 있다.

연도	현금 흐름	누적 수익
1	$2,000,000	$2,000,000
2	5,000,000	7,000,000
3	7,000,000	14,000,000
4	8,000,000	22,000,000
5	10,000,000	32,000,000
	$32,000,000	

회수 기간은 정확하게 4년이다. 4년 후에는 최초 투자액인 2천2백만 달러를 벌충할 수 있다. 만일 회수 기간이 어느 두 해의 중간 시기에 오면 회수 기간 중 마지막 해에 나오는 수익을 12개월로 나누어 수익을 비례 배분한다. 그러면 회수 기간을 연 수와 개월 수로 나타낼 수 있다.

MBA Lingo

어떤 금액을 일정한 수학적 방법으로 *비례 배분(prorate)*할 수 있다. 상황에 따라 월별로, 계약상의 기간별로, 또는 그 밖의 단위별로 비례 배분할 수 있다. 부채 소송에서 판사는 여러 명의 원고가 입은 피해 정도에 따라 손해 배상금을 비례 배분할 수 있다.

돈의 시간 가치를 고려하지 않는 것 외에 회수 기간 분석법에는 중요한 결점이 하나 더 있다. 즉, 회수 기간 후의 수익을 고려하지 않는다는 것이다. 예를 들어, 5년 간의 투자 두 가지를 비교한다고 하자. 하나는 앞의 예에서 나온 것과 같은 수익을 내지만, 또 하나는 처음 4년 동안에는 똑같은 수익을 내다가 5년째에는 수익이 천만 달러가 아닌 천5백만 달러를 낸다고 가정하자. 이 회수 기간은 그 다섯 번째 해를 고려하지 않는다.

그렇다면 회수 기간의 장점은 무엇일까?

회수 기간 방법은 회수 기간을 개월로 계산할 수 있는 단기 투자, 즉 1년 또는 그 이하 기간의 투자에 가장 적합한 방법이다. 또한 장기 투자에 대한 분석 방법으로 순현재 가치 방법이나 내부 수익률 방법, 또는 그 두 가지 방법을 함께 사용할 때 회수 기간 방법을 추가 정보로서 계산해 볼 수 있다.

비율 택하기, 단 신중하게 선택할 것

순현재 가치 방법에서 미래 현금 흐름에 적용하는 할인율을 선택하거나, 내부 수익률을 비교할 때 사용하는 장애율을 선택하는 방법에는 두 가지가 있다.

1. 기회 비용 이용법
2. 자본 비용 이용법. 좀더 적절히 표현하면 자본의 증분 원가 이용법

위 방법을 각각 살펴보도록 하자.

기회 비용 이용법

일반적으로 기회 비용(opportunity cost)은 차선(次善) 투자를 택할 경우 얻을 수도 있는 수익이다.

여기서 '차선 투자' 란 그 투자로서 실제로 차선 수익을 올릴 수도 있는 투자를 말한다. '기회 비용' 이란 그 기회를 버리는 대가이다.

기회 비용을 생각할 때 한 가지 좋은 방법은 채권과 같이 이자를 지불하는 유가증권에 투자함으로써 얻게 되는 비율을 이용하는 것이다. 이자율 8%의 비교적 위험도가 낮은 주식에 투자할 수 있다면 이와 비슷한 이익을 내는 기업에 투자하겠는가? 당연히 주식에 투자를 할 것이다.

당신에게 '차선 투자' 가 있고 그 수익률을 안다면 그 비율을 이용하여 순현재 가치와 내부 수익률을 계산할 수 있다.

Case IN Point

나는 기업 투자에서 별 이익을 보지 못하는 경우를 많이 보아 왔다. 대개의 경우, 기업 투자로 재미를 보지 못하고 나면 사람들은 '국채에 투자했더라면 이보다 나았을텐데.' 라고 말할 것이다. 이들은 바로 기회 비용을 말하고 있는 것이며, 이것은 사전에 좀더 신중하게 고려했어야 했음을 의미하는 것이다.

물론 투자가 실패로 끝나고 난 후 이렇게 말하기는 쉽다. 중요한 것은 투자 전에 이를 고려해야 한다는 것이다. 한계 수익밖에 나오지 않는 위험한 투자를 하는 회사들이 너무나 많다. 이들은 때로 수익이 더 높게 나올 것이라거나 또는 더 확실하다고 자신을 속이는 경우가 있다. 그러나 때로는 '큰 수익을 낼 수 있는 기회가 올 때까지 주식에 돈을 투자함으로써 우리는 무엇을 얻을 수 있는가?' 라고 컨설팅해 보지 못하는 경우도 있다.

자본 비용 이용법

자본 비용(cost of capital)은 투자 분석에 사용하기 좋은 비율이다. '돈에 지불하는 값' 이고, 대차대조표에서 이것을 계산할 수 있기 때문이다. 회사의 자본 비용은 부채 비용과 자기 자본 비용의 가중 평균이다. 알다시피 이것으로 유동 자산의 반대 개념인 장기 자산에 자금을 공급한다.

대차대조표의 자산란에 투자할 때는 현금으로, 혹은 자산 일부를 매각하여 거기서 나온 수입으로 다른 자산에 투자해야 한다. 다시 말해서, 투자하는 데 쓰일 실제 현금은 부채 및 자기 자본 계정이 아니라 현금 및 시장성 있는 유가증권 계정이다. 그렇지 않을 경우 회사는 대금업자나 투자가에게서 현금을 마련해야 한다.

자본 비용의 가중 평균을 계산하려면 우선 부채 비용에 장기 재정 상의 부채 비율을 곱한 후, 자기 자본 비용에 장기 재정 상의 지분 비율을 곱한다. 그리고 나서 그 결과 수치들을 더한다.

아래 표를 보면 쉽게 이해할 수 있을 것이다.

ABC 사 부채와 소유자 지분

자금 출처	비용	대차대조표 상의 금액	총 자본화 비율
은행 대출	우대 금리 + 1%	$1,000,000	10
채권	8%	2,000,000	20
장기 부채 총액		$3,000,000	30
우선주	5%	$1,000,000	10
보통주	???	3,000,000	30
이익 잉여금	???	3,000,000	30
소유자 지분 총액		$7,000,000	70
자본화 총액		$10,000,000	100

ABC 사의 자본화는 30%는 장기 부채, 70%는 지분이다. 좀 더 구체적으로 보면 이 회사의 자본은 우대 금리 + 1%의 금리로 대출받은 은행 대출 10%, 8%의 이자를 지불하는 채권 20%, 우선주 10%, 그리고 보통주와 이익 잉여금 60%로 구성되어 있다.

자기 자본 비용이란?

위의 표에서 보통주와 이익 잉여금에 왜 물음표를 했는지 궁금할 것이다. 보통주 및 이익 잉여금 비용은 정확히 알 수 없는 경우가 종종 있다.

보통주의 수익률은 보장되어 있지 않다. 그리고 이익 잉여금은 배당금으로 지불되지 않고 회사에 재투자된 수익을 나타낼 뿐이다.

보통주 '비용'의 계산은 복잡하고 이론적이다. 전체적으로는 시장의 주식 투자가들, 그리고 특정하게는 회사의 주식 투자가들이 요구하는 수익률이란 그리 단순하지 않는다. 보통주의 수익률에는 배당금과 가격 상승이라는 두 가지 요소가 있고, 이 두 가지는 모두 불확실하므로 자기 자본 비용(cost of equity)의 계산은 논란의 여지가 많다.

그러므로, ABC 사의 경우 자기 자본 비용이 12%라고 가정해 보자. 이는 ABC 사가 은행 대출금과 채권에 대한 이자를 지불하는 식으로, 12%를 주주들에게 지불해야 한다는 것이 아니라 투자한 금액에 대해 12%의 수익률을 장기간에 걸쳐 기대한다는 의미이다.

자본 비용 계산하기

어쨌든 각 비용은 표에서 제시된 대로, 그리고 우대 금리는 6%라고 가정했을 때 ABC 사의 자본 비용 가중 평균은 다음과 같이 계산할 수 있다.

ABC 사 자본 비용 가중 평균

자금 출처	비용	총 자본화 비율	가중 비용
은행 대출	.07	x .10	= .007
채권	.08	x .20	= .016
우선주	.05	x .10	= .005
보통주와 이익 잉여금	.12	x .60	= .072
자본 비용 총 가중 평균		.100	= 10%

ABC 사의 자본 비용 총 가중 평균은 10%이다. 할인 비율이나 장애율로 사용하기에 좋은 비율이다.

그 이유는 무엇인가? 만일 회사의 자본 비용이 10%이고, 어떤 투자로 그보다 더 많이 얻을 수 있다면 회사는 그 투자로 수익을 올릴 수 있기 때문이다.

수치의 이면을 보자

투자를 분석할 때에는 수치의 이면을 볼 줄 알아야 한다. 여기 몇 가지 실질적인 지침을 소개하겠다.

▶ 서류 상으로 그럴듯해 보여도 실제로는 아무런 가치가 없는 투자가 많다. 투자의 재정적인 면뿐만 아니라 운영 및 기술적인 측면도 반드시 이해해야 한다.
▶ 스스로 생각하여 결정해야 한다. 경쟁 위협이나 고위 경영진의 열의 때문에 일을 그르칠 수

도 있다. 일을 제대로 성사시킬 수 있는 독창적인 방법을 찾아야 한다. 그러나 이 독창성은 자신이 스스로 확신하는 거래에만 적용해야 한다.

▶ 경험상으로 볼 때 대부분의 회사들은 정말 좋은 투자 대안을 충분히 개발해 놓지 않는다. 선택할 만한 좋은 투자 대안이 많을수록 좋다.

▶ 자금 조달을 적어도 어느 정도는 스스로 할 수 있는 프로젝트를 찾아라. 투자 자체는 프로젝트에 착수할 때 투입할 자금을 조달하는 것이 되어야 한다.

▶ 투자하지 않는 것도 항상 하나의 선택이라는 점을 기억하라. 좋은 기회가 없다면 증권에 투자하거나 자사 주식을 환매하는 것도 아주 좋은 방법이다.

투자 분석의 문제점은 투자할 금액은 정해져 있는데 수익은 분명치 않다는 것이다. 모든 면을 다 고려하고 주의를 기울여라. 그러나 투자의 목적이 이익 창출이라는 점은 잊지 마라.

Case IN Point

공개 시장에서 자사 주식을 환매하는 것은 현금을 매우 잘 이용하는 방법이다. 이는 자사에 대한 신뢰를 다시 한번 보여 주는 것이고, 나머지 주주들에게 비례상 더 많은 소유권과 미래 이익을 주는 것이다.

IBM 사가 1997년 자사 주식을 대량 매입했을 때, 투자가들에게 자사에 대한 신뢰를 새롭게 인식시켰을 뿐만 아니라 주식 시장에도 전반적으로 활기를 불어넣었다.

리스할 것인가, 구매할 것인가?

부지, 공장, 설비에 투자할 때 구매하지 않고 리스로 하는 경우가 종종 있다. 리스에는 두 가지 중요한 형태인 금융 리스와 운용 리스가 있다.

금융 리스는 대차대조표에서 투자 고정 자산으로 기록할 때는 자산에 집어넣고, 리스 미불금으로 기록할 때는 부채에 집어넣는다. 금융 리스의 경우, 임차인(설비를 빌리는 당사자)이 보수 유지비, 보험료, 세금을 맡는다. 임대인은 단지 자금만 공급하는 것이다. '일반적으로 인정된 회계 원칙 (GAAP)'에 따르면 금융 리스는 자본으로 산입되어야 한다(즉, 대차대조표 상에 기록되어야 한다). 왜냐하면 계약상의 채무이고, 대개 중도 해약은 불가능하기 때문이다.

운용 리스는 대차대조표에 기록하지 않고, 대개 재무제표 각주에 기록한다. 임대인이 보통 보수 유지비를 지불하기 때문에 서비스 리스라고도 한다. 운용 리스는 대개 차량, 컴퓨터, 복사기 등과 같은 설비에 사용되며, 중도 해약할 수 있다.

리스와 구매에 관한 계산은 하지 않겠다. 이 계산에는 기본적으로 자산을 구입했을 때와 리스했을 때의 현금 유입 및 유출 총액 계산이 포함된다. 그리고 서비스 계약 사항, (감가상각에 의한)세금 관계, 장비 노후화 가능성 등을 고려한다(장비의 노후화 가능성이 있다면 운용 리스가 더 좋을 것이다).

매트릭스 정산표 이용하기

MBA에서 숫자 계산은 투자 분석을 말하는 경우가 많다. 분석할 때 대개 계산기를 이용하는 반면, 매일 숫자를 계산하는 금융 전문가들은 마이크로컴퓨터로 만든 전자 매트릭스 정산표의 프로그램들을 이용하여 순현재 가치, 내부 수익률, 그리고 회수 기간을 계산한다. 현재 마이크로소프트 엑셀과 로터스 1-2-3이 가장 보편적이다.

매트릭스 정산표를 이용하면 새로운 할인율 또는 새로운 현금 흐름 같은 새로운 수치들을 기입하기만 하면 다시 계산할 수 있다. 또한 매트릭스 정산표로 비율, 예산 및 수많은 기타 재정 업무를 훌륭히 처리할 수 있다.

이것만은 알아 두자

▶ 돈의 시간 가치는 지금 가지고 있는 1달러의 가치가 미래에 받게 될 1달러보다 더 높은 가치가 있음을 뜻하는 것이다. 지금 1달러를 가지고 있다면 이를 투자해서 수익을 낼 수 있기 때문이다.

▶ 순현재 가치와 내부 수익률은 투자를 분석하는 두 가지 주요 도구이며, 돈의 시간 가치를 고려한다. 그러므로 그 외의 주요 분석법인 회수 기간보다 좋은 분석 방법이라고 할 수 있다.

▶ 순현재 가치나 내부 수익률을 분석하려면 가능한 한 가장 적절한 할인율을 사용하라. 그러나 미래 현금 흐름을 잘 계산해 내는 것이 가장 큰 과제이다. 왜냐하면 미래 현금 흐름이 분석에서 가장 불확실한 부분이기 때문이다.

▶ 비록 '단순한 숫자 계산'이 당신이 담당한 일이라 하더라도 항상 수치의 이면을 보라. 프로젝트가 성공하려면 회사 전략 및 회사 직원과 조화를 이루어야 한다.

Chapter 15

예산의 기본

경영자들을 끊임없이 실패로 몰아넣는 원인 가운데 하나가 예산 문제이다. 회사의 거의 모든 결정 사항은 대부분 예산에 미치는 영향 면에서 재검토되어야 한다. 예산에서 벗어나는 부서가 생기면 문제가 발생한다. 이런 경우, 경영자는 원가 관리뿐만 아니라 예산도 이해해야 한다.

이번 Chapter에서는 매출액 예산과 비용 예산을 이해하는 방법을 소개한다. 또한 원가 관리의 주요 단계와 신용 관리의 기본 사항도 다룬다.

예산의 정의와 필요성

예산은 재정 계획이자 통제 수단이다. 예산은 세 가지 방식으로 계획 및 통제 기능을 한다.

우선, 경영진은 예산을 통해 회사의 자원을 배분한다. Chapter 8에서 보았듯이, 고위급 경영진의 주요 결정 사항에 자원 배분이 포함된다. 이러한 자원들은 비용으로 나타낸다. 예산 편성 과정에서 경영진은 어떤 자원에 얼마를 써야 할지 결정한다.

그리고 나서 경영진은 금년도 회사 목표를 반영하고, 각 부서 및 회사의 필요에 따라 작년도 예산을 조정하여 숫자를 만들어 낸다. 이것은 아무도 자기가 원하는 것을 모두 얻을 수는 없지만, 모든 이가 여기서 필요한 것을 얻을 수 있는 균형 조절 과정이다.

두 번째로, 각 계층의 관리자들에게는 어느 정도 예산 권한이 있다. 여러 가지 방식으로 이런 권한이 주어진다. 한 가지 방법은 관리자에게 해당 사항에 할애된 예산을 초과하지 않는 범위 내에서 예산을 사용할 수 있도록 허용하는 것이다. 또 한 가지 방법은 '서명 권한'으로, 500달러, 1,000달러, 5,000달러, 혹은 그 이상과 같은 일정 액수 한도까지 관리자가 개별 지급금을 지불할 수 있도록 지불 권한을 주는 방법이다.

통제를 위해 대부분의 회사에서는 이 두 가지 방법을 혼용한다. 이를 통해 어느 정도 액수까지는 지불 재량권을 주면서 예산 범위를 벗어나지 않도록 한다.

세 번째로, 만일 관리자가 서명 권한이나 예산 한도액을 초과해야 할 필요가 있다고 생각하면 추가 권한을 부여받아야 한다. 즉, 초과하는 지불금이나 예산을 상사 관리자가 허용해야 한다는 것이다.

예산의 실제

영업 예산에는 매출액 예산과 비용 예산 두 가지가 있다. 매출액 예산은 판매 인력으로 끌어들일 수 있는 총수입액을 정한다. 비용 예산은 지출되는 전 범위(판매부도 포함)에 적용한다.

안타깝게도 원래 예산에서 계획했던 바대로 진행되지 않는 경우가 자주 있다. 즉, 예산과의 차이가 발생하는 경우가 종종 있다.

MBA Lingo

예산 편성 과정 (*budgeting process*)은 매년 이루어지고, 바로 다음해의 예산을 짜게 된다. *차이*(*variance*)라는 것은 예산상의 어떤 항목에서 원래 계획했던 수치와 차이가 생기게 되는 것을 말한다.

매출액 예산 및 차이 보고서

매출액 예산은 대부분의 회사에서 동기 부여를 하는 도구이다. 예산 편성 과정에서 최고경영자는 판매 관리자에게 가서 "짐, 내년에는 순이익이 15% 증가하길 바라고 있다네. 이 정도까지의 증가를 자네 판매부에 기대해도 되겠나?"와 같은 식으로 말한다.

만일 "아니오."라고 답하면 그는 팀 플레이어가 아니다. 그러나 "물론이죠."라고 한다면 매출액을 15%까지 올릴 수 있도록 자기 부서원들을 이끌 수 있는 사람이다. 그러나 "물론이죠."라는 대답이 언제나 옳은 것은 아니다. 옳을 때도 있지만, 엄청난 실패로 끝날 때도 있다.

경영진은 언제나 매출이 증가하기를 원하지만, 그 증가 달성을 어렵게 하는 이유가 많다. 경쟁 상품, 더 좋은 일자리를 얻기 위해 떠나는 유능한 세일즈맨, 새로운 세금이나 규정으로 인한 제품의 타격, 냉혹한 시장 소비자들 등을 예로 들 수 있다. 그러므로 경영진과 판매부는 매출액 예산 수치에 의견 일치를 보기 전에 매출액 예산에 관해 어느 정도 밀고 당기기를 한다. 합의를 보아도 어느 정도의 차이는 생기게 된다.

매출액 예산 및 차이 보고서 견본

아래에 매출액 예산과 차이 보고서 견본이 있다. 이를 대개 간단히 '차이 보고서'라고 한다. 여기서 슬래시(/) 표시는 금액과 퍼센트를 모두 나타내는 '또는'의 의미이다.

Acme 사 – 사무용품부

매출액 예산: 6개월(6월 30일까지의) 간의 실적 (단위: 천 달러)

	6월 실적	6월 예산	6월 차이 $/%	현재 기준 당기 실적	현재 기준 당기 예산	현재 기준 당기 차이 $/%
동북부	180	240	(60,000/25%)	1,530	1,800	(270/15%)
동남부	160	160	0/0	1,140	1,200	(60/5%)
중부	180	200	(20,000/10%)	1,110	1,500	(390/26%)
서부	220	200	20,000/10%	1,620	1,500	120/8%
합계	740	800	(60,000/7.5%)	5,400	6,000	(600/10%)

위의 차이 보고서는 실제 매출 실적, 예산 상의 금액, 그리고 (실적과 예산 상의 차이인)예산으로부터의 차이가 나와 있다. 차이를 나타내는 세로 열에 나온 수치는 예산과의 차이를 달러와 퍼센트로 나타내고 있다.

앞의 표를 보면 Acme 사는 4개의 주요 판매 지역에서 예산을 달성하지 못했고, 서부 지역을 제외하고는 금년도 현재까지 상황이 그리 좋지 않다.

매출액 차이 보고서 읽는 법

차이 보고서를 검토할 때는 각 열과 행의 머리 표제를 주의 깊게 읽음으로써 읽고 있는 내용이 의미하는 바를 잘 이해하여야 한다. 당신은 어느 지역이 '예산 이상(매출액 예산을 초과한 지역)', '예산 이하(매출액 예산을 달성하지 못한 지역)', 그리고 '예산 충족(예상액을 충족시킨 지역)' 지역인지 궁금할 것이다.

대부분의 차이 보고서에는 가장 최근의 시기(주, 월, 또는 분기), 그리고 현재 기준 당기 수치가 나와 있다. 앞의 견본은 월간 보고서이지만 주간 보고서를 사용하는 회사가 더 많다. 관리자들은 이 보고서를 받고 각 지역의 현재 상황을 파악한 후 실적 미달 지역을 향상시킨다.

앞의 가상의 표에서 매출 총액을 보면 Acme 사의 매출액이 6월에 7.5% 미달이고, 금년도 현재까지 10%가 미달이라는 것을 알 수 있다.

각 지역을 살펴보면 동남부 상황이 상당히 양호하다. 6월에는 예산 수치를 충족하였고, 금년도 현재까지는 5%가 미달이다. Acme 사가 올해 나머지 기간 동안 최선을 다해 동남부를 운영하면 아마도 예산 수치를 맞출 수 있을 것이다. 서부는 6월에 예산을 10% 상위했고, 금년도 현재까지는 8% 상위하고 있어 매우 좋은 양상을 띠고 있다.

동북부와 중부가 문제 지역이다. 동북부는 6월에 매우 저조한 실적을 보이며 예산 수치에 60,000달러, 즉 25% 모자랐다. 금년도 현재까지는 예산에서 15%가 미달이다. 특히 동북부는 가장 큰 지역으로서 Acme 사는 1월부터 6월까지의 총매출 예산 가운데 30%를 지정해 둔 지역이어서 문제가 심각하다.

MBA Lingo

각 행의 항목(line item) 은 예산 상에 독립 행(行)을 가지고 있는 항목이다. 즉, 원장이나 매트릭스 정산표 상에 있는 독립된 각 행을 말한다. 견본에서는 각 판매 지역이 독립 행을 가지고 있다.

MBA Alert

예산을 달성하지 못한다는 것은 매출액이 예산 미만이거나 비용이 예산을 초과한 경우로, 상사에게 두 가지를 준비해 가야 한다. 즉, 차이가 생긴 이유와 이를 향상시키기 위한 계획이다. '이유'라 함은 변명이 아니라 분명하고 성실한 상황 분석이다. '계획'이라 함은 "더욱 열심히 하겠다."와 같은 공허한 약속이 아니라 상황을 잘 해결할 수 있는 실질적인 프로그램이다. 훌륭한 관리자는 언제나 향상을 향해 나아간다. 당신도 당신 자신과 직원들을 향상으로 유도해 나가야 한다.

중부는 이보다 문제가 더 심각하다. 6월에 예산보다 10% 처졌지만, 현재 기준 당기 수치는 최악이다. 중부 지역은 금년도 현재까지 390,000달러, 즉 26%가 예산에 미달하고 있다. 중부에는 총매출액 예산의 25%를 배정하고 있어 문제가 크다.

전년도 대비 차이

지면 상의 이유로 전년도 대비 차이 소개는 생략하겠으나, 이것 역시 중요하다. 전년도 대비 차이에서 금년의 실적과 전년도 같은 기간 동안의 실적을 대비하여 볼 수 있다.

예산이 처음에 비현실적으로 보였다면 전년도 대비 비교가 중요한 자료가 될 수 있다. 특히 전년도보다 실적은 좋지만 예산 수치보다 낮을 때 효과적인 방어책이 될 것이다.

당신이 예산을 책임지고 있는 경우라면 예산에 비해서뿐만 아니라 전년도 수치에 비해서 당신이 지금 어떻게 해 나가고 있는지 알고 싶을 것이다.

비용 예산 및 차이 보고서

매출액 예산 외의 수치는 거의 대부분 비용 예산으로 들어간다(특별한 프로젝트의 경우에는 개별적인 예산 책정이 필요한데, 필요에 따라 준비하게 된다). 각 부서의 비용 예산은 예산 편성 과정 중에 재정 담당 직원들과 각 부서의 관리자들이 함께 작성한다.

다음은 생산 부서의 비용 예산이다(이번 견본에서는 간단히 하기 위해서 앞서 보았던 매출액 예산에서와는 달리 6월 수치를 없애고 6월까지의 현재 기준 당기 수치만 소개하였다).

Acme 사 – 사무용품부
생산 예산 및 차이 보고서(6월 30일까지의 6개월 간)　　　　　　　　　(단위: 천 달러)

	현재 기준 당기 실적	비례 배분 예산	차이 $/%
급료 및 임금	1,150	1,200	(50/4%)
상여금	500	500	0
원료비	1,200	1,300	(100/8%)
비품비	140	150	(10/7%)
보수 유지비	70	80	(10/13%)

	현재 기준 당기 실적	비례 배분 예산	차이 $/%
교통 및 운송비	420	500	(80/16%)
교육 및 개발비	5	20	(15/75%)
컨설팅 기관 이용비	30	50	(20/40%)
컴퓨터 임대료	340	340	0/0
전기 및 수도료	140	150	(10/7%)
감가상각비	200	200	0/0
잡비	5	10	(5/50%)
간접비	300	300	0/0
총생산 경비	**4,500**	**4,800**	**(300/6%)**

위의 예산은 금년도 현재까지 발생한 비용과 상반기 동안의 비례 배분 비용을 보여 준다. 이 비례 배분 비용은 6개월 간의 수치를 얻기 위해 각 행 항목에 연간 예산으로 책정된 금액을 2로 나눈 것이다.

비용 차이 보고서 읽는 법

이 생산 예산은 매출 원가에 있는 항목들에 따라 움직인다. 매출 원가는 매출 수준에 따라 달라져야 한다. 그러므로 Acme 사의 경우처럼 매출액이 예산에 못 미친다면 생산 활동을 축소해야 하고, 따라서 생산 비용도 줄여야 한다. Acme 사도 생산비를 줄였다. 현재 기준 당기 매출액은 예산의 10%를 밑도는 수치를 보이고, 생산비 역시 10%보다는 적은 6%였지만 예산보다 낮다.

Chapter 8에서 비용에는 변동 비용과 고정 비용이 있다는 것을 알았다. Acme 사의 경우 고정 비용의 예로는 컴퓨터 임대와 감가상각비가 있다. 그러나 매출액에 따라 달라지는 비용이 더 많다. 관리자의 임금과는 달리 생산직 근로자들의 임금은 생산량이 변수이다. 판매가 저조할 때는 시간 외로 근무하지 않을 것이고, 새 직원도 채용하지 않을 것이다. 심지어 해고 사태가 뒤따를 수도 있다.

원료비는 바로 매출과 직결된다. 만일 매출이 저조하면 생산이 줄어들고 원료(그리고 비품) 구입비 역시 줄어들게 된다. 제품 생산 감소는 선적비 감소로, 그리고 교통 및 운송비 감소로 이어지게 된다.

그러므로 매출 수준이 회사 활동 전반에 영향을 미친다는 사실을 다시 한번 확인할 수 있다. 매출액 차이 보고서에서처럼 사람들은 해당 월과 해당 연도에 대해 '예산에 못 미치게' 또는 '예산을 밑돌게' 운영하고 있다는 말을 한다. 또한 런 레이트(run rate)에 관해서도 이야기한다. 런 레이트란 금년도 현재까지의 속도로 계속 지출할 경우 금년 한 해 동안 지출하게 될 금액을 말한다. 다시 말해서, Acme 사의 경우에는 생산 예산 전체에 대한 런 레이트가 9백만 달러이다(9백만 달러 = 4백5십만 달러 × 2이다. 왜냐하면 4백5십만 달러는 앞의 표에서 보듯이 상반기 6개월 간 지출한 금액이기 때문이다).

원가 관리

매출이 감소할 때 줄여야 할 비용이 많지만, 비용이 저절로 감소하는 경우는 거의 없다. 대부분의 원가를 적극적으로 줄여 나가야 한다.

대부분의 회사에서 임금은 쉽게 관리할 수 있는 중요한 원가이다. 그러나 특별히 조치를 취하지 않고서도 임금 원가를 관리할 수 있다. 신입 직원을 채용하지 않고, 직원이 회사를 그만두는 경우 새로 충원하지 않으며(이를 소모라고 함), 초과 근무를 승인하지 않을 수 있다. 직원의 근무 시간을 줄이거나 정리 해고를 할 수도 있다.

MBA Lingo

재량 비용(discretionary expenses)이란 필수 지출 내역이 아니므로 반드시 지출할 필요는 없다. 여행 경비, 일부 교육비, 건물 도색 경비, 그리고 가구 구입비 등을 예로 들 수 있다. 필수 비용은 전기세, 원료비, 세금 등이다.

정리 해고를 어떻게 하느냐에 따라 직원들의 사기가 일시적으로 저하할 수도 있고, 기강이 완전히 바닥으로 떨어질 수도 있다. 경영자가 신중하고 조심스럽게 처리한다면 직원들도 정리 해고로 이루어질 수밖에 없는 재정 상황을 이해할 수 있을 것이다. 회사가 하강 기로에 있거나, 원가가 올라가거나, 또는 두 가지 모두의 경우라면 그 이유와 해고에 따른 회사의 이익을 분명하게 밝혀야 한다. 오늘날과 같은 변화의 시기에 종신 고용을 보장할 수 있는 회사는 없으며, 사람들은 대부분 이를 인식하고 있다.

그러나 매출 감소에 신속하게 대응하지 않는 회사들도 있다. 안일한 자세로 지켜보다가 회계 연도의 마지막 분기에 가서야 원가 관리를 신중하게 고려하는 회사가 많다. 하지만 1년 동안 지속적으로 원가 관리를 하는 것이 좀더 희생도 줄이고 효율적일 수 있다.

회사나 부서의 비용을 줄일 필요가 있다면, 미리 조절할 수 있는 분야가 몇 가지 있다.

▶ *여행 및 접대(T&E)비.* 이 비용은 대부분 재량 비용(불필요한 비용)이다. 즉, 꼭 필요한 비용이 아니므로 이익이 적을 때 쉽게 삭감할 수 있는 비용이다.

▶ *전화비.* 직원들은 전화 사용 절제에 큰 노력을 기울이려 하지 않는다. 그러나 업무 시간에 개인적인 용도로 전화를 하거나 불필요한 전화를 해서는 안 된다는 것을 알고 있다. 이 점을 상기시키면 효율을 꾀할 수 있다. 시내, 시외 전화 서비스 공급 업체에게 최적 요금을 요구하는 것은 무엇보다도 중요하다.

▶ *새로운 설비 구입.* 만일 판매가 저조하다면 판매가 다시 본 궤도에 오를 때까지 새로운 설비 구입을 보류하고 기존 설비를 보수 유지하라. 설비를 보수해야 하는데 관리자가 승인하지 않으면 직원들이 이 설비로 일할 때 어려움을 느낄 것이다. 또한 보수 유지로 설비의 수명도 연장할 수 있다.

▶ *대출 상환 후 대출.* 금리가 낮아지면 현 금리보다 높은 고정 금리로 대출받고 있는 은행 빚과 기타 부채를 점검해 보라. 여러 은행들의 낮은 금리를 비교 분석해 보는 것이 유리하다.

▶ *간행물.* 신문과 잡지 구독료는 큰 액수가 아니라 하더라도, 이 간행물들의 비용과 관계를 검토해 보면 비용을 절감할 수 있다.

▶ *컨설팅.* 직원들이 갖추고 있지 못한 특별한 기술은 컨설팅 기관을 통해 도움을 받을 수 있다. 컴퓨터 시스템, 엔지니어링, 부지 선정, 교육 등과 같이 시간 제한이 있는 특정 과제 해결에 도움을 받을 수 있다. 그러나 전략 컨설팅 기관이나 마케팅 컨설팅 기관이 하는 일은 경영자 본연의 업무 영역이므로 비용이나 효율적인 면에서 경영자보다 낫지 않다.

Case IN Point

내가 일했던 회사들 중에 마지막 분기만 되면 고용 동결을 실시하는 회사들이 있었다. 고용 동결로 인해 새로운 직원을 고용하지 않았고, 퇴직 등으로 자리가 빌 때만 직원을 뽑았다. 또한 임금 상승과 진급 등에도 동결이 이어졌다.

이 회사들은 1년 중 더 이른 시기에 예산 이하의 매출(또는 예산 초과 비용) 상황에 신속히 대응하지 않았기 때문에 이렇게 된 것이다. 이 회사들은 때로 '매출이 급상승하는 9월'을 기대하기도 했지만 결코 현실로 나타난 적은 없었다. 1년 내내 지속적으로 원가 관리를 하면 이보다 훨씬 더 쉽게 조절할 수 있었을 것이다.

위 내용은 소량의 비용 절감 효과를 가져오지만, '티끌 모아 태산'인 것처럼 간과해서는 안 될 부분이다. 그러나 비용을 대폭 절감해야 할 때도 있다.

대수술

회사 문을 닫는 건 쉬운 문제가 아니다. 직원들의 생계가 달려 있고, 경영진의 능력이 의심되는 상황이기 때문이다. 그러나 한 부서나 생산 공장, 제품 또는 영업소가 계속해서 이익을 내지 못한다면 폐쇄하거나 매각하는 것이 최선이다.

MBA Mastery

공유하는 비용이 있기 때문에 개별적으로 특정 제품별, 부서별 결산을 할 수 없다고 주장하는 회사들이 있다. 이런 경우라면 결산시에 공유 비용을 특정 제품과 부서에 각각 배분하는 방법을 개발해야만 한다. 완벽하지는 않아도 적어도 일률적이라면 시간이 지남에 따라 유용한 정보를 얻을 수 있을 것이다.

손실을 내는 부분을 얼마나 더 지속시키느냐 하는 문제는 오로지 판단하기 나름이다. 그러나 폐쇄 결정이 너무 늦게 내려지는 경우가 있다. 경영진은 계속 상황이 호전되기를 바라고 있고, 손실을 내는 부서에 속한 사람들이 노력하고 있음을 알고 있기 때문이다. 그러나 불길한 전조들이 점점 눈에 띄고, 더 이상 성장과 수익 가능성이 보이지 않는다면 회사 전체를 위해서 폐쇄하는 것이 최선이다.

이것은 무엇이 이득이고 무엇이 이득이 아닌지 알려 주는 정보를 당신이 가지고 있다고 가정했을 때의 이야기이다. 회사의 회계 시스템을 운영과 결합시켜 놓는 바람에 무엇이 돈을 벌어들이고 무엇이 그렇지 못한지를 구별하기 힘들게 만들어 버리는 경우가 너무 많다.

손실을 내는 부서 때문에 회사는 큰 타격을 입게 된다. 시간, 에너지, 그리고 돈을 많이 들여야 함에도 소득을 내지 못하기 때문이고, 성공적인 부서에서 낸 이익을 끌어다 써야 할 때도 있기 때문이다. 정리해야 하는 부서를 폐쇄하는 것이 주주와 이익을 내는 부서 사람들, 심지어는 손실을 내는 사람들(미래가 없으므로) 모두에게 좋다.

정리 해고를 하는 경우와 마찬가지로, 한 부서를 폐쇄할 때에도 그 부서 사람들과 허심탄회한 대화를 나누는 것이 중요하다. 경영자는 폐쇄의 이유를 설명하고, 매각시에는 새로운 소유주하에서 회사의 미래가 어떻게 될 것인지 터놓고 충분히 이야기를 나누어야 한다. 직원들이 유감을 표명하거나 심지어는 논쟁이 벌어질 수도 있다. 바로 이 때문에 대화를 꺼리는 경영자가 많다. 그러나 경영자는 폐쇄 또는 매각에 대해 직원들에게 그 이유를 설명해야 할 의무가 있다.

신용 관리 신중하게 고려하기

적극적인 신용 관리는 회사가 비용을 절감하고, 소득을 증가시키고, 현금 흐름을 확대하는 데에만 신경 쓰느라 간과하기 쉬운 부분이다. 대부분의 회사에서 신용 관리는 침체해 있다. 회계에 맡겨 둔 채 신경 쓰지 않으며, 신용 분석가와 우락부락한 회수원이 담당한다.

그러나 신용 부서는 외상 매출금을 책임지고 있다. 이는 매우 큰 책임일 수 있다. 매출액이 연간 1억 달러이고(외상 매출금 회전율이 6번) 60일의 회수 기간을 가진 회사의 외상 매출금이 평균 1,650만 달러임을 생각해 보라.

> ### MBA Lingo
>
> 신용 분석가(credit analysts)는 고객의 거래 신용을 결정한다. 회수원 (collectors) 또는 회수 담당자는 이미 만기일이 지난 외상 매출금을 회수하는 역할을 한다.

회수 기간과 회전율이 45일과 8배가 된다면 외상 매출금은 약 1,250만 달러로 떨어질 것이다. 1,650만 달러에서 1,250만 달러를 빼면 400만 달러이므로, 유동 부채를 갚거나 시장성 있는 주식에 투자할 수 있다.

신용을 적극적으로 관리하는 방법

신용 관리를 잘하는 열쇠는 신용 정책을 수립하고 지속적으로 실행하는 것이다. 신용 정책은 지나치게 까다로워서도, 느슨해서도 안 된다.

만일 지나치게 까다로우면 고객들의 발길이 뜸해진다. 그리고 고객의 신용 거래를 인정하지 않으면 매출액을 놓칠 수 있다. 회수원이 지나치게 공격적이면 사소한 문제로 인해 훌륭한 고객을 멀어지게 할 수 있다.

반대로, 신용 정책이 지나치게 느슨하면 외상 매출금을 제때에 받지 못하고, 회사 자금이 묶이게 되며, 부실 채권 비용이 지나치게 늘어날 수도 있다. 대금을 지불하지 않는 고객은 가치 없는 고객이다.

신용 정책에는 당연히 긴장 상태가 있다. 이 긴장 상태를 해결하려면 어느 정도의 부실 채권 비용을 경영 비용에 포함시킬 수 있는지, 외상 매출금을 얼마나 빨리 회수하는 것이 적당한지를 결정해야 한다. 이것은 고객과의 관계에서 경험을 쌓아 가며 알 수 있게 될 것이다.

어떤 경우이든 신용 전문가의 보수적인 성격을 비난해서는 안 된다. 문제를 처리하는 경찰처럼 신용 전문가는 대개 회수, 파산, 부정 부패 등 최악의 상황에 처해 있는 회사 상황을 알아낸다.

MBA *Lingo*

신용 한도(credit line)는 회사나 은행이 고객에게 허용하는 신용 금액이다. 고객이 언제든지 회사에게 미결제 상태로 거래할 수 있는 총액수이다.

MBA *Lingo*

신용 보고서(credit report)란 한 회사(또는 개인)가 다른 회사의 청구액을 지불하는 상태에 관한 기록이다. 미국의 기업 신용 보고서를 가장 대규모로 보관하고 있는 곳은 미국 뉴저지 주 뮤레이에 있는 Dunn & Bradstreet Business Information Services이다. 전화번호는 908-665-5000이다.

신용 승인 과정

신용 한도(고객이 신용으로 구매할 수 있는 양)가 늘어날수록 신용 승인 과정에는 더 많은 정보와 분석이 필요하다.

일정 금액 이하(예를 들어, 250달러 이하)의 주문을 자동으로 모두 승인하는 회사들이 많다. 250달러의 '자동 승인' 금액과 다음 단계(예를 들어, 1,500달러) 금액 사이의 주문에 대해서는 고객에게 일정 양식의 작성과 신용 참고 자료의 제출을 요구할 것이다. 또한 신용 보고서를 요청할 것이다.

그 다음 단계를 넘어서 금액을 신용 거래하는 경우 신용부서는 신용 거래를 요구하는 회사나 고객에게 재무제표를 요구한 다음 신용도를 분석할 것이다. 신용도는 유동성, 부채, 수익성 및 현금 흐름에 따라 결정된다.

상황이 악화되면 회수가 어려워진다

회수가 잘 되지 않는 회사가 있다면, 그리고 특히 그 액수가 크다면 공격적인 회수를 해야 한다. 그러나 여기서 '공격적'이라는 것은 소송으로 협박하거나 신용 관계를 끊으라는 의미가 아니다. 지급 기한이 30일이 지나자마자 곧 전화 연락을 해서 언제 지불할 것인지 공손하게 물어 보라는 것이다.

여기에는 몇 가지 이점이 있다.

▶ 회수 편지로 고객에게 지불 사항을 상기시키고, 그 다음에 계속적으로 요구의 강도를 높여 간다. 회수 편지는 전화에 비해 쉽게 간과된다(그러나 전화와 더불어 사용해야 한다).
▶ 개인적인 접촉으로 친분을 형성한다. 대부분 아는 사람에게는 채무 불이행이 어렵다.
▶ 만일 고객이 재정적으로 어려운 상태일 때 그 고객 회사가 생산 과정에 절대적으로 필요로 하

는 전자 제품이나 원료 등을 공급해 준다면 회수 가능한 최상의 기회가 될 수 있다.

▶ 지불 약속이 지켜지지 않으면 채무자가 곤란을 겪고 있다거나 사기를 치는 거라고 생각하게 된다. 어느 경우든 이제 그 고객에게 노출(고객이 당신에게 지고 있는 채무액)을 제한해야 할 때이다. 회수가 될 때까지, 또는 적어도 회수가 시작될 때까지는 신용으로 판매해서는 안 된다.

MBA Lingo

노출(exposure)이란 거래 신용이나 대출금으로 고객이 당신에게 지고 있는 채무액이다. 비즈니스맨은 "이 계정의 노출은 100,000달러이다."라는 말을 사용한다.

지불을 연기하는 고객에게는 조치를 취하라. 그러나 고객이 파산으로 치닫고 있지 않다면 좀 모자란 금액을 가지고 '전액 지불'을 하려는 제의를 받아들이지 마라. 시간이 좀 걸리더라도 완전히 전액이 지불되도록 회수 일정을 잡아라.

신중을 기하기

공격적인 회수란 때로는 그 금액을 회수 전문 기관이나 변호사에게 의뢰하겠다고 위협하는 것을 의미하기도 한다. 그러나 최악의 상황이 아니라면 이런 방법을 택하지 마라. 두세 번 위협한 후에 그렇게 하라.

회수 전문 기관은 지급 만기일이 지난 금액을 회수하는 일을 한다. 일반적으로 회수 금액의 3분의 1을 수수료로 받고, 회수하지 못할 때는 수수료를 받지 않는다. 공격적인 편지를 보내고, 전화를 걸고, 소송을 걸겠다고 위협한다. 직접 방문도 불사하는 기관이 있다.

회수 전문 변호사는 채무액과 변호사비, 그리고 법정 비용까지도 소송을 걸겠다고 위협하고, 실제로 소송을 건다. 그러나 변호사가 승소하여 판결(법정 명령)을 얻어 내더라도 여전히 회수하는 일은 남는다. 판결에 따라 지불할 돈이 있었다면 이미 오래 전에 지불했을 것이기 때문이다.

MBA Lingo

판결(judgment)은 회사 또는 개인이 다른 회사 또는 개인에게 일정액을 지불하라고 하는 법정 명령이다. 충족 여부, 즉 채무를 지불했는지 여부와 함께 판결은 신용 보고서에 기록된다.

회수와 부채 탕감은 경영의 그늘진 한 면이다. 신용 거래에 있어서 유비무환은 아무리 강조해도 지나치지 않다. 사실 그 회사가 파산으로 치닫고 있다면 방법이 없다. 그러므로 예방만이 최선책이다. 재무 비율에서 알 수 있는 재무 실적과 고객의 지불 경향을 눈여겨보아야 한다. 상황이 악화되고 있다면 고객과 접촉하고 계속해서 연락을 취해야 한다.

최상의 재무 관리

재무 관리는 대기업의 경우라 해도 뇌수술처럼 복잡하지 않다. 계산과 관리는 단순하다. 그러나 쉽다는 의미는 아니다.

예산 편성 과정, 원가 관리, 그리고 판매와 신용부서 사이의 긴장 관계, 이 모든 것이 재무를 규정하는 복잡한 요구 사항들이다. 그러나 계획(예산)을 세우고 그 계획을 조절하는 것이 첫번째 중요 단계이다. 모든 것이 여기에서 파생된다.

예산을 세우고 나면 매출액을 증가시킬 수 있고(이 책의 다음 부분에서 그 방법을 알아 볼 것이다). 가능한 한 매출액 전부를 이익으로 연결시킬 수도 있다.

이것만은 알아 두자

▶ 예산은 가장 기본적인 재정 계획이자 통제 도구이다. 판매하고 지출하는 부서는 모두 예산이 필요하다. 관리자는 예산을 세워 자기 부서를 어떻게 유기적으로 운영해야 할지를 알아야 한다.

▶ 예산이 장기적으로 유용하려면 적절하고 달성 가능해야 한다.

▶ 원가 관리를 효과적으로 하려면 임금과 같이 줄일 수 있는 중요한 비용을 고려하거나, 계속해서 이익을 내지 못하는 부서나 파트도 고려 대상에 넣어야 한다. 또한 여행 및 접대비, 전화비, 새로운 설비 구입, 정기 간행물, 그리고 컨설팅 기관 이용도 세심하게 살펴보아야 할 부분이다.

▶ 금리가 내려갈 때, 고정 금리를 지불하고 있는 부채를 갚고 다시 빚을 내는 방법을 고려해 보라.

▶ 신용 관리를 잘하는 것은 그만한 가치가 있는 일이다. 회수가 지연되고 있는 고객의 경우, 지불 만기가 되면 곧 전화 연락을 해야 한다는 사실을 명심해야 한다.

Master's of Business Administration

Master's of
Business Administration

Part 4

마케팅과 판매

경영자로서 당신이 행하는 모든 활동의 중심은 고객이다. 고객이 당신의 제품을 사지 않는다면 기획과 생산, 메모와 회의, 자금 조달과 제품 제조 등 당신이 하는 모든 일은 허사가 될 것이다.

마케팅과 판매를 담당한 사람들은 고객에게 초점을 맞추고 일한다. 그렇다면 고객은 누구인가? 고객이 원하는 것은 무엇인가? 고객이 그 대가로 지불하는 것은 무엇인가? 고객은 언제 만족하는가? 새로운 고객은 어디서 찾아낼 수 있을 것인가? 고객 확보 경쟁에서 어떻게 해야 경쟁자들을 물리칠 것인가?

고객이 사업을 흥하게도, 망하게도 하기 때문에 마케팅과 판매 부문은 사업의 다른 어떤 부문보다도 인적(人的) 요소에 더 크게 좌우된다. 사람들의 필요, 욕구, 태도, 행위가 바로 마케팅 및 판매 전문가들이 진정으로 역점을 두는 사항이다. 그래서 마케팅과 판매를 사업에서 가장 매력적이고 흥미진진한 부문이라고 생각하는 사람이 많다. 그러나 마케팅과 판매는 또한 사업에서 가장 경쟁이 치열한 부문이기도 하다. 바로 이 점 때문에 많은 사람들이 마케팅을 더 매력적으로 생각한다.

그러니 시장 확보 경쟁과 고객 탐구를 향해 돌격해 들어가는 동안 잠시 인내심을 가지고 기다려라.

Chapter 16

준비, 기획, 그리고 판매

In This Chapter
Point
▶ 마케팅과 판매의 차이점
▶ 마케팅부과 판매부의 협력 방법
▶ 마케팅과 판매의 기본 개념

Chapter 11에서 나왔던 손익계산서를 보면 기업의 재무 건강 상태는 판매에서 시작된다는 것을 알 수 있다. 각 기업은 비용을 감당하고 이익을 내기 위해 제품이나 서비스를 팔아야 한다.

따라서 마케팅과 판매는 회사의 가장 중요한 기능이다. 마케팅부와 판매부의 임무는 회사가 판매하는 물건을 구매할 사람을 찾아내는 일이다. 그러나 대개의 경우 구매할 사람을 찾기란 쉽지 않다. 혹 쉽다 하더라도 경쟁자들이 재빨리 달려들기 때문에 그 상태는 오래 가지 못한다. 때문에 마케팅과 판매가 사업에서 가장 힘든 과제를 안고 있는 부문이지만, 또한 가장 만족감을 줄 수 있고 재정적으로도 가장 크게 보답해 주는 부문이기도 하다.

이 Chapter에서는 마케팅과 판매에 관해 알아보고, 이 두 가지 기능이 회사와 고객에게 어떻게 기여하는지 살펴보자. 또한 마케팅과 판매의 기본 개념도 알아보도록 하자.

마케팅과 판매의 차이점은?

마케팅이 그룹을 상대하는 것이라면 판매는 개인을 상대하는 것이다. 마케팅은 제품에 대한 사람들의 인식을 높이고 구매하고자 하는 흥미를 자아내게 하지만, 개인이 그 물건에 대해 돈을 지불하게 하려면 판매가 필요하다.

광고와 다이렉트 메일이 '그룹을 상대로 한 마케팅'의 좋은 예이다. 그러나 광고나 다이렉트 메일 이외에도 마케팅에는 다른 여러 가지 활동이 많이 있다.

판매란 당신 회사의 제품 또는 서비스에 대해 개인 고객 또는 기업 고객이 대가를 지불하도록 만드는 것이다. 그러나 판매란 구매 권유와 주문 요청만 하는 것은 아니다.

대부분의 기업체에서 마케팅부는 판매 사원을 지원하는 역할을 한다. 사업에서 판매가 가장 힘든 일이므로 그것은 바람직한 일이다. 사람들은 대개 타당한 이유 없이는 자신의 돈이나 회사 돈을 내놓으려 하지 않는다. 마케팅부와 판매부의 임무는 구매 행위에 타당한 이유를 제공하는 것이다.

마케팅은 대개 본부에서 하는 참모 활동이다. 반면, 판매는 일선 활동으로, 판매 직원은 '현장에서 뛴다'고들 말한다.

또한 마케팅은 전략적인 반면, 판매는 전술적이다. 이런 생각은 마케팅이 판매를 지원한다는 개념에서 파생된 것이며, 대개 기획과 지침의 형태로 지원한다. 예를 들어, 마케팅부는 그 회사의 제품을 필요로 할 것으로 추정되는 그룹을 찾아낸다. 그러면 판매 직원은 그 필요를 충족시켜 주기 위해 자사 제품을 가지고 그룹에 속한 개인에게 찾아간다.

마케팅부 사람들과 판매 사원은 사업에 접근하는 방식이 약간 다르다. 마케팅부 사람들은 판매 사원보다 좀더 지적이고 추상적인 측면에서 일을 바라보는 성향이 있다. 이들은 '그룹을 상대로 한 마케팅'이라는 문제를 다루기 때문에 일대일 판매에서 생길 수 있는 야단법석은 경험하지 않아도 된다. 제품 특징을 연구하는 마케팅부 사원들은 바쁜

MBA Mastery

마케팅 부원들과 판매 사원들이 서로 이해하도록 만들려면 강제로 함께 일하도록 시켜라. 마케팅부는 기획 과정과 의사결정에 반드시 판매 사원들을 참여시키고, 판매 사원들은 현장에서 부딪히는 경쟁자나 기타 문제에 관해 마케팅 부원들에게 꼭 알려 주도록 해야 한다. 마케팅 부원이 판매 과정을 관찰할 수 있도록 판매 사원들이 세일즈 콜(sales call)을 할 때 가끔 동행하도록 지시해야 한다. 마케팅부가 어떻게 하면 판매부를 가장 잘 지원해 줄 수 있는지 판매 사원들에게 물어 아이디어를 얻도록 지시해야 한다.

사람들에게 전화해서 약속을 잡거나 구매 의사가 별로 없는 사람들을 설득해야 하는 판매 사원보다 어려움이 훨씬 덜하다.

마케팅부와 판매부 사이에는 대개 어떤 긴장감이 존재한다. 마케팅부는 판매 사원을 자신들이 세운 거대한 전략의 실행 도구 정도로 생각하는 경우가 있다. 말하자면, 마케팅의 귀재가 창조해 낸 멋진 계획을 실행하기 위해 판매 사원이 존재한다고 생각하는 것이다. 반면, 판매 사원들은 마케팅부원들을 현실감 없는 연약한 '참모 타입의 인간들'로 본다. 말하자면, 실제 판매 현장에서는 굶어 죽을 수밖에 없는 사람들로 생각하는 것이다.

마케팅부와 판매부 직원들은 서로 존중하는 마음으로 이런 긴장감을 없애거나, 아니면 최소한 창의적인 방법으로 긴장감을 억제해야 한다.

산업 판매와 소비자 판매

사업에서 소비자 마케팅 및 판매는 산업(기업간) 마케팅 및 판매와 구별된다.

개인이 자신을 위한 제품이나 서비스를 구매한다면 그것은 소비자 판매에 해당한다. 그러나 기업을 위해 구매한다면 상업 판매, 대(對)기업 판매, 산업 판매, 또는 기업간 거래(B2B)에 해당하며, 이 용어들은 모두 같은 의미이다.

MBA Lingo

*소비자 판매(consumer sales)*에서는 개인 용도로 사용하기 위해 고객이 제품이나 서비스를 자신의 돈으로 구매한다.
*산업 판매(commercial sales)*에서는 자신이 사용하거나 그 일을 하는 다른 사람들에게 사용하도록 하기 위해 고객이 기업의 돈으로 제품이나 서비스를 구매한다.

대개 제품이나 서비스가 판매 형태를 결정한다. 예를 들어, 아침 식사용 시리얼과 치약은 소비자에게 판매한다. 사실상 이 품목들은 소비자 판매 카테고리에 속한다. 반면, 사무용품과 복사기는 산업 판매 품목이다.

그러나 품목을 분류하기가 점점 더 까다로워지고 있다. 예를 들어, 1990년대에 재택(在宅) 사업이 붐을 이루자 완전히 새로운 부문인 개인용 컴퓨터, 팩시밀리, 사무용품 시장이 형성되었다. 이 시장은 산업 시장의 성격과 소비자 시장의 성격을 동시에 지니고 있다.

소비자 판매와 산업 판매는 나름대로 각각 해결 과제를 안고 있는데, 이 Part에서 살펴보기로 하자.

마케팅 전략의 기초

기업은 주로 가격과 품질로 경쟁한다. 기본적으로 기업은 메르세데스 벤츠처럼 고가로 고품질을 제공할 수도 있고, 현대 자동차처럼 저가로 저품질을 제공할 수도 있다. 경제 논리상 현대 자동차의 가격을 받고 벤츠의 품질을 가진 자동차를 제조해 줄 수 있는 기업은 지구 상에 존재하지 않는다.

따라서 기업의 첫번째 전략은 그 기업의 경쟁 원칙, 즉 가격이냐, 품질이냐를 결정하는 것이다. 그 후에 마케팅부가 그 메시지를 시장에 전한다. John's Bargain Store 할인점에서는 '적은 돈으로 평범한 제품을 사려면 여기로 오세요.' 라고, Neiman Marcus 백화점에서는 '최상의 제품에 최고 가격을 지불하실 수 있는 분만 오세요.' 라고 광고한다.

'서비스' 라는 또 다른 차원이 있다. 여기서 서비스는 가격과 품질에 포함되지 않는 모든 것, 가령 선택성, 애프터서비스, 품질 보증 등을 의미한다. 어떤 시장에서는 가격과 품질만큼이나 서비스가 중요하다. 또한 참신성, 디자인, 명성, 간편함, 기술적 정교함 같은 기타 요소도 있다.

물론 나는 상황을 상당히 단순화하였지만, 본질적으로 마케팅 전략의 목표는 경쟁 우위를 가지고 그 경쟁 우위를 시장에 홍보하는 것이다.

판매 전술 개요

마케팅 전략으로 시장, 잠재 고객, 경쟁 우위를 정의한 후에는 판매부에서 고객을 확보해야 한다. 마케팅부가 홍보하여 고객이 상점으로 오면 판매 사원이 고객을 도와 원하는 제품을 찾아 주고 제품 사용법을 설명하는 등의 일을 한다. 소매에서는 고객이 상점으로 찾아오기 때문에 대개 산업 판매의 경우보다 판매하기가 수월하다. 금으로 만든 커프스 링크를 사려고 John's Bargain Store 할인점을 찾아가는 사람이나 빨래집게를 사려고 Neiman Marcus 백화점을 찾아가는 사람은 없다.

> **MBA Lingo**
>
> **잠재 고객 발굴**
> (prospecting)은 잠재 고객을 찾아내는 과정으로, 특히 판매원과 만나거나 판매원과의 전화 통화에 동의할 만한 잠재 고객을 찾아내는 과정이다. 잠재 고객 발굴은 약속을 잡기 위해 사람들에게 무작위로 전화하는 것에서부터 연례 보고서에 올라 있는 특정 개인을 타깃으로 삼는 것에 이르기까지 모든 것을 포함한다.

대부분의 기업에서는 판매 사원이 잠재 고객 발굴에 나서야 한다. 이들은 잠재 고객과 약속을 잡기 위해 전화해야 하고, 어떻게든 세일즈 콜을 해야 한다. 그리고 판매 과정을 통해 잠재 고객을 안내한다. 이 내용은 Chapter 20에서 다루기로 하자.

'세일즈 콜'이란 판매를 목적으로 판매 사원이 기존 고객 또는 잠재 고객을 방문하거나 그들에게 전화하는 것을 말한다.

판매 목표를 반영한 마케팅 플랜

모든 회사는 성장하기를 원한다. 여기서 '성장'이란 매출액이 내년에는 더 많아져야 함을 의미한다. 매출액을 늘리는 데는 몇 가지 방법이 있다.

- ▶ 가격을 올린다.
- ▶ 현재 고객에게 기존 제품을 더 많이 판매한다.
- ▶ 현재 고객에게 신제품을 판매한다.
- ▶ 새로운 고객에게 기존 제품을 판매한다.
- ▶ 새로운 고객에게 신제품을 판매한다.

이 전략들을 하나씩 간단히 살펴보자.

가격을 올린다

가격을 올리는 것이 판매액을 증가시키는 가장 간단한 방법처럼 보일 것이다. 가격을 5% 올리고 올해 판매한 만큼의 양을 내년에도 판매하면 판매액은 5% 증가한다. 굉장하지 않은가?

그런데 여기에는 '가격 저항'이라는 한 가지 문제점이 있다. 이 말은 더 비싼 값을 치르고 싶지 않은 고객을 가리킬 때 쓰는 MBA 용어이다. 이런 사람들은 같은 제품에 대해 더 비싼 값을 지불해야 한다는 사실을 알면 그 물건을 사러 다른 곳을 찾아가든지, 아예 그 물건을 안 쓰거나 덜 쓰며 지내려고 한다. 또는 판매원을 상대로 더 열심히 값을 깎으려고 할 것이다.

당신이 시장 지배력(market power)을 가지고 있다면, 즉 당신에게 경쟁 상대가 없고 고객에게 선택의 여지가 없다면 당신이 올린 가격은 아마도 그대로 고정될 것이다. 그러나 이것은 오래 갈 수 없는 전략이다. 끊임없이 가격이 올라가는 제품에는 금방 경쟁 상대가 생기며, 고객은 대개 돈을 뜯어 내는 데 혈안이 된 회사의 물건 없이도 사는 법을 터득하게 된다.

나머지 네 가지 방법은 모두 더 비싼 값에 같은 양의 물건을 팔기보다는 더 많은 물건을 파는 방법이다.

현재 고객에게 기존 제품을 더 많이 판매한다

이 방법은 '제품을 더 많이 파는 것'이 관건이며, 효과적인 전략이다. 이것은 최고의 잠재 고객은 바로 현재 고객이라는 합리적인 생각에 기초를 두고 있다.

현재 고객에게 아직 필요한 것이 있거나, 당신의 제품 라인이 광범위하거나, 이 두 가지 경우에 모두 해당한다면 이 전략은 효과를 볼 수 있다. 현재 고객에게 조금밖에 팔지 않은 데다가 판매할 제품 라인이 광범위하다면 고객에게 크로스 셀링(cross selling; 기존 고객에게 다른 상품을 판매하는 것)을 할 기회가 상당히 많은 것이다.

또한 당신은 수량 할인을 제시할 수도 있고, 고객을 당신에게 더 가까이 묶어 둘 방법을 찾을 수도 있다. 예를 들면, 전자 시스템을 구축하여 자동 구매와 대금 청구가 가능하게 하는 것 등이다. 어떤 방법이든 회사와 고객이 더 편하게 거래하도록 하는 것은 모두 도움이 된다.

> ### MBA Lingo
> **가격 저항(price resistance)**은 제품/서비스의 가격이 비싸거나 올라갔다는 것을 알게 된 고객이 일반적으로 더 값이 싼 같은 종류의 제품/서비스를 찾거나, 판매자에게 값을 깎으려고 하거나, 더 싼 값을 부르는 판매자에게로 가는 사실을 가리킨다.

> ### MBA Lingo
> **크로스 셀링(cross selling)**은 당신에게 한 가지 종류의 제품을 구매한 고객에게 다른 종류도 판매하는 것을 말한다. '그것과 함께 프렌치 프라이를 드시겠습니까?'라는 질문은 크로스 셀링의 가장 전형적인 예이다.

현재 고객에게 신제품을 판매한다

신제품은 아주 중요하기 때문에 이 책의 **Chapter 21**에서 신제품 개발을 다루었다. 당신이 고객을 만족시킬 만한 물건을 가지고 있다고 하더라도 지금 누군가 분명히 고객을 더욱 만족시킬 만한 더 좋은 물건이나 더 싼 값에 물건을 제공하는 방법을 생각해 내고 있을 것이다. 그러므로 당신은 항상 현재 제품을 향상시키고 고객의 요구를 충족시킬 만한 새로운 제품을 개발해 내야 한다.

현재 고객은 신제품의 최고 고객이 될 수 있다. 특히 구제품을 현재 고객에게 판매하면서 알아낸 문제점을 해결하여 신제품을 만들었다면 현재 고객에게 판매할 가능성은 더욱 커진다.

새로운 고객에게 기존 제품을 판매한다

어떤 회사들은 고객에게 항상 동일한 제품만 제공하는 판에 박힌 행동을 한다. 성공적인 제품이나 서비스를 가지고 있다면 '또 누가 이 물건을 구매할 가능성이 있는가?' 라고 끊임없이 자문해보라.

새로운 고객을 찾는 일을 멈춰서는 안 된다. 아무리 성공적인 회사라 할지라도 매년 최소한 고객의 일부는 잃는다. 가장 훌륭한 고객이라 할지라도 당신을 떠날 수 있다. 그것은 여러 가지 이유 때문인데, 예를 들어 경쟁사가 내놓은 더 좋은 제품이나 더 낮은 가격 때문일 수도 있고, 경쟁사 판매원이 고객에게 혼란을 일으켰기 때문일 수도 있으며, 그저 분위기를 바꿔 보고 싶은 욕구 때문일 수도 있다.

게다가 당신이 접근하지 않은 잠재 고객은 당신의 경쟁자가 차지할 수도 있다. 왜 싸워 보지도 않고 사업의 기회를 놓쳐 버리는가?

당신에게 도움이 될 만한 관점을 하나 소개하겠다. 사람들은 최대한의 성과를 요구하기 때문에 처음에는 산업 시장에 내놓으려고 만들었던 제품을 소비자 시장에서 팔 수도 있다. 부엌 용품은 그런 예로 아주 적당하다. 많은 소비자들은 이제 식당용으로 만든 조리기나 심지어는 스토브까지도 구매한다. 사무용품은 그런 상황을 설명하기에 더 알맞은 예이다. 개인용 컴퓨터와 소프트웨어는 팩스나 사무용품과 함께 이제 재택 사업자들에게도 상당히 많이 팔리고 있다.

Case IN Point

기존 제품을 판매할 수 있는 새로운 시장이 생겨나면서 완전히 새로운 사업을 일으킬 수도 있다. 예를 들어, 사무용품 소매상인 Staples와 Office Depot은 재택 사업이 붐을 이루기 전에는 존재하지도 않았다. 그러나 그 수요가 생겨난 것이다.

기업을 상대로 사무용품을 판매하던 회사들은 소비자를 대상으로 장사할 생각은 없었다. 그러나 필요한 것이 있을 때 상점을 가는 데 익숙한 소비자들은 지금 상점에 가서 종이나 토너, 폴더를 사는 데 곤란을 겪지 않는다.

새로운 고객에게 신제품을 판매한다

제품 판매량이 감소하기 시작할 때, 즉 시장 성숙기나 포화기의 국면으로 접어들었을 때 당신에게 는 세 가지 선택 사항이 있다. (1)상점을 닫거나 사업체를 팔아 넘긴다. (2)다시 시도하거나 대체 사업을 시도하여 생존을 꾀한다. (3)신제품을 새로운 고객에게 판매한다. 사업을 키우고 싶다면 세 번째를 선택하는 것이 가장 좋다. 그러나 기존 제품 시장이 포화기에 들어설 때까지 신제품 개발 을 미루는 우를 범하지는 마라.

다음의 몇 가지 이유 때문에 새로운 고객에게 신제품을 판매하는 것이 위의 다섯 가지 성장 전략 가운데 가장 효과적이다.

▶ 새로운 시장에 판매할 신제품을 개발하려고 애쓰다 보면 전체 사업에 관한 생각이 넓어진다.

▶ 기존 제품과 고객을 뛰어넘기 위해 과감하게 시도하여 성공하면 수익을 약간 올리는 정도가 아니라 매출을 막대하게 증가시킬 가능성이 높다.

▶ 새로운 고객에게 판매할 신제품으로 완전히 새로운 욕구를 충족시킨다면 수익을 가장 크게 올릴 수 있다.

▶ 이 전략을 펼치면 기존 제품 라인과 시장을 뛰어넘어 사업을 다각화할 수 있다.

그러나 새로운 시장에 판매할 신제품 개발은 매우 어렵다. 당신이 주력 사업을 계속 유지한다 하더라도(그리고 대개 의 경우 그렇게 해야 한다) 새로운 시장에 판매할 새로운 무엇인가를 만들어 낸다는 것은 어려운 일이다. 그래서 대 부분의 기업들이 새로운 사업을 시작할 때도 일반적으로 기존 시장에 판매할 신제품을 개발한다. 예를 들어, 디즈니 는 1950년대에 테마 파크 사업을 시작했다. 이 사업은 영화 와는 달랐지만, 디즈니는 이미 가족 오락 부문에서 확고한 자리를 잡고 있는 상태였다. 나이키, 아디다스, 리복은 현재 스포츠 웨어를 판매하고 있지만, 처음에 이들이 타깃으로 삼았던 사람들은 이미 이 회사의 운동화를 즐겨 신던 사람 들이었다.

> **MBA Lingo**
>
> **시장 성숙기(market maturity)**란 제품이 널리 인정받고 매출 성장이 수 평 곡선을 그릴 때이다.
> **포화기(saturation)**란 특정 제 품에 대한 욕구, 필요, 지불 능력을 지닌 모든 잠재 고객이 이미 제품을 하나씩 가지고 있는 상태이다. 제품의 실제 시 장 잠재력에 따라 포화기가 달라지기 때 문에 그 제품이 시장에서 언제 포화기를 맞을지 알아내기란 쉽지 않다.

대부분의 원로 간부들과 모든 마케팅 및 판매 사원들은 매출을 늘리는 방법에 관하여 끊임없이 생각한다. 앞의 다섯 가지 전략으로 그런 생각들을 현실적인 방향으로 밀고 나갈 수 있을 것이다.

제품 차별화

제품 차별화는 당신의 제품을 유사한 다른 제품과 다르게 만드는 것을 의미한다. 성공적인 제품은 고객에게 뭔가 더 나은 차별성을 제공한다. 가격으로 경쟁하는 제품조차도 뭔가 차별성을 제공해야 한다.

마케팅은 제품의 차별성을 만들어 내고 강조하는 데 상당한 역할을 한다. 다음 섹션에서는 제품을 성공적으로 차별화할 수 있는 증명된 방법 몇 가지를 다루도록 하겠다.

성능 향상

성능을 향상시키면 제품은 실제로 더 좋아진다. 성능 향상의 한 예로, 1970년대에 일본이 미국 자동차에 도전했던 일을 들 수 있다. 1970년대에 일본 자동차는 효율성, 내구성, 그리고 가격에 상당하는 가치를 높여 판매가 급성장하였다.

성능 향상은 마케팅의 문제라기보다는 제조의 문제라는 생각이 들 것이다. 그러나 향상된 성능을 사람들에게 알리고, 시장에서 그것을 현실화하는 것은 마케팅부가 할 일이다. 더 좋은 쥐덫을 만드는 것으로는 충분하지 않다. 사람들에게 물건을 보여 주며 더 좋아졌다는 사실을 알려야 한다.

회사는 여러 가지 방법으로 제품의 성능을 향상시킬 수 있다. 예를 들어, 제품이 사용하기 편리하다든지, 내구성이 있다든지, 보수가 필요 없다든지, 운용하는 데 경제성이 있다든지, 속도, 무게, 방수 등과 같은 특징이 있다든지 하는 것이다.

한 가지 주의할 점이 있다. 가치 있는 성능 향상은 고객들이 원하는 것이므로 그것에 대해 기꺼이 돈을 지불하려 할 것이다. 그러나 고객이 신경 쓰지 않는 부분을 향상시킨다면 제품 차별화에 별 의미가 없다. 결과는 대개의 경우 '쇠지레에 금도금한 꼴'이 된다. 결국 생산 비용만 늘어날 뿐이므로 그런 일은 할 필요가 없다.

외관 향상

현대 사회는 시각적인 면을 중요시한다. 오늘날 제품의 디자인은 성능만큼이나 중요하다. 그러므로 제품의 외관을 결정하는 형태와 기능의 결합, 즉 디자인은 이제 강력한 제품 차별화의 한 요소이다.

Case IN Point

어떤 제품은 주로 디자인에서 성공을 거둔다. 브라운 사의 부엌 용품과 마쯔다 사의 스포츠카 '미아타'를 예로 들 수 있다.

브라운 사에서 만든 커피메이커가 세련된 선을 가지고 있는 것이나 제어 장치 설명을 글로 써 놓지 않고 심벌로 처리한 것은 초현대적인 인상을 준다. 솔직히 말해서 커피메이커는 그저 커피메이커일 뿐이다. 그러나 어쨌든 차별화는 필요하고, 브라운 사는 차별화를 디자인으로 이루어 냈다.

마쯔다 사의 스포츠카 미아타는 멋진 디자인으로 자동차 담당 기자들과 자동차 구매자들에게 아주 인기 있는 자동차가 되었고, MG 사와 Austin Healy 사가 생산하는 그 유명한 영국 차 로드스터(지붕이 없고 좌석이 두 개만 있는 구식 자동차, 역자주)의 원조가 되었다. 기계라기보다는 하나의 장난감으로서 디자인된 이 자동차의 가장 중요한 점은 바로 '오락성'이다.

이미지 향상

우리 사회에는 자신이 구매하고 사용하는 물건을 척도로 적어도 부분적으로나마 자신의 정체성을 규정하는 사람이 많다. 제품은 광고, 텔레비전, 영화 속에서 우리 자신과 다른 사람들에게 특정한 이미지를 전달한다. 이런 이미지에는 부, 젊음, 지위, 세련미, 성욕, 건강, 걱정, 환경 의식, 권력, 위험(어떤 사회 비평가는 분명 여기에 어리석음을 추가할 것이다) 등이 있다.

제품 이미지는 우리의 문화를 퍼뜨린다. 말보로 담배(거칠고 남성다움), 시바스 리갈 스카치 위스키(부드럽고 세련됨), 시어스 캔모어 전기 제품(합리적이고 믿음직함), 캠프벨 수프(건강에 좋고 편리함), 켈로그 콘 프레이크(순수하고 깔끔함), New Yorker 매거진(도회적이고 문학적임), 할리 데이비슨 오토바이(크고 미국적임), 라스베이거스의 MGM 그랜드 호텔(오락적이고 현대적임)같이 다양한 제품으로 개발된 가지각색의 이미지를 생각해 보면 알 수 있다.

대개 이런 이미지는 단순히 제품의 여러 특징만을 나타내는 것이 아니다. 더 나아가 고객을 위한 새로운 경험을 창조해 낸다. 그래서 고객은 '내가 이 제품을 사면 나는 이러이러한 특징에 가치를 부여하는 것이며, 결국 나 자신도 그런 특징을 지니게 된다.' 라고 말하게 되는 것이다.

마케팅의 기초

사업의 모든 영역과 마찬가지로, 마케팅과 판매는 사물을 묘사하는 나름대로의 방식을 가지고 있다. 이 Chapter의 나머지 부분에서는 알아 둘 만한 가치가 있는 마케팅과 판매의 주요 개념을 몇 가지 알아보도록 하자.

누가 당신의 회사를 움직이는가?

'*시장 지향 기업(market-driven company)*'은 무엇을 해야 할지 알아내기 위해 고객 그룹인 시장을 유심히 살핀다. 시장 지향 기업은 자사 제품을 고객이 왜 사용하며, 어떻게 사용하는지 알아내기 위해 고객의 말에 귀기울인다. 시장 지향 기업은 시장에서 기술, 가격, 포장, 유통(자사 제품이 판매되는 장소와 방법)의 동향을 주시한다. 또한 경쟁사도 지켜본다.

MBA Alert

미국에서는 고객 중심의 직원을 찾아보기 힘들다. 서비스를 제공하는 입장을 좀 낮게 보는 사람이 많기 때문이다(이것은 소매 사업이 안고 있는 큰 문제 가운데 하나로 인식되고 있다). 그래서 고객 서비스를 중요하게 여기는 기업 문화를 구축하기 힘들다. 그러나 기업들이 서비스를 가장 중요한 부분으로 만들고자 노력한다면 엄청난 성과를 거둘 수 있을 것이다.

'*고객 중심 기업(customer-focused company)*' 역시 무엇을 해야 할지 실마리를 알아내기 위해 고객의 말에 귀기울인다. 그러나 '고객 중심'이라는 용어는 고객 한 사람 한 사람의 경험을 만족시켜 주려는 노력을 강조하는 말이다. 고객 중심 기업은 모든 고객이 중요하다고 생각하며, 각 고객이 반드시 개인으로서 대접받도록 하기 위해 애쓴다. 이런 기업은 고객의 요청이 있으면 '할 수 있습니다'라는 접근 방식을 취하며, 고객에게 매우 친절하게 대한다. 고객 중심이라고 말하는 회사는 많지만, 진정으로 고객 중심인 회사는 거의 없다.

'*판매 지향 기업(sales-driven company)*'은 매출 목표액(top line)에 중점을 두고 있다. 이들은 판매를 원한다. 그렇다고 이들이 시장과 고객을 무시한다는 말은 아니다. 어떤 회사도 그럴 수는 없다. 단지 시장과 고객이 중요도의 상위를 차지하지는 못한다는 말이다. 이들에게는 매출의 증가가 가장 중요하다.

물론 모든 회사가 매출을 올리고 싶어하지만, 판매 지향 회사는 직접 이 목표로 가는 길을 택한다. 이들은 고객의 요구를 찾아내거나 충족시키기보다는 '제품을 강제로 파는' 판매 사원을 뽑으며 고객에게 '돈을 받아내기'위한 접근 방법을 취하는데, 그럼으로써 거래를 성사시킬 수는 있지만 장기적으로 고객을 유지할 수는 없다.

Case IN Point

운동화와 운동복 제조업체인 나이키는 시장 지향 성향이 상당히 강한 기업이다. 경주용 운동화를 파는 시장을 계기로 나이키는 기존에는 몰랐던 많은 시장을 발견하게 되었다. 즉, 농구화 시장, 산책용 신발 시장, 라켓볼 운동화 시장, 해변용 신발 시장 등이다. 그래서 나이키는 이런 활동을 즐길 때 신을 특별한 신발들을 생산해 냈다.

다음과 같이 해보면 고객 중심이 무슨 뜻인지 알 수 있다. 공항에 있는 주요 자동차 체인점 몇 군데에 전화해서 자동차를 대여해 달라고 요청하고 그쪽의 태도를 살펴보라. 서비스 담당 직원의 태도가 공손한가? 전화 대기 시간은 얼마나 걸렸는가? 당신이 할인 혜택을 받았는지 직원이 물어 보았는가? 그 직원은 당신의 특별 모델 요청을 존중하는가? 이런 점들을 살펴봄으로써 어떤 회사가 자사 활동을 체계적으로 이끌어 가는지 금방 알 수 있을 것이다.

많은 보험 회사와 증권 회사들은 판매 지향 기업들이다. 이들은 대개 '매출 목표액 달성하기'에 초점을 두고 영업 사원을 고용한다. 여러 금융 서비스 회사 가운데 어디가 더 나은지 구분해 낼 수 있는 잠재 고객이 그리 많지 않고 상품이 무형이기 때문에 이 방법은 효과적이다. 그래서 가장 강하게 밀어붙이는 회사가 거래를 성사시킬 수 있다.

제품 수용 곡선

제품 수용 곡선을 보면, 성공적인 신제품은 다양한 범주의 구매자들에게 예측 가능한 순서대로 수용된다는 점을 알 수 있다. 대부분의 구매자는 신제품을 기꺼이 사려 하지 않는다. 좀더 혁신적인 다른 구매자가 그 제품을 선택하는 것을 보아야만 사고 싶은 마음이 생긴다.

다음은 제품 수용 곡선과 구매자 범주를 나타낸 도표이다.

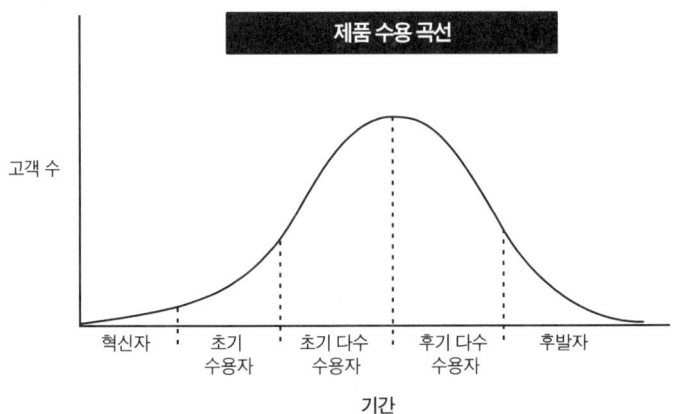

이론상 각 구매자 범주에 해당되는 백분율은 아래와 같다.

혁신자	=	구매자의 처음 2.5%
초기 수용자	=	그 다음 13.5%
초기 다수 수용자	=	그 다음 34%
후기 다수 수용자	=	그 다음 34%
후발자	=	마지막 16%

각 범주마다 마케팅과 판매가 해결해야 할 과제가 다르다. 혁신자 범주에서는 혁신자를 찾아내는 데 상당한 노력을 기울여야 하며, 입증되지 않은 신제품을 사용해 보도록 설득해야 한다. 초기 수용자의 경우도 유사한 어려움이 있지만, 적어도 성공적인 경우를 예로 들어 줄 만한 몇 명의 이전 사용자가 있기 때문에 한결 낫다.

MBA Mastery

여러 타입의 고객들이 다양한 마케팅 메시지와 판매 방식에 각기 다른 반응을 보인다. 예를 들어, 혁신자들과 초기 수용자들은 뭔가 새롭고 특이한 물건이 나왔다는 말을 들으면 흥분한다. 이 사람들에게는 제품의 신뢰성과 광범위한 수용성을 바탕으로 판매해야 한다.

제품이 성공적인 경우에는 곧 경쟁자들이 나타나게 되므로 초기 다수 수용자에게 재빨리 접근해야 한다. 마케팅 범위를 넓히고 판매 인력의 규모도 늘려야 할 것이다. 후기 다수 수용자에게는 할인이나 서비스와 같은 다른 유인책을 써야 한다. 이 단계에서는 시장 점유율을 높이는 데 주력해야 한다. 또한 이 제품의 해외 판매를 고려하는 등 완전히 새로운 시장을 찾는 데 노력을 기울여야 한다.

후발 고객들이 제품을 구매하는 단계에서는 제품의 나머지 생존 기간 동안 판매 비용과 제조 비용을 억제하면서 그 제품에서 얻어낼 수 있는 모든 수익을 최대한 짜내는 것이 과제이다.

제품 수용 곡선은 신제품뿐만 아니라 VCR이나 PC와 같은 기술에도 적용되기 때문에 기술 수용 곡선이라고도 한다.

제품 수명 주기

사람이나 기업과 마찬가지로 제품에도 수명이 있다. 제품은 잉태되고, 태어나며, 성장하고, 성숙기를 지나 결국 쇠퇴기로 접어든다. 제품 수명의 예측 가능한 여러 단계를 설명하기 위해 1960년대에 제품의 수명 주기가 개발되었다. 그 단계는 아래와 같다.

▶ **도입기**
▶ **성장기**
▶ **성숙기**
▶ **쇠퇴기**

대개 이런 단계들은 시간 경과와 매출의 관계를 나타내는 곡선으로 그릴 수 있다.

마케팅 및 판매에 있어서 단계마다 해결 과제가 각기 다르다. 도입 단계에서는 소위 '전파의 임무'가 있다. 신제품의 출현을 홍보하고 최초 고객을 찾아내야 한다. 성장기에는 경쟁자들이 돈을 벌 수 있는 제품이라는 것을 알아차려 유사 제품을 내놓으므로 경쟁자들을 물리쳐야 하며, 최대한 많은 고객을 확보해야 한다. 성숙기에는 판매 비용을 억제하고, 시장 점유율을 늘리고, 변형 제품을 개발해야 한다. 쇠퇴기에는 이 제품으로 무엇을 할 것인지 결정해야 한다. 과연 다시 살아날 수 있을 것인지, 또는 판매를 계속할 만큼 아직 수익을 내 주고 있는 것인지를 판단해야 한다.

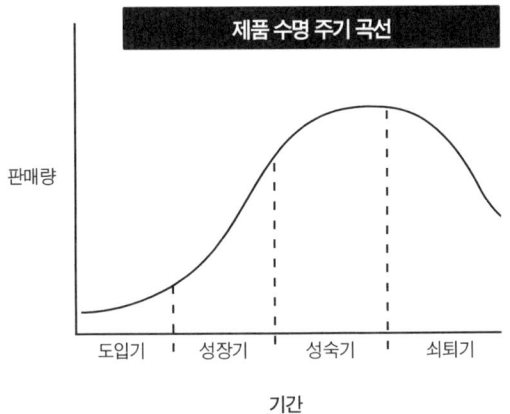

각 제품에 따라 특정 단계의 기간이 달라질 수 있다. 다마구치(소위 '사이버 애완 동물')와 같은 유행 품목은 수명이 2년이고, 각 단계는 몇 달 단위이다. 포드 무스탕과 같은 자동차 브랜드는 빠르게 이륙하여 도입기로부터 성장기로 빠르게 옮겨 가서 오랜 성숙기를 누리다가 반등 기간을 여러 번 거친 뒤 완만하게 쇠퇴한다. 제품 수명 주기는 건강에 좋은 냉동 식품(현재 성숙기를 누리고 있다)이나 증기 기관차(지금은 쇠퇴했다)와 같은 모든 제품 범주에 적용될 수 있다.

MBA Mastery

사업에서 예측할 수 있는 것은 아주 드물지만, 제품 수명 주기는 예측할 수 있는 것 가운데 하나이다. 그러나 각 단계의 타이밍은 예측하기 어려우므로 판매 흐름을 잘 주시해야 한다. 제품 수명 초기에 판매가 완만하면 도입기이다. 판매가 급상승하면 성장 단계이고, 판매 성장이 장기간 수평 곡선을 그리면 성숙기이다. 그러다가 판매가 줄어들면 쇠퇴기이다.

때로는 제품이나 범주가 쇠퇴기로 갔다가 다시 되살아나기도 한다. 대형 엔진, 가솔린 소비량이 많은 자동차, 그리고 밴은 1970년대에 쇠퇴기를 맞았다가 1990년대의 경제 붐과 함께 되살아났다. 모피 코트의 판매도 모피 제품 반대 운동으로 몇 년 간 쇠퇴기를 걷다가 1997년에 다시 늘었다.

그러나 제품 수명 주기는 성공적인 제품에만 적용된다. 도입 단계를 지나는 데 성공하지 못한 제품을 실패 제품(product failures;도입되었지만 시장에 수용되지 못한 제품)이라고 한다. 제품 실패는 업계에 종사하지 않는 사람들이 흔히 알고 있는 것보다 더 많이 일어난다.

이것만은 알아 두자

▶ 마케팅은 그룹이 대상인 반면, 판매는 일대일로 하는 것이다. 마케팅은 전략적인 성향이 있으며 판매를 지원하기 위해 존재하는 반면, 판매는 전술적인 성향이 있다.

▶ 기업은 기본적으로 가격과 품질로 경쟁하기 때문에 가격과 품질에 있어서 자사는 어느 위치에 있기를 원하는지 먼저 결정해야 한다. 그리고 나서 제품과 마케팅 홍보를 통해 그 위치를 구축하고 강화해 나가야 한다.

▶ 판매를 늘리는 데에는 몇 가지 방법이 있다. 가격을 올린다. 기존 제품을 현재 고객에게 판매한다. 신제품을 현재 고객에게 판매한다. 기존 제품을 새로운 고객에게 판매한다. 신제품을 새로운 고객에게 판매한다.

▶ 자사 제품을 차별화하려면 경쟁 제품에 비해 성능이나 외관, 또는 이미지를 더 좋게 개선해야 한다.

▶ 성공적인 제품은 도입기, 성장기, 성숙기, 쇠퇴기로 이루어진 수명 주기를 거친다. 수명 주기 각 단계마다 마케팅과 판매에서 해결해야 할 각기 다른 당면 과제가 있다.

▶ 대개 혁신자들이 제품을 가장 먼저 구매하고(재빠르게 또는 서서히), 다음으로 초기 수용자, 초기 다수 수용자, 후기 다수 수용자 순으로 구매하며, 마지막으로 후발 고객이 구매한다.

Chapter 17

그런데, 누가 당신의 고객인가?

▶ 시장 조사의 목적
▶ 세분 시장의 특성
▶ 시장 조사 연구 방법

Chapter 16에서는 마케팅이 회사의 두 가지 정보 흐름인 유입 정보와 유출 정보를 다룬다는 것을 알았다. 시장 조사는 회사의 현재 고객과 잠재 고객을 연구하는 것으로, 아주 유용한 유입 정보를 만들어 낸다. 또한 회사는 시장 조사를 참고로 하여 시장에 내보내는 유출 정보를 만들고 수정하기도 한다.

이 Chapter에서는 시장 조사의 목적과 임무를 살펴보겠다. 또한 시장 조사 연구를 잘 계획하고 실행하려면 어떻게 해야 하는지도 알아보기로 하자.

시장이란 무엇인가?

시장이란 현재 고객이나 잠재 고객의 집단을 말한다. 각 회사는 특정 시장에 초점을 맞추어 시장 조사를 실시하는데, 예를 들어 코카콜라는 청량음료 시장을 연구하고, 메릴린치는 금융 서비스 시장을 조사하며, 소니는 오락기와 가정용 전자 제품 시장을 조사한다. 시장 조사의 목적은 판매, 마케팅, 제품 개발에 활용할 수 있는 실용적인 정보를 얻어내는 것이다.

회사가 시장을 인식하는 방식에는 일반적으로 두 가지가 있다. 첫째는 청량음료 시장, 금융 서비스 시장, 가정용 전자 제품 시장처럼 전체 시장(broad market)이며, 둘째는 시장 내의 특정 시장인 세분 시장이다.

분할과 정복: 시장 세분화 전략

세분 시장이란 전체 시장의 부분을 이루는 하위 시장을 말한다. 시장 세분화는 다양한 고객들이 각기 다른 욕구와 동기를 가지고 있다는 점을 인식하는 데서 출발한다. 베이비 붐 세대 시장이나 히스패닉 시장처럼 일반적인 세분 시장도 많지만, 회사는 대부분 아래의 세분화 전략 가운데 한 가지 이상을 구사하여 자사의 세분 시장을 정의한다.

> **MBA Lingo**
>
> *시장*(market)이란 현재 고객 또는 잠재 고객의 집단을 말한다. 일반적으로 특정 상품이나 서비스에 대한 욕구가 있을 때만 형성되는 집단으로, 특정 성격을 지닌 개인 또는 조직으로 구성된다. *세분 시장*(market segments)은 한 시장의 하위 시장으로, 어떤 공통된 성격을 지닌다. 예를 들어, PC 시장은 가정용 PC 시장과 사업용 PC 시장이라는 두 개의 큰 세분 시장으로 나누어져 있다. *표적 시장 선정*(targeting)이란 특정한 시장을 겨냥하여 광고, 제품, 또는 서비스를 특별히 개발하는 것을 말한다. 이런 시장을 *표적 시장*(target markets)이라고 한다.

▶ *지리적 세분화 전략(geographic segmentation)*에서는 전체 시장을 지역 시장 또는 지방 시장으로 세분한다. 지리적 세분화 전략을 구사하는 기업에서는 '동북 지역 시장'이나 '댈러스–포트워스 시장'이라는 말을 사용할 것이다.

▶ *인구 통계학적 세분화 전략(demographic segmentation)*에서는 전체 시장을 연령, 성별, 소득 수준, 인종과 같은 고객 특성으로 나눈다. 텔레비전 쇼, 라디오 방송국, 매거진, 기타 대중 매체는 특정한 세분 시장을 표적으로 삼는다. 예를 들어, 18세에서 34세까지의 남성, 자녀를 둔 근로 여성, 노인, 미국 흑인과 같은 세분 시장이다. 기업은 이런 인구 통계학적 특정 세분 시장을 겨냥하여 자사 광고 메시지를 만든다.

▶ *제품 세분화 전략(product segmentation)*은 회사가 판매하는 제품을 기준으로 전체 시장을 세분하는 것이다. 예를 들어, 자동차 회사는 시장을 고급차, 중형차, 소형차, 경차, 다용도 스포츠카 시장으로 나눈다.

▶ *판매 경로 세분화 전략(sales channel segmentation)*에서는 제품을 판매하는 방식에 따라 시장을 나눈다. 예를 들어, 코카콜라는 식료품점, 식당, 경기장, 영화관, 자동 판매기 시장을 통해 제품을 판매한다.

큰 회사는 자사의 표적 시장을 더 잘 선정하기 위해 동시에 여러 개의 세분화 전략을 병행할 수 있다. 예를 들어, 제너럴 모터스는 지리적 세분화 전략과 제품 세분화 전략을 결합하여 캘리포니아 고급차 시장에 접근한다. 코카콜라는 인구 통계학적 세분화 전략과 판매 경로 세분화 전략을 혼합하여 '자녀를 둔 근로 여성'이라는 세분 시장을 식료품점, 식당, 자동 판매기 등 구매 방법별로 나눈다.

시장 세분화로 회사는 고객의 욕구, 동기, 행위를 더 잘 이해할 수 있다. 그런 이해가 바로 시장 조사의 목적이기도 하다.

왜 시장 조사를 하는가?

현재 고객과 잠재 고객에 관해 더 많이 알수록 회사는 고객을 더욱 만족시켜 줄 수 있다. 시장 조사로 회사는 고객을 이해하고 분석할 수 있다.

회사는 일반적으로 다음의 정보 유형 가운데 한 개 또는 여러 개에 초점을 두고 시장 조사를 실시한다.

▶ *인구 통계학적 특성.* 고객에 관한 기술적(記述的) 정보. 소비자 시장에서는 인구 통계학적 자료에 연령, 성별, 소득 수준, 교육 수준, 인종, 결혼 여부, 주택, 자녀의 수가 포함된다. 기업 시장에서는 산업 분류, 연간 매출, 직원의 수, 지점의 수, 사업 연수가 포함된다.

▶ *구매 행위.* 고객의 구매 방식(소매점 이용과 통신 구매), 구매 빈도, 구매 결정에 영향을 미치는 요소(광고나 친구의 추천).

MBA Lingo

인구 통계학적 특성(*demographics*)은 시장 또는 세분 시장의 특성이다. 일반적으로 연령, 성별, 소득 수준 등 통계학적 정보를 가리킨다. *사이코그래픽 특성(psychographics)*이란 (정치적 성향과 같은)성향과 (스포츠 활동 참여나 박물관 참관과 같은)생활 방식에 좀더 초점을 두는 시장 또는 세분 시장의 특성을 말한다.

▶ *고객 만족.* 제품이나 서비스에 대한 구매자의 행복감(또는 실망감). 만족의 요소로는 제품 가격에 대한 인지(認知) 가치, 사용과 유지의 편리성, 제품 결함, 고객이 가장 중요하게 여기는 특징과 별로 신경 쓰지 않는 특징, 고객이 바라는 특징, 재(再)구매 가능성 등이 있다.

▶ *성향과 생활 방식.* 성향과 생활 방식의 특성을 흔히 사이코그래픽 특성이라고 한다. 이것은 마케팅에서 비교적 새로운 개념으로, 취미, 스포츠 활동, 외식 빈도, 휴가 계획, 선호하는 잡지와 텔레비전 쇼, 장래 관심사, 정치적 성향, 종교를 포함하며, 심지어 성격적 특징과 성적(性的) 성향도 포함한다.

누구에게 시장 조사가 필요한가?

회사마다 시장 조사에 대한 욕구가 각기 다르다. 예를 들어, 큰 회사는 작은 회사보다 시장 조사를 더 많이 하는 경향이 있다. 작은 회사는 대개 시장 조사에 많은 비용이 든다고 보며, 자사 고객에 관해서는 이미 잘 알고 있다고 생각한다.

판매 회사 구분이 잘 안 되는 석탄이나 곡식 같은 생필품 판매 회사들이 대개 시장 조사를 하지 않는데, 이들은 고객들이 오로지 낮은 가격과 빠른 서비스만을 신경 쓴다고 생각한다.

어떤 회사들은 한 가지 타입의 고객에게만 판매하는 것을 의미하는 동질 시장을 가진다. 예를 들어, 단층 촬영기 제작 업자들은 병원에만 제품을 판매하고, 방위 산업체는 정부에만 판매한다.

이런 회사들도 나름대로 일리는 있지만, 시장 조사를 실시하면 대개 뭔가 새로운 것을 발견하게 되므로 더 효과적으로 제품을 차별화할 수 있고, 현재 고객을 더 잘 이해할 수 있다. 예를 들어, 경쟁사보다 자사의 석유 제품이 더 순수하고, 석탄이 더 오래 타고, 곡식이 더 영양가 있다는 점을 강조할 수 있다.

판매 인력이 고객의 요구를 알아낸다고 생각하여 시장 조사를 하지 않는 회사들이 있으며, 시장 조사로 정확하거나

MBA Lingo

생필품(commodity)은 여러 판매 회사 가운데 어느 회사 제품이 더 좋은지 특징과 성능을 구별하기 힘든 제품이다. 예를 들면, 석유 제품, 석탄, 곡식 같은 것들이다. 제품 **차별화(differentiation)**로 제품의 실제상 또는 인지(認知)상의 차이를 고객에게 유익한 점으로서 부각시킬 수 있다. **동질 시장(homogenous market)**은 모든 현재 고객과 잠재 고객이 대부분의 특성을 공유하는 시장이다. 예를 들어, 당신 회사가 정부 기관에만 판매를 한다면 동질 시장을 가지고 있는 것이다.

유용한 결과를 얻어낼 수 없다고 믿는 경영자도 있다.

회사들이 이런 태도를 취하는 것은 이해할 만하지만, 그러나 대부분의 회사들은 현재 고객과 잠재 고객에 관해 적어도 가끔씩은 시장 조사를 실시하고 또 여기에서 도움을 얻는다.

두 가지 형태의 시장 조사

광범위한 형태의 시장 조사 두 가지는 1차 시장 조사(primary market research)와 2차 시장 조사 (secondary market research)이다. 1차 조사에서는 보통 사람들에게 미리 준비한 질문을 한다. 2차 조사에서는 신문, 잡지, 책 등의 출판물을 검토한다.

이 Chapter에서는 제1차 시장 조사에 초점을 두고 있지만, 제2차 시장 조사도 다룬다. 제품이나 서비스를 개관하는 데 도움이 될 것이다. 이것은 제1차 시장 조사를 실시할 때 어디에 초점을 두어야 할지 아는 데 도움이 될 것이며, 특히 회사에게 완전히 새로운 분야일 경우에는 더욱 큰 도움이 된다. 제2차 시장 조사는 제1차 시장 조사보다 빠르고 비용도 덜 든다.

MBA Lingo

양적 정보(quantitative information)는 수학적으로 분석할 수 있는 숫자와 데이터를 포함한다. 예를 들어, '조사 응답자의 29%가 Mighty Vac 진공 청소기는 우수한 가치를 지니고 있다.'라고 대답하는 것이 양적 정보이다. 질적 정보는 말로 나타내며, 수학적 분석이 덜 필요하다. 예를 들어, 'Mighty Vac 진공 청소기는 손이 닿기 힘든 곳까지 청소할 수 있게 해준다.'라고 대답하는 것이 **질적** (qualitative) 정보이다.

1차 조사에서는 곧바로 정보의 근원으로 간다. 대개 현재 고객이나 잠재 고객 또는 둘 다를 조사한다는 뜻이다. 1차 조사가 필수적일 때가 있다. 제품을 사용해 본 사람만이 고객 만족을 논할 수 있다. 잠재 고객만이 당신이 제공하는 새로운 서비스를 구매할 것인지 아닌지를 답할 수 있다.

정보의 원천에서 직접 나온 특정 정보는 1차 조사의 주요 장점이다. 그러나 이것은 비용을 들여야 할 수 있다. 1차 조사 비용은 2차 조사 비용보다 많이 든다.

1차 조사는 매우 구조적인 정보를 전달한다. 질문은 당신이 만드는 것이므로 당신은 양적(수적) 응답 또는 질적(말로 나타내는) 응답이 나오도록 1차 조사를 활용할 수 있다.

이 Chapter의 나머지 부분은 1차 조사 연구를 실시하는 방법에 초점을 둔다.

시장 조사 연구

고객에 관한 1차 정보를 알아내기 위해 시장 조사 연구를 결정했다고 가정해 보자. 시장 조사 연구에는 다섯 가지 단계가 있다.

1. 조사 목표를 정한다.
2. 연구를 설계한다.
3. 질문 사항을 만든다.
4. 조사를 실시한다.
5. 결과를 분석하여 발표한다.

각 단계를 얼마나 잘 수행했느냐에 따라 연구 결과의 질이 결정된다. 각 단계를 차례로 살펴보자.

목표 설정

1차 조사이건 2차 조사이건 훌륭한 시장 조사가 되게 하려면 목표를 설정하여 시작해야 한다. 목표는 'Mighty Vac 진공 청소기의 고객 만족도 측정' 또는 '고객 데이터베이스의 프로필 작성'이 될 수 있다.

목표를 설정할 때는 그 결과를 어떻게 사용할 것인지 생각해 보아야 한다. 현재 고객과 잠재 고객에 관하여 알고 싶은 행위와 태도를 생각하고, 분석 단계와 최종 발표를 미리 생각해 본 다음 그에 따라 조사를 조정하라.

연구 설계

누구를 조사할 것인지, 어떻게 조사할 것인지, 어떤 질문을 던질 것인지에 관한 사항을 결정하고 나면 연구를 설계할 수 있다.

MBA Alert

사람들은 시장 조사에 너무 많은 목표를 설정해 놓는 경향이 있다. 대개는 "이왕 조사를 할 바에는 반드시 X, Y, Z를 모두 알아내도록 합시다."라고 말한다. 그러나 그렇게 하면 설문의 길이가 너무 길어져 결과를 망칠 수 있다. 다른 사람들이 당신이 실시하려는 조사에 목표를 너무 많이 설정하려고 들면 그 사람들에게 이 조사의 목표를 설명하고 다음 조사에서 나머지 문제를 다루도록 하자고 말하라. 단 하나의 목표를 고수하도록 하라.

무엇을 알고자 하는지에 따라 누구를 조사할 것인지가 결정된다. 이전 고객을 되찾는 방법을 알고 싶다면 이전 고객을 조사해야 한다. 젊은 독신자들이 당신 회사를 어떻게 생각하는지 알고 싶다면 젊은 독신자들을 조사해야 한다.

조사 대상은 당신이 조사하려고 하는 표본의 크기에 따라 결정되기도 한다. 만약 케이블 TV 회사가 사람들이 가입하지 않는 이유를 조사하려 한다면 그 지역에 사는 비가입자들을 모두 조사할 필요가 없다. 그들의 표본에게만 물어 보면 된다.

조사 방법(우편 조사, 전화 인터뷰, 개인 인터뷰)은 예산, 표본의 크기, 조사 목표에 따라 달라진다.

각 매체의 장단점을 간단히 살펴보자.

조사 구성

조사 방법	장점	단점
우편	응답자당 조사 방법에 드는 비용이 가장 적다.	많은 설문지가 버려지기 때문에 응답률이 낮다.
	한정된 예산으로 대규모 조사를 실시하는 데 이상적이다(질문에 쉽게 대답할 수 있다).	응답자들이 질문에 대해 극단적인 감정을 가지고 있어 표본이 왜곡될 수도 있다.
		응답자의 응답 방식을 통제할 수 없다(질문을 건너뛸 수도 있고, 일관성 없이 대답할 수도 있다).
		더 구체적인 질문을 할 수 없다.
전화	우편 조사보다 일반적으로 응답률이 높다.	우편 조사보다 비용이 많이 든다.
	질문 순서를 조정할 수 있고, 더 구체적으로 물어 볼 수도 있다.	
	고객의 귀사 제품 경험에 관한 상세한 데이터를 얻을 수 있는 아주 좋은 방법이다.	
개인 인터뷰 ('거리 조사'와 같이 비형식적인 방법을 쓰거나 좀 더 조직적인 포커스 그룹을 만들어 실시한다.)	특정 장소(예를 들어, 헬스클럽이나 슈퍼마켓)에서 표본을 얻을 수 있다면 최상의 방법이다.	포커스 그룹을 조직하고 운영하는 데 시간과 비용이 많이 든다.
	상세한 정보를 얻을 수 있다.	인터뷰 대상자를 찾기 힘들 수도 있다.
	사람들에게 직접 시범을 보여야 하는 제품 기본형(prototype)을 가지고 있다면 반드시 개인 인터뷰를 해야 한다.	대규모 표본에서는 효과적이지 않다.

마지막으로, 사람들의 응답을 받아 내는 절차를 어떻게 처리할 것인지 연구 설계 단계에서 결정해야 한다. 사내에서(사내 직원이나 계약직 직원과) 처리할 것인지, 아니면 시장 조사 회사('업체')에게 맡길 것인지가 주요 결정 사항이다.

조사를 완수하는 데 드는 시간이나 자원을 사내에 가지고 있지 않다면 분명히 업체에게 맡기고 싶을 것이다. 시장 조사 회사에 맡기는 것이 가장 좋은 방법인 조사 주제도 있다. 주제가 민감한 문제이거나 부정적인 대답을 들을 수도 있을 경우 업체에게 맡기면 좀더 솔직한 대답을 얻어낼 수 있다. 제품 회사에서 직접 나온 사람과 이야기한다면 사람들은 대부분 제품에 관해 부정적인 말을 삼갈 것이다.

새로운 시장에 진출할 것인지, 또는 대규모 소매 체인점을 어느 곳에 둘 것인지 같은 회사의 주요 결정에 영향을 미칠 문제에 관하여 외부의 독자적인 조사를 원하는 경우라면 시장 조사 회사에 맡기게 될 것이다. 곤란한 문제에 관하여 완전히 객관적인 정보가 필요하다면 시장 조사 회사를 이용해야 한다.

> **MBA Lingo**
>
> **표본(sample)**은 모 집단을 대표하는 사람들로 구성된 부분 집합이다. 적절한 표본을 대상으로 실시한 조사의 결과는 일반적으로 모 집단에도 해당되므로 표본 조사를 실시한다. 표본 조사는 모 집단을 조사하는 것보다 비용이 덜 들고 관리하기도 쉽다. 적절한 표본은 모 집단에서 무작위로 선출하며, 모 집단을 대표할 만한 규모여야 한다. 표본은 그 성격이 모 집단의 성격과 아주 유사해야만 대표성을 띨 수 있다.

조사 처리를 위한 방법으로 무엇을 택하든 회사에서 감당할 수 있는지를 확인해 두어야 한다.

조사를 사내에서 처리하든 외주를 주든 당신 회사의 누군가는 그 프로젝트를 처음부터 끝까지 면밀히 감독해야 하며, 거기에 드는 비용과 결과를 최종적으로 책임져야 한다.

질문 사항의 작성

질문 사항 작성은 그 자체로서 하나의 분야를 이룬다. 여기에 소개하는 지침은 질문 사항을 직접 작성하거나 질문 작성자와 일을 할 때 당신에게 도움이 될 것이다.

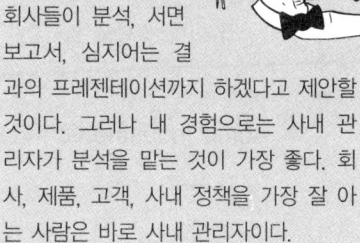

> **MBA Mastery**
>
> 대부분의 시장 조사 회사들이 분석, 서면 보고서, 심지어는 결과의 프레젠테이션까지 하겠다고 제안할 것이다. 그러나 내 경험으로는 사내 관리자가 분석을 맡는 것이 가장 좋다. 회사, 제품, 고객, 사내 정책을 가장 잘 아는 사람은 바로 사내 관리자이다.

첫째, 조사하고 싶은 문제와 묻고 싶은 질문의 목록을 만든다. 브레인스토밍 방법을 사용한다. 이 방법은 관련된 사항이라면 무엇이든 적어 내려가는 것이다. 이름, 주소, 일반적인 특성(예를 들어, 소비자의 교육 수준이나 기업의 업종, 또는 연간 매출)과 같은 신분 확인 질문을 포함한다.

아래에 중요한 질문의 종류와 이것을 활용한 몇 가지 예가 있다.

자유롭게 생각대로 대답할 수 있는 개방형 질문(open-end questions)은 '예'나 '아니오'로 대답할 수 없으며, 특정 대답이 나오도록 유도하지도 않는다. 개방형 질문은 특히 의견, 태도, 느낌을 말하도록 하는 데 적당하다. 유도하는 말이 없기 때문에 응답자는 자기가 생각하는 바를 말할 수밖에 없고, 대답을 거절할 수도 있으므로 솔직한 답변을 얻을 수 있다. 다음은 개방형 질문의 예이다.

▶ Mighty Vac 진공 청소기의 어떤 특징이 귀하에게 가장 중요한가?
▶ Acme Industries로부터 받는 서비스에 대한 귀하의 견해는?

폐쇄형 질문(closed-end questions)은 '예' 또는 '아니오'로 대답할 수 있거나, 특정 응답을 유도한다. 폐쇄형 질문은 표준화할 수 있으므로 대답을 편집하여 분석할 때 비교하기 편하다. 폐쇄형 질문은 또한 응답자가 대답하기도 쉽다. 다음은 폐쇄형 질문의 예이다.

▶ 아래에 있는 Mighty Vac 진공 청소기의 특징 중 어느 것이 귀하에게 중요한가? (해당란에
　모두 표시하시오)
　　□ 긴 호스
　　□ 긴 코드
　　□ 높은 마력
　　□ 사각형 헤드
　　□ 기타(상세히 쓰시오)＿＿＿＿＿＿＿＿＿＿＿

▶ Acme Industries로부터 받는 서비스를 평가하면? (하나만 고르시오)
　　□ 우수
　　□ 양호
　　□ 적절
　　□ 불량

폐쇄형 질문을 할 때는 대개의 경우 응답자에게 지시 사항을 준다(예를 들어, '하나만 고르시오' 또는 '5를 가장 좋은 것으로 하여 등급을 1에서 5 사이로 매기시오).

신분 확인 질문(identifying questions)은 응답자에게 이름, 직함, 주소, 그리고 유사한 정보를 밝히도록 요구한다. 이런 질문은 전화나 개인 인터뷰를 할 때 서먹한 분위기를 잘 극복할 수 있도록 해주는 소위 '아이스 브레이커(ice-breakers)' 역할을 한다.

자격 결정 질문(qualifying questions)은 조사에 참여할 자격이 있는지 없는지를 결정하기 위해 조사 초기에 하는 질문이다. 예를 들어, 고객 만족 조사에는 제품을 실제로 사용해 본 응답자가 필요하다("Mighty Vac 진공 청소기를 사용해 보신 적이 있나요?"라는 질문이 자격 결정 질문이다).

> **MBA Mastery**
>
> 1에서 5까지, 또는 우수, 매우 양호, 양호, 적당, 불량과 같이 다섯 등급으로 된 평가에서는 응답자들이 대개 중간 등급을 표시하는 경향이 있다. 네 개의 평가 등급을 제시하면 응답자가 좀더 긍정적이거나 부정적으로 대답하도록 할 수 있다. 그러면 응답자는 긍정적이거나 부정적인 판단을 할 수밖에 없다.

후속 질문(follow-up questions)은 탐색 질문(probing questions)이라고도 하는데, 이전 질문에 대한 답에 대해 추가로 대답하도록 응답자에게 요구하는 질문이다. 이런 질문으로 한 가지 주제에 더 깊게 파고 들어갈 수 있다. 예를 들어, 먼저 Acme Industries로부터 받은 서비스에 대한 반응을 응답자에게 물어 본 다음, 대답 여부에 상관없이 왜 그렇게 느끼는지 물어 본다.

후속 질문을 너무 자주 사용하면 응답자가 피곤해져서 결국 피상적으로 대답하게 된다. 뻔한 내용 (예를 들어, '왜 저렴한 가격을 좋아하는가?')을 물어 보는 후속 질문을 하면 안 된다.

일단 브레인스토밍으로 질문 목록을 만들고 나면, 필요한 질문만 남을 때까지 목록을 줄여 나간다. 질문 사항을 짧게 만들어라. 조사 시간이 길어지면 응답자가 짜증이 나거나 피곤해진다. 필요한 질문만 하면 응답률이 좋아지고 정보는 더 정확해진다. 설문지는 가능하면 한 페이지 분량으로 만들고, 두 페이지가 넘지 않도록 한다. 전화 질문은 5분 이내로 끝내야 한다. 물론 이런 한계를 넘어갈 수도 있지만, 그러면 응답률이 떨어질 것이다.

질문 사항 작성시 주의할 점

다음은 질문 사항 작성에 관한 일반 지침이다.

▶ 분석 단계를 미리 생각하여 편집하고 분석할 수 있는 대답을 도출해 낼 질문을 한다.

▶ 목표와 관련한 모든 질문을 하되 가능하면 조사를 짧게 한다.

▶ 응답자가 조사에 끝까지 응하지 않을 수도 있으므로, 중요한 질문은 조사 초기에 한다.

▶ 조사 응답을 지시할 때 실수하지 않도록 한다.

▶ 개방형 질문에 답변을 쓸 수 있도록 설문지에 충분한 공간을 둔다.

▶ 우편 조사 응답자에게는 한 페이지 분량의 표지에 왜 이 조사가 중요한지를 공손하게 설명하는 글을 써 보낸다.

▶ 목표에 중요한 부분이라면 민감한 질문이라도 서슴없이 해야 한다. 응답자는 항상 대답하지 않을 권리가 있다.

▶ 다른 사람들이 목표와 상관없는 질문으로 조사를 부담스러운 것으로 만들지 못하게 한다.

▶ 일정 분량의 페이지에 모두 넣기 위해 질문을 빼곡하게 채우지 않도록 한다.

▶ 대단한 반응을 기대하지 말아야 한다. 우편 조사에 응하지 않았던 사람들에게 3주 후에 두 번째의 응답 요청을 한다.

▶ 같은 표본의 사람들에게 너무 자주 가지 않는다. 사람들이 흥미를 잃고 싫어하게 될 것이다.

질문 조사 실시

첫 세 단계를 적절하게 처리했다면 사실상 조사 실시는 간단한 일이 될 것이다. 그러나 특정 연구에 따라 잘 살펴야 하는 세부 사항들이 있다. 예를 들어, 우편 조사서는 시간에 맞춰 발송해야 한다. 또한 예상할 수 있는 방해 요인이 없도록 휴가철 이후와 같은 시기에 보내야 한다. 전화 인터뷰 담당자들은 최신 전화번호 목록을 가지고 있어야 한다. 응답자가 지금은 바쁘지만 다음에 인터뷰에 응하겠다고 동의하면 반드시 특정 시간을 정하도록 인터뷰 담당자들에게 지시하라.

합리적인 선에서 기대하고, 초기의 반응에 너무 흥분하거나 실망하지 말아야 한다. 조사서가 제대로 완성되고 있는지 알아볼 때를 제외하고는 초기 조사 결과를 너무 자세히 들여다보지 않는 것이 좋다.

이 단계의 목표는 완료 조사서(completed surveys 또는 'completes')의 목표량을 달성하는 것이다.

처음에 생각했던 것보다 여기에 시간과 노력을 더 쏟아야 할 수도 있다.

사소한 문제가 발생할 수도 있는데, 그런 경우에는 인터뷰 담당자나 우체국 직원 등 다른 사람들과 함께 문제를 해결해야 한다. 표본의 수를 더 늘려야 할 수도 있다. 문제를 해결하는 동안 반드시 침착하고 자신감 있게 행동하면 결국 완료 조사서의 목표량을 달성하게 될 것이다.

결과 분석과 프레젠테이션

어떤 시장 조사 프로젝트이건 가장 흥미로운 부분은 결과의 분석이다. 결과 분석은 조사 작업이며, 이 부분에서 우리의 탐정적 자질이 드러나게 된다.

연구와 질문 사항이 적절하게 설계되었다면, 그리고 질문 사항이 적절히 완성되었다면 파악하고자 했던 정보를 얻었을 것이다. 이제 그 정보를 잘 이해하기만 하면 된다.

여기에 몇 가지 지침이 있다.

▶ *최대한 객관적인 태도로 임하라.* 사람들은 모두 열린 마음으로 조사 결과에 접근한다고 생각하지만, 대부분 특정 결과를 선호한다. 반드시 자신과 팀원들의 편견을 경계하고, 응답자들이 느낀 대로 솔직히 말했다고 믿어야 한다.

▶ *대답의 패턴을 찾아라.* 한 가지 대답을 많이 볼수록 그것이 사실일 가능성은 더 크다.

▶ *개방형 질문에 대한 대답이 심하게 긍정적이거나 부정적일 경우 이에 동요하지 마라.* 특히 원색적인 말로 표현된 경우라면 그것을 믿기 쉽다. 그러나 그것이 어떤 패턴의 일부가 되지 못한다면 단지 한 사람의 의견에 지나지 않는다.

▶ *누가 무엇을 말하고 있는지 잘 살펴보라.* 응답자의 특성이라는 관점에서 응답을 평가해야 하는 경우가 많다. 최근 고객들의 의견이 오랜 고객의 의견과 다르다면, 도시 거주자들의 견해가 교외 거주자들의 견해와 다르다면, 금융 서비스 부문 고객들의 생각이 산업 고객들의 생각과 일치하지 않는다면 그것은 무언가 중요한 점을 시사하고 있는 것이다.

▶ *조사 목적을 다시 생각해 보고, 그 목적의 관점에서 결과를 평가하라.* 가령 새로운 시장에 진출하거나 제품을 바꾸는 등의 결정을 내리기 위해 조사를 실시했다면, 응답자들은 회사에게 무엇을 하라고 말했는가? 예를 들어, 편집 등의 순전히 정보 수집 용도로 고객 프로필 조사를 행했다면 무엇을 듣게 되었는가? 이러한 결론들이 주요 조사 결과를 구성하게 될 것이다.

▶ *조사 결과를 고려하여 어떤 추천을 할 것인지 결정하라.* 대부분의 시장 조사(사실상 모든 종

류의 조사)는 '실행 가능한 결과'를 생산해 내야 한다. 다시 말해, 이런 정보를 발굴해 낸 이 상 그 결과로 회사가 어떤 행동을 취해야 할지 알 수 있어야 한다.

이 책에서는 다루지 않았지만, 조사 결과를 분석하는 데 사용할 수 있는 다양한 통계 도구가 있다. 그러나 목적을 달성할 만큼 응답자 기반이 충분히 넓다면 다양한 대답의 단순한 비율(즉, 이렇게 저렇게 대답한 비율)만으로도 알아야 할 것을 알 수 있다. 신문에 보도되는 대부분의 정치적 여론 조사 자료는 단순한 비율에 기초한다. 가령 지지율이나 이슈에 관한 투표자의 입장 등과 같은 것 이다.

시장 조사 결과를 분석할 때는 상식적인 선에서 해야 한다. 만일 응답자 대부분이 어떤 말을 한다 면, 그리고 당신의 상식으로도 그들의 견해가 맞다고 생각되면 표본의 모 집단 역시 대부분 비슷 하게 느낀다고 믿어도 좋다.

강력한 프레젠테이션

Chapter 5에서는 프레젠테이션을 구성하고 실행하는 데 필요한 기초 사항을 알아보았다. 시장 조 사의 결과를 가지고 있는 당신은 현재 고객과 잠재 고객의 의견이라는 강력한 무기를 갖춘 셈이므 로, 프레젠테이션에서 조사 결과가 좋건 나쁘건 있는 그대로 보여 주는 것이 최선의 방법이다.

다음은 전형적인 시장 조사 결과를 서면으로 보고할 때 일반적으로 알아 두어야 할 사항들이다.

- ▶ *실행 개요.* 연구, 연구 목적, 결과, 추천 사항을 한두 페이지 분량으로 작성한 개요.
- ▶ *목적.* 보고서 본문의 첫 부분. 이 부분에서는 연구의 목적과 범위, 그리고 실행 시기를 기록 한다.
- ▶ *주요 결과.* 중요한 질문에 대해 조사 응답자들이 대답한 내용.
- ▶ *부차적 결과.* 부차적인 질문 사항에 대해 응답자들이 대답한 내용.
- ▶ *추천 사항.* 조사 결과에 따라 회사가 취해야 할 행동.
- ▶ *부록 1.* 연구의 방법론. 연구 실행 방법과 표본 추출 방법을 기록하고, 설문 내용의 샘플을 첨부한다.
- ▶ *부록 2.* 조사 응답자들.

이것은 하나의 예로 설명한 것일 뿐이다. 실제 연구 결과 보고서에서는 대개 더 많은 내용을 포함하거나 덜 포함하며, 다른 섹션을 둘 수도 있다.

회사가 활용할 수 있는 정보의 원천은 여러 가지가 있지만, 그중에서도 시장 조사가 가장 권위 있는 정보의 원천이다. 상당히 까다로운 필요에 맞추어 시장 조사를 조절할 수도 있고, 어떤 규모로도 실행할 수 있다.

시장 조사를 실시하는 목적이 무엇이건 간에, 회사의 자원 상태가 어떠하건 간에, 시장 조사를 하는 것과 하지 않는 것은 앞이 보이지 않는 상태에서 하늘을 나는 것과 불빛이 환하게 비추는 코스를 따라 날아가는 것만큼 다른 결과를 만들어 낸다.

이것만은 알아 두자

▶ 시장 조사 연구의 목적을 명확히 하고, 그에 따라 조사를 준비한다.

▶ 시장 연구 프로젝트의 주요 다섯 단계는 목적의 정의, 연구의 설계, 질문 사항 작성, 조사의 실시, 결과의 분석과 프레젠테이션이다.

▶ 표본의 품질은 대개 조사의 품질을 결정한다. 그저 재확인 차원에서 재빨리 조사를 하려고 하는 것이 아니라면 반드시 표본이 모 집단의 대표성을 띠도록 해야 한다.

▶ 한 가지 연구에 두 가지 이상의 목적을 두거나, 질문 목록을 너무 길게 작성하지 않는다.

▶ 얻고자 하는 정보 가치에 비해 시장 조사 프로젝트 예산이 너무 많이 든다고 생각되면 질문의 수를 줄여라. 아니면 조사의 절반을 먼저 실시하고, 나머지 절반은 유용한 정보를 추가해 줄 때만 실시한다.

▶ 시장 조사의 가치를 믿지 않는 회사에서 근무하고 있다면 참을성 있게 그 가치를 심어 준다. 다른 한편으로는 자사 시장과 고객에 관해 최대한 알 수 있고 비교적 돈이 들지 않는 부차적인 조사를 실행한다.

Chapter 18

마케팅의 다섯 가지

> **In This Chapter**
> ### Point
> ▶ 마케팅 믹스의 이해
> ▶ 제품, 가격 결정, 포장, 장소, 프로모션의 적절한 활용 방법
> ▶ 제품 포지셔닝의 이해

나이키 신발, 앱솔루트 보드카, 디즈니 엔터테인먼트, 혼다 자동차, 버드아이 냉동 식품, 에버레디 배터리, 맥도날드, 코카콜라, 메릴린치 같은 기업들은 수많은 사람들에게 해마다 어떻게 그렇게 많이 판매하는가? 언뜻 생각하기에는 미친 듯이 광고를 많이 해서 그런 것 같다. 그러나 광고만으로는 안 된다. 1998년 초에는 그토록 막강한 나이키도 경쟁사들 때문에 곤욕을 치렀고, 심지어 맥도날드도 자사 제품을 다시 한번 생각해 보았다. 광고는 마케팅 믹스의 일부분일 뿐이며, 기업은 모든 부분을 제대로 관리해야 한다.

마케팅 믹스란 기업이 자사 제품을 마케팅할 때 사용하는 여러 가지 요소를 조합한 것이다. 이런 여러 가지 요소를 조합하여 특정 제품을 위한 최상의 마케팅 믹스를 만들어 내려면 상당한 노력을 기울여야 한다. 잠재 고객 및 현재 고객이라는 시장뿐만 아니라 경쟁자들도 적절히 평가해야 한다.

이 Chapter에서는 마케팅 믹스의 각 요소를 설명한다. 이 다섯 가지 요소의 사용 방법을 잘 익히면 경쟁력을 갖출 수 있다. 방법을 알아보자.

마케팅 믹스

다음은 마케팅의 다섯 가지 P이다.

▶ *제품(Product).* 기업이 판매하는 제품과 서비스를 말한다. 신제품이 성공하려면 잘 만들고, 잘 관리하고, 고객의 욕구를 충족시켜야 한다.

대부분의 기업에서는 자사 제품에 영향을 미치는 모든 결정에서 마케팅과 판매가 큰 역할을 수행한다. 그래서 기업들은 시장 흐름과 고객 욕구를 잘 파악하고 있고, 어떻게 해야 새로운 제품과 서비스가 잘 팔리는지도 알고 있다.

▶ *가격(Price).* 마케팅 믹스에서 가격은 제품 다음으로 중요한 요소이다. 가격은 마케팅 믹스의 나머지 요소에 영향을 미치며, 고객과 경쟁자들에게서 강한 반응을 끌어낼 수 있다. 그래서 가격 결정 전략은 매우 중요하다.

가격을 결정하는 데 수학적 접근법이 효과적일 수도 있지만(예를 들어, 가장 근접한 경쟁사보다 10% 낮은 가격, 또는 자사 제품에 든 비용보다 30% 높은 가격으로 결정할 수 있다), 가격 결정은 과학적인 만큼 예술적이기도 하다.

▶ *포장(Packaging).* 제품(특히 서비스에 대조되는 의미의 제품)은 포장을 해야 한다. 포장은 제품을 보호하고 최상의 방법으로 제품을 소개할 수 있어야 한다. 매력적이고 효율적인 포장은 아주 중요하지만, 디자인하기가 어렵다. 그래서 모든 디자인 회사들은 마케팅 중에서도 이 분야에만 집중한다.

▶ *장소(Place).* 마케팅 믹스에서 장소란 사실 유통(distribution)을 의미한다. 유통은 판매 경로와 관계가 있으며, 판매 경로란 자사 제품을 고객에게 전달하는 특정한 방법을 말한다(그러나 '유통'은 글자 D로 시작하지 P로 시작하지 않는다. 그리고 이것은 마케팅의 다섯 가지 P이지 다섯 가지 D가 아니다). 제품

MBA Lingo

*유통(distribution)*이란 당신의 제품을 고객의 손까지 가져다 주는 방법을 말한다. 여기에는 제품을 수송하는 방법도 포함된다. 그러나 마케팅 개념에서는 유통은 주로 판매 경로에 중점을 둔다. *판매 경로(sales channels)*는 유통 경로(distribution channels)라고도 하는데, 제품을 고객에게 전달하는 특정한 방법을 말한다. 여기에는 소매업자, 도매업자, 텔레마케터, 다이렉트 메일 캠페인 등이 포함된다.

MBA Lingo

마케팅 믹스는 다섯 가지 P(The Five Ps)로 결정되는데, 여기에서 *제품(product)*이란 이 회사가 실제로 판매하는 것을 말한다. *가격(price)*은 그 제품에 대해 고객이 치러야 하는 돈을 가리킨다. *포장(Packaging)*은 제품을 담는 것이며, 동시에 진열되는 모습이기도 하다. *장소(Place)*는 제품이나 서비스가 판매되는 장소를 가리키며, *프로모션(Promotion)*은 광고와 판촉을 포함한다.

이 적절한 방법으로 적절한 고객에게 도달하도록 하려면 적절한 유통 방법을 써야 한다.

▶ _프로모션(Promotion)._ '마케팅'이라는 말을 들었을 때 대부분의 사람들이 생각하는 것이 프로모션이다. 판촉과 광고를 포함하는 프로모션은 제품에 관하여 전할 메시지를 선택하는 방법이다.

이 Chapter의 나머지 부분에서는 다섯 가지 P를 하나씩 좀더 자세히 살펴보도록 하자. 다섯 가지 P를 모두 조합하면 마케팅 믹스가 된다.

제품이 가장 중요하다

대대적인 마케팅으로 제품의 결점을 극복할 수 있다고 생각하는 사람들이 있다. 그런 일이 없지는 않지만 아주 드문 일이고, 또 장기적으로 보았을 때 결코 효과적이지 못하다. 진정으로 성공적인 제품은 대부분 구매자의 구매 목적을 충족시켜 준다.

Case IN Point

컴퓨터 기술 전문가들 가운데는 마이크로소프트의 DOS(디스크 운영 시스템)가 1970년대 후반에 개발된 다른 운영 시스템보다 열등한 제품이라고 믿는 이들이 많지만, DOS는 현재 거의 모든 개인용 컴퓨터 운영에 사용되고 있다. 그들은 마이크로소프트가 DOS를 IBM의 모든 PC에 공급하기로 한 계약을 포함해 강력한 마케팅 캠페인을 벌였기 때문에 이 열등한 제품이 성공할 수 있었다고 말한다.

그러나 이 기술 전문가들이 간과하고 있는 사실이 있다. 사람들은 애플 컴퓨터가 아닌 다른 컴퓨터를 운용할 때 이해할 수 있는 방법이 필요했고, 마이크로소프트는 그 방법을 제공했다.

기술 전문가나 비평가의 관점에서 보았을 때 '열등한' 제품이 있다고 하더라도 그 제품이 고객의 문제를 해결해 준다면 당신은 돈을 벌 수 있다. 단지 마케팅 믹스의 다른 요소들을 적절하게 만드는 것이 더욱 중요해질 뿐이다.

Chapter 21에서 훌륭한 제품의 개발 방법을 더 상세히 살펴보기로 하고, 여기서는 마케팅 믹스에서 성공하기 위해 갖추어야 할 특성을 알아보자.

▶ 고객 욕구의 충족

▶ 사용의 편리성

▶ 가격에 맞는 품질

▶ 제품 안전성

▶ 기업의 나머지 다른 사업과의 적합성

기업의 마케팅 메시지와 판매 프레젠테이션에서 이런 특성들(예를 들어, 사용의 편리함이나 품질)을 고객에게 알려 줄 수 있다. 그러나 대부분의 고객들은 특징보다 효익(效益)에 더 관심이 많기 때문에 그런 특성들을 어떻게 알려 주느냐에 따라 차이가 생길 수 있다.

제품은 휴대하기 편리한 사이즈, 특별한 기술, 매력적인 컬러와 같은 특징이 있어야 한다. 성공한 제품은 이런 특징으로 같은 범주 안에 있는 다른 제품들과 구별된다. 제품에 이런 특징들이 아무런 목적 없이 포함되어서는 안 된다(예를 들어, 와플 굽는 틀에 휴대가 간편하다는 특징이 있더라도 아무도 그것을 원하지 않는다면 주머니 크기만한 와플 틀을 생산한들 무슨 소용이 있겠는가?).

오히려 당신 제품이 가지고 있는 특징은 모두 고객에게 효익을 줄 수 있어야 한다. '효익(效益)'이 바로 제품을 마케팅하고 판매할 때 초점을 두어야 할 점이다.

다음은 특징과 효익의 차이이다. 특징은 제품의 특성 또는 품질이다. 그런 특징으로 인해 고객에게 도움이 되는 방법이 효익이다.

MBA Lingo

특징(feature)이란 제품의 특성을 말한다. 예를 들어, 색깔, 크기, 힘 등이다. **효익(benefit)이란** 제품과, 제품 특징으로 인해 고객이 얻게 되는 것을 말한다.

예를 들어, 스포츠카의 특징과 효익의 차이를 알아보자.

특징	효익
320 마력 엔진	빠른 질주와 간단한 추월을 즐길 수 있다.
5만 마일 이후 튠업	돈을 절약하고, 더 오랫동안 달릴 수 있다.
거대한 18인치 바퀴	급회전할 때 몸이 기울지 않는다.
캔디애플색(빨간색) 외관	사람들의 이목을 끌고, 즐기는 것을 좋아한다는 이미지를 준다.

고객은 특징보다는 효익에 더 관심이 있다. 효익을 주지 못하는 특징은 마케팅 관점에서 보면 소용이 없다.

MBA Mastery

항상 고객이 필요로 하는 방향으로 제품을 개선할 수 있도록 기술팀, 연구개발팀, 제품개발팀, 원로 경영진 등과 공조하라. 아무도 당신의 개선 사항에 대해 돈을 더 내서 기꺼이 사려 하지 않는다면 이것을 진정한 개선이라고 할 수 있을지 자문해 보라.

마케팅 전문가는 항상 고객의 입장에서 생각해야 한다. 제품을 더 작게 만들 수 있다면 마케터는 더 작다는 특징이 고객들에게 어떤 소용이 있는지 말해 주어야 한다. 제품을 손에 쥐기 더 용이한가? 보관하기 더 편한가? 휴대가 더 간편한가? 다른 것과 겸용하기 더 좋은가? 제품 내구성이 더 좋다면 고객에게 뭐라고 말하면 좋을까? 하나 더 살 필요가 없다는 점? 유지비가 덜 든다는 점? 효익을 찾아내고 그것을 마케팅하라.

가격 결정 문제

MBA Lingo

*가격점(price point)*이란 비슷한 제품들의 가격과 관련한 가격 수준 또는 가격을 말한다. *특매품(loss leader)*이란 제조업자, 더 일반적으로는 소매업자가 이익을 남기지 않고 고객을 끌기 위해 파는 제품이다. 기업이 경쟁사의 유사한 제품보다 낮은 가격으로 자사 제품의 가격을 결정하려고 할 때, 경쟁 가격 *결정 전략(competitive pricing)*을 펼친다고 말한다.

가격 결정을 잘못 하면 좋은 제품을 사장시킬 수 있으며, 심지어 회사까지도 망하게 할 수 있다. 적정한 가격에 대한 첫번째 요건은 그 제품의 가격점에서 돈을 벌 수 있어야 한다는 것이다. 제품의 판매 가격보다 생산 비용이 더 많이 든다면 그 제품을 만드는 것은 거의 의미가 없다('거의'라고 말하는 이유는 그 제품을 손님을 끌기 위해 밑지고 파는 특매품으로 사용할 수도 있기 때문이다).

제품을 경쟁력 있는 가격에 팔아야 한다. 경쟁사에서 비슷한 품질을 가진 제품에 당신 제품보다 더 낮은 가격을 책정한다면 어떻게 당신이 사업을 해 나갈 수 있겠는가? 경쟁사의 제품보다 가격이 비싸다는 점을 극복하기 위해 고객과의 관계나 판매 인력의 능력에 의존해서는 안 된다. 그러나 높은 수익을 내 주는 비싼 가격을 정당화할 수 있는 다른 방도가 여러 가지 있다.

가격 결정 전략

가격 결정 전략은 기본적으로 세 가지가 있는데, 경쟁 가격 결정 전략, 원가 가산 가격 결정 전략, 가치 가격 결정 전략 등이다. 하나씩 알아보도록 하자.

모든 경쟁사들보다 낮은 가격으로 제품을 판매한다면 경쟁력 있는 가격 결정 전략을 구사하는 것이다. 시장에서 성공하기 위해 반드시 가장 낮은 가격으로 팔아야 하는 것은 아니다(메르세데스 벤츠의 가격을 보라). 그러나 낮은 가격은 효과적으로 경쟁할 수 있는 한 가지 방법이다.

때로는 경쟁력 있는 가격이 반드시 필요하다. 예를 들어, 생필품을 거래하는 사업에서는 누가 팔건 상관없이 제품이 기본적으로 똑같기 때문에 가장 낮은 가격을 제시하는 기업이 대개 성공한다. 그것은 제품 자체가 차별화되어 있지 않으므로 가격이 바로 그 차별화 요소가 되기 때문이다. 철광석, 석탄, 목재, 쌀, 땅에서 나는 기타 여러 가지 제품이 생필품이다.

그러나 경쟁 가격 결정 전략이 생필품에만 필요한 것은 아니다. 소매업에서 휴대용 **CD** 플레이어는 생필품은 아니지만 일단 고객이 제품을 사기로 결정하면 어떤 유형의 제품을 살 것인지 결정하는 데 가격이 큰 영향을 미친다. 그래서 소매점에서는 일반적으로 경쟁 가격 결정 전략을 사용한다. 사실 다른 모든 광고 가격보다도 더 낮은 값을 제시하는 소매업자들도 있다.

일반적으로 경쟁 가격 결정 전략의 승패는 대량 생산과 낮은 원가에 달려 있다.

원가 가산 가격 결정 전략에서는 판매하는 제품의 원가를 살펴보고, 만들어 낼 이익에 이것을 더한다. 그것이 가격이다. 원가 가산이란 '원가에 이익을 더한 것'을 의미한다.

> **MBA Alert**
>
> **원가 가산 가격 결정 전략(cost-plus pricing)**은 컨설팅과 같은 노동 집약적인 서비스 사업에서 특히 유용하게 쓸 수 있다. 그러나 이런 사업의 원가는 제조업보다 측정하기가 어렵다. 손해 보지 않으려면 먼저 각 프로젝트에 필요한 노동력을 세밀하게 계산하여 자사 이익을 더한 다음, 예산액 내에서 원가를 유지해야 한다.

> **MBA Lingo**
>
> **가치 가격 결정 전략(value pricing)**에서는 고객에게 전달되는 가치를 반영하여 가격을 결정한다. 이 정책은 경쟁 가격 결정 전략이나 원가 가산 가격 결정 전략의 대안이다. 아스피린을 판매할 경우, 경쟁 가격 결정 전략에서는 경쟁사보다 낮은 가격을 책정할 것이고, 원가 가산 가격 결정 전략에서는 제조 원가에 회사 이익을 더하여 가격을 결정할 것이다. 그러나 가치 가격 결정 전략에서는 고객이 자신의 두통을 사라지게 하기 위해 기꺼이 지불하고자 하는 가격으로 정할 것이다.

그래서 만일 스테레오 장비 소매상이 60달러에 소니 디스크맨을 사들이고 40%의 총마진을 만들어 내야 한다면 소매상은 디스크맨을 100달러(100 − 60 = 40이고, 40 / 100 = 40%)에 팔아야 한다 (원가 가산 가격 결정 전략을 사용하여 가격을 찾아내는 여러 가지 다른 방법도 있지만, 모두 원가

보다 높은 이익 수준을 내는 것을 기본으로 삼고 있다).

직접적인 이 방법으로 제품을 판매하면 반드시 돈을 번다. 하지만 유감스럽게도 이 방법이 제품의 판매를 보장해 주지는 않는다.

이 가격 결정 전략의 성공은 경쟁사가 제품을 더 낮은 가격에 내놓느냐 아니냐에 달려 있으며, 또한 당신이 원가를 억제하고 합리적인 이익을 목표로 하느냐에 달려 있다.

가치 가격 결정 전략은 경쟁 가격 결정 전략이나 원가 가산 가격 결정 전략의 대안이다. 고객에게 전달하는 가치를 근거로 가격을 결정한다. 이 전략에서는 고객에게 최대한의 가치를 전달하고 그것에 대한 대가를 고객에게 요구한다. 이 전략으로 높은 가격을 책정하고 높은 가치를 전달하여 그 가격을 정당화할 수 있다.

가치 가격 결정 전략은 일반적으로 하이테크 산업과 의류, 레스토랑, 여행과 같은 사치 품목에서 사용된다.

가치 가격 결정 전략은 새로운 하이테크 제품에서 효과가 있다. 신기술이 매우 호소력 있거나 고비용의 문제를 해결했다면 그것은 매우 높은 가치가 있다. 다시 말해서, 고객이 그것을 정말 원하거나 필요로 한다면 기꺼이 비싼 값을 치를 것이다.

새로운 한 가지 기술이 나온 후 가격이 떨어지는 것을 보았을 것이다. 사실 어떤 기술(예를 들어, VCR이나 고화상 텔레비전 또는 차세대 PC)이 등장하면 "나는 가격이 떨어질 때까지 기다릴 거야."라고 말하는 사람을 보았을 것이다. 다시 말해, 그런 사람들에게는 이 기술이 높은 가격을 주고 살 만한 가치가 없는 것이다. 그러나 다른 고객들은 가격에 민감(price-sensitive)한 정도가 덜하고 그 새로운 기술이 필요하기 때문에 먼저 살 것이다.

다른 시장에서 가치 가격 결정 정책은 가치 전달의 능력과 가치 인지도에 따라 좌우된다. 서비스는 가치를 창출하는 한 가지 방법이다. 미친 듯이 고객에게 서비스를 하여 높은 가격을 정당화하는 기업이 많이 있다. 또 한 가지 방법은 품질, 재료, 구성, 특징 면에서 '최고'가 되는 것이다. 그러면 이것으로 긴 수명, 고성능, 유지 보수의 불필요성과 같은 효익을 전달할 수 있다.

가치 인지도가 제품의 실제 품질만큼 중요하거나 더 중요한 경우가 많다. 가치는 구매자가 낀 '제 눈의 안경'인 셈이다. Hermes의 실크 스카프가 정말 25달러짜리 스카프보다 다섯 배의 가치가 있을까? 조니 워커 블랙이 패스포트 스카치보다 과연 네 배의 가치가 있을까? 구매자는 그렇게 생각하는 것 같다.

어떤 제품 범주에서는 이것으로 이상한 현상이 벌어진다. 제품 가격이 높을수록 더 많이 팔린다는 것이다. 이런 현상을 밝혀 낸 미국인 경제학자의 이름을 따서 이것을 베블렌 효과(Veblen Effect)라고 부른다. 베블렌 효과는 제품 가격이 낮을수록 더 많이 팔린다는 일반적인 가격 이론(price theory)과는 정반대 현상이다. 베블렌은 값이 올라갈수록 더 많이 팔리는 제품이 있다는 사실을 알아냈다. 다시 말해, 높은 가격은 가치 인지도를 창출할 수 있다.

믹스 가격 결정 전략

사실 세 가지 가격 결정 전략을 모두 고려해야 한다. 가격 경쟁을 하지 않는 경우라도 경쟁사의 가격을 고려해야 한다. 또한 원가를 고려하지 않으면 이익이 많이 남지 않을 수도 있다. 당신이 어떤 제품을 판매하건 고객은 지불한 돈에 대한 가치를 원하므로 고객에게 전달하는 가치도 고려해야 한다.

성공적으로 가격을 결정하는 데에는 본래 다이내믹한 측면과 시행 착오라는 요소가 있다. 제품, 고객, 경쟁자가 자주 바뀌므로 그에 따라 가격을 자주 바꿔 주어야 한다는 면에서 가격 결정은 다이내믹하다. 가격이 매출, 수익, 성장에 영향을 미치기 때문에 가격 결정은 시행 착오의 요소를 지닌다. 따라서 가격이 이런 여러 척도에 미치는 영향을 관찰하고, 다음에 무엇을 해야 할지 결정해야 한다.

포장이 제품을 나타낸다

포장(packaging)은 제품을 담는 포장(package)의 모든 측면을 포함한다. 제품의 포장은 실용적이면서도 판촉 효과가 있어야 한다. 포장 결정에는 기술, 디자인, 그래픽, 유통, 마케팅의 문제가 포함된다.

여러 가지 제품은 포장에서 각기 다른 해결 과제를 안고 있다. 깨지기 쉬운 제품은 수송하는 동안 잘 보호하는 것을 첫번째 고려 사항으로 삼아야 한다. 소매 제품에서는 상점에 온 고객의 눈길을 끄는 능력이 최우선이다. 소매 제품은 또한 지나치게 복잡한 진열 공간에서 경쟁력을 발휘해야 하는데, 포장은 소매점 주인이 그 제품을 어디에 진열할 것인지 결정할 때 영향을 미칠 수 있다. 포장 비용도 항상 고려해야 할 사항이다.

MBA Alert

1990년대 중반에 실시한 조사에 따르면, 그린 제품이 아닌 일반 제품의 매출액으로 미루어 보아 불가능한데도 훨씬 많은 소비자들이 자신은 '지구 친화적인' 제품만 산다고 말했다. 그러나 환경 문제에 관심이 많은 소비자들이 '그린' 제품을 매우 선호한다는 것은 잘 알려진 사실이다.

지난 20년 동안 환경 문제, 안전 문제, 그리고 소위 '포장의 제품화'라는 세 가지의 새로운 포장 문제가 대두되었다.

'그린'이라고도 하는 환경 문제는 아직도 미국인들이 구매 결정을 내릴 때 비교적 작은 영향밖에 미치지 못한다. 그러나 이런 영향력은 점점 늘어나고 있는 것 같으며, 또한 환경 친화 제품에 높은 가치를 두는 경향이 있다. 이런 제품은 재활용할 수 있는 재료 또는 생물 분해성이 있는 재료로 만들거나 포장한 제품이며, 이 밖에 다른 방법이 '지구 친화적'이라고 할 수 있는 제품들이다.

예를 들어, 처음에 음악 CD를 포장하는 데 사용했던 긴 마분지 상자의 쓰레기를 보고 고객들이 좋지 않은 반응을 보이자 재활용이 가능한 수축 포장으로 바꾸었다.

1970년대와 1980년대에 포장을 뜯고 상품에 손댄 흔적이 있는 사건이 몇 건 일어나자 사람들은 공포감에 휩싸이게 되었고, 포장의 안전 문제가 대두되었다. 쉽게 손댈 수 없도록 만든 포장은 이제 대부분의 식품과 포장 소비재의 표준이 되었다. 또한 어린이가 손댈 수 없도록 캡슐 포장한 약들이 나왔다. 그러나 이 새로운 포장 전략은 의도하지 않았던 결과를 가져왔다. 노인이나 손에 관절염이 있는 사람들은 어린이 안전 캡슐을 뜯기 어렵거나 아예 불가능하다는 점이었다.

'포장의 제품화'란 포장이 제품에 통합되고 있으며, 하나의 차별화 요소로서 작용하는 것을 말한다. 이것은 생필품류의 제품 범주에서 효과적이다. 예를 들어, 유럽에서는 상자로 포장한 우유가 널리 용인되고 있지만, 미국에서는 판매가 훨씬 어렵다. 그러나 상자에 든 주스는 미국에서 상당히 성공적이다.

포장은 최상의 상태일 때 제품 차별화와 일종의 경쟁 우위를 제공할 뿐만 아니라 물리적인 보호, 매력적인 전시 효과, 사용의 편리함도 제공해 준다. 마케팅 믹스의 모든 부분과 마찬가지로 포장에도 생각과 노력이 필요하다.

적정한 판매 경로가 수익을 낳는다

오늘날은 과거 어느 때보다도 제품을 판매할 곳이 많다.

▶ *직판 인력.* 회사의 직원으로서 자사의 제품만 판매하는 판매원.

▶ *도매상.* 제품을 재판매할 회사에 다른 기업의 제품을 판매하는 기업. 도매상은 제품 생산자와 소매상 사이에 있기 때문에 '중간상'이라고도 부른다. 식료품 도매상은 식료품 처리 회사에서 제품을 사들여 그것을 식료품 상점에 판매한다.

▶ *소매상.* 개인 고객과 기업 고객(이 경우는 훨씬 적지만)에게 판매하는 상점. 소매 체인점은 Macy's 백화점처럼 같은 점포를 두 군데 이상 가지고 있는 기업을 말한다.

▶ *주문자 상표 부착 제조업자(OEMs).* 다른 기업이 제작한 제품과 부품으로 만든 장비를 조립하여 판매하는 기업. OEMs 기업은 주로 컴퓨터와 기타 하이테크 사업에 있다.

▶ *독립 판매 요원.* 회사의 직원이 아니면서 그 회사 제품을 파는 판매원. 일반적으로 수수료만 받고 일한다.

▶ *다이렉트 리스펀스.* 우편으로만 판매하거나, 고객에게 우편이나 전화로 주문하도록 요청하는 광고를 잡지, 텔레비전, 라디오 등에 내보내 판매한다.

▶ *텔레마케팅.* 사람들의 전화번호 목록을 가지고 전화로 판매하는 것.

▶ *인터넷.* 인터넷, 더 정확히 말해 월드 와이드 웹(인터넷과 사용자 사이에 있는 그래픽 인터페이스)을 통해 판매하는 것으로, 비교적 새로운 방법이다. 주문하려면 우편이나 이메일로 하든지, 아니면 '전자 주문서'를 작성하여 주문한다. 지금까지는 아주 소수의 제품만이 웹을 통해 성공적으로 판매되었을 뿐이다. 소프트웨어와 책은 각각 업계 최고의 한두 업체만이 성공적이었다.

▶ *국제 시장.* 어떤 나라의 기업에게도 요즘은 외국 시장이 점점 더 중요해지고 있다. 수출은 복잡하고 비용이 많이 드는 판매 방법이기는 하지만, 워싱턴 시에 있는 미국 상무부는 사업체들에게 수출업에 관한 무료 정보를 많이 제공한다.

▶ *공동 마케팅 협정.* 한 기업이 대개 규모가 더 큰 다른 판매 기업에게 제품을 공급하는 것.

> ## MBA Lingo
>
> *주문자 상표 부착 제조업자(OEMs; Original equipment manufacturers)*는 다른 기업이 제조한 제품과 부품으로 장비를 조립하여 판매하는 기업이다. **독립 판매 요원** *(Independent sales reps)*은 대개 자영업자이거나 소규모 판매원 회사에서 일하는 사람이다. 이런 판매원들은 제품을 제공하는 기업의 직원이 아니면서 대개 수수료만 받고 그 기업의 제품을 판매한다. *공동 마케팅 협정(joint marketing agreements)*은 한 기업이 대개 규모가 더 큰 판매 기업에게 제품을 공급하는 방식이다.

이런 것들이 모두 유통 경로이다. 이 가운데 몇 개를 이용하느냐는 제품, 가격 결정 및 목표 시장에 달려 있다. 그러나 수익을 낼 수 있는 모든 유통 경로를 이용해야 한다.

Case IN Point

세계에서 가장 큰 온라인 서점 아마존(Amazon.com)은 장소(place), 즉 유통 경로의 중요성을 잘 보여 주는 대표적인 예이다. Pacific Northwest에서 일하기 위해 뉴욕을 떠난 전직 월스트리트 증권 거래 전문가가 아마존을 설립했다. 이 회사는 온라인에서만 사업을 하며, 250만 개가 넘는 출판물을 소개하고 있다. 아마존의 사업이 성공하자 주요 소매 서점인 반스 앤 노블(Barnes & Noble)도 자사의 온라인 서점을 개업하였다.

생각해 보면 이것은 정말 좋은 아이디어였다. 책이 월드 와이드 웹에서 가장 많이 팔리는 제품 범주에 들어간다는 것은 오랫동안 잘 알려져 온 사실이다. 그렇다면 왜 다른 체인 서점 기업은 이런 생각을 하지 못했을까?

유통 전략을 세울 때 자문해 볼 사항은 아래와 같다.

- ▶ 무엇을 판매하고 있는가?
- ▶ 잠재 고객은 누구인가?
- ▶ 잠재 고객은 어디에 있는가?
- ▶ 잠재 고객에게 어떻게 접근할 것인가?
- ▶ 유통 경로는 어떻게 작용하는가?
- ▶ 이 유통 경로를 통해 판매하는 데 비용이 얼마나 드는가?
- ▶ 몇 개의 유통 경로를 이용할 것인가?

이런 질문에 대답하는 과정에서 적절한 판매 경로를 선택할 수 있을 것이다. 그러나 적절한 판매 경로가 하나만 존재하는 것은 아니다. 두세 개의 어떤 경로를 이용할 것이며, 그것들을 혼합해서 이용할 것인지 아니면 일정한 순서를 정해 한 번에 하나씩 이용할 것인지를 결정해야 한다.

프로모션으로 구매를 늘린다

좁은 의미에서 프로모션은 사람들에게 제품을 인식시키거나 구매를 유인하는 방법을 말한다. 전술에는 할인 쿠폰, 시간 제한 판매, 그리고 후원 콘서트나 운동 경기와 같은 특별 이벤트가 있다.

프로모션의 또 한 가지 예로는 프리미엄이 있는데, 펜, 티셔츠, 달력, 머그(Mug)와 같은 기본적인 판촉 상품을 제공하는 것이다. 프리미엄에 관해서는 Chapter 19에서 더 자세히 다루도록 하겠다.

Case IN Point

때로는 유통 전략이 기업 전체 전략의 중심이 된다. 카탈로그를 이용해서 판매하는 다이렉트 메일 기업이 좋은 예이다. 야외용 의류를 판매하는 기업인 L.L. Bean은 한 가지 길을 열심히 추구해 나갔고, 후에 Eddie Bauer, Land's End 등의 다른 기업들이 이 길을 따랐다.

하나의 판매 경로에서 성공한 기업은 다른 판매 경로를 추구할 수 있게 된다. L.L. Bean은 메인 주에 있는 프리포트에서 오랫동안 소매점을 운영해 왔다. Eddie Bauer는 처음에는 우편 주문 기업으로 설립되었지만 후에 소매점 체인 기업을 설립했다.

다이렉트 메일에서 소매로 옮겨 갈 수도 있지만 반대가 될 수도 있다. J.C. Penney와 같은 많은 소매 기업은 상점 판매에서 성공하자 카탈로그와 다이렉트 메일 방식을 운영하게 되었다.

더 넓은 의미에서 프로모션은 이런 전술 이외에 제품을 시장에 알리기 위한 모든 행위를 말한다. 가장 중요한 것으로는 광고와 홍보가 있다.

대부분의 시장은 붐비기 때문에 프로모션을 잘 해야만 시장에서 제품을 알리거나 성공시킬 수 있다. 기업이 자사를 알리고 자사 제품을 판촉할 수 있도록 도와주는 광고사나 홍보사가 존재하는 것을 보면 프로모션이 얼마나 중요한지 알 수 있다.

다음 Chapter에서 광고, 프로모션, 홍보에 관해 좀더 자세히 알아보도록 하자.

부실한 성과를 방지하는 적절한 포지셔닝

다섯 가지 P는 프로그램의 마지막 단계인 포지셔닝에 이용된다. 포지셔닝이란 카테고리와 잠재 고객 및 현재 고객의 마음에서 그 제품이 다른 제품과 관련해 차지하고 있는 위치를 말한다. 포지셔닝은 품질 및 가격과 연관성이 있다. 대부분의 카테고리에는 고품질의 고가 제품과 저품질의 저가 제품이라는 두 가지 극단적인 경우가 있고, 이 둘 사이에는 여러 가지 경우가 존재한다.

잘 알아 두어야 할 점은, 모든 기업은 저가에 고품질 제품을 제공할 수 있기를 바란다는 것이다. 그러나 이것은 경제학 상으로 보았을 때 불가능한 이야기이다. 그래서 각 기업은 어느 지점에 있을 것인지 결단을 내려야 한다. 메르세데스는 고품질의 고가 자동차를 팔기로 결정했고, 현대 자동차는 저품질의 저가 자동차를 팔기로 결정했다.

Case IN Point

제네럴 모터스도 사업 역사에서 가장 훌륭한 포지셔닝 전략을 구사한 기업 가운데 하나이다. GM(제네럴 모터스)은 다섯 개의 부로 구성되어 있으며, 각 부는 각기 다른 수준의 가격과 품질에 맞게 조절되어 있다. 가장 낮은 수준에서 가장 높은 수준까지 시보레, 폰티악, 올즈모빌, 뷰익, 캐딜락을 각각 담당하고 있다.

GM의 전략은 각 소득 수준과 신분에 맞도록 포지셔닝한 제품을 제시하고, 고객들에게 다음 구매에 꼭 사고 싶은 자동차를 제시하는 것이다. 관념적으로 말하면, GM의 고객이 돈을 더 많이 벌게 되면 다음 단계의 자동차로 바꾸고 싶어할 것이다.

MBA Lingo

포지셔닝(positioning)
이란 고객이 특정 제품을 어떻게 인식하고 있는가라는 측면에서 보았을 때, 그 제품이 시장에서 차지하고 있는 다른 제품에 대한 상대적 위치를 말한다. 그 제품이 동종 제품 가운데 선도 제품인지 아닌지를 의미할 수도 있지만, 반드시 그런 것은 아니다. 주로 제품의 품질, 가치, 그리고 기업이 고객의 마음속에 구축해 놓은 전체적인 이미지의 개관을 말한다.

사실 포지셔닝은 사업의 두 가지 요소로 결정된다.

▶ 표적 시장
▶ 영업 비용

통계학적 프로필이 낮은 수준으로 나타나는 저소득층이나 중간 소득층 표적 시장은 고소득층 표적 시장과는 다른 포지셔닝을 갖는다.

다시 한번 말하지만, 제품 판매로 원가에 들어가는 돈을 벌어들일 수 있어야 한다. 제품 원가가 많이 들면 저품질의 저가 제품으로 포지셔닝할 수가 없다. 손해를 보게 되어 결국 실패할 것이다.

그래서 기업 전체의 기초가 되는 전략 선택에서 포지셔닝이 나온다. 누가 고객인가? 자사는 어떤 사업을 하고 있는가? 무엇을 판매하고 있는가? 재무 목표는 무엇인가? 이런 결정들을 Chapter 22

에서 좀더 깊게 다루어 보기로 하자.

마케팅 견지에서 보면 마케팅 믹스의 요소 하나하나가 제품 포지셔닝을 구축하거나 강화해야 한다. 제품 자체, 가격, 포장, 유통 경로, 프로모션은 모두 제품 포지셔닝에서 작용하는 다섯 가지 요소이다.

이것만은 알아 두자

▶ 마케팅 믹스에는 다섯 가지 요소가 있다. 제품, 가격, 포장, 유통 경로, 프로모션이다. 마케팅 전문가는 이 다섯 가지 요소를 이용하여 효과적인 포지셔닝을 위한 마케팅 믹스를 만들어 낸다.

▶ 우리가 대중 매체와 마케팅 문화권에서 살고 있기는 하지만, 최상의 마케팅은 대개 최고의 제품을 제공하는 것이다. 진정한 고객의 욕구를 신뢰성 있고, 효과적이며, 경제적으로 충족시키는 제품에서 마케팅은 그 최상의 효과를 발휘할 수 있다.

▶ 제품 가격을 결정할 때 경쟁자의 가격, 자사 제품의 원가, 고객에게 돌아가는 제품의 가치를 고려해야 한다.

▶ 포장은 제품이 단일 단위로 상점이나 고객에게 전달되도록 보장해야 한다. 그러나 포장은 또한 매력적인 디자인과 안전성으로 제품을 경쟁력 있게 만들 수 있으며, '그린' 포장일 경우 사회적인 특징이 될 수 있다.

▶ 프로모션은 마케팅의 정수이다. 가장 넓은 의미에서 프로모션은 자사 제품을 사람들에게 인식시키기 위해 기업이 행하는 모든 활동을 포함한다.

Chapter 19

광고의 이해

In This Chapter
Point
▶ 효과적인 광고 메시지의 개발
▶ 광고 예산 마련 방법
▶ 어디에서 광고할 것인가?

어디서나 광고를 볼 수 있다. 광고를 피하고 싶어도 피할 수 없다. 광고가 생긴 이래로 늘 비판이 있었지만, 광고는 놀라운 속도로 계속 늘고 있다.

그 이유는 무엇인가?

효과적이기 때문이다. 다시 말해, 광고는 기업이 광고를 계속하고 싶을 만큼 효과적이다.

이 Chapter에서는 광고를 효과적으로 만드는 것은 무엇인지, 그리고 왜 그토록 많은 기업들이 여러 가지 다양한 형태로 광고를 하는지에 대해 개략적으로 알아보기로 하자. 또한 사업 커뮤니케이션의 또 다른 수단인 홍보에 관해서도 약간 알아보도록 하자.

광고는 무엇이며, 무엇을 하는가?

광고는 제품, 서비스, 기업에 관한 긍정적인 메시지로서, 돈을 받고 그 메시지를 전달해 주는 통신 미디어를 통해 전달된다. 어떤 광고에서나 메시지 발송자(sender)의 신분을 알 수 있다. 메시지 발송자가 반드시 기업은 아니다. 미국심장연합 같은 비영리 단체와 군대 같은 많은 비사업체도 광고를 한다. 또한 정치 후보자나 자동차를 팔려는 사람과 같은 개인도 신문 광고란에 광고를 낸다.

1950년대에 텔레비전 광고가 생긴 이래로 비평가들은 광고가 사람을 조종한다고 비판해 왔다.

광고가 인간을 조종하는 측면은 지속적인 반복, 과도한 혜택의 약속, 제품 결함 은폐의 형태를 띠고 있다고 생각하며, 심지어 일부 비평가들은 광고가 사람들에게 실제로 구매의 최면을 거는 잠재적 메시지를 숨기고 있다고까지 말한다. 또 어떤 비평가들은 광고가 사람들의 생활을 끊임없이 침해하며, 어법도 잘못 사용하고 있다고 비판한다. 무엇보다도 가장 낮은 수준의 일반 대중에게 어필하기 위해 저질 취향을 이용한다는 점을 가장 많이 비판한다. 마지막으로, 광고 비용 때문에 제품 가격이 쓸데없이 올라간다는 이유로 광고를 반대하는 사람들도 있다.

MBA Mastery

Advertising Age와 Adweek는 광고업계의 동향과 화제를 다루는 주간 출판물이다. 당신이 자사 광고 전략에 관심이 있다면 이 출판물들은 한번 읽어 볼 만하다. 큰 신문 가판대에서 사거나 정기 구독하여 볼 수 있다.

광고 옹호론자들은 소비자가 광고의 이기적인 측면을 깨닫고 광고를 회의적인 시각으로 바라본다는 점을 지적한다. 또한 이들은 사람들이 구매 결정을 내릴 때 광고 이외에도 영향을 미치는 요인이 많다고 주장한다. 예를 들어, 친구의 추천, 자신의 경험과 관찰, 판매원, 서비스, 보증, 자금 조달 및 가격과 같은 요인에 영향을 받는다는 것이다. 많은 광고가 비판을 받을 만하지만, 광고가 사람들에게 물건을 사도록 강요한다는 사실을 증명한 사람은 아직 아무도 없다.

마케팅 믹스에서 광고의 위치는 간단하다. 광고는 다섯 번째 P인 프로모션 활동의 일부이다(우리는 Chapter 18에서 마케팅 요소인 다섯 가지 P를 이미 살펴보았다). 광고는 제품 포지셔닝을 설정하고 강화하는 데 영향을 미치며, 마케팅 도구로서 판매 인력을 지원한다.

광고와 모든 광고 캠페인은 그 제품을 구매해야 하는 이유와 함께 제품을 잠재 고객에게 소개하기 위해 마케팅 믹스의 다른 요소들과 함께 작용한다. 광고가 제품 실패나 혹은 마케팅 믹스의 다른 부분의 실패를 대신할 수는 없다.

광고의 요소

어떤 광고 결정에서나 많은 질문이 생기기 마련이다. 주요 질문은 다음과 같다.

 ▶ 메시지: 광고에서 무엇을 말해야 하는가?
 ▶ 비용: 광고에 얼마를 소비해야 하는가?
 ▶ 미디어: 어디를 통해 광고를 내보낼 것인가?

이런 질문을 하나씩 살펴보자.

광고 메시지: 무엇을 말할 것인가?

기본적으로 세 가지 유형의 광고 메시지가 있다. 크리에이티브(creative) 메시지, 판매 메시지, 크리에이티브 판매 메시지이다.

크리에이티브 메시지는 클러터(clutter; 광고의 홍수) 속에서도 사람들의 눈에 띄어 수신자들(audience)의 주의를 끌고자 하는 광고 메시지이다. 유머를 사용한 광고가 크리에이티브 메시지의 좋은 예이다. 리바이스 청바지와 같이 **MTV**의 영향을 받아 제작된 대부분의 텔레비전 광고 역시 좋은 예이며, 고급 자동차 광고, 특히 렉서스와 인피니티의 광고는 매우 좋은 예이다.

MBA Lingo

크리에이티브 메시지 (creative messages)란 놀라운 말, 상황, 음악, 시각적 효과, 유머(또는 위의 모든 것)를 사용하여 수신자들의 주의를 끌려고 하는 광고 메시지를 말한다. *이미지 광고* (image advertising)의 목표는 제품을 둘러싼 분위기, 느낌, 이미지를 창출하고, 그러한 것들과 제품을 연관짓는 것이다.

이런 접근 방법은 제품의 특징, 효익, 경쟁 우위를 근거로 하는 판매보다는 제품을 둘러싼 분위기, 느낌, 이미지의 창출을 목표로 삼기 때문에 보통 이미지 광고라고 부른다. 청바지는 그 장점을 광고하여 팔 수 있다. 사실 리바이스는 한때 두 마리의 노새가 청바지를 양쪽에서 잡아당기도록 하는 그림으로 제품의 내구성을 보여 주는 광고를 했다. 고급 자동차도 특징과 내구성을 광고하여 팔 수 있고, 실제로 그런 경우가 종종 있다. 그러나 크리에이티브 메시지는 특징과 서비스의 기본적인 묘사를 무시하는 경향이 있으며, 대신 사람들의 시선을 끄는 데 역점을 둔다.

판매 메시지는 접근 방법이 좀더 실제적이며, 특징, 효익,

행동 촉구를 추구하는 성향이 있다('Black and Decker의 전동 공구를 당장 구입하고 최고 30%까지 절약하세요.').

세제, 청소기, 두통약, 소화제, 식료품 등의 일부 일상 생활 용품 광고는 판매 메시지의 좋은 예이다. 감기에 시달리고 있는 여성이 잠을 이룰 수 없다. 이 여성은 침대에서 일어나 약 창고로 가서 NyQuil을 복용한다. 그런 다음 깊게 잠이 든다. 이런 광고는 아주 직선적이며, 이런 제품에는 매우 효과적이다.

> ## MBA Lingo
>
> 브랜드(*brand*)는 로고 (즉, 이름과 연관된 특징적인 그래픽) 및 기타 다른 모든 아이덴티파이어 (identifier; 예를 들어, 페리에 광천수의 물병 모양)와 함께하는 회사명(예를 들어, 리바이스, 시보레)이나 제품명 (예를 들어, 501 청바지, 코르벳)이다.

최상의 광고 목표는 판매 메시지의 실제적 정보와 크리에이티브 메시지의 유머 또는 시각적 호소를 결합하는 것이다. 그러나 이렇게 하기는 매우 어렵다. Energizer Bunny 광고 캠페인은 오랜 수명이라는 배터리의 주요 특징을 끊임없이 알려 주는 크리에이티브(또한 재미있는) 광고의 아주 좋은 예이다. 이런 광고는 흔하지 않은 예외적인 경우이다.

대부분의 광고주는 호화로운 분위기나 '최신 유행'의 분위기를 창출하는 이미지 추구 광고, 혹은 제품의 효익('Crest로 좀더 나은 점검을 하세요')을 강조하거나 고객에게 행동을 촉구('토요타 자동차의 장기간 가격 인하 판매가 겨우 3일 남았습니다')하는 현실에 근거한 광고를 원한다. 또한 거의 모든 광고의 주된 목표는 브랜드를 구축하고 강화하는 것이다.

강렬한 카피

어떤 종류의 메시지를 사용하느냐는 제품, 포지셔닝, 수신자, 이용 미디어에 달려 있다. 메시지 내용도 마찬가지이다. 오랜 시간에 걸쳐 개발된 다양한 지침에서 광고 카피(ad copy) 개발에 관한 조언을 얻을 수 있다. 가장 잘 알려진 지침 가운데 두 가지는 아주 유용한 것들로, AIDA 형식과 USP(Unique Selling Proposition; 독특한 판매 제안)가 있다.

AIDA 형식은 좋은 카피가 지녀야 할 네 가지 중요한 점을 강조한다. 수신자들의 주의(Attention)를 끌 것, 흥미(Interest)를 끌 것, 욕구(Desire)를 창출할 것, 행동(Action)을 촉구할 것. 이런 목표를 하나씩 간단히 검토해 보자.

> ▶ *주의(Attention)*를 끄는 것이 가장 중요하다. 사람들은 바쁘고, 클러터(광고의 홍수)는 어디에

나 있으며, 사람들의 주의를 끌기 전에는 제품을 팔 수 없기 때문이다. 유머, 색깔, 동작, 디자인, 기이한 상황, 기막히게 매력적인 모델은 사람들의 주의를 끄는 주요 도구이다.

▶ 수신자들이 광고에 주목하게 한 다음에는 광고에 *흥미(Interested)*를 느끼게 해야 한다. 도발적인 질문('당신은 죽을 여유가 있는가?')이나 자극적인 말('돈을 버리지 마라')로 시작하는 카피는 믿을 만한 전술이다. 문제를 드라마로 꾸미거나, 출구를 제공하거나, 명사의 추천을 이용하는 카피들도 사람들의 흥미를 끌 수 있다.

MBA Lingo

*카피(copy)*란 좁은 의미에서는 인쇄된 광고 문구나 아나운서가 읽는 말을 가리킨다. 좀 더 넓은 의미에서는 수신자에게 소개되는 대로의 전체 광고를 말한다. 여기에는 문구뿐만 아니라 색깔, 그래픽, 사진, 비디오 등이 포함된다. *카피 전략(copy strategy)*이란 광고를 개발할 때 당신이 선택해야 하는 모든 것을 말한다.

▶ 좋은 광고는 사람들에게서 제품에 대한 *욕구(Desire)*를 창출해 낼 수 있어야 한다. 심장, 머리, 배, 지갑, 무엇에든 호소해야 한다. 고객들에게 절약할 수 있는 돈, 즐길 수 있는 재미, 그 제품으로 얻게 될 사랑에 관해 이야기해 주어라. 맛있는 칠면조 요리, 행복한 가족, 두통이 사라진 근로자, 아름다운 잔디밭 등 당신의 제품이나 서비스가 제공하는 것은 무엇이든 보여 주어라. 사람들이 그것을 갖고 싶도록 만들어라.

▶ 그리곤 사람들에게 *행동(Action)*하도록 촉구하라. 당신이 제공한 이 불같은 욕구를 해결하려면 어떻게 해야 하는지 고객들에게 알려 주어라. 다음의 견본을 참고하라. '지금 전화하세요.', '한정된 시간 동안만.', '돈을 보내지 마세요.', '교환수들이 대기하고 있습니다.', '당신이 사는 블록에서 최고가 되세요.', '토요일만.', '평생 단 한 번의 기회를 놓치지 마세요.'

USP는 메시지를 개발하거나 캠페인 전체의 테마를 개발하는 또 하나의 우수한 컨셉트이다. USP는 그 이름에서 알 수 있는 것처럼, 사람들에게 구매 동기를 제공하는 제품이나 서비스의 독특한 점을 말한다.

이것은 페더럴 익스프레스 사의 '하룻밤 사이 배달 보장'과 같이 실제적인 것이 될 수도 있고, '원더 브레드 사의 빵은 12가지 방법으로 몸을 튼튼하게 해줍니다.'와 같이 허위일 수도 있다(이것을 허위라고 말한 것은 타깃 수신자들 중 누구도 12가지 가운데 3가지 방법조차 대지 못하기 때문이며, 사실상 그것은 중요하지 않다).

정말 훌륭한 USP는 파나소닉 사의 '시간보다 약간 더 앞서가는'과 같은 끝맺음 말뿐만이 아니다.

오히려 구매 동기를 제공하는 제품에 관한 독특한 점이다. USP는 제품 개발 과정에서 시작될 수 있다. '하룻밤 사이 배달 보장'은 특징이며, 효익이고, 제품인 동시에 설득의 초점이다. 이 모든 것이 하나가 되었다. 페더럴 익스프레스 사가 출범했을 때, 이것은 아주 독특했다.

당신 제품의 멋지고 흥미로운 특징에 관한 USP를 창출해 낼 수 없다면 그만큼 좋은 무엇인가를 생각해 내야 한다. '당신은 오늘 휴가를 가질 권리가 있습니다.'는 아주 훌륭하다. 요리를 하기에는 너무 피곤하고 과로에 지친 사람들에게 맛있는 식사를 빠르게 먹을 수 있는 방법이 있다는 것을 상기시켜 주기 때문이다. 어떤 패스트푸드 회사라도 그런 주장을 할 수 있기 때문에 그 자체로 독특하지는 않지만, 광고를 통해 독특해질 수 있다. 바로 맥도날드의 메시지이기 때문이다.

카피라이팅에 관한 몇 가지 조언

가장 좋은 제품과 마찬가지로, 가장 호소력 있는 메시지는 진정한 욕구를 충족시키거나 문제에 대한 해결책을 약속한다. 그러나 이 시대처럼 풍족한 사회에서는 많은 사람들의 욕구가 심리적이거나 사회적이다. 영양이나 교통과 같은 신체적 욕구조차도 심리적이고 사회적인 측면이 구매 결정에 큰 작용을 한다.

카피라이터는 호소력 있는 메시지를 궁리하느라 시간을 보낸다. 이 과정에서 사람들의 동기와 그것에 어떻게 호소할 것인지에 관해 많이 생각한다. 오랜 기간 연구한 결과 돈을 벌거나 저축하는 것, 또는 사랑을 발견하거나 유지하는 것에 대한 호소가 가장 기본적이라는 것을 알아냈다. 그 외에는 명성, 권력, 주목, 그리고 사랑하는 사람들을 돌보고 보호하고자 하는 욕구가 있다.

아주 신비롭지는 않더라도 강력한 어떤 말이 있을 것이라고 생각하는 사람들이 있다. 이런 말은 사람들의 주의를 끌고, 흥미를 자아내며, 욕구를 일으키고, 행동을 촉구한다는 것이다. 이들은 또한 이런 말 중에는 모든 광고 메시지에 포함되어야 하는 것도 있다고 믿는다. 그런 말로는 아래와 같은 것들이 있다.

- ▶ 당신, 당신의
- ▶ 나는, 나를, 나의
- ▶ 사랑, 돈
- ▶ 필요, 욕구
- ▶ 자유로운, 자유

- ▶ 성공, 성공적인
- ▶ 만족, 안락함
- ▶ 안전, 보호
- ▶ 흥미진진한, 흥분
- ▶ 지금, 오늘

사실상 광고 카피에서 반드시 성공할 수 있는 비결이란 없다. 그러나 그 구성 요소는 기본적이며, 바뀌지 않는다. 말하자면, 제품과 수신자에 대한 깊은 이해, 그리고 매우 열심히 노력하며 진지하게 위대한 광고를 만들어 내고자 하는 의지가 바로 그것이다. 지금도 읽을 만한 가치가 있는 광고에 관한 고전 중 하나는 "Ogilvy on Advertising (Vantage Books 출판사)"이다.

Case IN Point

다음 이야기는 내가 가장 좋아하는 마케팅 이야기로, 표적 시장 동기에 관해 많은 것을 시사한다.

주부가 집에서 살림만 하는 가정이 미국의 약 50%를 차지하던 1950년대에는 케이크 가루가 매우 인기 있었다. 이것이 처음 도입되었을 때 케이크를 만들려면 이 가루에 우유를 붓고, 반죽을 섞고, 케이크용 팬에 반죽을 쏟아 붓고, 오븐에 굽기만 하면 되었다. 그것은 쉬운 일이었다. 말 그대로 너무 쉬웠다.

시장 조사를 실시한 결과, 가정 주부들은 케이크를 너무 쉽게 만드는 데 죄책감을 느끼고 있었다. 가정 주부들이 과정에 좀더 참여하고 가족을 좀더 돌보는 것처럼 느끼도록 하기 위해 이 회사에서는 케이크 가루에서 가루 계란을 뺐고, 그래서 요리사(가정 주부)는 이제 스스로 계란을 넣어야 했다. 이것은 아주 효과적이었다.

비용: 광고 예산

광고 예산은 마케팅 예산의 일부이다. 이것은 회사가 미디어의 유료 메시지에 소비하는 총액을 말한다. 여기에는 미디어 자체에 쓴 돈뿐만 아니라 대행사 수수료도 포함된다. 당신의 예산이 충분하다면 광고 대행사는 미디어 구매 청구액의 15%를 받고 일한다. 그렇지 않으면 대행사는 서비스에 대해 당신에게 직접 청구한다.

법적으로 다이렉트 메일은 광고 미디어이기 때문에 광고 예산은 다이렉트 메일 예산을 포함할 수 있다.

광고 예산을 세우는 데는 몇 가지 방법이 있다. 한 가지 쉬운 방법은 매출액의 일정 비율을 광고 예산 총액으로 잡는 것이다. 총매출액의 5%를 광고에 쓴다면 그렇게 하라. 그렇지 않으면 비율을 더 높이든지 낮추든지 하라. 이 방법에는 총수입에 광고 비용을 묶어 두는 장점이 있다. 그러나 다른 효과는 없다.

또 다른 접근 방법은 특정한 액수를 정하든지, 업계 평균액을 쓰든지, 아니면 업계 평균액보다 약간 더 쓰거나 덜 쓰거나 하는 것이다. 광고 업주들 중에는 타성에 젖어 항상 특정 미디어에서 광고되고 있으므로 계속 그렇게 해야 한다고 생각하는 사람들이 많다. 타성에 젖어 있으면 예산을 바로 세우기 어렵다.

좀더 신중한 접근 방법이 있다. 우선 달성하고자 하는 목표가 무엇인지 결정하고 나서 그 목표를 달성하려면 광고에 얼마를 써야 하는지를 알아본다. 이렇게 해서 나온 액수는 당신이 작년에 광고비로 매출액의 일정 비율을 소비했든 업계 평균액을 기준으로 소비했든, 그보다 많거나 적을 것이다. 그러나 그렇게 함으로써 당신이 달성하고자 하는 목표에 입각해 지출을 하게 되므로, 하고 싶은 일을 다 할 돈은 없겠지만 적어도 이상적인 숫자에서 한 걸음 후퇴하여 당신이 가장 최선이라고 생각하는 곳에 돈을 쓰게 될 것이다.

그러나 광고비 지출에는 위험 요소가 있다는 것을 알아야 한다. 광고는 부정확한 수단이어서 반드시 효과적일 것이라고 보장된 메시지는 없으며, 여러 가지 지출 사이에서 상관 관계가 다양할 수도 있기 때문이다. 또한 운의 문제도 있다. 텔레비전으로 방송되는 주요 공판, 자연 재해, 눈보라 등과 같이 관심을 끄는 화젯거리들 때문에 사람들의 관심이 다른 데로 쏠려 구매를 하지 않게 될 수도 있다. 예를 들어, 스키장은 대개 온도도 낮고 인공적으로 눈을 만들 수 있는데도 날씨가 춥지 않은 겨울에는 사람들이 찾아오지 않아 타격을 입는다. 춥지 않은 겨울에는 사람들이 스키를 할 생각을 하지 않기 때문이다.

광고 대행사에게 광고 예산을 처리하도록 맡길 경우, 대행사의 미디어 입안자(media planner)가 돈을 쓰는 최선의 방법을 결정한다. 입안자는 각 미디어를 통해 수신자 1,000명에게 광고물을 노출시키는 데 소요되는 비용(CPM; cost per thousand)을 계산한다. CPM으로 똑같은 기준에서 소요되는 여러 미디어의 비용을 비교할 수 있다.

CPM을 이용하여 다양한 규모의 수신자들에게 여러 가격대의 광고물 노출에 드는 미디어 비용을 비교할 수 있다. 그러나 주의할 점이 있다. 수신자 천 명당 비용이 낮게 나오더라도 광고물 수신자가 당신의 고객이 아니라면 아무런 소용이 없다.

미디어: 누가 보는가?

광고 메시지를 개발할 때, 표적 수신자에게 메시지를 전달하기 위해 어느 미디어를 이용할 것인지를 고려해야 한다. 선택해야 할 주요 미디어는 인쇄 미디어와 방송 미디어이다. 좀더 자세히 말하면 아래와 같다.

MBA Mastery

인식(Awareness)은 광고의 주요 목적이다. 한편으로 이것은 사람들이 당신 제품의 존재를 안다는 것을 의미하지만, 다른 한편으로는 물건을 구매할 때 사람들이 당신 제품을 고려한다는 것을 의미한다. 이것을 *구매 시점 인식(top-of-mind awareness)*이라고 한다. 또 다른 아주 엄밀한 면에서 이것은 사람들이 당신의 광고를 보았던 것을 상기한다는 말이다. 시장 조사로 이러한 여러 가지 종류의 인식을 측정할 수 있다.

▶ 잡지
▶ 신문
▶ 방송 텔레비전
▶ 케이블 텔레비전
▶ 라디오

기타 매체는 아래와 같다.

▶ 다이렉트 메일
▶ 옥외 광고(게시판, 포스터)
▶ 인터넷

여러 가지 미디어는 제품을 전시하고, 제품 사용법을 설명하고, 고객이 제품에서 얻을 만족을 드라마화 하는 면에서 각기 다른 잠재력을 지니고 있다. 운동 기구와 같은 일부 제품은 텔레비전을 통해 실제 사용 장면을 보여 주는 것이 효과적이다. 뮤추얼 펀드와 같은 제품은 신문이나 잡지에 차트와 그래픽을 인쇄하여 보여 주는 것이 효과적이다. 또 다른 제품들은 당신이 서비스를 제공하기 위해 항상 대기하고 있다는 것을 고객들에게 빠르게 상기시켜 주는 미디어를 사용하면 효과를 볼 수 있다. 게시판은 이런 인식(awareness)을 심어 주는 데 효과적이다.

광고할 미디어를 선택하기 전에, 광고의 종류를 먼저 결정해야 한다. 실제 사용 장면을 보여 줄 것인가? 드라마화 할 것인가? 설명할 것인가? 전시할 것인가? 즉시 구매하도록 자극할 것인가? 종류를 결정하고 나면 그것을 소화해 낼 미디어의 능력을 고려해 보아야 한다.

인구 통계학적 특성을 고려하라

미디어의 인구 통계학적 특성이란 미디어가 광고주에게 전달하는 수신자의 인구 통계학적 특성을 말한다 (Chapter 17에서 인구 통계학적 특성을 다루었다). 미디어의 인구 통계학적 특성이 어느 정도 바람직한가는 표적 시장, 또는 시장에 달려 있다. 다시 말해, 무엇을 판매하고 있으며, 누구에게 팔고 있는가에 달려 있다는 것이다.

잡지 Rolling Stone에서 로큰롤 음악 CD를 보거나, 잡지 Money에서 투자 관련 CD를 보게 되는 것은 우연이 아니다. 18세에서 34세까지의 연령층 사람들을 위한 텔레비전 쇼를 방영하는 동안 영화를 광고하는 것은 이들이 바로 영화를 가장 자주 보러 가는 사람들이기 때문이다. 아기 용품이나 노인들을 위한 제품은 연속극 방영 시간에 광고하는데, 이것은 어린아이를 데리고 있는 엄마들이나 집에 있는 노인들이 드라마를 잘 보기 때문이다(영어로 연속극을 soap opera라고 하는데, 이런 이름이 붙게 된 것은 원래 낮 시간 드라마에서 세제 광고를 가장 많이 했기 때문이라고 한다).

이런 예를 들면 당신은 표적 시장에 적절한 미디어를 선택하는 것이 '식은 죽 먹기'라고 생각할지도 모르겠다. 그러나 대개의 경우 그렇지 않다. 첫째로, 비용의 문제가 있다. 주요 잡지나 텔레비전 황금 시간대의 광고는 비용이 많이 든다. 둘째로, 사이코그래픽 특성(Chapter 17 참고)을 정할 수 없다. 셋째로, 클러터(사람들의 주의를 끌기 위해 경쟁하는 수많은 광고물들)나 '채널 서핑(channel surfing)' 때문에 당신의 표적 수신자들이 당신의 광고를 보지 못할 가능성이 있다.

기타 미디어 특성

광고를 어디에 낼 것인가를 결정할 때, 다소 기술적인 몇 가지 미디어 특성을 고려해야 한다. 아래에서 자세히 알아보자.

▶ *도달(Reach).* 단일 광고물에 한번 노출된 사람이나 가구 수를 측정하기 위해 시도하는 부정확한 수. 미디어에 광고가 나올 때 그 미디어를 사용하는 사람의 수를 계산한다. 즉, 출판물을 읽는 사람의 수, 특정한 텔레비전 프로그램을 보는 사람의 수, 특정 시간에 특정 라디오 채널을 듣는 사람의 수를 말한다. 도달로써 실제로 광고를 본 사람의 수나 그 광고를 기억하

는 사람의 수가 아니라 광고에 노출될 가능성이 있는 사람의 수를 알 수 있다.

▶ *빈도(Frequency).* 사람들이 광고를 보거나 듣게 될 횟수. 빈도를 측정하는 방법이 있다. 가령, 50만 명의 구독자가 있는 월간지가 있다고 하자. 20만 명은 한 달에 한 번, 20만 명은 두 번, 10만 명은 세 번 광고를 보게 될 것이라고 가정하면 이 광고의 빈도는 아래와 같은 계산 방식에 따라 1.8이 된다.

$$(200{,}000 \times 1) + (200{,}000 \times 2) + (100{,}000 \times 3) = 900{,}000/500{,}000 = 1.8$$

이 수치를 다른 미디어의 수치와 비교해 볼 수 있다.

▶ *효과(Impact).* 광고가 사람들의 기억 속에 남아 있는지, 그리고 광고가 전달해야 할 것을 전달했는지 알아 보아야 한다. 궁극적으로 효과는 매출 증가에서 확연히 드러나게 마련이다. 그러나 광고와 매출 사이의 연관성이 흐려질 수 있다. 경쟁이나 사회적 동향을 포함한 광고 이외의 요소들이 매출에 영향을 미칠 수 있기 때문이다. 광고의 기억 수준을 측정하고, 심지어 기억 후의 구매 행위를 측정하기 위해 설계된 시장 조사를 실시함으로써 효과를 측정해 볼 수 있다.

Case IN Point

Energizer Bunny 광고 캠페인은 최근 몇 년 사이 가장 성공적인 경우에 속한다. 부분적으로는 메시지의 창의성 덕분이기도 하지만, 메시지의 반복성 때문이기도 하다. 이 회사가 사용한 아주 효과적인 한 가지 전술은 15초 또는 심지어 30초짜리 다른 회사 광고를 사이에 두고 15초짜리 광고를 두 번 연속 내보내는 것이었다.

Energizer는 첫번째 15초 동안 메시지의 전반부(배터리가 아주 오래 가기 때문에 bunny가 계속 움직인다)를 내보내고, 다른 광고가 한두 개 나가고 난 다음에 다시 돌아와 메시지의 나머지 부분을 내보낸다. bunny는 다른 광고 한두 개가 다 나가고 난 후인데도 여전히 움직이고 있다. 여기서 빈도는 반복을 통해서만 성립하는 것이 아니라 반복을 창의적으로 사용함으로써도 성립할 수 있다는 것을 알 수 있다.

당신의 광고 캠페인에 알맞은 미디어를 선정하기 전에 비용과 인구 통계학적 특성뿐만 아니라 도달, 빈도, 효과 면에서도 미디어를 잘 비교해 보아야 한다. 그리고 나서 선택하라. 그 다음에는 시장의 반응을 기다려라.

판촉 도구

판촉 아이템도 한몫 한다. 아마 찬장에 커피 회사 머그를 몇 개 가지고 있거나, 옷장에 회사 로고가 찍힌 티셔츠나 대형 핸드백을 가지고 있을 것이다. 회사명이나 상품명이 찍힌 이런 것들이나 이와 유사한 프리미엄은 광고 캠페인이나 마케팅 캠페인의 일부이다. 그러나 단지 '일부' 일 뿐이다.

기타 판촉 도구는 아래와 같다.

> ▶ 할인
> ▶ 쿠폰
> ▶ 인센티브와 리베이트
> ▶ 무료 샘플과 선전용 견본
> ▶ 콘테스트
> ▶ 특별 이벤트

MBA Lingo

프리미엄(*premium*)이란 그 회사명과 로고가 찍혀 있는 머그나 대형 핸드백 같은 기념품이다. 프리미엄은 무료로 나누어 주거나 물건을 구입하면 준다. 무료로 주는 프리미엄의 목적은 회사 이름을 대중에게 퍼뜨리는 것이다.

간단히 말해서, 할인, 쿠폰, 인센티브, 리베이트는 모두 한 가지 표적를 가지고 있다. 사람들이 당신의 제품을 사도록 만드는 것이다. 할인, 쿠폰, 리베이트는 대개 한정된 기간 동안 가격을 내리는 것이다. 엄밀히 말해서 인센티브는 구매를 하도록 유인하는 모든 유인책을 말하지만, 좁은 의미에서는 선택적 특징, 관련 제품, 한정된 기간 동안 제공되는 특별 서비스와 같은 아이템을 포함한다.

무료 샘플은 시리얼, 간식, 구강 청정제, 사탕과 같은 소비자 포장 상품에서 매우 효과적이다. 무료 샘플을 제공할 수 없을 경우 자동차 시험 운전이나 소프트웨어의 '데모 디스크' 같은 선전용 견본 (demos)으로 사람들에게 제품을 사용해 볼 수 있는 기회를 제공할 수 있다.

콘테스트는 세 가지 면에서 효과적이다. 첫째, 사람들의 주의를 끈다는 점과, 사람들이 그 제품을 보면 흥미진진한 경험을 연상하게 된다는 점이다(CD를 사면 콘서트 티켓을 얻을 수 있는 기회가 생기는 것이 한 예이다). 둘째, 콘테스트에 참가하는 사람은 참가하느라 애를 썼기 때문에 당신 제품에 더욱 결속감을 느끼게 된다. 셋째, 사람들이 작성한 참가 양식을 모으면 잠재 고객의 명단이 된다.

특별 이벤트를 후원하는 방법에는 여러 가지가 있다. 스포츠 이벤트, 스포츠 팀, 자동차 경주, 마라톤, 이벤트의 일부 참여(예를 들어, NBA 게임에서 밀러 맥주의 하프 타임 리포트), 심지어 경기장 자체(예를 들어, Fleet Financial Service가 후원하는 보스턴의 플릿 센터) 등을 포함한다. 이런 것들은 구매를 촉진하는 인센티브가 아니라 표적 시장의 마음속에 제품을 광고하고 제품과 이벤트를 연상시키는 수단이다.

물론 이러한 판촉 도구들은 서로 보완 관계가 되어야 하며, 광고를 보강해 주어야 한다. 예를 들어, 영화의 판촉용 끼워 팔기(promotional tie-in)는 특별 이벤트와 프리미엄 아이템을 결합한 것이며, 광고 효과도 있다.

홍보 프로그램

홍보(PR; public relations)는 넓은 의미에서 회사의 현재 고객과 잠재 고객, 주주, 그리고 일반 대중을 대상으로 하는 비(非)광고적인 의사 소통을 가리킨다. 여러 사업, 특히 컨설팅, 금융 서비스, 건강 사업 등에서는 자사 사람들을 대중 매체에서 인터뷰에 초청할 만큼 전문가로 인식시키는 것이 홍보의 표적이다. 이 대표자들은 회사의 이름을 대중에게 알리고, 자사와 업계를 대표하는 역할을 한다.

좁은 의미에서 홍보는 인쇄 미디어 편집자를 위해 기사 아이디어를 개발하고, 방송 미디어 제작자를 위해 단편적인 아이디어를 개발하는 데 중점을 둔다. 물론 이때 회사 및 회사의 제품과 사람들을 긍정적으로 보이게 해야 한다.

홍보 서비스는 또한 연설문과 보도 자료 작성을 포함한다. 또 하나 중요한 측면은 취재 기자들과 탐방 기자들을 다루어야 하는 기업 간부들을 돕기 위해 그들을 컨설팅하는 것이다. 이것은 특히 기업이 위기에 처했을 때 매우 중요하다.

산업 종류에 따라 적절한 홍보가 광고보다 더 효과적일 수 있다. 사람들은 광고가 물건을 팔기 위해 돈을 써서 의도적으로 알리는 것이라는 점을 알고 있다. 그러나 회사나 직원들, 그리고 제품에 관한 긍정적인 이야기는 일반적으로 사람들에게 사실로 받아들여지며, 따라서 광고로는 거의 불가능할 정도까지 신뢰성을 구축할 수 있다.

Case IN Point

1980년대 초에 일부 타이레놀 캡슐에서 독이 발견되자 사람들은 공포에 사로잡혔다. 이것은 끔찍한 악성 홍보가 될 수도 있었다. 그러나 타이레놀 제조업체인 존슨 앤 존슨은 즉각적으로 행동했다. 그들은 우선 시중에 나와 있는 모든 제품을 즉시 회수했다. 그리고 나서 CEO가 재빨리 대중 매체에 나와 제조 과정, 독이 들어가게 된 경위에 대한 조사, 부정을 조작할 수 없는 포장의 개발에 관해 이야기했다. 이 회사는 신문 광고에서도 상황을 설명하였다.

존슨 앤 존슨의 위기에 대한 개방적이고 현명한 접근 방법 덕분에 타이레놀에 대한 대중의 신뢰를 되찾고 매출도 회복할 수 있었다.

반면, 1980년대에 아우디 자동차의 '의도하지 않은 가속'에 관한 보도가 있었지만, 아우디에서는 처음에는 이에 대한 답변을 하지 않았고 후에는 이를 부인했다. 제대로 처리하지 못한 점 가운데 하나는 이 회사가 즉각적으로 그 문제를 조사하겠다는 발표를 하지 않은 것이었다. 결국 아우디는 어떤 경우 그런 문제가 발생하기도 하지만, 그 점을 해결했다고 시인하는 홍보를 하고 제품의 문제를 처리했다. 그러나 그러는 동안 품질에 대한 회사의 이미지가 손상되고 매출액이 떨어졌다.

이것만은 알아 두자

▶ 광고는 돈을 지불하여 통신 매체를 통해 내보내는 긍정적인 메시지로서, 메시지 송신자가 누구인지 알 수 있다. 광고는 사람들이 제품을 구매하도록 하는 것이 궁극적인 목적이지만, 사람들에게 구매를 강요하지는 않는다.

▶ 광고 예산을 세우는 최선의 방법은 당신이 달성하고자 하는 목적이 무엇인지 결정하고, 그것을 달성하기 위해 광고에 얼마를 소비해야 할 것인지 알아보는 것이다.

▶ 광고 카피는 사람들의 주의를 끌고, 흥미를 일으키고, 욕구를 창출하고, 행동을 촉구해야 한다.

▶ 광고 미디어는 도달, 빈도, 효과 면에서 살펴볼 수 있다. 이런 세 가지 척도 및 CPM(cost per thousand), 그리고 인구 통계학적 특성을 사용함으로써 여러 미디어를 비교하는 유사한 척도로 활용할 수 있다.

▶ 다양한 판촉 도구를 활용하여 광고를 더욱 효과적으로 할 수 있으며, 사람들이 제품을 구매하도록 촉진할 수 있다. 홍보는 광고로는 쌓을 수 없는 신뢰감을 구축한다. 또한 회사가 위기에 직면했을 때의 효과적인 홍보는 매우 중요하다.

Chapter 20

고객에게 판매하기와
고객을 계속 만족시키기

In This Chapter
Point

▶ 판매 인력의 중요한 임무

▶ 판매 과정의 실제 양상

▶ 뛰어난 고객 서비스 창출

판매원들은 회사에서 매우 중요한 몇 가지 역할을 한다. 첫째, 판매원은 회사 수입의 근원이다. '판매왕'은 흔히 '비를 만드는 자'로 통한다. 전통 문화에서 비를 만드는 자는 비를 내리는 구름을 만들어 농작물을 자라게 하고 식탁에 음식물을 가져다 줄 수 있었다. 판매원은 회사의 식탁에 음식물을 가져다 주는 사람들이다. 이들이 돈을 벌어들이는 것이다.

둘째, 판매원은 회사와 고객을 연결하는 고리이다. 잠재 고객과 현재 고객은 주로 판매원을 통해 회사를 알게 된다. 고객은 대부분 판매원을 통해 회사에 관한 경험을 갖게 된다. 반면, 회사는 고객을 주로 판매원을 통해 알게 된다.

마지막으로, 판매 인력은 회사의 최전선에서 공격과 방어를 담당한다. 이들은 어떤 사업에서나 보병 역할을 한다. 잠재 고객을 찾아내고, 문제를 해결하고, 거래를 성사시키고, 불평 불만을 다루고, 경쟁자를 물리치는 압력에 직접 노출된 사람들이다.

이런 중요한 역할을 고려할 때, 회사는 가능한 한 최상의 판매 인력을 개발하고 지원하기 위해 최선을 다해야 한다. 이 Chapter에서 그 방법을 알아보자.

판매 유형

판매 방법에는 그 성격에 따라 여러 가지가 있다. 다음에 그런 방법 중 몇 가지만 소개해 보았다.

▶ *주문받기(order-taking).* 영화관이나 스포츠 이벤트에서 생긴다. 고객이 티켓을 요청하고, 상인이 판매한다. 배달원(예를 들어, 양조장이나 제빵소)이 식당이나 상점에서 다음 배달을 위한 주문을 받는 경우도 이에 해당한다. 주문받기에서는 고객이 회사에 접근하든지, 혹은 일정에 따라 제품을 꾸준히 구매한다.

▶ *적극적 판매(active selling).* 잠재 고객 발굴, 프레젠테이션, 문제 해결, 설득을 포함한다. 이 Chapter에서 주로 다루고 있는 적극적 판매는 판매원이 고객에게 다가가고, 고객은 구매를 어느 정도 꺼린다. 그래서 적극적 판매는 판매 저항에 대한 극복을 포함한다. 어떤 판매원들은 '주문받는 사람'이라는 비웃음을 사는 일이 종종 있다. 적극적으로 판매해야 하는데 그렇

> **MBA Lingo**
>
> *주문받기(order-taking)* 란 대부분이 고객의 주문을 받고 판매하는 것으로, 고객은 물건이 다 떨어지면 더 주문한다. *적극적 판매(active selling)* 는 주문받기와는 반대로, 고객의 위치를 알아내어 구매하도록 설득하는 것을 말한다. *판매 저항(sales resistance)* 은 여러 가지 형태를 띠는데, 지연, 회피, 우유부단, 예산 핑계, 단순히 꺼리는 마음 등이 있으며, 산업 판매의 경우 관료주의가 있다.

게 하지 않는다는 뜻이다. 이들은 현재 고객 계정으로 그럭저럭 해 나가고, 쉽게 판매하는 방법을 택하며, 잠재 고객 발굴이나 설득과 같은 힘든 노력은 피한다.

▶ *실내 판매(inside sales).* 주로 전화로 하는 판매를 말한다. 텔레마케팅 외에 고객이 판매원의 사업장으로 오는 경우를 포함한다. 실내 판매는 일반적으로 소매업을 의미하는 것은 아니다. 소매업은 또 다른 형태의 판매이다.

▶ *실외 판매(outside sales).* 고객에게 찾아가는 것을 뜻하며, 사업 관계로 사람을 만나거나 소비자의 가정으로 찾아가 만나기로 약속하는 것에서 출발한다.

판매 과정

판매 인력에게는 두 가지 목표가 있다. 현재 고객에게 판매하는 것과 새로운 고객을 찾아내는 것이다. 모든 회사와 판매원은 이 두 가지 목표를 균형 있게 이루어 나가야 한다. 그러나 판매 과정의

세 파트를 모두 포함하는 새로운 고객의 획득에 초점을 맞춰 살펴보자.

> ▶ 잠재 고객 발굴
> ▶ 문제 해결과 제품 프레젠테이션
> ▶ 설득

이 세 단계를 다음에서 설명해 보도록 하겠다.

잠재 고객 발굴: 헌팅(hunting)에서

잠재 고객 발굴이란 판매할 사람을 찾아내는 것을 말하며, 여기에는 여러 가지 방법이 있다. 콜드 콜(cold call)은 약속을 잡기 위해 모르는 사람에게 전화하는 것(또는 전화로 제품 판매를 시도하는 것)을 의미한다.

MBA Lingo

잠재 고객 발굴(prospecting)이란 판매하는 제품이나 서비스를 구매할 잠재 고객을 찾아내는 행위이다. **콜드 콜(cold call)**은 모르는 사람에게 전화를 걸거나 (훨씬 경우는 적지만)방문하는 것을 말한다. **리드(lead)**는 잠재 고객으로 밝혀진 사람을 칭하는 말이다. **리퍼럴(referral)**은 현재 고객이 그 제품에 관심 있는 친구나 아는 사람에게 판매원을 소개할 때 생긴다.

대부분의 판매원은 리드(lead)나 리퍼럴(referral)과 같이 이미 잠재 고객으로 밝혀진 사람들에게 전화하는 것을 상당히 선호한다. 판매원들, 그들의 보조자들, 또는 마케팅부가 여러 가지 방법으로 리드를 찾아낸다. 관공서에 있는 공적인 기록(예를 들어, 주택 구입에 관한 최근 기록)이 한 가지 소스이다. 신문은 또 하나의 소스(최근 승진한 사람에 관한)이다. 많은 기업들이 광고를 통해 리드를 만들어 낸다. 물론 전화나 우편을 통해서도 만들어 낸다(예를 들어, 자주 타깃이 되는 리드에는 새로 사업을 시작했거나, 최근 주택을 구입했거나, 결혼한 사람, 또는 아이를 낳은 사람이 포함된다). 그런 경우 판매원이 전화한 사람을 모르므로 아직은 콜드 콜에 해당되지만, 날씨처럼 냉대의 정도가 다르다.

연락을 취한 후 판매원은 판매 과정 초기에 잠재 고객의 자격을 확인해야 한다. 이것은 두 개의 질문에 어떻게든 답을 얻어내는 것을 의미한다.

1. 제품이나 서비스에 대한 잠재 고객의 요구 또는 관심이 있는가?
2. 잠재 고객이 제품을 살 돈을 가지고 있는가? 기업 판매의 경우, 그 기관이 돈을 가지고 있는가?

잠재 고객이 이런 두 가지 기준을 충족시키지 못한다면 대부분의 판매원은 다음 잠재 고객에게로 옮겨 간다. 그러나 여기에는 판정 기준이 있다. 즉, 이 잠재 고객이 후일 언젠가는 자격을 가질 수 있을 것인가이다.

예를 들어, 지금은 새로운 차가 필요 없을 수도 있지만, 살 여유가 없을 수도 있다. 어쩌면 바로 얼마 전에 차를 한 대 샀을 수도 있다. 하지만 다음달에 봉급이 오르거나 자동차 값을 모두 지불하게 되면 차를 사러 시장에 나올 수도 있다. 그래서 대부분의 판매원은 장래에 구매할 가능성이 있는 사람들인 유효 잠재 고객(active prospects)의 파일을 계속 보존하고 있으면서 정기적으로 이들에게 연락한다.

문제 해결과 제품 프레젠테이션: 보여 주고 질문하라

잠재 고객이 자격을 갖추었다고 생각되면 판매원은 문제 해결과 제품 프레젠테이션으로 들어간다. 판매원은 제품과 관련 있는 문제, 즉 고객의 문제를 찾아내고, 이 제품이나 서비스를 활용하여 어떻게 그 문제를 해결하는지 보여 준다.

고객은 제품이나 서비스를 구매한다기보다는 해결책을 구매하는 것이다. 이런 이유로, 소비자 판매와 기업 판매 양측의 최고 전문가들은 대부분의 판매 프레젠테이션을 여러 가지 질문에 적합하게 만든다.

기업 고객 계정에게 데스크톱 출판 시스템을 판매하는 판매원의 예를 들어 보자. 판매 프레젠테이션에 적절한 질문은 다음과 같은 것들일 것이다.

▶ 당신 출판사에서 발간하는 데스크톱 출판물의 양은 어느 정도인가?
▶ 현재 사용하고 있는 시스템은 무엇인가?
▶ 원본 서류를 작성하는 방법은 무엇인가? 예를 들어, 워드 퍼펙트인가 MS 워드인가?
▶ 가장 자주 부딪히는 문제는 무엇인가?
▶ 새로운 사람들은 그 시스템에 어느 정도의 훈련이 필요한가?
▶ 현재 시스템에 관하여 가장 자주 듣는 불평은 무엇인가?
▶ 그 시스템의 유지 보수를 위해 연락하는가? 연락할 때 사용하는 대표적인 용어는 무엇인가?
▶ 현재 시스템의 가장 마음에 드는 특징은 무엇인가?
▶ 결정적인 시기에 이 시스템은 어떠한가?

▶ 더 짧은 시간에 더 나은 품질로 비용과 인력을 절감할 수 있는 시스템에 관심이 있는가?

기타 등등이다. 이런 질문은 컴퓨터 네트워킹이나 광고 회사에도 효과적이지만, 잔디밭 관리 서비스나 개인 트레이너에게도 역시 효과적이다. 이런 질문에 대한 답을 가지고 판매원은 마케팅부가 제품의 적절한 포지셔닝으로 시작한 일을 마무리할 수 있다.

설득: 난점의 극복

대부분의 사람들은 판매를 생각할 때 설득을 생각한다. 그러나 오늘날 강매는 많은 고객을 쫓아 버리는 결과가 된다. 강매 기법을 사용하지 않는다거나 그 기법이 효과가 없다는 말이 아니다. 지금도 사용되고 있으며, 효과적일 때도 있다. 그러나 이 기법은 판매원과 고객을 기진맥진하게 만든다.

그러나 설득은 대개 판매를 마무리짓는 데 필요하다. 잠재 고객으로 하여금 논리적인 결론, 즉 지금 사야 한다는 결론에 도달하도록 여러 가지 질문을 하는 것이 전문가적인 접근 방법이다. 이런 여러 가지 질문은 문제, 제품, 해결책에 중점을 둔다. 판매원이 이런 고리들을 연결해 나가는 동안(비용, 운영 요건, 설치 등과 같은 연결(tying down) 이슈들이라고 부르는 하나의 과정) 계속 잠재 고객의 관심을 잡아 두고 또 마무리로 옮겨 가기 위해 질문을 사용한다.

MBA Lingo

강매(hard sell)란 판매를 마무리짓기 위해 강한 압력을 가하는 판매 기법을 사용하는 것을 말한다. 이런 압력에는 지금 행동하도록 하기 위한 큰 폭의 할인(대개 가격을 부풀린 경우), 저항하는 잠재 고객에게 던지는 적극적인 질문('간단한 결정을 못 내리시겠습니까?'), 그리고 잠재 고객이 처음에 했던 말을 자꾸 강요하여 잠재 고객을 무너뜨리는 것 등이 있다.

그러나 논리가 유일한 도구는 아니다. 유능한 판매원은 이성뿐만 아니라 감성에도 호소한다. 이 제품을 사용하면 고객은 유행의 첨단을 걸을 수 있다든지, 현명한 일을 한 것이라든지, 회사의 선정 그룹에 들어갈 수 있다든지 하는 동기 부여 요소는 비용 편익 분석만큼이나 중요하다.

다른 모든 부서나 자원과 마찬가지로, 판매 인력은 적극적으로 관리해야 한다. 이것은 판매원을 적절히 조직하고, 그들에게 동기를 부여하고, 보상하고, 지원하는 것을 말한다. 이런 문제를 좀더 자세히 살펴보자.

Case IN Point

놀라울 정도로 많은 판매원의 유형과 판매 기법이 있다. 이 판매를 성공시키지 못하면 직장을 잃게 될 거라고 고객들에게 말하는 판매원들이 있다. 내가 아는 어떤 사람은 잠재 고객에게 자신의 세 아이의 사진을 꺼내 보여 주면서 이 아이들에게 신발이 필요하다고 말하곤 했다.

영업 사원 중에는 계약을 성사시키지 못하면 잠재 고객의 사무실에서 말 그대로 움직이지 않으려 하는 사람들도 있다. 또, 어떤 영업 사원들은 거부하는 잠재 고객에게 직접 대고 정신이 온전한지 묻는다.

그러나 매우 유능한 판매 전문가들도 있다. 내 상황을 고려해 볼 때 자기 회사 제품은 사실 나에게 맞지 않는다고까지 말하는 판매원들도 여러 명 있었다. 또, 어떤 판매원들은 나에게 이로운 거래, 더 빠른 배달, 더 좋은 품질을 제공하기 위해 회사측과 맞서 싸우기도 했다. 이런 사람들은 거래를 성사시키고 게다가 리퍼럴까지 얻게 된다.

판매 인력의 조직

판매 인력을 조직하는 데는 중요한 두 가지 문제가 있다.

▶ 판매 인력의 규모
▶ 판매 인력의 편성

이 두 가지를 살펴보자.

판매 인력 규모: 더 클수록 이로운 때는 언제인가?

수익 체감의 법칙(the Law of Diminishing Returns)을 기억하는가? 좋은 것은 많을수록 좋다는 말이다. 그러나 바로 그 수익 체감점까지 도달했을 때에 한해서만 적용되는 말이다. 그래서 적절한 규모의 판매 인력을 만드는 한 가지 방법은 마지막 한 사람이 자신의 봉급보다 많이 판매하지 못하게 될 때까지 판매원을 늘리는 것이다. 다시 말해, 판매원들이 매출 수익을 올리는 한 그 수를 계속 늘리라는 뜻이다. 이것은 판매 인력의 규모를 정하는 현명한 방법 가운데 하나이다.

그러나 고려 사항이 하나 더 있다. 그것은 적절한 작업 부하(負荷)이다.

판매원의 평균 작업량 역시 판매 인력 규모를 결정하는 데 지침으로 삼아야 할 사항이다. 이 점에 관해 신중하게 생각해야 한다. 왜냐하면 다수의 고객 계정보다 소수의 고객 계정에 더 많은 판매 노력을 기울여야 할 때도 있기 때문이다. 다수의 계정은 매달 정기적으로 주문을 하기 때문에 다수가 되는 경우가 많다.

판매 인력의 규모는 충분히 커서 각 잠재 고객과 현재 고객이 적절하게 커버리지(의사 소통과 관심)를 받을 수 있도록 해야 한다. 경영진과 심지어 영업 관리자마저도 고객 계정이 얼마나 잘 관리되고 있는지 잘 알지 못하는 경우도 있다. 특히 매출 증가로 그 상황이 가려져 있을 때는 더욱 그럴 것이다. 고객 계정을 제대로 관리하지 않으면 경쟁자들이 금방 달려들어 빼앗아 간다.

적절한 작업 부하를 결정하기 위해 영업 관리자는 판매원이 자신의 고객 계정을 관리하고, 잠재 고객을 적절히 발굴하고, 매주, 매달 불가피하게 일어나는 문제들을 해결하기 위해 얼마나 많은 양의 작업을 완성해야 하는지 세밀하게 분석해야 한다. 그리고 나서 주별 또는 월별 작업 시간을 검토하고, 그에 따라 판매 인력의 수를 조정해야 한다.

판매 인력 편성: 세 가지 선택 사항

판매 인력을 편성하는 방법은 세 가지가 있다.

▶ *지역별 편성(Alignment by territory).* 회사 시장을 인구 통계학적 지역으로 나눈다. 지역적 기업은 시장을 도시별로 나누고, 전국적 기업은 주별로 나눈다. 국제적 기업은 시장을 국가별로 나눈다.
어떤 방법으로 나누건 지역별 편성에는 단순성이라는 장점이 있다. 판매원이나 판매 팀은 자신의 지역 안에 있는 소비자나 기업에게 자기 회사의 모든 제품을 판매한다. 그러나 제품 라인이 다양한 기업에서는 제품 정보 때문에 어려움을 겪는다는 것이 단점이다. 다음의 유형은 그런 문제를 해결할 수 있다.

▶ *제품별 편성(Alignment by product).* 각 판매원이나 판매 팀이 특정 제품이나 제품 라인을 전문으로 취급하는 것을 의미한다. 예를 들어, 사무용품 공급 업체는 컴퓨터와 관련 장비를 담당하는 판매 그룹, 일반 사무 장비 판매 그룹과 가구 및 설비를 위한 판매 그룹을 둘 것이다.

이런 편성의 장점은 고객에게 각 판매원이 깊이 있는 제품 정보와 토털 커버리지를 제공한다는 것이다. 그러나 판매 인력 규모가 너무 커질 가능성이 있으며, 수많은 판매원들이 같은 고객을 상대한다는 것이 단점이다.

이것을 해결하기 위한 최선의 방법은 전체 고객 관리자를 두고, 이 관리자가 다시 특정 제품 라인을 관리하는 제품 관리자나 브랜드 관리자를 두는 것이다.

▶ *고객별 편성(Alignment by customers).* 특정 판매원들이 특정 타입의 고객들을 담당한다. 고객 산업별 편성도 많이 사용하는 방법이다. 대부분의 시중 은행에서는 특정 산업을 위한 고객 계정 팀을 두고 있다. 예를 들어, 소비자 포장 상품, 통신, 하이테크 등의 산업을 담당하는 팀을 각각 둔다. 이것은 소비자들이 '우리 사업을 이해하는' 고객 계정 관리자를 원한다는 점을 반영한 것이다.

> **MBA Lingo**
>
> *제품 정보*
> *(product knowledge)*
> 해당 제품에 관해 판매원이 알고 있어야 하는 모든 것을 포함한다. 일류 판매원이라면 자신이 판매하는 제품에 관한 모든 질문, 즉 구조, 용법, 설치, 유지 보수에 관해 대답할 수 있어야 한다. 또한 이 제품이 경쟁사 제품과 어떻게 다른지도 알아야 한다. 일부 산업에서는, 특히 하이테크 산업에서는 판매원에게만 물어봐서는 알 수 없는 부분이 많기 때문에 판매원은 제품 정보에 관해 완벽히 알고 있는 기술자와 팀을 이룬다.

산업 이외의 고객 특성도 사용될 수 있다. 일반적으로 사용하는 특성 중 하나가 규모이다. 대부분의 은행에서는 소매 부서, 즉 소비자 부서에 투자 가치가 높은 개인을 위한 특별 고객 계정 담당자를 두고 있다. 기업 판매에서는 매출액의 수준이 다양하기 때문에 이에 따라 하나의 계정이 다른 판매 팀으로 넘어가기도 한다. 또한 많은 기업에서 전국 고객 담당자를 두는데, 이 사람은 전국적인 규모로 운영해 나가는 기업 고객을 상대로 판매한다.

기업들은 판매 인력을 편성할 때 대개 이런 방법 중 한 가지 이상을 사용한다. 어떤 기업은 심지어 이 세 가지 방법을 모두 결합하기도 한다. 말하자면, 여러 가지 제품 라인을 담당한 판매 팀이 다양한 규모의 인구 통계학적인 지역별 고객들을 담당하게 하는 것이다. 이것은 기업과 고객 모두에게 최선의 편성이 되도록 하려는 아이디어이다.

판매 인력에 대한 보상과 동기 부여

대부분의 판매원들은 금전으로 가장 큰 동기를 부여받으므로, 보상과 동기 부여 문제를 함께 다루어 보도록 하자. 보상은 이 점을 반영해야 한다.

판매원은 고정 커미션이나 고정급 또는 봉급에 커미션을 더한 방식으로 보상받는다.

▶ 고정 커미션을 받는 판매원들은 각 매출액의 일정한 비율을 대가로 받는다. 이들은 오로지 커미션만 받는다. *선수금(draw; 미래 판매에 대해 미리 받는 돈)*이나 수당 또는 이 두 가지를 모두 받을 수 있지만, 봉급은 받지 않는다.

▶ 고정급을 받는 판매원들은 봉급은 받지만 매출을 기준으로 하는 커미션을 추가로 받지는 않는다.

▶ 봉급과 커미션을 모두 받는 판매원들은 '기본급(base)'이라는 기본 봉급을 받으며, 여기에 매출액의 일정 비율만큼을 더 받는다.

보너스와 수당은 이런 봉급 체계 어디에나 추가될 수 있다.

일반적으로 커미션 계획은 다음과 같이 세운다. 판매원은 가령 10만 달러의 매출을 올리면 이에 대해 일정한 비율로 커미션을 받고, 10만 달러 이상의 매출을 올리면 더 높은 비율로 받으며, 그보다 더 많은 매출을 올리면 더 높은 비율로 받는다.

커미션 계획의 큰 장점, 특히 고정 커미션의 큰 장점은 보수를 성과에 직결시킨다는 점이다. 또한 판매 비용도 매출에 묶어 둔다. 게다가 판매 인력이 특정 목표에 집중하도록 하기 위해 여러 가지 방법으로 커미션에 변화를 가할 수 있다. 예를 들어, 대부분의 기업들은 기존의 사업보다 새로운 사업에 더 높은 비율의 커미션을 준다. 어떤 기업에서는 신제품 판매에 더 높은 비율을 적용하기도 한다.

Case IN Point

자신의 판매량에 따라 수입이 달라지는 사람들 중에는 공격적인 강매 기법을 사용하는 이들이 있는데, 그러면 고객을 멀리 쫓는 결과를 부를 수도 있다. 판매원들은 또한 더 높은 커미션을 받기 위해 매출액을 부정직하게 보고하기도 한다. 이러한 방법 중 하나는 금년의 수입을 올리기 위해 1월에 할 판매를 12월에 한 것으로 보고하는 것이다.

더 나쁜 상황도 있다. 판매 팀들은 커미션을 조작하기 위해 판매원들 사이에서 사업을 이리저리 옮겼고, 이렇게 조작하여 늘어난 커미션을 나누어 가졌다. 또한 불법적인 리베이트도 있는데, 이것은 부정직한 판매원들이 자신의 커미션을 부정직한 고객들에게 지불하는 뇌물을 말한다.

커미션 보수 제도에도 단점이 있다. 첫째, 이런 시스템은 관리하기 복잡하고 비용이 많이 들 수 있다. 둘째, 어떤 판매원들은 판매에 너무 집중한 나머지 판매 시간을 방해하는 것이라면 무엇이든 화를 내고, 자신의 수입을 쓸데없이 낭비하는 것이라고 여겨지면 어떤 독창적인 것도 무시한다. 셋째, 자신의 잘못이든 아니든 매출이 줄어들면 판매원들은 의기소침하게 되고, 수입이 줄어들면 필사적이 될 수도 있다. 마지막으로, 대부분의 사람들이 정직하지만, 커미션 시스템을 부정하게 이용하고 싶은 유혹에 빠질 수도 있다.

고정급은 관리하기는 쉽고, 남용하기는 쉽지 않다. 그러나 대부분의 판매원들에게 이 시스템은 동기를 부여해 주지 못한다. 기업들은 대부분 이 두 가지 시스템을 병행하여 기본급을 지급하면서 매출액을 기준으로 커미션을 추가 지급한다.

여러 가지 조사에 따르면 대부분의 판매원에게 돈이 가장 큰 동기 부여 요소라고 한다. 그러나 판매원에게 동기를 부여하는 다른 방법들도 있다. 이 가운데 일부는 돈과 관련이 있지만, 일부는 돈과 관련이 없다.

판매 쿼터(sales quotas; 개인 판매원이나 판매 팀의 수입 예산 총액)는 너무 높거나 낮지만 않다면 효과적이다. 더 높은 커미션과 보너스 같은 재정적 보상이 판매 쿼터와 묶여 있기 때문이다. 쿼터가 너무 높으면 판매원들이 좌절하고 화를 내기도 한다. 하지만 너무 낮으면 매출 총액에 비해 회사가 너무 많이 지불하는 셈이 된다. 커미션은 대개 자신의 쿼터를 달성한 다음 다양한 방법으로 초과 달성하는 판매원을 기준으로 하기 때문이다. 쿼터는 또 하나의 내재적 장점을 가지고 있다. 계속 자신의 쿼터를 달성하지 못하는 판매원들을 정리할 수 있다는 점이다.

MBA Mastery

판매원 봉급의 상당 부분(가령 30~50%)은 커미션이나 보너스에 포함되어야 한다. 소규모 기업에서 특히 이 점이 중요하다. 이들은 생산성이 없는 판매원들에게 봉급을 줄 여유가 없기 때문이다.

판매 미팅, 특히 골프, 테니스, 연회(그리고 칵테일 파티)와 같은 오프 사이트(off-site) 미팅은 판매원들 사이에서 매우 인기 있으며, (부드럽게 표현하면)동료 의식을 길러 준다.

판매 콘테스트는 많은 회사에서 효과를 보고 있으며, 심지어 그런 콘테스트를 하기에는 너무 고상하다고 생각되는 회사에서도 실시한다. 판매왕들은 대개 자신의 쿼터보다 상당히 초과 달성한다.

성과에 따라 등급을 나누어 대상(大賞)과 그 외의 상을 준다. 대개 대상 수상자는 좋은 휴양지에서 휴가를 보내거나 상금을 받는다. 이런 콘테스트를 구상하는 데는 기술이 필요하다. 예를 들어, 월별로 우승자를 뽑고, 판매 인력이 일년 내내 계속 매진할 수 있도록 대상 수상자의 자격을 여러 가지 방법으로 정할 수 있다.

상패, 상품, 'CEO 라운드 테이블' 회원권 등과 같이 비교적 비싸지 않은(그러나 덜 인상적인) 동기 부여 요소도 있다. 미팅이나 특별 오찬에서 고위 경영진과 만날 수 있는 기회를 주거나 특별 인력에 참여시키는 방법은 유용하면서도 비용이 많이 들지 않는 보상이지만, 일반적으로 많이 사용되지는 않고 있다.

마지막으로, 승진의 기회는 강력한 동기 부여 요소가 될 수 있다. 그러나 주의할 점이 있다. 일류 판매원들은 대개 미팅과 서류 처리뿐만 아니라 다른 사람들을 관리하는 일이 이전에 하던 일보다 지루하고 좋지 못하다는 생각을 하기도 한다. 내가 아는 사람들 중에서도 영업 관리자나 제품 관리자로 승진한 지 두 달 만에 다시 영업을 뛸 수 있게 해달라고 애원하는 사람들이 있었다.

판매 인력에 대한 지원

판매원들은 현장에 노출되어 있고, 경쟁하고 있으며, 매일 사람들의 거부에 직면하고 있다. 이들이 자신의 일을 잘 수행해 나가도록 하려면 회사측에서 최상으로 지원해 주어야 한다.

이런 지원은 회사가 제공할 수 있는 최고의 제품, 서비스 및 마케팅에서 시작된다. 제품은 그 제품이 속한 등급과 가격 범위에서 최상이어야 한다. 서비스가 추구하는 유일한 목표는 종합적인 고객 만족이다. 마케팅은 고객과 고객의 문제 및 구매 동기라는 실제 상황에 연결되어 있어야 한다.

또한 지원은 적절하고 (가장 중요한 점인)지속적인 신용 정책과 충실한 신용 관리를 의미한다. 판매원이 판매를 성사시키고자 몹시 노력했지만 결국 신용부서에서 거래를 망쳐 놓는다면 말이 되겠는가? 예를 들어, 회사의 신용 정책이 일관성이 있고, 판매원이 신용부서에 전화를 걸어 잠재 고객의 신용도를 미리 알 수 있도록 한다면 도움이 될 것이다.

훌륭한 관리도 지원에 포함된다. 불행한 일이지만, 일부 영업 관리자 중에는 공포와 협박이 판매원들에게 동기를 부여한다고 잘못 생각하는 이들이 있다. 판매량이 가장 저조한 판매원 세 사람을 해고하는 것이 좋은 아이디어일지는 몰라도 공개적으로 해고하는 것은 좋은 생각이 아니다. 다른 모든 사람들과 마찬가지로 판매원도 결정을 내릴 수 있는 권한과 신뢰가 필요하다. 또한 다른 사람들과는 달리 판매원들은 서류 처리 업무를 가능한 한 최소로 해야 하며, 관료주의적인 분위기도 가능한 한 적어야 하고, 자신의 시간을 자유롭게 관리할 수 있어야 한다.

마지막으로, 가장 중요한 것은 품질, 제품 결함, 배달 등에 관한 고객의 불만을 빠르게 해결하는 것이다. 바로 이때 훌륭한 고객 서비스 부서가 그 가치를 발휘한다.

고객 서비스

각 유형에 속하는 많은 기업들에는 판매 부서와 독립적인 고객 서비스 부서가 존재한다. 이 부서는 대개 판매 부서나 마케팅 부서에 보고한다(가장 좋은 고객 서비스 부서는 판매 부서와 긴밀하게 작업한다). 이들은 주로 회사의 제품을 구매한 사람들인 현재 고객을 상대하지만, 잠재 고객의 요청에 응하기도 한다.

고객 서비스에는 두 가지 목표가 있다. 하나는 고객을 계속 만족시키는 것(고객이 만족하지 못하고 있을 경우 만족하게 만드는 것)이며, 또 하나는 판매원에게 부담을 주지 않고 이 일을 해내는 것이다.

두 번째 기능이 중요하다. 회사의 모든 사람이 고객을 만족시키고 싶어하지만, 특히 판매원이 가장 그렇다. 그러나 판매원이 분쟁을 해결하고, 일상적인 질문에 대답하고, 가격표 요청과 제품 설명서 요청에 응하면서 시간을 보낸다면 정작 판매할 시간이 사라지게 될 것이다.

그래서 고객 서비스 부서 직원은 사람을 다루는 기술(예를 들어, 인내심)이 있고, 제품에 관한 정보를 알고 있으며, 고객의 불만을 해결하기 위해 운영상, 절차상, 그리고 법적으로 어떤 일을 할 수 있는지 잘 아는 사람이어야 한다.

MBA Mastery

문제 해결에 필요한 권한을 고객 서비스 담당자들에게 반드시 부여해야 한다. 고객들은 자신을 직접 도와주지 못하는 사람과 상대하는 것을 무척 피곤하게 생각한다. 어떤 기업에서는 고객 서비스 부서를 제대로 잘 운영하는 반면, 어떤 기업에서는 고객 서비스 부서가 오히려 서비스에 제공에 장애가 되는 것 같다. 이 부서에 적절한 사람을 고용하여 그들이 일하게 하라. 불만 있는 고객이 경쟁사보다 회사에 훨씬 더 큰 상처를 입힐 수 있다.

고객 서비스 부서는 장래 판매인을 배출하기 위한 좋은 훈련장이 될 수 있다. 사실 고객 서비스 부원이 후에 고객이 될 리드(leads)를 발굴한다면 이들에게 일종의 보상이나 상품을 주어야 한다. 잠재적인 판매 능력이 있는 사람에게 주는 작은 대가이지만, 그것으로 회사가 계속 성장할 수 있다.

판매 훈련에 관한 조언 몇 마디

신입 판매원에게 산더미같이 많은 제품 설명서를 주고, 판매 요청(sales call)에 두세 번 데려가고 난 후 곧바로 책상, 전화, 전화번호부를 주는 일은 매우 흔하다. 어떤 회사에서는 판매원을 소모품으로 보아 열 명을 고용한다. 각각 규정된 목표에는 이를 것이라고 생각하기 때문이다.

현명한 기업에서는 다른 방법을 취한다. 똑똑한 인재를 고용하기 위해 최선을 다한다. 유경험자를 찾을 때는 시간을 들여서라도 잘 맞는 훌륭한 인재를 찾아낸다. 초보자를 찾을 때도 사람을 신중히 선택하여 판매 부서에서 훈련시킨다. 또한 초보자와 경험자 모두에게 회사의 제품과 절차를 훈련시킨다.

판매 훈련은 가치 있는 훈련이며, 대도시에는 판매 훈련 서비스를 제공하는 업체가 있다. 그러나 이 훈련은 실제 판매원들처럼 서로를 경쟁자로 여기는 특별한 동기가 있는 사람에게만 도움이 될 것이다. 이들은 지는 것을 매우 싫어해 판매 성공이 곧 승리가 된다. 이런 동기와 더불어, 판매원이 되려면 외향적이거나 사교적인 사람이 되는 것보다는 고객의 문제를 해결하고자 하는 관심이을 가지는 것이 더 중요하다.

이것만은 알아 두자

▶ 판매원은 회사 수입의 근원이며, 고객과의 연결 고리이고, 최전선에서 공격과 방어를 담당한다. 이들은 잠재 고객을 발굴하고, 문제를 해결하며, 거래를 성사시키고, 불만을 처리하고, 경쟁자들과 싸운다. 따라서 이들에게는 많은 지원이 필요하다.

▶ 판매 과정의 중요한 부분은 잠재 고객 발굴, 문제 해결, 제품 프레젠테이션, 잠재 고객에게 구매 설득하기이다.

▶ 판매 인력의 규모를 가장 적절하게 구성하려면 판매원 각각을 충원할 때 추가되는 매출과 일인당 표준 작업량을 고려해야 한다. 판매 인력은 지역별, 제품별, 고객별, 또는 이 세 가지를 결합하여 편성할 수 있다.

▶ 대부분의 기업에서 판매원에게 주는 보수의 가장 좋은 형태는 봉급과 커미션을 합한 것이다.

▶ 고객 서비스 부서는 바쁜 판매원들보다 더 나은 서비스를 고객에게 제공함으로써 판매원들을 편하게 해줄 수 있다. 또한 고객 서비스 부서는 리드(leads)를 발굴할 수도 있으며, 장차 판매원이 될 사람들을 위한 좋은 훈련장이 될 수 있다.

Chapter 21

제품 개발:
기업의 선구자

In This Chapter
Point

▶ 성공적인 제품을 개발하는 방법과 실패 제품을 재빨리 없애는 방법

▶ 대단한 신제품의 아이디어를 얻을 수 있는 곳

▶ 신제품이 성장의 열쇠가 되는 이유

당신도 이미 알고 있듯이, 우리 경제에서는 신제품이 놀라울 정도로 자주 소개된다. 때로는 제품이란 것이 새롭거나 개선되거나 또는 두 가지 모두가 아니면 판매할 가치가 없는 것처럼 보일 때도 있다. 시장의 요구와 경쟁, 그리고 제품을 개선할 수 있는 더 나은 기술력 덕분에 이러한 신제품에 중점을 두게 되었다.

대부분의 기업에게 신제품은 생명력이라고 할 수 있다. 가격을 올리는 것 외에 매출을 늘리는 데는 네 가지 방법이 있는데, 이중 두 가지는 신제품과 관련이 있다. 현재 고객에게 신제품을 판매하는 것과 새로운 고객에게 신제품을 판매하는 것이다. 나머지 두 방법은 기존 제품과 관계가 있다.

대부분의 회사에서 마케팅 부서는 신제품 개발에 중심 역할을 한다. 이 Chapter에서는 그 역할을 살펴보고, 성공적인 신제품 개발의 방법도 알아보기로 하자.

교차 기능 팀의 가치

최근까지 제품 개발은 한 기업 내에서 서로 긴밀하게 작업하지 않는 여러 부서가 담당해 왔다.

마케팅부가 제품 컨셉트를 생각해 내고, 그 아이디어를 디자이너에게 넘겨주면 디자이너가 제품을 디자인하고, 엔지니어들이 원형(견본 모델)을 제작했다. 그리고 나서 생산부서에서 제품을 생산하면 판매원들이 판매를 시작했다. 이런 과정은 시간 낭비였을 뿐만 아니라 대개의 경우 아무도 사려 하지 않는 제품을 만들어 냈다.

MBA Lingo

*원형(prototype)*이란 제품 형태의 견본을 말한다. 효과적인 원형은 비록 모든 기능을 갖추고 있지는 않지만, 제품 작동 방식도 알려 준다.

오늘날 관리자들은 '교차 기능 접근법'이 제품 개발에 가장 효과적이라는 것을 깨달았다. 교차 기능 팀(cross-functional teams)은 제품을 취급하는 모든 부서의 사람들로 구성된다. 이런 방식으로 각 부서가 제품 개발의 각 단계에 투입된다. 이렇게 하여 회사는 문제를 최소화하고, 각 단계에서 신제품에 대한 지원을 보장할 수 있다.

제품 개발 과정

관리자는 아래의 여섯 단계에 걸친 과정을 통해 제품을 개발한다.

MBA Lingo

*교차 기능(cross-functional)*이란 기능을 두 개 이상 포함하는 것을 말한다. 교차 기능 팀은 마케팅, 재무, 운영, 엔지니어링, 판매 등 각 부서에서 온 사람들로 구성되며, 각 부서에서 최소 한 명 이상 보낸다.

1. 아이디어 착상
2. 컨셉트 테스트
3. 원형과 제품 디자인
4. 제품 테스트
5. 시장 테스트
6. 제품 출시

각 단계는 개발 과정에서 중요한 역할을 한다. 언제건 성공하지 못하면 제품은 죽을 수 있다. 따라서 무리 없이 잘 진행되어 나간다는 안일한 자세로 이 과정을 시작해서는 안 된다. 오히려 각 단계를 다음 단계로 넘어가기 위해 극복해야 하는 장애물로 보아야 한다. 각 단계로 성공적으로 넘어

가지 못하는 제품이라면 출시해 보아야 소용없다.

각 단계를 차례로 살펴보자.

단계 1: 좋은 아이디어 착상

제품 아이디어는 아주 다양한 원천에서 나온다. 가장 좋은 원천은 시장이다. 시장은 제품 아이디어를 끊임없이 만들어 낸다. 시장이 바로 문제가 존재하는 곳이기 때문이며, 그 문제를 해결하는 제품이 가장 좋은 제품이다.

고객에게 귀기울여라

제품 아이디어를 얻으려면 당신의 고객에게 귀기울이고, 고객의 불만을 기꺼이 받아들여라. 고객이 신제품으로 가는 길을 알려 줄 것이다.

또한 시장 조사를 정기적으로 실시하여 아래와 같은 질문의 답을 구해야 한다.

MBA Mastery

고객의 참여를 유도하기 위하여 고객 위원회나 사용자 그룹을 후원하는 방법이 있다. 고객 위원회는 6~10명의 고객들로 구성되며, 이들은 시간을 내서 당신의 제품과 서비스, 또는 그 개선 방법에 관해 토론한다. 사용자 그룹은 규모가 더 크고 비교적 덜 형식적이다. 대개 하이테크 기업에서 이들을 활용하며, 때로는 사용자들이 스스로 그룹을 형성하기도 한다.

▶ 고객은 이 제품으로 무엇을 하기를 바라는가?
▶ 고객은 이 제품을 어떻게 사용하는가?
▶ 이 제품은 고객의 운영에 어떻게 적용되는가?
▶ 고객은 이 제품에 어떤 문제를 가지고 있는가?
▶ 고객이 이 제품을 더 많이 사용하게 하려면 어떻게 해야 하는가?

많은 고객들이 그저 '가격을 내려라'라고 말할 것이다. 그러나 어떤 고객들은 물어 보지 않았다면 당신이 알아낼 수 없었던 사실을 말해 줄 것이다. 그것으로 당신은 신제품을 만들 수 있다.

당신의 판매원에게 물어라

판매원들은 시장에 나가 문제를 다루는 장본인들이다. 이들의 가장 큰 문제는 제품을 더 많이 판매하는 것이다. 당신이 마케팅부 직원이라면 판매원들에게 정기적으로 다음과 같이 물어 보아야 한다.

- ▶ 판매의 가장 큰 장벽은 무엇인가?
- ▶ 더 많이 판매할 수 있는 방법은 무엇인가?
- ▶ 고객은 제품의 어느 부분을 바꾸어 달라고 요청하는가?
- ▶ 자사 제품 라인에서 틈새를 발견했는가?
- ▶ 판매에 있어 어떤 경쟁 제품이 자사를 이기는가?

경쟁자를 주시하라

이 점을 직시하자. 때로는 다른 사람이 더 좋은 아이디어를 가지고 있다는 점이다. 이때, 할 수만 있다면 그 아이디어를 잡아라. 그러나 더 좋게 하려면 그것을 한층 향상시켜라.

MBA Alert

너무나 많은 기업에서 마케팅 부서와 판매 부서 사이에 눈에 보이지 않는 '장벽'이 있다. 이 두 부서는 의사 소통이 안 된다. 당신이 마케팅부 직원이라면 판매 부서 사람과 이야기해야 한다. 당신이 판매부 직원이라면 마케팅 부서 사람들과 이야기하라. 이것이 좋은 제품을 개발하여 마케팅 프로그램을 세울 수 있는 최선의 방법이다.

진정한 발명품은 특허법으로 보호받는다. 그러나 많은 제품이 발명품이 아니라 단지 새로운 아이디어일 뿐이다. 아이디어로 특허를 낼 수는 없다. 음료 업계에 등장하는 새로운 향은 모방하기 쉽다. 소비자 제품의 포장 아이디어는 대부분 모방된다. 의류 산업, 가정용 가구 산업, 오락 산업 등의 부문에서도 대부분의 스타일이 모방된다.

모방이 쉬운 최근 개발품에는 은행 업계의 자동 현금 인출기와 NOW(neotiable order of withdraual) 계정(수표도 발행되고 이자도 붙는 일종의 당좌예금 계좌, 역자주), 식음료 업계의 마이크로 비어, 자동차 산업의 전륜 구동, ABS 시스템, 미니 밴 등이 있다.

때로는 법규가 새로운 제품을 만들어 내기도 한다. NOW 계정은 이자 지급부 당좌 계정이 합법화된 이후 개발되었다. 1990년대 중반의 오트밀이 유행한 것과 같은 흐름과 유행도 제품을 만들어 낸다. 안전에 대한 관심과 과학 기술의 발달도 제품을 만들어 내는데, 특히 자동차와 설비 부문에서 이런 영향이 크다.

카피캣(Copy-cat), 말하자면 패리티(parity) 제품도 역설계(분해하여 모방하기)로 많이 개발되고 있다. 성공적인 제품을 모방해서 디자인이나 작동법을 약간 바꾸어 경쟁력 있는 제품을 만들어 내는 것은 매우 쉽다.

MBA Lingo

*패리티 제품(parity product)*이란 시장에서 당신이 패리티(즉, 동격)를 얻기 위해 다소 직접적으로 경쟁사의 제품이나 서비스를 모방한 제품을 말한다. *역설계(reverse engineering)*란 당신 회사의 엔지니어가 경쟁사의 제품을 해체하여 재료, 조립 방법, 작동법을 연구한 뒤 그 설계를 모방하는 것을 말한다.

나는 카피캣 전술보다는 창의성을 더 좋아한다. 이 점에 관해서는 이 **Chapter**의 후반부에서 살펴보기로 하자. 그러나 당신의 경쟁력을 위해 언젠가는 패리티 제품이 필요하게 될 것이며, 따라서 이를 제외하는 것은 어리석은 짓이다.

단계 2: 컨셉트 테스트

일단 제품 컨셉트를 얻으면 그 제품을 사용할 잠재 고객들에게 제품을 반드시 테스트해 보아야 한다. 이런 잠재 고객은 당신 회사의 현재 고객 중에서도 있을 것이다.

MBA Mastery

컨셉트 테스트에 필요한 원형 (prototype)은 산업과 예산에 따라 달라진다. 잡지 업계에서는 '실물 크기의 모형'으로 표지와 내부의 내용을 보여 줄 수 있다. 소프트웨어 산업에서는 프로그래밍을 전혀 하지 않고도 컴퓨터 스크린으로 보여 줄 수 있다. 도구, 가전 제품, 자동차의 경우는 진흙 모형, 컴퓨터 시뮬레이션, 실제 작동 모델을 사용할 수 있다.

컨셉트 테스트는 제품 아이디어에 대한 반응을 알아내기 위한 시장 조사이다. 제품 아이디어를 자세하게 설명한 후, 응답자들에게 그 컨셉트에 관하여 준비해 둔 일련의 질문을 하는 방법으로 테스트할 수 있다. 또는 원형(prototype)을 제작하여 보여 주고, 준비해 둔 일련의 질문을 던져 반응을 알아볼 수 있다.

원형이 있든 없든 컨셉트 테스트에 포함해야 할 전형적인 질문은 아래와 같다.

▶ 이 제품을 이해하겠는가? 그리고 이 제품으로 무엇을 하는지 이해하는가?

▶ 이 제품이 할 일을 지금 당신은 어떻게 하고 있는가?

▶ 이 제품의 어떤 점을 바꾸고 싶은가?

▶ 이 제품이 고비용의 큰 문제를 해결할 것이라고 생각하는가?

▶ 이 제품을 당신은 얼마나 자주 사용하게 될 것인가?

▶ 이 제품의 경쟁 제품으로 당신은 어느 제품을 꼽는가?

이 제품에 얼마를 지불하고 싶은지 잠재 고객들에게 물어 보고 싶은 충동이 들겠지만, 이 단계에서 적정한 가격을 알아보기란 상당히 어렵다. 물어 보더라도 그 대답은 절충해서 들어야 한다.

제품 컨셉트를 테스트하면 대부분의 경우 이득을 보지만, 컨셉트 테스트를 제한하거나 심지어 생략

해야 하는 경우도 있다. 예를 들어, 아이디어로 약간의 변화만 생기는 것이라면(가령, 현재의 간식용 식품 라인에 매운 맛을 도입하기) 컨셉트 테스트를 생략하고 곧바로 제품 테스트로 들어갈 수 있다.

단계 3: 원형과 제품 디자인

실제적인 제품이나 서비스를 개발해야 한다는 문제가 있다. 이 단계에서는 마케팅 부서의 참여가 필요하지만, 실제로 많은 부분을 참여하는 것은 아니다. 제품에 생명력을 불어넣는 데 필요한 디자이너, 엔지니어, 재료 전문가, 프로그래머, 기타 기술력을 지닌 사람들이 작업에 들어간다.

그러나 마케팅부는 자체적인 관점과 판매 인력의 관점을 모두 대표해야 한다. 디자인 단계에서 반드시 제품의 제작, 판매, 사용을 방해하는 요인을 모두 제거해야 한다. 사용과 설치가 쉽고, 보수가 필요 없고, 제조 원가를 낮추는 등의 문제는 모두 마케팅부가 원형 및 제품을 만드는 사람들과 의논해야 할 사항이다.

단계 4: 제품 테스트

일단 제품이나 서비스를 개발하면(이상적으로 말하면, 생산으로 들어갈 준비가 되기 전에) 마케팅부, 설계부, 생산부가 합동하여 제품 테스트를 실시해야 한다.

제품 테스트는 대개 다음 단계인 시장 테스트와 일괄적으로 이루어지는 경우가 많은데, 이 두 단계는 각기 다른 이슈 두 가지를 다루는 것이므로 가능하면 분리하는 것이 좋다. 제품 테스트는 다음과 같은 제품 문제를 다룬다. 이 제품이 효과적인가? 고객이 이 제품을 사용할 수 있는가? 고객들은 이 제품을 어떻게 사용하는가? 고객들은 이 제품의 어떤 점을 바꾸고 싶어하는가? 고객들이 이 제품을 마음에 들어 하는가? 이 제품이 고객의 운영에 적합한가? 그러나 시장 테스트는 마케팅 문제를 다룬다.

> **MBA Lingo**
>
> *베타 사이트(beta site)* 는 제품을 사용해 보고 그 경험을 제품 개발사에 보고해 주는 고객이다. 베타 사이트는 주로 산업 제품에 사용되며, 특히 컴퓨터와 소프트웨어 같은 하이테크 제품에 가장 많이 필요하다. 사업가들은 대개 제품 테스트를 *베타 테스트(beta test)*라고 부른다.

많은 사업들이 제품 테스트에 베타 사이트를 사용한다. 이런 베타 사이트 고객들은 실험 대상자로서 행동하며, 제품을 현장에서 테스트하고 난 후 피드백을 제공하기로 동의한다. 일부 기업에서는 자체적으로 현장 테스트를 하는데, 괜찮은 방법이기는 하다. 그러나 실제 상황에서 제품을 사용하는 객관적인 사람들만이 최종적인 판정을 내릴 수 있다.

그런데 베타 사이트는 기업의 제품 개발을 돕는 데서만 동기를 부여받는 것은 아니다. 이 사람들은 대개 혁신자나 초기 수용자(Chapter 16 참고)들로, 자신들에게 경쟁 우위를 부여해 줄 수 있는 새로운 것을 경험하고 싶어한다. 당신은 이들에게 베타 테스트가 끝난 후에도 일정 기간 동안 제품을 무료로 사용할 수 있게 해주거나 아니면 할인을 해주어야 할 것이다.

단계 5: 시장 테스트

시장 테스트는 고객을 사용자보다는 구매자로 인식하여 고객에 관한 정보를 수집한다. 따라서 시장 테스트는 구매 행위를 측정한다.

이때쯤이면 당신은 그 제품의 포지셔닝에 대한 적절한 가격 결정안을 가지고 있어야 한다. 그 가격 결정이 적절한지 알아보기 위해 시장 테스트를 하는 것이므로, 적절하지 않은 점이 있다면 이때 조절할 수 있다. 자사의 광고, 구매 권유, 제품 설명서 등에 대한 반응도 알고 싶을 것이다. 이런 것들이 거의 완성 단계에 이르러 있을 수도 있지만 완전히 결정된 것은 아니므로, 미세한 조절이나 그 이상의 조절이 필요하다.

MBA Alert

시장 테스트를 할 때 편하게 판매할 수 있는 대상뿐만 아니라 어려운 대상인 잠재 고객도 반드시 포함해야 한다. 당신의 다른 제품을 좋아하는 혁신자(innovators)에게만 시장 테스트를 한다면 왜곡된 결과를 얻게 될 것이다. 이 제품으로 다수의 사람에게 접근하려면 초기 다수 수용자(early-majority)와 후기 다수 수용자(late-majority) 타입의 사람들도 일부 포함해야 한다.

확실하게 해야 할 주요 이슈는 가격 결정이다. 이 단계에서도 가격 결정은 아직 드러나지 않은 문제일 수 있다. 특히 제품이 완전히 새로운 것일 경우 가격 결정 문제는 더욱 모호할 것이다. 다양한 가격 수준을 테스트하는 몇 가지 방법이 있다. 가장 좋은 방법 가운데 하나는, 높은 가격에서 출발하여 시장 조사를 진행하는 동안 가격을 조금씩 내리면서 가격이 낮으면 판매가 증가하는지 알아보는 것이다. 더 좋은 방법은 다양한 고객 표본에게 두세 개의 다른 가격을 시도해 보는 것이다. 지리, 산업, 규모 등을 기준으로 나눈 고객의 하위 집단을 표본으로 사용할 수 있다.

신제품을 너무 낮은 가격으로 출시하지 않도록 해야 한다.

가격을 너무 낮게 책정하면 사업 규모가 커져서 놀라겠지만, 결국 돈을 눈앞에 두고도 가지지 못하는 꼴이 된다. 또한, 가격을 높이기란 낮추기보다 훨씬 더 어렵다.

가격 결정 이외에 연구해야 할 주요 이슈는 구매 동기, 구매 패턴, 구매 빈도, 가장 마음에 드는 특징과 효익, 그리고 고객 만족도 등이다.

단계 6: 제품 출시

제품 출시, 즉 롤아웃(roll-out)은 여러 가지 방법으로 할 수 있다. 몇 개 도시나 주에서 시작하여 점진적으로 진행할 수도 있고, 아니면 광역적 롤아웃이나 심지어 전국적 롤아웃을 할 수도 있다.

처음 다섯 단계를 제대로 실행하고 생산과 수송을 위한 준비가 완료되었다면 판촉 프로그램을 실행하고 판매 인력을 지원하는 일만 남았다. 이것이 말처럼 쉽지는 않지만, 적어도 당신이 준비해야 할 구체적인 일련의 작업을 알 수 있다.

멈추어야 할 시기를 알라

앞에서 언급했던 대로 제품은 이런 여러 단계 가운데 어느 단계에서라도 죽을 수 있다. 분명히 말하지만, 새로운 제품이 실패 제품(loser)이 될 거라면 그 사실을 일찍 알수록 좋다. 당연히 더 빨리 그만둘수록 시간, 노력, 돈을 덜 소비하게 될 것이기 때문이다. 그러나 문제는 조금 더 심각하다.

기업이 어떤 것에 시간과 노력과 돈을 더 많이 쏟아 부을수록 그 길을 계속 더 가고 싶은 마음이 커질 것이다. 제품 테스트 단계나 시장 테스트 단계에서 '이것은 효과적이지 못하니 그만 가방을 싸자.' 라고 말하기란 쉽지 않다. 결국 지금까지 아이디어의 발상, 컨셉트 테스트, 원형 제품 개발, 실제 제품 개발이라는 단계를 두루 거쳐 온 것이다. 이런 과정을 더 진행해 나갈수록 제품에 돈과 열정을 더 많이 쏟는 셈이 된다.

그러므로 엄밀하게 아이디어를 개발하고 컨셉트 테스트를 실시하는 것이 가장 중요하다. 컨셉트가 고객의 진정한 욕구를 해결해 주지 못한다면 그 제품이 무슨 소용이 있겠는가? 컨셉트 테스트에서 고객의 태도가 미온적이었는데 그 제품을 돈 내고 사라고 하면 고객들이 좋아하겠는가? 소용없는 제품 아이디어는 일찍 없애는 것이 좋다.

라인 확장

지금까지 소개한 과정은 질서 정연한 방식으로 제품 개발을 관리하는 데 도움이 될 것이다. 그러나 이렇게 많은 단계가 반드시 필요한 것은 아니다. 예를 들어, 단순한 제품 라인 확장 제품에는 여러 단계가 필요하지 않다. 사실 그런 단계를 모두 거치는 것은 제품을 시장에 내놓고 잘 팔리는지 지켜보는 것보다 더 많은 돈이 들 수 있다.

MBA Lingo

*제품 라인 확장 제품 (product line extension)*은 기존 제품 라인을 위한 신제품을 말한다. 이런 신제품은 기본적으로 기존 제품 라인에 속한 다른 제품에 변화를 준 제품이다. 예를 들어, 아침 식사용 음료의 변형인 무설탕 음료, 가정용 전기 제품의 변형인 무선 전기 제품, 모든 기존 제품의 고급형 등이 있다. 확장 제품은 *혁신 제품 (breakthrough)*과는 다르다. 혁신 제품은 완전히 새로운 제품이나, 제품 카테고리를 말한다.

제품 라인 확장 제품은 덜 위험하고, 큰 창의력을 요하지 않는다. 제품 라인 확장 제품은 경쟁력이라는 면에서 필요하다. 예를 들어, 경쟁사 제품과 맞서거나 고객에게 완벽한 선택의 폭을 제공하기 위해 필요하다. 그러나 제품 라인 확장 제품이 당신의 사업을 변형시킬 혁신 제품(완전히 새로운 제품 라인이나 카테고리)이 되지는 못할 것이다. 전자레인지, 마이크로 컴퓨터, VCR은 사업 혁신 제품의 좋은 예이다.

진정한 창의성만이 혁신 제품을 만들어 낼 수 있다. 혁신 제품 개발을 다른 기업들에게 맡겨 두는 것은 잘못이 아니다. 그러나 진정한 혁신 제품은 기업과 그 주주들에게 완전히 새로운 수준의 부(富)를 줄 수 있다.

Case IN Point

신제품이나 새로운 제품 카테고리를 발명하는 기업은 아주 빠르게 대기업으로 성장하여, 사실상 완전히 새로운 산업을 만들어 내고 지배하는 기업이 되는 셈이다. 페더럴 익스프레스 사는 '하룻밤 만의 배달'이라는 상품을 만들어 냈다. 제록스 사는 건식 인쇄술을 사용하는 복사기를 발명했다. 폴라로이드 사는 즉석 사진술을 발명했다.

연구개발(R&D) 부서에 관하여

연구개발(research and development) 부서는 제품개발 부서보다 좀더 기술적인 기능을 지닌 부서이다. 진정한 연구개발 부서는(어떤 회사에서는 제품개발 부서라고 부르는 곳도 있다) 대개 마케팅 담당자보다는 과학자와 기술자로 구성된다.

연구개발의 연구 기능(research) 때문에 과학자가 필요하다. 항공 우주 산업, 화학 산업, 제약 산업, 통신 산업, 의료 기기 산업, 재료 산업과 같은 하이테크 산업에 종사하는 많은 기업들은 혁신 제품을 만들어 내고자 기본적인 연구를 행한다. 기본적인 연구란 장기간에 걸친 지적 활동을 말하며, 여기에는 그 과정의 일부로서 빈번한 실패도 포함된다.

그러나 연구개발의 제품 개발 기능(development)은 단기적이고 이익 지향적인 활동을 말하며, 여기서는 실패를 최소화하려고 애쓴다. 따라서 연구개발 부서를 관리하려면 연구와 개발의 상호작용 관계를 잘 이해하고 있어야 한다. 그러려면 이 두 과정에 대한 신념이 있어야 한다. 연구원들은 자신의 목적이 아니라 상업적인 이유로 지식을 추구하고 있다는 점을 잘 인식해야 한다. 제품 개발자들은 연구가 장기간에 걸친 시행 착오의 과정이라는 점을 이해해야 한다.

연구개발 부서를 관리하는 가장 좋은 방법은 회사의 나머지 부분과 멀리 떨어뜨려 놓는 것이다. 그러면 과학자들은 자유롭게 연구에 몰두할 수 있고, 이들이 제품으로 개발할 수 있는 것을 만들어 내면 그것을 적절한 사람에게 넘겨줄 수 있다. 대개 이런 방해받지 않는 연구개발 부서들을 '비밀 실험실(skunk works)'이라고 부르는데, 특히 비공식적인 경우에 그렇게 부른다.

지금 당장 실천하라!

오늘날에는 시장과 기술이 매우 빠르게 움직이기 때문에 기업이 신제품을 빠르게 개발할 수 있다면 여러 가지 이유에서 중요한 경쟁력을 얻을 수 있다.

첫째, 시간은 돈이므로 신제품을 빠르게 개발하면 개발 비용이 덜 든다. 빠르게 개발하는 데 중점을 두면 불필요한 많은 비용과 함께 개발 노력의 부담을 줄일 수 있다.

둘째, 신제품은 경쟁사가 모방할 수 있으므로(그리고 개발 초기 과정에서 경쟁사가 제품에 관해 알게 되므로) 제품을 빨리 만들어 낼수록 경쟁사를 더 많이 앞지를 수 있다. 가

MBA Lingo

긴급 대응(rapid response)은 군대 용어를 차용한 말로, 시장 개발, 경쟁적 위협, 고객의 요청, 또는 내적, 외적 위기에 빠르게 대응할 수 있는 능력을 말한다. 오늘날의 사업 환경에서는 빠르게 대응할 수 있는 기업의 능력이 기업의 규모보다 더 중요할 수 있다. 사실 일부 관측자들은 규모가 크면 빠른 대응에 장애가 되며, 규모가 작을수록 빠르게 대응할 수 있다고 지적한다.

능한 한 빠르게 시장을 점유하는 것이 목표가 되어야 한다.

셋째, 제품을 먼저 개발할 수 있다면 항상 당신 회사 스스로가 가장 좋은 경쟁 상대가 될 수 있다. 말하자면, 경쟁사들이 첫번째 제품을 도입하느라 애쓰는 동안 당신은 두 번째, 세 번째 새롭고 향상된 제품 버전을 내놓을 수 있다. 이렇게 되면 당신의 제품은 그 계열에서 선두 제품이 될 수 있다.

마지막으로, 당신이 우연히 다른 기업의 뛰어난 제품을 보고 모방을 마음먹었다면 당신 회사 제품을 빨리 내놓을수록 더 좋다. 오늘날의 사업은 매우 빨리 돌아가므로, 긴급 대응이 경쟁력의 열쇠라고 할 수 있다.

새로운 사실

빠르게 돌아가는 신제품 기계처럼 당신의 회사를 회전시킬 방법 몇 가지를 아래에 소개한다.

▶ 제품 개발을 계획할 때, 야심만만한 시간 틀을 짜고 이 개발에 쏟아 부을 시간과 에너지, 그리고 열정을 지닌 낙천적인 인물들에게 이 프로젝트를 맡기도록 한다.

▶ 위협 요소와 기회가 있는지 알아보기 위해 항상 시장을 주시하고, 새로운 욕구와 문제가 있는지 고객과 판매원의 말에 귀기울인다. 때때로 욕구를 알아내기 위해 고객과 판매원을 대상으로 조사를 실시한다.

▶ 제품이 성숙기에 도달하면 그 제품이 다시 살아나도록 애써야 한다. 제품이 쇠퇴기로 접어들면 그 제품을 죽인다. 기존 제품을 죽였다면 신제품 개발에 박차를 가하고, 자원을 그곳에 자유롭게 투입해야 한다.

▶ 신제품이 회사 총수입과 이익의 일정 비율을 차지하도록 하는 목표를 세운다(가령, 3년 미만의 제품). 총수익과 이익의 20%를 신제품에서 얻는 기업은 계속 성장할 수 있다.

▶ 신제품에 중점을 두는 기업 문화를 창조한다. 기존 제품, 특히 성공적인 기존 제품에 대해서는 고객들이 충성심을 가지고 있기 때문에 기업이 위협 요소와 기회를 못 보고 지나칠 수 있다.

▶ 제품개발 부서를 두고, 그들에게 특권과 예산을 부여한다. 이 Chapter에서 소개한 것과 같은 구조적 과정을 제품개발 부서원들에게 지시해야 한다.

제품 개발은 위험한 사업이다. 그러나 우리가 구매하여 집이나 일터에서 사용하는 모든 제품은 위험을 무릅쓰고 개발에 참여한 사람들이 만들어 내고 퍼뜨린 것이다. 생산적이고 성공적이며 새로운 제품 개발은 오늘날 시장에서 기업이 가질 수 있는 가장 위대하고도 유일한 성장의 엔진이다.

이것만은 알아 두자

▶ 기능 교차 제품 개발 팀은 제품을 취급할 각 부서의 사람들로 구성된다. 이렇게 하여 제품 개발 과정에 각 부서를 참여시킬 수 있으며, 문제를 최소화하여 각 단계에서 모든 소비자들의 구매력을 높일 수 있다.

▶ 제품 개발 과정에는 여섯 단계가 있다. 아이디어 착상, 컨셉트 테스트, 원형 제품과 실제 제품 개발, 제품 테스트, 시장 테스트, 제품 출시이다.

▶ 소용없는 아이디어를 재빨리 제거해야 시간과 에너지와 돈을 절약할 수 있다. 제품 아이디어는 엄격히 판단해야 한다. 컨셉트 테스트에서는 제품에 대한 단순한 관심 정도가 아닌 열정적인 반응이 나와야 한다.

▶ 제품 테스트에서는 제품이 제대로 잘 작동하는지 확인한다. 시장 테스트에서는 고객이 당신의 예상대로 제품에 반응하는지 확인한다. 시장 테스트로 제품의 포지셔닝을 미세하게 조절할 수 있다.

▶ 최고의 제품은 욕구를 충족시키고 문제를 해결한다. 제품 라인 확장 제품이나 패리티 제품도 괜찮다. 그러나 진정으로 회사에 큰 수익을 주는 것은 혁신적인 제품 아이디어이다.

Master's of Business Administration

Master's of
Business Administration

Part 5

미래를 향한 기업 전략

차를 운전할 때 당신은 계기판이나 차 바로 앞부분을 보며 운전하지는 않는다. 운전 강사들이 '큰 그림'이라고 말하는 것, 즉 앞의 교통 상황과 도로 신호를 본다. 날씨가 험악하면 하늘도 살펴볼 것이다. 현명한 사람은 길을 잃거나 새로운 곳을 찾아보고 싶을 경우를 대비해 도로 지도도 가지고 있을 것이다.

이제 책상에서 고개를 들고 '큰 그림'을 보아야 할 때이다. 회사를 위한 전략과 진로를 구상하라. 비즈니스 정보의 특징을 고려하라. 생산성과 품질 개선을 생각하라. 당신 회사의 법적 의무와 공동체에 대한 역할을 생각해 보라.

'큰 그림'을 책임지는 사람은 고위 관리자들이지만, 그것을 안다고 해서 당신에게 해로울 것은 없다. '큰 그림'을 이해하면 그 그림 안에서의 당신의 역할을 더 잘 파악하고 더 잘 수행할 수 있을 것이다. 마지막으로, 대기업의 고위 관리직을 목표로 하고 있다면, 또는 급속히 성장하는 작은 회사를 경영하고 있다면 어떻게 해야 그 그림을 파악할 수 있는지 이 Part를 통해 알게 될 것이다.

Chapter 22

전략적 계획
수립 과정

In This Chapter Point

▶ 전략이 기업의 미래에 담당하는 역할

▶ 어떤 방법으로 위기와 기회를 분석하는가?

▶ 대표적인 기업 전략과 행동 조치

지금까지 우리가 다룬 모든 활동과 도구들은 기업의 더 큰 필요를 충족시키는 데 사용되어야 한다. 즉, 재무, 회계, 마케팅, 판매의 모든 일들이 원활하게 조화를 이룰 수 있도록 잘 조정되어야 한다.

그러기 위해서는 장기 전략적 계획이 필요하다. 이것은 관리자에게 좋은 결정을 위한 틀을 제공한다. 장기 전략적 계획은 기업 전체의 큰 목표와 관계된 것이어야 하고, 관리자는 그 목표에 맞는 결정을 내려야 한다.

이 Chapter에서는 장기 전략적 계획에 관해 설명할 것이다. 흔히 이것을 그냥 '전략적 계획'이라고 부른다. 이 Chapter에서는 전략적 계획이 필요한 이유와 수립 단계, 그리고 전략적 계획을 세우는 데 도움이 되는 기법들을 알아볼 것이다.

전략적 계획이란 무엇인가?

전략적 계획 수립 과정은 보통 다섯 단계로 이루어져 있다.

1. 기업의 목표를 파악한다.
2. 기업의 환경을 분석한다.
3. 기업의 자원을 검토한다.
4. 목표에 도달하기 위한 행동 조치를 개발한다.
5. 행동 단계를 이행한다.

지금부터 각 단계를 하나씩 살펴보자.

기업 목표를 파악하라

기업에는 사내 모든 사람의 생각과 행동을 조직할 커다란 통합 목표가 있어야 한다. 가장 널리 수용되는 기업의 목표는 주주 가치의 극대화, 즉 기업의 가치를 높이는 것이다.

그러나 안타깝게도 주주 가치 극대화라는 목표를 세웠다고 해서 그것을 극대화할 수 있는 방법을 아는 것은 아니다. 그래서 대부분의 기업에는 그 목표를 달성하기 위한 하나 이상의 전략적 목표가 필요하다.

MBA Lingo

주주 가치(shareholder value)는 기업 오너의 투자 가치를 말한다. 일반적으로 주식 값과 발행된 주식 수를 곱해서 측정한다. 따라서 주식 값이 높아질수록 주주 가치도 높아진다.

Case IN Point

요즘 주식을 공개한 많은 기업들은 행동주의 주주들의 감시를 받는다. 행동주의 주주란 개인 투자자든 기관 투자가든 기업 경영 방침을 감시하고, 수익 성장 목표를 달성하지 못한 고위 관리자들을 대체시키기 위해 노력하는 대주주들을 말한다. 얼마 전까지만 해도 주주들은 모든 일을 관리자들이 알아서 하게 하고, 기업 방침이 마음에 들지 않으면 주식을 팔아 버렸을 뿐이었다. 그러나 요즘 주주들은 좀더 적극적인 역할을 한다.

그 한 예가 공무원 연금 기금인 Calpers(캘리포니아 공무원 퇴직 시스템)이다. Calpers는 자사가 많은 투자를 한 기업들을 예의 주시한다. 심지어 주주의 이익을 손상시킨다고 생각하는 경영진이 있는 기업의 명단을 발표하기까지 한다.

목표는 기업 환경과 자원 평가의 방향을 정하는 데 도움이 된다. 목표는 '매출과 수익 10% 증가' 라는 식으로 포괄적일 수도 있고, '내년 믹스 마스터의 대유럽 판매 3백만 달러 달성'과 같이 좀더 구체적일 수도 있다.

나중에 목표가 너무 높았는지 혹은 낮았는지 알게 될 것이다. 아니면 하나의 큰 목표를 뒷받침할 몇 가지 세부 목표가 필요하다는 것을 알게 될 것이다. 예를 들어, 매출과 수익을 10% 이상 높일 수 있는 생산 라인을 발견하게 될지도 모른다.

다음은 기업 목표를 세울 때 꼭 필요한 사항들이다.

> ▶ 사업 범위를 가능한 한 가장 넓게 생각하라.
> ▶ 목표는 측정할 수 있게 하라.
> ▶ 기본적인 매출–성장 전략을 고려하라.

그럼 이것들을 하나씩 살펴보자.

사업 범위를 넓게 생각하라

사업 범위를 너무 좁게 생각해서 실패를 자처한 기업들이 많다. 경영 컨설턴트인 Peter Drucker는 철도 업체를 대표적인 예로 꼽는다. 항공 교통이 발달하기 전에 철도 업체 고위 관리자들은 자신들의 사업을 '철도업'이라고 생각했다. 그러나 '철도업'이 아니라 '교통업'이라고 생각했다면 비행기가 개발되었을 때 경쟁할 대비가 되어 있었을 것이다.

Case IN Point

기업이 실패하는 원인 중 하나는 한 가지 제품에만 매달리기 때문이다. 그러나 먼 훗날의 성공을 위해서는 '제2의 조치'가 있어야 한다.

1970년대 말 Visicalc라는 제품은 최초의 전자 스프레드 시트로 인기가 많았다. 그러나 그 기업은 또 다른 실용적인 제품을 개발하지 않았다. 대신 Lotus 사가 데이터베이스와 그래픽 기능을 혼합한 로터스 1-2-3이라는 제품을 선보였고, 그 후에도 계속 다른 제품들을 개발했다. Lotus 사의 성공 원인은 자사의 사업 범위를 단순한 스프레드 시트 사업이 아닌 소프트웨어 사업이라고 생각한 것이었다.

반드시 성공을 보장하지는 않지만, 사업 범위를 넓게 생각하면 놓칠 수도 있는 가능성까지 들여다보게 된다. 가령 당신이 직업 훈련이나 컨설팅 쪽에 종사하고 있다고 하자. 이때 당신이 그것을 정보 사업이라고 생각한다면 출판과 소프트웨어 분야에서도 가능성을 찾을 수 있다. 식당을 하고 있다면 음식 서비스나 엔터테인먼트 분야에 있다고 생각하라. 그러면 기업 음식물 조달, 요리 교실, 극장식 식당 등의 분야에서도 성장 기회를 얻게 될 수 있다.

목표에 도달했는지 어떻게 아는가?

진정한 목표는 측정할 수 있는 목표이다. 애매한 목표는 사람들에게 동기를 부여하지 않는다. 그러므로 확실히 알 수 있도록 가능하면 목표를 수치로 나타내라. 수익 증가치, 고객의 수와 규모, 특정 제품과 소비자 집단에서의 시장 점유율, 특정 사업 부문에서의 매출과 수익 비율 등이 좋은 예이다. 이러한 것들은 측정할 수 있는 목표이다. 설령 목표에 도달하지 못했다 하더라도, 적어도 목표에 어느 정도 가까이 왔는지는 알 수 있다.

판매-성장 전략을 고려하라

전략 수립시 매년 반복되는 질문은 '성장을 어디에서 이끌어 낼 것인가?' 하는 것이다. 출발점으로 Chapter 16에서 다룬 판매-성장 전략을 고려하라.

이 전략을 목표로 생각하면 기업 환경과 자원을 분석할 때 시장, 고객, 제품, 가격 민감성을 파악하는 데 도움이 될 것이다.

기업 환경을 분석하라

기업 환경이란 경제, 시장, 경쟁 환경, 규제 및 사회 환경 등을 말한다. 위기와 기회는 어디에서든지 발생할 수 있기 때문에 각각의 환경을 모두 분석해야 한다. 대부분의 기업은 기업 환경의 변화에 따라 위기와 기회도 변하기 때문에 보통 1~2년에 한 번씩 전략적 계획을 다시 수립한다.

그럼에도 불구하고 많은 기업이 변화에 대비하지 못하여 한때 얕보았던 경쟁 업체에게 밀리고, 바로 눈앞에 찾아왔던 기회를 놓쳐 버린다.

이제 지속적인 모니터가 필요한 기업 환경을 하나씩 살펴보자.

Case IN Point

여기 지난 25년 동안 다양한 업계들이 직면해 온 큰 위기와 기회의 몇 가지 예가 있다.

미국 자동차 업계는 외국 자동차 제조 업체들로부터 커다란 경쟁 위협에 직면하고 있다. 미니 컴퓨터 시장은 마이크로 컴퓨터와 메인프레임의 등장으로 큰 타격을 입었다. 담배 업계는 담배에 대한 규제 강화와 강한 사회적 반감에 부딪히고 있고, 의료 보험 업계는 노령 인구의 증가로 비용 부담이 상승하고 있다.

그러나 위기만큼 기회도 많다. 그리고 그 기회는 대부분 위기 속에 있다. 마이크로 컴퓨터의 등장은 각 분야의 기업에게 엄청난 기회를 가져다 주었다. 외국 경쟁 업체는 위협을 가하기도 하지만, 미국 제품을 수출할 수 있는 해외 시장이 많아졌다는 의미도 된다. 대대적인 '녹색 혁명'은 환경 문제와 관련된 기업들에게 수익을 창출해 주었다.

MBA Lingo

넓은 의미에서 각종 경제 잡지와 신문은 물론 일반 잡지와 신문에 실린 경제 기사도 모두 *경제지(business press)*라고 부른다. 대표적 경제 일간지에는 *월 스트리트 저널*이 있고, 대표적 경제 잡지에는 *포춘, 비즈니스 위크, 포브스*가 있다. 그 밖에 쇼 비즈니스에 대한 신문인 *버라이어티*나 레스토랑 업계에 대한 신문인 *레스토랑 뉴스* 같은 특정 업계에 대한 신문이나 무역 잡지도 경제지에 속한다.

고객과 잠재 고객

모든 판매-성장 전략에는 고객의 필요와 만족, 가격 민감성, 대체 제품들이 고려되어 있어야 한다. 이러한 문제에 관해서는 판매부의 의견을 꼭 참고하라. 시장 조사와 경제지도 고객 선호도와 습관을 파악하는 데 큰 도움이 된다.

경쟁 업체

연례 보고서를 분석하고, 인사 변동 기사를 읽고, 신제품을 조사하고, 새로운 인수 합병 소식에 귀를 기울임으로써 경쟁 업체는 물론 잠재 경쟁 업체까지도 면밀히 주시해야 한다. 이전에 경쟁 업체에 다녔던 직원이나 현재 그 업체의 고객에게 물어 봐서라도 경쟁 업체의 계획과 운영 상태를 파악해야 한다. 판매 요원도 경쟁 업체의 파악에 도움이 될 것이다.

공급 업체

공급 업체를 주시하라. 공급 업체가 기업의 미래에 영향을 끼칠 수 있기 때문이다. 공급 업체가 제품 가격을 높이거나 특정 제품에 대한 공급을 단계적으로 중단하면 기업에 영향을 끼칠 수 있으므로 그것에 따라 계획을 세워야 한다. 주요 공급 업체에서 어떤 일이 일어나고 있는지에 특별한 주의를 기울여라.

공급 업체를 모니터하려면 판매 직원들의 얘기를 들어 보고, 경제지를 읽어라. 그리고 당신이 크게 의존하고 있는 공급 업체에 관한 모든 연례 보고서를 읽어라. 공급 업체가 고객에게 불리한 변화를 항상 미리 알려 주지는 않는다. 그러므로 어떤 변화든 빨리 알수록 그에 대한 대처도 빠를 것이다.

규제와 사회적 변화

전략적 계획을 수립할 때 당신의 사업에 영향을 주는 규제 변화도 분석해야 한다. 규제 변화는 사회적 변화 때문에 생기는 경우가 많다. 담배가 대표적인 제품이다. 1960년대 TV에서의 담배 광고가 금지된 이후 담배 산업에 대한 제약이 점점 늘어났다.

산업 활동에 대한 규제의 완전 철폐나 완화를 의미하는 말인 '디레귤레이션'도 기업 환경을 변화시킬 수 있다. 예를 들어, 주(州)간 은행 업무에 대한 규제가 완화되면서 대형 은행들은 다른 주에도 지점을 세울 수 있게 되었다.

경제적 추세

당신이 어떤 사업에 종사하느냐에 따라 고려해야 할 경제적 요인이 다르다. 그것은 이자율일 수도 있고, 주택 신축율, 소비자 신뢰, 소비자 지출, 통화 및 금융 정책, 또는 지방, 주, 지역, 국가, 그리고 국제 성장 추세일 수도 있다.

경제 추세에 관한 정보는 여러 경로를 통해 얻을 수 있다. 경제지는 가장 최근의 통계 자료나 전망치 등 경제 정보를 계속적으로 보도한다. 그리고 상당수의 대형 은행과 투자 회사들이 경제 전망을 고객에게 공개한다. 또한 DRI/Standard & Poor's 사처럼 어떤 컨설팅 회사는 경제 전망 자료를 팔기도 한다.

MBA Mastery

당신과 거래하는 모든 주식 공개 기업에게 잠재 투자자로서 기업 정보를 부탁하라. 그러면 사내 공고 내용, 분기 보고서, 연례 보고서, 언론 보고 내용(press release) 등을 얻게 될 것이다.

MBA Lingo

디레귤레이션
(deregulation)이란 정부의 강력한 규제를 받던 산업에 대한 규제가 완화되거나 철폐되는 것을 말한다. 새로운 규제의 변화는 지역, 주, 연방 정부 사람들이나 무역 조합으로부터 알아낼 수 있다. 대규모 상장 기업에서는 정부와 법률 문제를 담당하는 직원들이 이것을 알아낸다.

종합 분석

기업 환경을 분석한 다음에는 발견된 전개 상황들을 하나씩 검토해서 그것이 위기인지 기회인지를 판단해야 한다. 다음 표는 미국의 한 자동차 제조 업체가 기업 환경을 분석하여 정리한 결과를 나타낸 것이다.

상황	위기	기회	코멘트
고객			
대형 엔진에 대한 선호도가 떨어지고 있다.	∨		수익의 60%가 중대형차와 스포츠카에서 생긴다.
소형차의 승차감과 성능 향상을 바라고 있다.	∨	∨	우리 소형차를 재포지셔닝함으로써 대응할 수 있다.
소득에서 차지하는 교통비의 비율이 떨어지고 있다.	∨		매출과 수익에 타격이 있을 것이다. 우리 차의 경제적 혜택을 강조할까?
경쟁사			
일부 경쟁사가 새로운 소형차를 내놓았다.	∨		고급 특성을 추가함으로써 우리 소형 모델을 차별화할 수 있다.
메르세데스와 BMW 사의 생산 라인에 저가 소형차가 추가되었다.		∨	고급 소형차를 훨씬 저렴한 가격에 내놓을 수 있다.
공급 업체			
철제 값이 오르고 있다.	∨		지금 소형차 값을 내릴 수 있을까?
어떤 작은 회사가 새로운 전산 사고 방지 시스템을 개발했다.		∨	테스트를 해보아야 할까? 독점권을 달라고 해야 할까? 그러면 그 비용은 얼마나 될까?
경제			
내년도 성장률이 둔화될 것이다.	∨		내년도 판매는 올해 수준에 미치기 힘들 것이다.
곧 이자율 상승이 있을 것이다.	∨	∨	판매량에 타격을 줄 것이다. 그러나 우리 금융 계열 자회사는 혜택을 볼 것이다.
규제/사회			
환경 단체의 대형차에 대한 반대가 더욱 거세지고 있다.	∨		환경 친화적임을 강조하는 마케팅을 해야 한다.
석유 값이 곧 인상될 것 같다.		∨	우리 소형 모델에 유리하게 작용할 수 있을까?

표에서 보는 바와 같이, 어떤 상황은 위기와 기회를 동시에 나타낸다. 이러한 경우가 종종 일어나

는데, 그것은 다양한 곳에서의 변화가 위협을 제기함과 동시에 기회를 열어 주기 때문이다. 참고로, 중국 한자로 '위기'도 '위협'을 뜻하는 '위' 자와 '기회'를 뜻하는 '기' 자가 합쳐진 말이다.

기업 자원을 검토하라

대부분의 기업은 완벽하지는 않아도 그런 대로 자원 분석을 잘하고 있다.

기업 자원을 분석할 때는 현재 가지고 있는 자원은 물론 필요한 자원이 무엇인지도 생각해야 한다. 필요한 자원은 기업의 목표와, 환경 분석을 통해 알아낸 위기와 기회가 무엇인지에 따라 달라질 것이다. 가장 중요한 자원은 다음과 같은 것들이다.

> ▶ 제품 수익성과 성장
> ▶ 사람
> ▶ 생산 용량
> ▶ 기타 자원

지금부터 이 각각에 관해 살펴보자.

수익성과 성장

기존 제품의 수익성을 평가하기 위해서는 이런 질문을 던져야 한다. 어떤 제품 라인과 활동에서 수익이 생기고, 어떤 곳에서 수익이 생기지 않는가? 수익이 생기는 제품은 늘리고 그렇지 않은 제품은 줄일 수 있는 방법은 무엇인가?

성장을 평가하기 위해 해야 하는 질문은 이런 것들이다. 어떤 제품 라인과 활동이 가장 빨리 성장하고 있는가? 어떤 것의 성장이 멈춰 있거나 떨어지고 있는가? 성장률이 높은 제품을 늘리고 그렇지 않은 제품은 없앨 수 있는 방법은 무엇인가?

MBA Alert

어떤 관리자들은 자기 자신을 보호하기 위해 재무 결과를 분명하게 밝히기를 꺼린다. 그래서 복잡한 시스템을 만들고, 기록을 제대로 하지 않으며, 비용에 대해 논쟁만 한다. 그러나 고위 관리자는 부서 관리자들에게 그들의 성과를 확실하게 반영하는 분명하고 정확하고 비교 가능한 통계를 제시하도록 요구해야 한다.

정확한 회계 분석은 기업이나 제품의 수익성과 성장을 파악하는 데 큰 도움이 될 것이다. 즉, 수익과 비용을 명확히 밝혀 주는 회계사의 도움이 필요하다는 뜻이다.

제품 또는 제품 라인의 장점과 수익성을 상대 평가할 수 있는 매우 좋은 방법이 하나 있다. 바로 성장률과 시장 점유율 매트릭스를 이용하는 것이다. 이것은 **Boston Consulting Group(BCG)**이 만든 것으로, 여러 자회사를 둔 기업의 관리자가 자회사를 쉽게 분류할 수 있도록 하기 위한 것이다. 그러나 자회사가 없는 단일 기업이나 부서 관리자가 제품과 제품 라인을 분류하는 데에도 도움이 된다.

이 매트릭스는 2차원적 분류 시스템으로, 시장 성장률과 시장 점유율로 나타낸다. 기본적으로 성장률은 기업이나 제품이 필요로 하는 투자, 즉 돈의 액수를 가리킨다. 성장률이 높다는 것은 많은 돈이 필요하다는 것이고, 낮다는 것은 적은 돈이 필요하다는 의미이다. 시장 점유율은 기업이나 제품의 시장에서의 위치를 나타내는 것으로, '압도적이다' 에서부터 '취약하다' 까지로 범위가 정해진다. 일반적으로 시장 점유율이 높을수록 기업이나 제품의 수익이 높다.

성장률-점유율 매트릭스는 이렇게 나타난다.

시장 성장률	높다	스타(Star)	?
	낮다	캐시 카우(cash cow)	도그(dog)
		높다	낮다

시장 점유율

이 매트릭스를 보는 방법은 다음과 같다.

▶ '스타' 는 시장 점유율과 시장 성장률이 모두 높음을 나타낸다. 투자가 많이 필요하며, 수익도 많이 낼 수 있다는 의미이다. 그래서 스타라고 부른다. 여기에는 할 수 있는 모든 것을 투자하라. 성장 시장에 대한 점유율이 높으면 많은 수익을 얻을 것이기 때문이다.

▶ '캐시 카우' 는 시장 성장률은 별로 높지 않은데 시장 점유율이 높음을 나타낸다. 여기에 속한 기업이나 제품은 특히 큰 시장일 경우에 많은 돈을 번다. 그러나 그다지 큰 투자는 필요 없다. 그래서 캐시 카우라고 부른다. 꼭 필요한 것만 투자하여 현 상태를 유지하라. 이것은 순수입원이다.

▶ '물음표' 는 시장 성장률은 높지만 아직 높은 시장 점유율을 확보하지는 못함을 나타낸다. 스타와 마찬가지로 많은 투자가 필요하다. 그리고 점유율을 높이려면 생산 용량도 확대해야 할 것이다. 문제는 투자를 하면 과연 점유율이 높아질까 하는 점이다. 스타로 끄집어올릴 수

있다고 생각하면 투자하고, 그렇지 않으면 하지 마라.

▶ '도그'는 성장률과 점유율이 모두 나쁨을 나타낸다. 투자가 필요하기는 하지만, 투자를 해도 큰 수익이 생기지는 않을 것이다. 한마디로 실패작이다. 따라서 팔아 버리거나 단계적으로 없애야 한다.

사람이 기업이다

대개 자원 분석을 할 때 인적 자원 부문을 가장 소홀히 한다. 사람들 머릿속에 든 지식보다 대차대조표에 나타난 자산이 측정하기 쉽기 때문이다. 그렇지만 어떤 인적 자원으로부터는 물리적 자원에서 얻을 수 없는 경쟁적 이점을 얻을 수 있다.

인적 자원을 분석할 때 직원들의 기술, 학력, 전문 지식, 경험을 고려하라. 그리고 직원들이 현재 회사를 위해 활용하고 있는 지식뿐만 아니라 앞으로 활용할 수 있는 지식도 고려하라.

어떤 기업은 인적자원부의 첨단 장비를 이용하여 직원들의 기술과 지식을 조사한다. 직원들에게 자신의 기술, 학력, 경험 및 기타 특징들을 기록하게 한 다음 컴퓨터 데이터베이스에 입력한다. 이것은 관리자들이 직원의 능력을 최대한 활용하는 데 도움이 된다.

생산 용량

생산 용량을 제대로 파악하려면 대차대조표에 나타난 고정 자산만 보아서는 안 된다. 시설의 모든 측면을 파악해야 한다. 비가동 시간, 가동의 용이함 또는 어려움, 필요한 훈련의 양, 그리고 기계 및 기계를 쓰는 사람의 생산성까지도 알아야 한다.

이러한 정보는 기계 가동자와 그 상사에게 부탁하면 알 수 있다. 그들은 생산 용량을 현실적으로 평가하는 데 필요한 정보를 가지고 있다.

기타 자원

그 밖에 고려해야 할 자원은 앞에서 말한 것들과 달리 실체를 명확하게 파악하기 힘든 것들로, 기업 외부에 있는 것일 수도 있다. 그렇지만 그 중요성은 마찬가지이다. 바로 다음과 같은 것들이다.

▶ 특허, 상품명, 브랜드
▶ 판매 채널과 유통 시스템

▶ 타 기업과의 합병 및 합작 투자

중요한 것은, 이러한 자원을 개발할 수 있는 잠재 능력으로 인해 지금 가지고 있지 않은 자원을 획득할 수 있는 유용한 방법을 알아낼 수 있다는 사실이다. 사실 이러한 자원을 개발하는 것은 전략적 계획에서 벗어나는 행동 조치에 속하는 경우가 많다.

행동 조치를 개발하라

처음 세 단계에서 입수한 정보를 토대로 이제 기업이 취해야 할 행동을 결정할 때가 되었다. 행동 조치를 정할 때 다음을 고려해야 한다.

▶ 기업 목표 달성에 도움이 되어야 한다.
▶ 위기를 무효화하거나 제거해야 한다.
▶ 기회를 이용해야 한다.
▶ 이용할 수 있는 자원을 활용해야 한다.

이 단계는 전략적 계획 수립 과정의 핵심이다. 이 단계에서 운영부, 마케팅부, 판매부, 재무부 및 기타 부서들이 수행해야 할 실질적인 실천 사항이 정해지기 때문이다. 일반적으로 전략적 계획에서 파생되는, 주요 부서들이 취해야 할 유용한 행동 조치들을 예로 들면 다음과 같다.

마케팅부
신상품 개발
새로운 마케팅 캠페인 개발
광고 대행사 교체
기존 제품 재포지셔닝
새로운 시장 발견
새로운 판매 경로 발굴

판매부
고객에게 가격 인상 이유 설명
새로운 판매 전술 사용

판매 요원 재배치

판매 영역 재조정

판매 보수 조정

고객 서비스 개선

재무부

부채 자금 조달

주식 발행

부채 상환

자본 구조 조정

재무 관리 개선

비용 절감 노력 시작

국제 자금 조달

생산부

생산 용량 확장

생산 품질 개선

생산성 향상

생산 업무 아웃소싱

새로운 공급 업체 발굴

재고 조사 방법 개선

일반 관리/인적자원부

조직의 영역 확대

고용 또는 감원 캠페인 개발

사외 계약 업체 이용 증가

기업 합병이나 합작 투자 체결

타 기업과의 인수 및 합병

물론 이 목록이 전부는 아니다. 그리고 이 조치들을 모두 한꺼번에 취해야 하는 것도 아니다.

행동 조치를 이행하라

조직 생활이 처음인 사람은 전략적 계획을 세우고, 경영진에게 제출하고, 심지어 승인을 받았는데도 그것을 이행하지 않는 경우가 많다는 사실을 알면 의아해 할지도 모른다.

이런 경우는 실질적으로 기업을 운영하는 관리자가 전략적 계획 수립 과정에 참여하지 않는 기업에서 많이 볼 수 있다. 대신 사업의 실제적인 면을 너무 모르는 사람이나, 실제 운영을 하는 관리자들이 보기에는 도움이 안 되는 사람들이 계획을 세우는 경우가 많다.

이런 일이 생기지 않도록 하려면 계획의 틀을 정하기 전에 모든 관리자들의 의견을 들어야 한다. 그리고 나서 그 계획과 개별 목표들을 연계시키고, 임금 인상, 상여금, 승진을 그 목표에 연계시켜야 한다. 이렇게 하면 계획이 관리자들에게 훨씬 더 큰 의미를 가질 것이다.

여기에서 중요한 것 중 하나는 중간 간부급 이상의 관리자들이 전략적 계획과 목표를 조직 전체에 효과적으로 전달해야 한다는 것이다. 그리고 직원들이 목표를 향해 나아갈 수 있도록 구체적인 인센티브도 제공해야 한다. 즉, 계획이 분명하게 전달되어야 하고, 모든 직원이 말과 행동으로 계획을 지원해야 하며, 후속 조치가 지속적으로 마련되어야 한다.

전략적 계획이 실패하는 이유는 계획이 엉성해서가 아니라 이행을 제대로 하지 않기 때문이다. 사실 이행 단계가 전체 과정에서 가장 힘들다. 그러나 어떤 면에서 이행은 전략적 수립 과정에 속하지 않는다고 말할 수도 있다. 왜냐하면 전략적 계획 과정은 전체적으로 분석이 필요한 과정인 반면, 이행은 관리, 즉 다른 사람을 통해서 일을 수행하는 단계이기 때문이다.

계획 수립 과정에서는 언제나(특히 행동 조치를 만들 때는) 이행할 수 있는지의 여부를 꼭 생각해야 한다. 계획은 그 자체가 목적이 아니라 기업 목표를 달성하기 위한 수단이기 때문이다. 그리고 이행 가능하도록 만들기 위해서는 목표와 분석 및 행동 조치가 현실에 바탕을 둔 것이어야 한다.

기업 규모가 클수록 계획을 실천하기가 힘들다. 그리고 계획이 기업의 과거 활동과 동떨어질수록 실천하기가 더 힘들다. 고위 간부들은 대기업의 사업 방향을 바꾸는 것을 거대한 전투함의 방향을 바꾸는 것에 비교한다. 당신이 명령을 내리면 사람들은 타륜을 돌리고 속도를 조정한다. 그러나 방향을 바꾸려면 시간이 걸린다. 그리고 당신의 생각과 완벽하게 같은 방향으로 향하지 않을 수도 있다.

전략적 계획 수립 지침

전략적 계획 수립 과정은 어느 하나 쉬운 것이 없다. 그러나 좀더 수월한 방법과 기법, 지침은 있다. 그 지침은 다음과 같다.

기간을 정하라

1년과 5년을 기한으로 하여 전략적 계획을 세우는 경우가 가장 많다. 즉, 대부분 다음해와 앞으로 5년 동안의 계획을 세운다. 다음해에 대한 계획은 대부분 아주 자세하게 세운다. 그러나 그 후 4년 동안에 대한 계획은 기업에 따라 자세히 세우기도 하고, 그렇지 않기도 하다.

모든 직원을 참여시켜라

고위 관리자가 계획을 세운 다음 직원들에게 알리는 방식을 '상의하달식' 이라고 한다. 반대로 '하의상달식' 은 일반 직원들이 내놓은 의견을 반영하여 각 부서의 관리자들이 이를 토대로 계획을 세우는 방식이다.

상의하달식과 하의상달식은 양극단을 나타낸다. 사실 고위 관리자가 일방적으로 세운 계획을 강요한다면 이행이 순탄치 않을 것이다. 정작 그 계획을 이행하는 사람들의 동의가 없는 상태이기 때문이다. 반대로 고위 관리자가 부서 관리자 의견만을 토대로 계획을 세우면 부서 관리자들이 초점을 맞추고 있는 일상적인 업무 이외의 커다란 전개 상황을 놓칠 수도 있다. 따라서 이 두 가지 방법을 혼합하는 것이 가장 효과가 좋다.

계획은 누구에게 필요한가?

최소한 1년 이상 살아남을 생각이라면 규모에 관계없이 모든 업체는 전략적 계획을 마련해야 한다. 사업 실패의 가장 큰 원인으로 번번이 지목되고 있는 것 중 하나는 계획을 제대로 세우지 않았거나 아예 세우지 않았다는 것이기 때문이다.

계획을 세우지 않는 사람들의 핑계와 계획을 세워야 하는 이유가 다음의 표에 나타나 있다.

계획을 세우지 않는 핑계 중 타당한 이유는 하나도 없다. 관리자가 기업을 조직하고 통제하는 기본 역할을 수행하려면 좋은 계획 없이는 불가능하다. 계획을 세우다 보면 현재에서 미래를 생각하게 되므로, 미래가 갑자기 닥칠 때보다 미래에 관해 좀더 명확하고 생산적으로 생각할 수 있다. 적절한 계획을 세우면 실패를 면할 수 있다는 말을 명심하라.

계획을 세우지 않는 사람들의 핑계	계획을 세워야 하는 이유
우리 업계는 변화가 너무 빠르다.	계획을 세워야 하는 이유는 변화가 계속해서 일어나기 때문이다. 업계에 변화가 없으면 계획도 필요 없을 것이다.
계획을 세울 시간이 없다.	계획을 세우면 앞으로의 시간이 절약될 것이다. 그리고 효율적으로 하면 계획 수립에 그리 많은 시간이 걸리지 않는다.
규모가 작아 계획이 필요 없다.	소규모 기업들은 조금의 실수도 용납하지 않는다. 그렇기 때문에 반드시 좋은 계획이 필요하다.
자원과 인력이 적다.	직원이 많지 않은 경우에는 가장 효율적인 인력 배치를 할 수 있을 것이다.

이것만은 알아 두자

▶ 장기 전략적 계획은 관리자에게 기업의 장기 목표 달성에 도움이 될 결정을 할 수 있는 틀을 제공한다. 전략적 계획을 세우면 기업의 큰 목표 달성을 위한 결정을 하고 전술을 세울 수 있다.

▶ 전략적 계획의 출발은 비록 나중에 새로운 정보가 생겨 수정해야 할지라도, 목표를 정하는 것이다.

▶ 기업은 기업 환경에 영향을 받기 때문에 환경을 분석하여 위기와 기회를 포착해야 한다.

▶ 부서나 제품의 성장률 및 기업의 시장 점유율을 파악할 때는 Boston Consulting Group이 개발한 성장률–점유율 매트릭스를 이용하라.

▶ 사람들이 행동 조치를 이행하도록 만들어라. 인센티브를 마련하고, 계획을 이행하는 사람들에게 경영진이 어떤 지원을 제공하는지 알려라.

Chapter 23

정보

In This Chapter
Point

▶ 정보가 중요한 자원이 되는 이유

▶ 정보의 보안과 활용

▶ MIS 기능의 관리

정보는 기존의 사업 자원인 금전, 노동, 생산 능력과 대등한 사업 자원이 되었다. 오늘날에는 경쟁 측면에서 볼 때 정보 자체가 매우 중요하다.

이런 사실은 금융 서비스 부문에서 가장 확연히 드러난다. Citicorp 사의 전임 회장인 Walter Wriston은 1980년대 초에 이미 '돈에 관한 정보는 돈만큼 중요해졌다.' 라고 말했다. 금융업에서 예금, 투자, 이자율, 통화 및 돈의 다른 모든 측면에 관한 정보는 성장과 수익성에 매일 영향을 끼친다.

그러나 매우 중요한 정보가 오직 돈에 관한 것뿐만은 아니다. 고객, 경쟁사, 협력 업체, 기술, 동향 및 규제 등에 관한 정보도 모두 오늘날의 경제에서 매우 중요하다.

이 Chapter에서는 경영자로서 당신이 정보에 관해 무엇을 해야 하고, 왜 그렇게 해야 하는지 알아보도록 하겠다. 또한 정보를 보호하는 방법과 정보가 회사의 전략을 지원하도록 하는 방법도 검토해 보겠다.

그럼 정보에 관해 알아보도록 하자.

정보가 전략 자원이 된 이유

사업에서 정보가 매우 중요하게 된 이유는 다음과 같다.

▶ 컴퓨터의 계산 능력(1초당 마이크로칩이 처리하는 계산으로 측정할 수 있다)의 값이 점점 떨어지고 있다. 1990년대 중반에서 후반에 걸쳐 하나의 마이크로칩에서 얻을 수 있는 컴퓨터 능력은 약 18개월마다 배가되어 왔다. 반면, 컴퓨터의 가격은 계속 떨어졌다. 다시 말해, 정보 기술, 즉 IT의 가격 대비 성능 비율은 빠른 속도로 향상되어 왔다.

▶ 마이크로컴퓨터, 소프트웨어, 네트워크, 인터넷, EDI(electronic data interchange; 컴퓨터 대 컴퓨터 커뮤니케이션), 이메일 등과 같은 IT 장비를 활용하여 더 빠르고 새로운 방식의 정보를 만들어 낼 수 있다. 그런 기술을 사용하는 기업은 경쟁력을 갖추게 된다. 따라서 그 경쟁자들도 이런 기술을 사용해야만 한다.

▶ IT는 기업이 하위 단계로 정보를 내려보내 의사결정을 분권화할 수 있게 해준다. 정보는 이제 좀더 빠르게 움직인다. 따라서 사람들이 일하고, 관리자들이 관리하고, 기업들이 운영하는 방법에도 변화가 생겼다.

▶ 개인주의, 세계화, 소련 공산주의의 붕괴, 경제적 수요의 세계적 증가 등과 같은 광범위한 사회적 동향 및 경제적 동향이 정보 때문에 생겨나게 되었고, 그런 동향으로 정보에 대한 수요가 좀더 많이 생겨났다.

> **MBA Lingo**
>
> 정보 기술(IT: information technology)에는 컴퓨터, 소프트웨어, 네트워크, 메모리(데이터 기억 장치), 이메일 등이 포함된다. 또한 통신, 컴퓨터 음성 응답, 인공 위성과 무선 통신, 심지어 팩스까지도 포함된다

이런 추세는 우리가 산업 시대에서 벗어나 정보 시대로 접어들고 있음을 시사한다.

정보 시대란 정확히 무엇인가?

'정보 시대'라는 말은 모든 형태의 IT에서 야기된 사업, 사회 및 경제의 변화를 일컫는다. 사업 부문에서 생겨난 변화에 초점을 맞추어 보자.

IT의 광범위한 수용으로 사업 부문에서의 성공 요건에도 변화가 생겼다. 예를 들어, 기계, 공장, 유형(有形)의 제품으로 대표되는 산업 시대에는 성공하려면 일반적으로 기업의 큰 규모와 많은 돈이 필수 요소였다. 소규모 제철소나 자동차 공장은 대규모 공장만큼 수익성이 좋을 수 없었기 때문에 대규모가 필수적이었다.

대규모 시장(그리고 많은 돈)은 많은 사업 분야에서 여전히 중요한 요소가 되고 있다. 그러나 IT 덕분에 그런 요소는 더 이상 성공의 '필수 요소'는 아니다.

IT는 대규모에 의해 수익성이 좌우되지 않는 제품을 만들어 냈다. 예를 들어, 소프트웨어 개발의 주요 투자 요소는 개발자의 시간이다. 주재료는 플로피 디스크인데, 이것은 제품 구매 가격에서 아주 작은 부분을 차지한다. 필요한 설비는 마이크로컴퓨터나 디스크 복사 기계이며, 이런 설비를 마련하려면 수천 달러의 비용이 든다. 소프트웨어의 가치는 개발에 필요한 지식, 즉 프로그래밍에 있을 뿐 생산 재료에 있지 않다.

그러므로 규모와 자본은 이제 많은 사업 분야에서 지식보다 그 중요도가 떨어진다. 다음은 산업 시대와 정보 시대의 기업 성공 요건의 주요 차이점이다.

기업 성공의 필수 요건

산업 시대	정보 시대
대규모	스피드와 융통성
상당한 자본	지식과 기술
물리적 장소	빠른 통신 시스템
집중화된 통제	분권화된 의사결정
높은 시장 점유율	직면하는 욕구에 대한 신속한 대응
제품 표준화 능력	맞춤 서비스 제공 능력

산업 시대의 성공 필수 요건이 정보 시대에는 더 이상 적용되지 않는다는 말이 아니다. 여전히 적용되고 있으며, 특히 대량 제조업과 같은 사업 분야에서는 중요하다. 그러나 일반적으로 그 중요도가 떨어진다. 마이크로소프트, 로터스, 오라클, 넷스케이프 등과 같은 많은 하이테크 기업들이 증명해 왔듯이, 정보 시대에는 비교적 적은 초기 자본으로 아주 멀리까지, 그리고 아주 빠르게 확장할 수 있다.

그러나 이것은 경쟁 속도가 매우 빨라지고 그 범위가 넓어졌다는 것을 의미한다. 이런 현상은 특히 하이테크, 금융 서비스, 출판, 그리고 기타 지식을 기반으로 하는 사업 분야에서 많이 나타나고 있다. 이런 사업 분야에서는 투자와 자본이 적은 기업이 사업을 시작하기가 다른 사업 분야보다 쉽다.

인텔리전스 피라미드

인텔리전스 피라미드(Intelligence Pyramid)를 보면 정보에 관해 쉽게 이해할 수 있다.

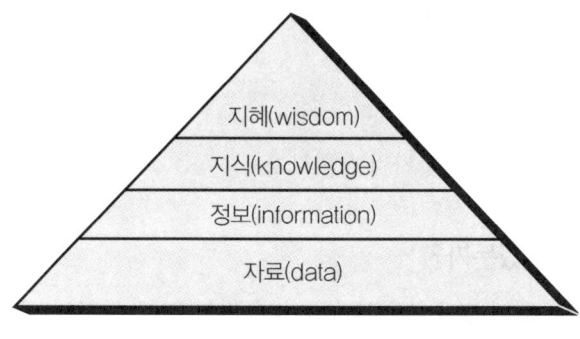

▲ 인텔리전스 피라미드

이 피라미드는 다양한 종류의 정보를 체계적으로 보여 준다. 각 정보는 각기 다른 수준의 가치를 지닌다.

<u>자료(data)</u>는 정보의 가장 낮은 수준이다. 자료의 한 부분은 하나의 사실이다. 자료는 있는 그대로의 사실이며 분석되지 않은 상태이므로, 정보(information)로 만들려면 분석 단계를 거쳐야 한다. 자료의 예로는 매출액 수치, 배송 시간, 단위 천 개당 제조상의 결함 수치 등이 있다. 자료는 일반적으로 연구 또는 조사의 첫번째 결과물 혹은 발견 사항이다.

<u>정보(information)</u>는 자료를 분석하여 얻어낸다. 분석과 분석 도구는 여러 가지 자료 사이의 관계를 이해하는 데 도움이 된다. 정보를 통해 자료의 이면에 있는 여러 가지 상황과 행위를 알 수 있다. 예를 들어, 판매액 수치, 배송 시간, 제조상 결함 등에 영향을 미치는 요소들을 이해할 수 있다.

정보로 <u>지식(knowledge)</u>, 더 나아가 지혜(wisdom)를 얻을 수 있다. 지식은 경험, 교육, 추론을 통해 알 수 있다. 많은 양의 지식이 있으면 전문성을 갖추고 있다고 할 수 있다. 이로써 여러 가지 상황과 행위를 이해하고, 정보화된 의사결정을 내릴 수 있다.

지혜(wisdom)는 지식을 넘어서 도덕적이고 지적인 건전한 판단력을 토대로 내리는 의사결정을 의미한다. 지혜는 결단력을 요구하는 어려운 상황에 필요한 품성(character)을 지식과 결합할 때 생기는 결과물이다. 알다시피 지혜는 공급이 부족한 상태이다(때로는 지혜에 대한 수요도 고갈된 것처럼 보인다).

경쟁 우위를 얻기 위한 정보 활용

'아는 것이 힘이다.'라는 속담은 오래된 말이지만 오늘날에 더욱 잘 들어맞는 금언이다. 기업은 지식과 정보로 경쟁 우위를 갖출 수 있다.

사업에서 정보가 작용하는 방식을 몇 가지 살펴보자.

금융 정보: 돈이 어디에 있는가?

앞에서 Walter Wriston이 했던 말을 '정보는 돈이다.'라는 말로 바꾸면 현재 상황에 잘 들어맞는다. 또는 차라리 돈은 정보라고 할 수 있다. 7조 달러가 넘는 미국의 경제권에서 대부분의 거래가 현금 교환 없이 이루어진다. 또한 많은 거래에서 지폐, 수표, 또는 영수증을 주고받지 않는다. 인터넷을 통해 자금을 송신하고, 컴퓨터에 있는 장부에 기입한다.

MBA Mastery

충분한 정보가 언제 충분한지 알아야 한다. 여기서 비용 편익 분석을 유용하게 쓸 수 있다. 정보가 필요한 의사결정을 해야 할 때, 정보를 구매하거나 개발하는 데 드는 비용과 정보를 가지게 될 때 생기는 잠재적 편익을 가늠해 보라. 다시 말해, 99달러짜리 아이템을 팔아 33달러의 이익을 남기게 될 새로운 고객에 관해, 그 사람의 신용 프로필을 개발하느라 100달러를 지출하는 것은 말이 안 된다.

이런 전자상의 장부 기입과 여기서 생겨난 정보 덕택에 기업은 고도로 발달된 방식으로 현금 관리를 할 수 있게 되었다. 만약 당신이 한 기업의 재무 담당 책임자인데, 누구에게 얼마의 채무를 지고 있는지, 누구에게 얼마의 채권이 있는지, 그리고 회사의 돈이 모두 어디에 있는지 항상 알 수 있다면 당신은 가장 효과적인 방법으로 자금을 사용하게 할 수 있다.

말하자면, 수익이 적게 나오는 계정에서 돈을 빼내 수익이 많이 나오는 투자로 돌릴 수 있고, 수금을 더 빨리 할 수 있고, 지출 속도를 줄일 수 있고, 인터넷을 통해 대출을 받거나 상환할 수 있다. 이 모든 일을 가능한 한 신속하면서도 고수익이 되도록 할 수 있다.

사내의 재무 보고 시스템을 통해 당신은 매출, 이익, 투자 성과, 가격 변화, 그리고 이와 유사한 사항에 관해 가장 시기 적절하고 정확한 피드백을 받아 볼 수 있다. 이로써 당신은 전략과 전술을 조정하여 실수를 수정하고, 변화하는 상황에 맞추고, 그 어느 때보다도 많아진 새로운 기회를 이용할 수 있다.

마케팅 정보: 고객이 원하는 것은 무엇인가?

Part 4에서 보았듯이, 고객에 관한 정보는 성공적인 마케팅 전략과 가격 전략, 판촉 및 판매 전술, 그리고 제품과 서비스를 만들어 내는 데 유용하다. 전략상으로 보았을 때, 잠재 고객의 태도에 관한 동향 정보가 있다면 판매를 늘릴 방법을 알아낼 수 있다. 전술적인 면에서는 잠재 고객에게 접근할 최선의 방법을 알아낼 수 있다.

IT의 발달로 지난 20년 간 마케팅 정보가 폭발적으로 늘어났다. 특히 소비자 판매에서 이러한 경향이 두드러지게 나타났다. 소비자 판매 부문에서는 신용 카드, 잡지 구독 신청, 우편 주문 회사, 소매상 등과 같은 정보 출처에서 얻어낸 구매 패턴에 관한 새로운 정보가 쌓이게 되었다. 이로써 데이터베이스 마케팅이 다이렉트 리스펀스 마케팅의 새로운 분야로 등장하게 되었다. 다이렉트 리스펀스 마케팅의 주요 분야로는 다이렉트 메일(DM)과 텔레마케팅이 있다.

바코드가 재고와 판매를 매우 상세한 수준까지 추적해 내려가는 데 유용하다는 것이 입증되었다. 대규모 소매상은 한두 곳의 상점에서만 특별 판촉 행사를 열어 그 효과를 정확히, 그리고 즉시 판단한 후 다른 여러 상점에서도 특별 판촉 행사를 펼칠 수 있다. 예를 들어, Cheer 세제에 관한 특별 판촉 행사를 목요일에 연다면 목요일 저녁에 그 결과를 알 수 있으며, 수익금을 보아 그 행사가 가치가 있었는지도 알 수 있다. 구매자가 신용 카드를 사용한다면 당신은 구매자가 무엇을 샀는지 정확히 알 수 있고, 그러면 몇 센트의 할인 쿠폰을 우편으로 보내 줄 수 있다.

MBA Lingo

데이터베이스 마케팅 (database marketing)에는 현재 고객과 잠재 고객에 관한 많은 양의 자료가 수집되어 있으므로, 다이렉트 메일이나 전화로 구매를 제안할 때 고객에 맞는 접근 방법을 만들어 낼 수 있다. 이 자료에는 고객의 구매 행위와 결합된 인구 통계학적 자료 및 사이코그래픽 자료도 있다.

MBA Alert

소비자 정보를 수집하는 기업에 대한 반대 운동이 잠정적으로 진행 중이다. 최근에 제시된 연방법은 기업이 개인과의 거래에서 수집한 정보를 모으고 판매하고 공유하는 능력을 제한하도록 되어 있다. 아직 심각한 조치를 취한 적은 없지만, 프라이버시에 대한 실제적이고 인지적인 침해가 계속되고 있으므로 앞으로는 그런 조치가 취해질 수도 있다.

정보는 흐른다

Chapter 22에서 보았듯이, 전략 개발의 많은 부분과 전략 자체가 정보에 의해 좌우된다. 당신에게는 당신의 사업과 그 환경에 관한 정보가 필요하다. 전략을 이행하기 위해 당신은 정보를 퍼뜨리기도 하고, 정보를 되돌려받기도 한다. 이렇게 해서 당신은 그 전략이 (a)이행되고 있고, (b)계획대로 성공하고 있다는 점을 확인할 수 있다.

사업과 환경은 동적이기 때문에 이런 과정을 지속적으로 진행해 나가야 한다. 반드시 '피드백 루프(feedback loop)'를 개발하여 지속적으로 정보를 수집하고, 그 정보를 이해하고, 새로운 정보를 내놓아야 한다. 회사로 유입되고, 회사를 관통하며, 회사에서 나가는 정보의 이러한 흐름은 현금의 흐름만큼이나 중요하다.

정보의 중요한 흐름에는 다음과 같은 것들이 있다. 어떤 것은 비공식적이지만 그래도 중요하기는 마찬가지이다.

회사로 유입되고 회사에서 유출되는 정보는 다음과 같다.

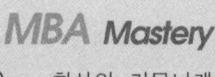

MBA Mastery

회사의 커뮤니케이션을 정교하게 조정하는 회사가 성공할 가능성이 가장 크다. 마케팅부에서는 고객에게 이런 말을 하고 판매원은 그와 다른 말을 한다면 제대로 정보를 조정하지 못하고 있는 것이다. 경영진은 반드시 모든 직급의 사람들이 일관된 메시지로 의사 소통하게 해야 한다. 그렇게 하려면 정보를 공개적으로 공유하고, 솔직하게 해석하며, 회사의 메시지에 대해 의견 일치를 보아야 한다.

▶ 고객에게서 회사로 유입되는 정보. 이 정보는 판매 인력, 고객 서비스, 시장 조사 및 판매 기록을 통해 유입된다.
▶ 경쟁사에 관한 정보. 이 정보는 대중 매체, 판매원, 고객을 통해 수집한다.
▶ 협력 업체에게 얻는 정보. 특히 재료와 서비스를 제공하는 업체에서 얻는다.
▶ 금융 시장에서 얻는 정보.
▶ 규제 당국에서 얻는 정보. 특히 해당 산업을 감독하는 기관이 제공한다.
▶ 업종별 조합과 대중 매체에서 얻는 정보.

회사를 관통하여 흐르는 정보는 다음과 같다.

▶ 상급 경영자가 관리자 및 직원들에게 전달하는 정보. 그리고 직원과 관리자들이 상급 경영자에게 전달하는 정보.

▶ 부서 사이에서 주고받는 정보. 특히 매출, 예산, 직원과 고객의 만족도에 관한 정보이다.

▶ 모든 직위의 사람들이 주고받는 비형식적인 의사 소통. 여기에는 일상적인 대화와 잡담도 포함되며, 이러한 모든 것이 회사에 영향을 미친다.

회사에서 유출되는 정보에는 다음과 같은 것들이 있다.

▶ 고객에게 전달하는 정보. 여기에는 제품 설명서에서 판매원 진술서에 이르기까지 모든 것이 포함된다.

▶ 금융 시장을 위한 정보. 특히 매출액과 수익에 관한 보고서와 코멘트가 있다.

▶ 협력 업체에게 전달하는 정보. 특히 품질, 비용, 재료와 서비스 전달에 관한 정보이다.

▶ 다양한 대중 매체를 통해 대중에게 전달하는 정보. 이 정보는 현재 고객, 잠재 고객, 직원, 협력 업체 및 투자가들에게 영향을 미친다.

이 모든 정보의 흐름을 더 정확히 이해하고 조절할수록 효과적이다. 또한 회사는 반드시 정보를 안전하게 지켜야 하며, 회사 정보를 적극적으로 활용해야 한다.

기업 정보 관리

기업 정보를 관리하는 일은 관리 업무에 속한다. 기업 정보 관리는 기업의 과거 기업 활동을 자세하고 체계적으로 기록하는 것을 의미한다. 그렇기 때문에 이런 정보를 보호하기 위해서는 특별한 보안 조치가 필요하다.

다음은 기업 정보를 관리하는 5가지 방법이다.

> **MBA Alert**
>
> 특허나 상표가 보호받지 못하면 브랜드나 고유 기술의 소유권을 정립하고 유지하는 데 훨씬 큰 어려움을 겪게 된다. 기업은 가치 있는 브랜드를 만들거나 독자적이고 유용하다고 판단되는 기술을 개발할 때마다 브랜드의 경우는 상표를 등록했는지, 기술 개발의 경우는 특허 신청을 했는지를 점검할 필요가 있다.

▶ *기업 활동을 문서화하라.* 모든 프로젝트는 내용을 요약하여 최종 보고서로 기록하거나, 적어도 메모를 해 두어야 한다. 또한 법률 계약, 고객 정보, 회계 정보 등도 항목별로 정리하여 보존해야 한다. 적절한 기록 유지는 기업 정보 관리에 필수적인 요소이다.

▶ *상표와 특허를 신청하라.* 상표는 기업 브랜드와 로고의 도용을 보호해 주며, 특허는 제품과 공정을 보호해 준다. 대기업에서는 법무 부서가 고위급 임원들과 공조하여 상표와 특허 보호

에 만전을 기하고 있다. 워싱턴 DC에 있는 미국 특허청에 신청하여 절차를 밟는 일이 대표적인 일이라 할 수 있다.

▶ *문서 보존 명세서를 세워 이용하라.* 세법에 따르면 매출, 비용, 수입을 문서화한 기록은 7년 간 보존해야 한다. 계약서는 계약 기간 동안 보존해야 하며, 대부분의 경우는 더 오랫동안 보존되고 있다. 대기업에서는 서기 이사가 문서 보존 명세서를 총괄한다.

▶ *적절한 보안 시스템을 마련하라.* 문서 파일이 컴퓨터에 저장되건 서류로 보존되건 간에 중요한 정보에 대해서는 접근 통제가 필요하다. 이러한 정보에는 고객 리스트, 직원 신상 정보, 장부, 금융 기록, 세무 기록, 대출 협정, 계약, 특허 관련 정보, 그리고 전략 계획안 등이 포함된다.

이런 정보는 업무 수행에 반드시 필요한 경우에만 접근을 허용해야 한다.

▶ *비공개 각서를 이용하라.* 비공개 각서는 관련 정보를 타인에게 유출하지 못하도록 하는 문서이다. 정보는 대개가 고유 재산이며, 보안이 유지되어야 한다. 적어도 비공개를 요구하는 당사자측에서는 민감한 문제이다. 기업들은 대개 판매자, 프리랜서, 컨설턴트에게 비공개 각서에 서명하도록 요구한다. 왜냐하면 이들은 민감한 정보에 접근이 가능하기 때문이다. 흔한 경우는 아니지만 직원들에게도 비공개 각서를 요구하기도 한다.

예를 들어, 컨설팅 서비스를 제공하기 위한 계약서에는 비공개 조항이 들어간다. 전형적인 비공개 조항은 다음과 같다.

본인(사) _____(컨설턴트 이름이나 상호)은 ABC 기업의 제품, 공정, 기술, 직원, 공급 업자, 고객, 전망, 계약, 그리고 계획과 관련된 모든 정보에 대해 본 계약에서 명시된 컨설팅 서비스의 수행 기간 동안과 이후에 엄밀히 비밀을 유지할 것을 동의한다. 본인(사)은 ABC 기업의 모든 활동과 관련된 고유 정보를 제3자에게 누설하지 않는다. 단, 프로젝트 기간 동안과 프로젝트 완료에 필요한 경우는 예외로 한다.

비록 법정에서 비공개 각서를 요구하는 기업에 대해 들어 보지는 못했지만 분명 그런 일은 있었을 것이다.

비공개 각서에 서명을 해야 하는가? 이를 요청하는 기업과 사업을 하고자 하는 경우라면 대답은 '예스'이다. 세 가지 이유가 있다. 첫째, 그렇게 하지 않으면 거래가 성립되지 않을 수 있다. 사업 비밀을 유출할 수 있는 사람과 거래를 하는 기업은 없기 때문이다. 둘째, 각서로써 명문화하지 않으면 비밀 유출을 막기 힘들기 때문이다. 셋째, 비공개 각서는 자신의 일에 방해가 되지 않기 때문이다(투명성을 유지하기 위해 나는 변호사가 아님을 밝힌다. 귀사의 고문이나 변호사가 법률 계약에 대해 안내해 줄 것이다)

기업 지식을 이용하라

기업 정보와 지식을 관리하는 것과, 그것으로 돈을 버는 것은 별개의 문제이다. 정보로부터 경쟁적 우위를 획득하기 위해서는 정보를 효율적으로 이용해야 한다.

다음 Chapter에서 정보를 이용하는 4가지 방법에 대해 살펴보자.

신제품에 기업 지식을 응용하라

Chapter 21에서 제품 개발에 대해 다루었다. 그래서 지금 이 점에 대해 언급하고자 한다. 기업 지식은 제품에서 가장 수익성 있는 응용 부분을 발견하도록 해준다. 왜냐하면 제품은 당신이 판매하는 것이고, 거기에서 수익이 나기 때문이다.

우리는 지금까지 제품 관련 정보를 개발하는 방법에 대해 살펴보았다. 시장 조사를 하는 목적은 고객 욕구에 대한 지식을 바탕으로 고객이 사고자 하는 제품을 만들어 내는 것이다. 회계와 재무 업무를 수행하는 것은 얼마나 수익이 났는지를 알기 위함이다. 연구 개발의 목적은 보다 우수한 제품을 생산하기 위한 지식을 발전시키기 위함이다.

수익성 있는 제품을 만들기 위해서는 이런 모든 정보를 이용해야 한다.

공정에 기업 지식을 응용하라

또 다른 기업 지식의 활용 방법은 이것을 공정에 응용하는 것이다. 특히 생산 공정에 이용하여 이를 개선하는 것이다. 이런 공정을 보다 우수하고 신속하며 저렴하게 할 수 있는 방법이 있다면 바로 기업 정보를 이용하여 경쟁 우위를 확보하는 것이다.

당신이 속한 산업과 기술에 대한 최신 정보를 확보하라. 업계 협회에 가입하여 적극적으로 활동하라. 사업과 관련이 있는 것이라면 무엇이든 관심을 가져라. "이걸 어떻게 이용할까?"라고 항상 자문하라.

MBA Mastery

어떤 업무에 직면할 때 당신 자신과 다른 사람들에게 "지난번에 우리가 뭘 했었지?"라고 물어 보라. 특히 회사에 갓 들어온 젊은 신입 사원일 경우에는 더욱 그렇다. 기존에 있는 조직이 직면한 업무가 완전히 새로운 것일 가능성은 극히 드물다. 그리고 지난번에 그런 일을 담당했던 사람이 당신에게 필요한 뭔가를 알고 있을지도 모른다. 과거에 얽매이지 마라. 그러나 과거를 무시하지도 마라.

재설계를 하지 말고 원판을 이용하라

어떤 한 가지 업무에 대해 수많은 회사가 마치 그 일을 처음 하는 것처럼 접근한다. 심지어 전에 여러 번 해본 일도 마찬가지이다. 기회 분석, 마케팅 캠페인 수립, 제품 개발, 팀 구성, 컨설팅 과제 수행 등 거의 모든 비즈니스 활동 등이 그렇다.

물론 새롭게 접근하는 것도 좋다. 그러나 정말 새로운 접근법은 과거의 패턴을 되풀이하지 않고, 설령 되풀이했더라도 새로운 변화를 주는 것이다. 이 둘 중 어떤 방법이든 과거 패턴을 파악하는 데에는 도움이 된다. 바퀴를 재설계하는 것은 귀찮다고 기록을 하지 않기 때문에 비용이 너무 많이 들고 시간과 노력을 허비하는 일이 되었다. 오늘날처럼 정리 해고가 잦고 이직률이 높은 시대에는 특히 이러한 과거 패턴에 대한 기록이 그 어느 때보다 중요하다.

다른 회사 정보를 차입하라

당신에게 시장이나 방법에 대한 정보는 있지만, 그 지식으로 돈을 벌기 위해 필요한 자원이 없다고 해보자. 그럴 때는 '누가 그런 자원을 가지고 있지?'라고 자문해 보라. 당신 회사의 기술이 다른 회사 자원과 합쳐지면 아주 강력한 결합이 될 수 있다. 다른 회사와 제휴 또는 합작 투자를 하면 정보의 완전한 이용을 위해 필요한 자원을 모두 가지고 있지 않아도 그 정보로 뭔가를 얻어낼 수 있다.

지난 몇 십 년 동안 사업 제휴나 합작 투자가 점점 인기를 끌고 있다. 특히 대기업과 작은 회사간의 결합이 활기를 띠고 있다.

Case IN Point

신기술을 가지고 있는 작은 회사가 시장 접근력을 가지고 있는 좀더 큰 회사와 결합할 경우, 그 회사는 기술을 훨씬 더 빨리 보급할 수 있다. 1980년대 초 마이크로소프트 사가 IBM 사의 DOS 시스템에 대한 사용 허가를 요청했던 방법이 바로 이것이다. 마이크로소프트 사는 IBM 사의 커다란 고객 기반을 이용하여 수십 년이 걸릴 일을 단 몇 년 만에 해낼 수 있었다.

당신이 다니는 회사가 대기업이건 작은 회사건 사업 환경을 모니터할 때 이러한 혜택들을 인식하여 결합의 맥락에서 정보와 자원을 생각하라.

정보를 공유하고 교환하는 또 다른 방법은 '기술 이전'을 통해서 이루어진다. 기술 이전이란 하나의 기술이 상용화되는 과정을 말한다. 그러므로 대학교나 정부 연구실에서 무엇이 개발되고 있는지에 주목하고, 사업에 영향을 줄 수 있는 기술 개발에 대한 특허권 신청을 모니터하라.

MBA Lingo

*기술 이전(technology transfer)*이란 기술이 연구실에서 나와 상업적으로 적용되는 것, 또는 한 지역(이를테면 한 나라)에서 다른 지역으로 기술이 이동하는 것을 말한다. 기술이 제품에 나타나는 것을 '기술이 *상업화(commercialized)*되었다'고 한다. 예를 들어, 광섬유 기술은 텔레비전과 인터넷 전송을 위한 고속 케이블에 상업화되었다.

자신을 최고의 경쟁자로 생각하라

자신을 최고의 경쟁자로 생각하라는 말은 과거 성과에 결코 안주하지 말라는 뜻이다. 이것은 경쟁자가 하기 전에 항상 당신이 먼저 개선 방법을 찾아보라는 의미이다. 그리고 이것은 고객과 경쟁사의 관점에서 무엇이 더 나을지를 염두에 두고 객관적으로 당신의 제품과 절차를 살펴보라는 뜻이다.

경영정보시스템(MIS)부의 역할

정보를 개발하고 배포하는 일의 기본에 관해 몇 가지 알아보자. 오늘날 경영정보시스템(MIS; Management Information Systems) 부서는 이 과정에서 중심 역할을 한다. 경영정보시스템 부서는 컴퓨터와 커뮤니케이션 시스템을 구축하고 유지하는 일을 맡고 있다. 적절한 양의 적절한 정보를 적절한 사람에게 알맞은 시간에 확실히 전달하도록 하기 위해 이 일이 필요하다.

경영정보시스템 부서가 이러한 일을 단독으로 할 수는 없다. 이 부서는 모든 직급의 관리자들과 협력하여 일하면서, 누구에게 어떤 정보가 어느 시간에 얼마만큼 필요한지 알아내야 한다. 그러나 대부분의 회사에서 운영 관리자들과 경영정보시스템 부서 사이에는 상당한 갭이 있다. 이런 갭이 생기는 것은 한편으로는 IT가 복잡하고, 일부 상급 경영자들을 포함한 관리자들이 사업의 현 상황을 파악하고 명확하게 커뮤니케이션을 하는 능력이 부족하다는 이유 때문이다. 또 다른 이유는 운영 관리자들이 테크놀로지에 관한 지식과 관심이 없다는 점과, 커뮤니케이션을 명확히 하지 못한다는 점이다.

앞서가는 회사들은 그런 갭을 줄이기 위해 몇 가지 단계를 취하고 있다. 그중 기업에 경영정보시스템 부서가 중요하다는 사실을 깨닫는 것이 첫번째 단계이다.

경영정보시스템 부서의 중요성을 깨닫는 일은 경영정보시스템 부서 직원들에게 그들의 역할이 얼마나 중요한지 이야기하는 정도로 끝나지 않는다. 경영정보시스템 부서에게 충분한 자금을 공급해서 그들이 인력, 설비, 그리고 기타 필요한 자원을 확보하도록 해주어야 한다. 정보 책임자에게 부사장이나 상임 부사장과 같은 직급을 주고, 이 책임자가 재무, 마케팅, 운영 부서를 포함한 모든 부서에서 내리는 의사결정에 참여하도록 한다. 경영정보시스템 부서가 경쟁 업체의 현 상황을 조사하고, 전망이 밝은 제품을 (반드시 구매하지는 않더라도)검토해 보도록 권장한다. 경영정보시스템 부서가 가능하면 회사 전체를 명확하게 파악할 수 있게 하고, 관리자들과 직원들에게 정보가 필요하다는 것을 알려 준다.

MBA Lingo

*JIT(just-in-time) 재고 관리 방식*은 공장이나 고객, 또는 두 곳 모두의 재고가 매우 낮은 수준이 되도록 하는 방식이다. 이 방식을 이용하는 회사에서는 고도로 발달한 주문 및 제조 방법을 사용하여 제품이 출고 시간에 정확히 재고 목록에 들어가도록 한다. 이 방식의 목표는 재고 자산 회전율을 최대화하고, 재고에 묶여 있는 돈을 최소화하는 것이다.

경영정보시스템의 애플리케이션(새로운 소프트웨어의 개발)은 운영부 관리자들과 경영정보시스템부 관리자들이 파트너로서 함께 실행하여 새로운 소프트웨어의 세부 사항이 반드시 정확해지도록 한다. 또한 이 팀들은 회사에서 필요한 것을 경영정보시스템부가 확실히 개발하고 있는지 확인하기 위해 계속 연락을 주고받는다.

경영정보시스템부가 회사에 통합되도록 하고 경영정보시스템에 대한 투자에서 최대의 효과를 얻어낼 수 있도록 하는 한 가지 방법은, 회사의 전략 목표 달성을 지원하는 정보 시스템 개발에 경영진과 경영정보시스템의 노력이 집중되도록 하는 것이다.

당신의 목표가 고객 서비스라고 가정해 보자. 거의 모든 사업 분야에서 경영정보시스템은 그 목표를 달성할 수 있도록 도움을 줄 수 있다. 이렇게 생각해 보자. 고객 서비스 담당 직원은 문제 해결 정보의 데이터베이스에 접근하여 전화를 건 고객을 지원할 수 있을 것이다. 해결된 문제의 기록을 컴퓨터에 저장해 두고, 며칠 후에 검토하여 문제 해결 상태를 확인할 수 있다. 또한 기록을 분석하면 제품, 매장, 사용자 유형에 따라 반복적으로 발생하는 제품의 결함이 무엇인지 정확히 알아낼 수 있다.

당신의 목표가 제조품의 품질을 높이는 것이라면 컴퓨터에 설치된 품질 보증 소프트웨어를 이용하여 그 목표를 달성할 수 있다. 예를 들어, 컨베이어 벨트에 실려 가는 부품을 모니터하여 결함을 알아낼 수 있다. 작동자는 경계심을 갖게 되고, 결함에 관한 정보는 데이터베이스와 결함 보고서에 저장된다. 이런 방식으로 문제를 정확히 알아낼 수 있다.

전략 목표 달성 노력에 IT를 응용할 수 있는 방법은 말로 다 할 수 없을 만큼 많다. JIT(Just-in-time) 재고 관리 방식은 매출, 재고, 생산 수준에 관한 전산화 정보 없이는 거의 불가능하다. 트럭, 비행기, 기차의 길을 안내하고, 파견하고, 추적하는 일은 엄청나게 향상되었다. 금융계 전체가 컴퓨터 기술로 대혁신을 겪고 있다. 예를 들어, 현재 유가증권의 거래는 불과 10년 전과 비교해 훨씬 빠르게 이루어지고 있다.

품질, 효율성, 스피드, 정확성을 높이려는 전략 목표는 모두 IT의 지원을 받을 수 있다. 해결 과제는 이러한 목표를 확실히 지원하도록 근본적인 경영 원리를 활용하는 것이다. 시작 단계라면 그 사업을 맡은 관리자가 경영정보시스템 관리자 및 전문가들에게 그 사업에 관해 더 많이 설명해 줄수록 경영정보시스템과 그 사업은 더욱 조화를 이룰 것이다.

이것만은 알아 두자

▶ 오늘날 정보는 매우 가치 있는 자원이 되었다. 따라서 정보는 이제 기존의 전략 자원인 돈, 노동력, 생산 능력과 동등한 전략 자원이 되었다.

▶ 정보 시대는 스피드, 융통성, 정보, 신속한 커뮤니케이션, 분권화된 의사 결정, 고객 맞춤 능력을 요구한다. 규모, 돈, 물리적 장소, 시장 점유율, 표준화 능력은 그 중요도가 점점 더 감소하고 있다.

▶ 사업 목표를 달성하려면 회사를 중심으로 들어오고, 나가고, 내부에서 흐르는 정보가 정확해

야 하고, 잘 조절되어야 하며, 잘 이해되어야 한다.

▶ 회사는 정보를 보호하기 위해 문서 보유 스케줄을 이용하여 정보를 문서화하고, 적절한 보안 시스템을 설치하고, 비공개 각서를 이용해야 한다.

▶ 새로운 제품과 생산 과정에 기업 정보를 적용하고, 원판을 활용하고, 동맹을 맺어 합작 벤처를 구성하고, 스스로를 경쟁자로 삼아 최대한 열심히 경쟁함으로써 기업은 자사의 기업 정보를 최대한 활용할 수 있다.

▶ 경영정보시스템은 회사가 자사의 정보에서 최대한 많은 것을 얻을 수 있도록 하는 데 가장 중요한 역할을 한다. 이것은 경영정보시스템이 사업의 중요한 파트너로서 참여하고, IT 전문가들과 사업가들 사이의 커뮤니케이션을 개선하기 위해 끊임없이 노력하는 것을 의미한다.

Chapter 24

생산성과 품질에 유의하라

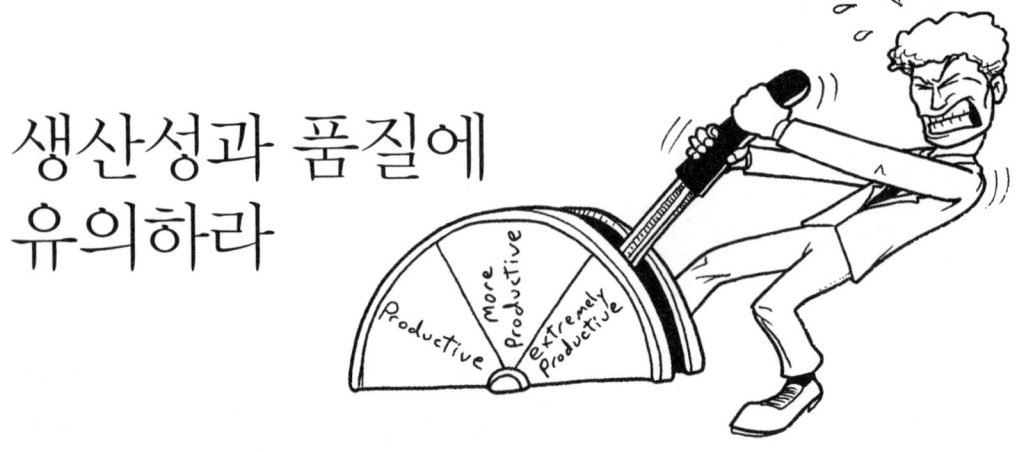

In This Chapter Point

▶ 생산성 측정 방법

▶ 생산성 향상 방법

▶ 기업 '품질 문화' 만들기

누군가에게 일을 시켰는데 그 사람한테 "빨리 할까요, 아니면 제대로 할까요?"라는 질문을 받은 적이 있는가? 당신이 듣기에는 거슬릴지 모르지만 아주 좋은 질문이다. 생산성을 높이면 품질이 떨어지고, 품질을 높이면 생산성이 떨어지는 경우가 종종 있기 때문이다.

생산성은 보통 '얼마나 빨리 해내는가'를 측정하는 것이다. 즉, 시간당 조립 라인에서 단위 제품들이 얼마나 많이 생산되는지, 자동차 한 대를 생산하는 데 얼마나 많은 시간이 걸리는지, 1년에 공장에서 몇 톤의 철강이 생산되는지, 레스토랑이 하루에 얼마나 많은 손님을 받을 수 있는지 등을 측정한 것이 생산성이다.

한편, 품질은 '얼마나 잘 하는지'를 측정하는 것이다. 즉, 제품 결함이 얼마나 많은지, 얼마나 많은 제품이 고장나는지, 불만이 아니라 만족을 느끼는 고객은 얼마나 되는지 등을 측정한 것이다.

이 Chapter에서는 생산성과 품질, 그리고 그것을 향상시킬 수 있는 방법을 설명할 것이다.

생산성이란 무엇인가?

생산성이란 사람이나 기계 또는 기업에 의해 생산된 양을 말한다. 생산은 돈의 가치나 제품 개수, 서비스한 고객의 수, 킬로와트로 측정되며, 그 밖에 기업에게 합리적이라고 생각되는 어떤 방법으로도 측정될 수 있다. 생산을 많이 할수록 생산성이 높다.

생산성은 효율성을 다르게 표현한 것이다. 효율적인 노동자나 기계가 그렇지 않은 노동자나 기계보다 더 많이 생산하기 때문이다. 돈도 마찬가지로 효율적으로 사용할수록 수익이 높아진다. 특히 돈을 가능한 한 가장 생산적인 방법으로 사용하는 것이 중요하다.

노동자, 기계, 돈을 가리켜 경제학자들은 '생산 요소'라고 부른다. 관리자가 할 일은 이 각각의 요소가 최대한 효율적으로 활용될 수 있도록 하는 것이다.

'관리를 하려면 측정을 해야 한다.' 이것은 관리에 대한 아주 멋진 명언이다. 그럼 이제부터 생산성을 측정하고 관리하는 방법 몇 가지를 살펴보자.

MBA Lingo

생산성(productivity) 이란 사람, 기계, 기업 및 기타 자원에 의해 생산된 양을 말한다. 대개 돈으로 측정되지만, 단위 제품 수나 특정 기간 동안 서비스한 고객의 수 등 다른 방법으로 측정되기도 한다. 생산성은 효율성을 의미한다. 경제학자들은 생산에 필요한 것들을 분류하여 *생산 요소(factors of production)*라고 부르는데, 생산의 3대 요소는 토지, 노동, 자본(돈)이다.

생산성 측정

생산성 측정 방법에는 여러 가지가 있다. 그러나 여기서 논의하고 있는 생산성은 총체적 개념의 생산성이 아니라, 노동자 일인당 또는 기계 한 대당 생산성이다. 따라서 여기서 생산성이 높다는 말은 노동자 일인당 또는 기계 한 대당 생산성이 높다는 뜻이다. 그래서 단순히 노동자를 늘리거나 기계를 새로 들여놓는 것은 생산성을 높이는 것이 아니라 노동력이나 생산 용량을 확대하는 것이다.

노동자 생산성 계산

노동자 생산성 측정 공식은 다음과 같다.

$$노동자\ 생산성 = \frac{생산량\ 또는\ 생산액}{노동\ 시간}$$

따라서 15명으로 구성된 생산팀이 일주일에 9,000개의 제품을 생산하고 일주일 근로 시간이 40시간이라면,

$$노동자\ 생산성 = \frac{9,000}{600\ (= 15 \times 40)}$$

$$노동자\ 생산성 = \quad 시간당\ 15개$$

노동자 1명당 1시간에 15개를 생산하는 것으로 나온다. 이것은 물론 평균이다. 많은 경우에 당신은 노동자 각 개인의 생산성을 측정할 수도 있다. 그래서 시간당 15개 이상을 생산하는 노동자가 있으면 그 사람이 일하는 방법을 분석해서 다른 노동자들에게 적용할 수 있다.

기계 생산성 계산

기계 생산성 계산 공식도 앞의 공식과 비슷하다.

$$기계\ 생산성 = \frac{생산량\ 또는\ 생산액}{기계\ 가동\ 시간}$$

당신에게 기계가 5대 있고 각각 일주일에 40시간 가동한다고 가정하면,

$$기계\ 생산성 = \frac{9,000}{200\ (= 5 \times 40)}$$

$$기계\ 생산성 = \quad 시간당\ 45개$$

다시 말하지만, 이것은 평균이고 여러 가지에 이용할 수 있다. 가령 새 기계와 헌 기계의 생산성을 비교할 때 유용하다.

좀더 많이! 좀더 빨리!

모든 사람이 생산성을 높이고 싶어한다. 그럼 생산성을 높이려면 어떻게 해야 할까? 여기 3가지 방법을 소개한다.

- ▶ 노동자의 기술을 향상시키고, 동기를 부여한다.
- ▶ 시설을 개선한다.
- ▶ 생산 방법을 개선한다.

각 방법마다 고위 관리자들의 투자가 필요하다. 즉, 생산성을 높이려면 시간과 노력, 그리고 대개 돈을 투자해야 한다. 왜 군이 그래야 할까? 왜냐하면 작업 생산성이 높을수록 금전적 수익도 늘어나기 때문이다.

이제 위에 소개된 생산성 향상 방법을 하나씩 살펴보자.

MBA Mastery

어떤 방법으로 생산성을 측정하는가는 중요하지 않다. 중요한 것은 측정을 하는 것이다. 어떤 기업에서는 측정이 상당히 힘들 수 있다. 그러나 완벽하게 하지는 못하더라도 꾸준히 측정을 하면 생산성을 관리할 수 있을 것이다.

직원 기술 향상과 동기 부여

직원들의 생산성을 높이려면 그들에게 투자를 해야 한다. 즉, 기술과 경험과 학력 면에서 뛰어난 직원을 뽑든지, 아니면 생산성이 높아지도록 직원들을 교육해야 한다는 말이다.

직원들에게 투자를 함으로써 생산성을 높인다는 말은 직원들의 직무 및 일상 업무와 관련된 기술이나 경험, 교육, 훈련에 투자를 한다는 뜻이다. 회사 지원 훈련 프로그램이나 학비 상환 프로그램이 있는 대부분의 회사는 직원이 현재

MBA Alert

어떤 경우에는 직원이 훈련만 받고 그만두거나, 경험만 쌓고 다른 기업으로 간다. 특히 임금을 조금 주거나 젊은이들을 고용했을 때 그런 경우가 생길 가능성이 크다.

직무에 적용할 수 있는 과정에 한해서만 그것을 제공한다. 이것은 현명한 조처이다. 왜냐하면 많은 투자를 들여 훈련시키고 나면 더 좋은 자리를 찾아 다른 기업으로 가 버릴 수 있기 때문이다.

많은 기업들은 노동 이동률을 높이면, 즉 경험이 많은 직원을 경험은 부족하지만 임금은 적게 주어도 되는 직원으로 계속 교체하면 노동 비용을 줄일 수 있다고 생각한다. 그래서 대체로 훈련에 크게 투자하지 않는다. 그러나 만약 당신이 훈련에 투자를 하고 있을 때 직원이 회사를 그만두면

당신에게는 손해가 된다. 그러므로 훈련에 투자를 하고 있는 경우에는 노동 이동률을 가급적 줄이는 것이 바람직하다.

생산에 대한 대가 지급

노동자 생산성을 높일 수 있는 또 다른 방법은 노동자들이 생산성을 높일 수 있도록 인센티브를 제공하는 것이다. 금전적 인센티브가 있는데, 일한 시간만큼이 아니라 생산한 제품 개수만큼 임금을 주는 방법도 그중 하나이다. 상이나 특별 표창 형태의 인센티브도 있지만 큰 효과는 없다. 생산성이 높은 개인 또는 팀에게 보너스를 줄 수도 있고, 팀별 또는 개인별로 상을 주거나 표창을 할 수도 있다.

MBA Lingo

어떤 상황에서의 *제한 요인(limiting factor)* 이란 다른 요소들은 아직 작동하고 있는데도 공정이 중단되게 만드는 요소를 말한다. 예를 들어, 자동차가 이동할 수 있는 거리에서 한계 요소는 그 차에 휘발유가 들어갈 수 있는 용량이다.

Chapter 16에서 판매 직원에게 금전적 인센티브를 주면 생산성이 향상된다는 사실을 알았다. 그러나 금전적 인센티브, 특히 커미션만 주는 경우에는 문제점도 있다는 사실을 알았다. 생산 근로자들에게 금전적 인센티브를 제공하면 생산의 질이 떨어진다. 근로자들에게 생산량이 최우선 목표라는 메시지를 보내면 생산된 제품의 수는 늘겠지만 제품 결함, 고장 제품, 반품 또한 크게 늘어날 것이다.

금전적 인센티브를 제공함에 있어 또 다른 문제점은 얼마 지나면 효과가 없어진다는 사실이다. 대개 근로자들이 생산할 수 있는 양에는 한계가 있다. 근로자에게는 신체적 한계가 있다. 기계도 생산할 수 있는 양이 한정되어 있다. 따라서 운영의 제한 요인이 근로자들의 작업 속도가 아니라면 금전적 인센티브를 제공하더라도 생산성을 크게 향상시킬 수는 없다.

동기 부여란 무엇인가?

동기 부여는 노동 생산성에 결정적인 역할을 하는 요소이다. 직원들과 팀에게 동기를 부여하려면 관리자의 리더십이 필요하다.

동기 부여를 가장 최고 수준으로 높일 수 있는 방법은 그들에게 사명감을 불어넣어 주고 그것을 유지시키는 것이다. 그 방법으로, 첫째, 기업의 이상을 글로 적어 두어 사명감을 일깨운다. 둘째, 최선을 다하거나 최대의 능력을 발휘하도록 높은 기대치를 설정한다. 셋째, 목표 설정과 달성 과정에 직원들을 참여시킨다.

동기를 부여하고 그것을 유지시킬 수 있는 완벽한 방법은 없다. 그러나 진정으로 앞선 기업은 직원들이 열심히 일하여 생산성을 높이고 싶은 마음이 들도록 하는 기업 문화를 창출해 냈다.

Case IN Point

직원들의 생산성이 높은 회사는 대부분 강력한 지도자와 명확한 목표하에 급속히 성장하는 회사이다. 높은 성장률은 외부의 고객으로부터 높은 생산성을 요구받는다. 강력한 지도자는 회사 내에서 높은 생산성을 창조하고 모범을 제시한다. 마지막으로 명확한 목표, 예를 들어 최대, 일류, 최고가 되겠다거나 어느 기간까지 얼마만큼 성장하겠다고 하는 목표는 모든 사람들을 하나의 단결된 팀으로 묶어 준다. 이런 환경에서는 생산성이 떨어지는 사람은 자의든 타의든 기업을 그만둘 수밖에 없다.

한때 급속한 성장률, 강력한 지도자, 명확한 목표의 3박자를 갖추고 있었던 기업이라면 어떤 기업이든 좋은 예가 될 것이다. 지금 생각나는 기업은 Digital Equipment, Apple Computer, Federal Express, Starbuck's가 있다. 그러나 안타깝게도 급속한 성장률은 영원히 지속되지 않는다. 그러므로 직원들이 높은 생산성을 유지할 수 있도록 유도하는 일은 관리자의 영원한 숙제이다. 특히 이것은 마이크로소프트 사가 생각해 보아야 할 문제이다.

직원들에게 기술, 교육, 훈련, 높은 임금, 동기 부여 등이 갖추어졌다면, 이제 남은 것은 리더의 훌륭한 관리와 시간 외 작업이 필요할 때 직원들에게 시간 외 근무를 요구하는 것이다.

시설 개선하기

돈이 적게 드는 방법은 아니지만, 생산성을 높일 수 있는 가장 쉬운 방법은 더 좋은 시설을 들여놓는 것이다. 시설 투자가 생산성 향상으로 이어지는 이유는 다음과 같다.

▶ 새 시설은 가동이 더 잘되기 때문에 생산성이 높다.
▶ 대개 새 시설은 성능이 더 좋거나 첨단 제품이기 때문에 생산 용량이 더 크다.
▶ 대체로 새 시설은 가동에 더 적은 인력이 필요하기 때문에 노동 비용을 줄일 수 있다.
▶ 새 시설은 질을 향상시킨다(이 점에 관해서는 이 Chapter 뒷부분에서 다룰 것이다).

MBA Mastery

노동을 자본으로 교체하는 것, 즉 근로자 대신 기계를 들여오는 것은 아마도 생산성 향상을 위한 가장 오래된 방법일 것이다. 긴 안목으로 보면 기계를 들여오는 것이 직원을 두는 것보다 비용이 적게 든다. 관리도 쉽고, 병도 없고, 이직을 하지 않는다. 그러나 서비스 산업에서는 제조업에 비해 기계를 늘리고 직원을 줄이는 방법을 적용하기가 힘들다.

앞에서 소개했던 예를 다시 살펴보면, 평균적으로 근로자 1명이 5대의 기계로 1시간에 15개의 제품을 생산한다. 그리고 기존의 기계들은 1시간에 45개를 생산한다.

그렇다면 5대의 낡은 기계 중 1대를, 근로자 1명만 필요하고 1시간에 75개를 생산할 수 있는 새 기계로 교체한다면 어떻게 될까?

생산성이 높아질 것이다. 일주일 근로 시간을 40시간이라고 가정하면, 5대의 기계가 9,000개를 생산하는 데 35시간이 조금 넘게 걸린다.

왜 그럴까?

시간당 45개를 생산하는 기존의 4대의 기계는 35시간 동안 6,300개를 만든다(= 4 × 35 × 45). 그리고 시간당 75개를 생산하는 새 기계는 35시간 동안 2,625개를 만든다(= 1 × 35 × 75). 그러므로 5대의 기계가 생산하는 전체 개수는 8,925개가 된다(= 6,300 + 2,625).

8,925는 9,000에서 75가 모자란 수이다. 직원 1명에게 시간 외 1시간 동안 새 기계를 가동하도록 하면 거기서 나머지 75개가 생산되어 9,000개가 채워진다.

Case IN Point

Dun & Bradstreet 사는 1970년대 말부터 지금까지 기술을 통해 생산성을 크게 증가시켜 왔다. 그전까지 이 기업은 편지나 전화를 통해 신용 보고서와 그 밖의 비즈니스 정보를 전달했었다. 그러나 자사 본체에 컴퓨터 터미널을 연결시켜 고객이 DunSprint 프린터로 보고서를 프린트할 수 있게 하였고, 1980년대부터는 컴퓨터 음성 응답기인 DunsVoice를 개발해 고객이 전화 상담원과 통화할 필요 없이 정보를 얻을 수 있게 하였다.

이 회사는 생산성 향상을 위한 새로운 방법을 제시해 주었다. 바로 셀프서비스이다. 생산성 향상을 위해 이 방법을 도입한 곳에는 셀프서비스 주유소, 장난감, 가구 용품 기업, 셀프서비스로 음료를 가져가게 하는 패스트푸드점 등이 있다.

이렇게 생산성이 향상된 덕분에 일주일 근무 시간을 40시간에서 35시간으로 줄일 수 있다. 그러면 기업의 노동 비용이 크게 절감될 것이다. 솔직히 시설 개선이 생산 작업을 완전히 새로운 수준으로 올려 주는 경우도 종종 있다.

작업 공정을 개선하라

생산성 향상을 위한 마지막 방법은 작업 공정을 검토하여 개선하는 것이다. 공정 개선은 기업 리엔지니어링의 주요 목표이다.

공정 개선을 위해서는 작업 수행의 모든 방식을 검토하고, 효율성 즉 생산성이 향상되도록 작업을 재설계할 방법을 찾아보아야 한다. 근로자 한 명이 수행하는 업무의 종류나 수, 일이 근로자에게 전달되는 방식(가령, 컨베이어 벨트 대(對) 다른 사람으로부터 손으로 전달되는 방식), 작업장의 배치 등을 검토해 재설계하는 것이 이에 포함된다.

공정 개선에는 근로자들에게 새로운 작업 방법과 새로운 시설 사용 방법을 훈련시키는 것도 포함된다. 그래서 공정 개선은 근로자에 대한 투자와 시설에 대한 투자를 모두 의미한다.

품질이란 무엇인가?

우리는 보통 '품질' 하면 '좋음', '우수성', '우월성'을 생각한다. 기업에서는 맞는 말일 수 있고, 사실 대개 그렇다. 그러나 그것보다는 의사 결정과 목표의 차원에서 생각해야 한다.

우선 결정 차원에서 생각해 보자. Chapter 1에서 언급했듯이, 고객은 값이 싼 대신 질이 좀 떨어지는 제품을 살 수도

MBA Lingo

*리엔지니어링(reengineering)*이란 기업 또는 생산 활동을 분석한 뒤, 어떤 활동을 계속하고 어떤 활동을 중단하며 또 어떤 활동을 아웃소싱할 것인지 신중히 결정한 다음, 가능한 한 가장 효율적인 방법을 설계하는 것을 말한다. 많은 사람들은 '리엔지니어링'이라는 말을 대대적으로 정리 해고를 한 뒤 남아 있는 직원에게 일을 다시 분배하는 뜻으로 잘못 사용한다. 그러나 이것은 리엔지니어링이 아니다.

MBA Alert

'생산성 누수', 즉 생산성을 떨어뜨릴 수 있는 사소한 것들을 조심하라. 근로자가 예정에 없이 결근을 한다거나 자기 업무 이외의 일을 하는 것 등이 여기에 해당된다. 그리고 자재와 공급 물품의 포장과 선적 방식 같은 처리 문제와 기계의 비가동 시간도 포함된다. 이러한 사소한 것들 때문에 생산성 전체에 큰 구멍이 생긴다.

있고, 값은 좀 비싸더라도 고품질의 제품을 살 수도 있다. 고객도, 기업도 이 사실을 안다. 그래서 기업은 어느 수준의 질을 추구할 것인지를 결정해야 한다.

그 수준이 바로 목표가 된다. 제조 산업에서는 대개 생산 단위당 허용 가능한 제품 결함의 최대 개수를 목표로 정한다. 제품 결함은 검사를 통해 발견되거나 혹은 덜 바람직한 방법이지만 반품, 보증 소송, 또는 고장 신고 등을 통해 발견된다. 한편, 서비스 산업에서는 고객이 기다린 평균 시간이나 고객 만족도, 불평 횟수 등을 계산해 정할 수 있다.

품질 결정은 기업의 사업 철학, 이미지, 비용, 표적 시장, 가격, 그리고 인적, 금전적 및 기타 자원에 따라 내려진다. 여기서 나는 기업이 품질 수준을 어느 정도로 할 것인지 결정했다고 가정하고, 그 수준을 달성할 수 있는 방법에 초점을 맞추어 설명할 것이다.

품질 보증

품질 보증, 또는 품질 관리는 여러 의미를 내포하고 있다. 첫째, 포괄적으로 기업이 추구하고 고객이 요구하는 품질 수준에 도달하기 위한 모든 활동을 뜻한다. 제품 명세서 설계에서부터 제품 자재 공급 업체에 대한 기준 결정, 제조 기간 중 실시하는 여러 검사에 이르기까지 모두 포괄한다.

둘째, 품질 보증은 제품을 선적하기 전에 최종적으로 하는 검사를 뜻한다. 이 검사는 기술을 이용할 수 있다는 사실에 주목하라. 예를 들어, 제품 결함을 식별하도록 프로그램된 컴퓨터 스캐너에 제품을 통과시키는 과정을 제조 공정에 포함시킬 수 있다.

MBA Lingo

품질 보증(quality assurance) 또는 품질 관리(quality control)란 제품 결함을 최소화하고 높은 수준의 품질을 보장하기 위한 정책, 프로그램, 노력, 또는 이런 활동들을 수행하는 기업 내 부서를 뜻한다.

셋째, 품질 관리는 제품 샘플링 검사나 제품 결함 최소화 등 제조 업무에 적용되는 통계와 확률 같은 수학적 도구를 가리킨다. 예를 들어, 많은 제품을 하나하나 검사하는 방법은 너무 많은 비용이든다. 그래서 검사자는 각 시간 또는 하루 동안의 생산에 대한 샘플을 검사해 수학적으로 나타낸 뒤 그 검사 결과를 바탕으로 전체 생산 작업의 질을 판단한다.

마지막으로, 제품 검사 및 기타 품질 유지와 관련된 업무를 수행하는 품질관리부를 일컬어 품질 관리라고 한다. 대부분의 기업에는 품질 검사를 담당하는 사람이 있고, 대규모 제조 업체에서는 품질 검사를 전담하는 큰 부서가 따로 있다.

어떻게 품질을 관리하는가?

지난 20년 동안 품질 문제에 관한 책들이 수없이 쏟아져 나왔고, 평생 다 참석하지는 못할 만큼 많은 회의가 열렸다. 1970년대에 일본이 미국 자동차 시장에서 큰 성공을 거두면서부터 미국 제조 업체들은 품질에 주의를 기울이기 시작했다. 그전까지는 미국 자동차 업체를 비롯한 많은 제조 업체들이 품질에 자기만족을 하고 있었다. 심지어 어떤 업체는 계획적 진부화를 위해 제품을 설계하기까지 했다.

품질 관리의 실질적 3단계는 다음과 같다.

> **MBA Lingo**
>
> *계획적 진부화(planned obsolescence)*란 나중에 '업그레이드된 신상품'을 내놓기 위해 제품에 기능을 추가하지 않거나, 제품이 구식으로 보이도록 하기 위해 제품의 겉모양을 계속해서 바꾸거나, 일정 기간이 지나면 고장나서 새로 살 수밖에 없도록 제품을 만드는 수법을 말한다. 즉, 계획적으로 제품이 낡고 구식으로 보이게 만드는 것이다.

- ▶ 품질 기준 결정
- ▶ 품질 기준 적용
- ▶ 기업 '품질 문화' 창출

지금부터 각 단계에 관해 설명할 것이다. 품질 관리에는 다음의 두 가지 기본 목적이 있다는 사실을 유념하라. 첫째, 고객의 기대를 충족시키고 고객의 만족을 높이는 것이고, 둘째, 첫째 목적을 수행할 비용 효율적인 방법을 찾는 것이다.

품질 기준 결정하기

품질 관리에서 중요한 문제는 몇 개 또는 몇 %의 제품 결함을 허용하는가이다. 지금까지 제조 업체들은 기계 고장 또는 사람들의 피로나 실수 가능성으로 인한 불완전한 제조 과정 때문에 제품 결함 0%는 불가능하다고 생각했었다.

이러한 접근 방법에서의 품질 관리는 어떤 종류의 결함을 어느 정도 허용할 것인가를 결정하는 것이다. 그러면 그 결정이 품질 기준이 되는데, 품질 기준에는 고객의 기대를 반영해야 한다. 예를 들어, 성능의 결함은 허용할 수 없지만 겉모양의 결함은 어느 정도 괜찮다든지, 결함으로 인해 폐기되는 제품이 전체 생산의 2%이상 나오게 해서는 안 된다는 식으로 결정할 수 있다.

물론, 어떤 종류의 결함을 어느 정도 허용할지에 대한 결정은 매우 신중하게 내려야 한다. 결함이 너무 많으면 결국 질도 떨어질 것이다. 그리고 고객 안전을 해치는 치명적인 결함이 있다면 그 기업은 생산물 책임 소송을 당해 파산하게 될 수도 있다.

무결점은 어떠한가?

품질 전문 컨설턴트인 Philip Crosby는 무결점(zero defects)을 추구해 왔다. 이 방법은 어떤 결함을 허용할지를 결정하던 기존의 방법과는 분명 다르다. Crosby는 어떤 결함이든 하나라도 허용하기 시작하면 많은 결함을 허용하게 되므로 무결점을 기준으로 해야 한다고 주장한다. 하나뿐일지라도 어쨌든 결함을 허용하는 기준을 가지고 있으면 그것은 직원들에게 결함이 괜찮다고 말하는 것과 마찬가지이기 때문이다. 결함을 허용했을 때 나타나는 공통적인 부작용은 고객의 필요를 놓칠 수 있다는 것이다. 결국 고객이 원하는 것은 결함 없는 완전한 제품이다.

무결점의 바탕에는 나중에 고치는 것보다 아예 처음부터 제대로 하는 것이 더 쉽다는 개념이 깔려있다.

그러나 완벽을 목표로 하는 것은 무척 힘들고, 좀더 직접적으로 표현하면 비용이 많이 든다. 게다가 판매할 때 완벽하다는 점을 강조하면 역효과가 생길 수도 있다. 고객이 그 말을 믿지 않을 뿐만 아니라 만일 품질에 어떤 결함이나 문제가 생겼을 때 더 큰 타격을 입게 되기 때문이다.

결국 약간의 결함이 허용되는 것을 기준으로 정할지, 아니면 무결점을 기준으로 정할지는 각 기업이 스스로 결정해야 한다.

품질 기준이란 무엇인가?

약간의 결함을 허용하기로 결정했든 아니면 무결점을 추구하기로 했든, 기준을 정하고 측정하는 방법은 어떤 생산, 어떤 업종인가에 따라 다를 것이다. 제조업인 경우 다음과 같은 부문에서 다음과 같은 유형의 기준이 필요할 것이다.

부문	기준의 유형
성능	제 기능 수행 기준 준수
겉모양	디자인 규격 준수 색의 통일성
세공	세련된 마무리 처리 연결과 조립 부분의 단단함
내용	식품이나 약품에 대한 허용 성분(가령 지방)의 함유량
안전성	사용자가 부상할 수 있는 파손이나 불에 대한 저항성

품질 기준 결정에는 경영, 마케팅, 엔지니어링, 운영, 디자인 팀이 모두 참여해야 한다. 제품을 최대한 안전하게 만드는 것도 중요하지만 비용, 표적 시장, 기업 이미지도 고려해야 하기 때문이다.

품질 기준 적용하기

품질 기준을 적용하는 일은 전통적으로 품질관리부에서 해 왔다. 우리는 대부분 품질관리부에 대해 완제품이 기준을 통과했는지, 선적을 해도 되는지의 여부를 검사할 때만 품질 기준이 적용된다고 생각한다. 그러나 이보다 좀더 넓게 적용시켜야 한다.

우선 구매과가 적용하도록 해야 한다. 즉, 어떤 자재를 어디서 구입할 것인지를 그 기준에 따라 정해야 한다. 그리고 수납과도 적용하도록 해야 한다. 그래서 회사로 선적된 자재가 그 기준에 맞는지 확인하도록 해야 한다. 그리고 제품이 생산 각 단계에서 제대로 만들어질 수 있도록 운영부에도 적용시켜야 한다.

제조 과정에서 이처럼 각 단계마다 품질 관리를 하는 것이 제품이 완성된 뒤에 품질 검사를 하는 것보다 대개 더 효율적이고 비용도 적게 든다.

각 생산 단계에 자재와 제품에 대한 기준을 적용시키는 것 외에, 품질관리부는 품질 변동이 생긴 원인도 밝혀 내야 한다. 결점을 발견하는 것도 좋지만, 그것을 방지하는 것이 더 바람직하다. 따라서 기준에 통과하지 못한 것들의 유형을 분석해서 그 이유와 해결책을 찾아야 한다.

기업 '품질 문화' 만들기

품질 관리는 고품질의 비싼 제품을 만드는 기업이나 하는 것이라고 생각하는 사람이 있다. 그러나 품질 관리는 모든 기업이 해야 한다. 정말 중요한 것은 추구하는 품질 수준, 즉 고객이 원하고 돈을 기꺼이 지불할 그 수준을 유지하는 것이기 때문이다.

MBA Alert

사실 낮은 품질의 값싼 제품을 만드는 기업일수록 품질 관리를 더 철저히 해야 한다. 인건비와 자재비에 돈을 많이 들이면 결함이나 실수가 적게 나타난다. 그러나 저비용 저가 전략을 추구할 경우에는 문제가 발생할 가능성이 높아질 뿐만 아니라 수리나 교체, 리콜, 보증 소송 비용을 충당하느라 이윤 마진도 줄어든다.

어떤 기업에서든 품질과 관련해서 관리자가 해야 할 중요한 과제는 품질 문화를 만드는 것이다. 품질 문화란 모든 제품, 모든 고객, 그리고 생산 단계 하나하나를 모두 중요하게 생각하는 것을 말한다. 따라서 품질 문화에서는 모든 직원이 그러한 생각을 가지고 품질을 위해 노력한다.

그렇다면 품질 문화는 어떻게 만들어지는가?

품질 문화는 고위 관리자들이 제시한 목표, 전략, 계획으로 시작된다. 그것은 고용, 훈련, 보상, 승진으로 이어지고, 고객에게 전달되는 마케팅과 판매 메시지에 영향을 준다. 그것은 고객서비스부에 침투해 들어오고, 구매, 수납, 운영, 선적에 영향을 준다. 그리고 공급 업체와 유통망으로 확장된다. 이 과정을 통틀어 '전사적 품질 관리'라고 한다.

MBA Lingo

전사적(全社的) 품질 관리(total quality management, TQM)란 기업의 모든 부문이 품질 관리에 참여하는 것을 말한다. 즉, TQM은 모든 사람이 품질에 책임지는 시스템이다. 그리고 품질은 생산 마지막 단계에 첨가되는 것이 아니라 미리 계획되고 만들어지는 것이어야 한다고 전제한다. 최근 이 개념은 인기를 얻고 있으며, 어떤 기업에서는 이것을 하나의 영구 계획으로 추진하고 있다.

품질 문화를 만들 수 있는 좋은 방법은 기업의 모든 사람들로 하여금 고객에게 서비스한다고 생각하게 만드는 것이다. 매일같이 '진짜' 고객을 대하는 사람이 아니더라도 말이다. 그들이 서비스해야 하는 대상은 사내 고객이다. 예를 들어, 회계부는 다른 부서 관리자에게 보고서를 전하는 일을 하는데, 이때 그 관리자들이 회계부의 고객이다. 마케팅부의 주요 사내 고객은 판매부이고, 구매과의 사내 고객은 운영부이다.

따라서 고객 서비스와 고객 만족이라는 개념을 모든 부서와 직원들에 대해 동기 부여 요소와 기준으로 사용할 수 있다.

품질 문화에서는 모든 사람이 기업의 비용과 가치의 관점에서 높은 기준에 부합하기 위해 노력한다. 자기 자신과 서로를 그 기준에 맞추려고 노력한다. 그리고 이 문화에 속할 능력이나 생각이 없는 사람들, 또는 더 큰 집단의 노력에 방해가 되는 사람들은 자의든 타의든 결국 회사를 그만두게된다. 이것도 애당초 그 회사에 들어갔을 때의 얘기지만 말이다.

품질 관리 도구

기준을 정하고 그것을 적용하여 품질 문화를 만드는 일 외에, 품질 관리에 도움이 될 도구들이 몇가지 더 있다. 바로 다음과 같은 것들이다.

- ▶ 공급 업체 프로그램
- ▶ 품질 회의
- ▶ 품질 관리 차트
- ▶ 베스트 프랙티스와 벤치마킹

그럼 각각에 관해 간단히 살펴보자.

공급 업체 프로그램

여러 대규모 제조 업체들은 부품이나 자재 공급 업체의 고품질 달성과 유지에 관여하고 있다. 포드(Ford) 자동차 회사가 대표적 예인데, 이 회사는 공급 업체들에게 제품 규격을 엄격히 맞추라고당부하고, 자사가 추구하는 품질 수준을 달성하기 위해 긴밀히 협력한다.

그리고 공급 업체 제품의 품질에 대해 공식적으로 등급을 매긴다. 그런 다음 그 결과를 바탕으로특정 업체를 '우수 공급 업체'로 선정하여 그 업체에 대해서는 장기 계약을 체결하거나 주문량을늘린다.

품질 회의

품질 회의란 생산의 각 단계 대표들이 여는 정기 회의를 말한다. 이 회의에서는 일반 근로자들이모여 품질에 있어서의 문제점과 그 원인 및 해결책을 논의한다. 즉, 이것은 직원들을 품질 유지에참여시키고 그들에게 품질에 관한 전반적인 문제를 교육하기 위한 노력의 일환이다.

품질 회의에서는 생산 라인에 있는 사람들에게 품질에 대한 책임과 권한을 부여한다. 즉, 근로자 스스로에게 문제점을 찾고 해결책을 만들게 한다. 그 결과 근로자의 참여와 협력이 늘어나고, 일에 대한 자부심도 높아진다.

MBA Lingo

*허용차(tolerances)*란 제품 품질 측정에서 허용되는 최대치와 최저치를 말한다.

품질 차트

품질 차트는 한 제조 과정에서 특정 제품의 다양한 차원에 대한 허용차를 보여 준다. 이 차트가 있으면 제조 과정에서 품질을 떨어뜨리는 어떤 변화가 생기든 통제가 가능하다.

예를 들어, 우리가 2×4의 목재를 생산하고 있다고 해보자. 그리고 공장에서 나왔을 때의 상태가 두께 $1\frac{3}{4}$인치, 폭 $3\frac{1}{2}$ 인치여야 한다고 하자. 이때 품질 차트는 다음과 같이 만들 수 있다.

품질 차트

두께		폭	
$1\frac{13}{16}$	허용 최대치	$3\frac{5}{8}$	허용 최대치
$1\frac{3}{4}$	기준치	$3\frac{1}{2}$	기준치
$1\frac{11}{16}$	허용 최저치	$3\frac{3}{8}$	허용 최저치

이 차트를 보면 목재 두께의 허용 최저치가 $1\frac{11}{16}$이고 허용 최대치가 $1\frac{13}{16}$ 폭의 허용 최저치가 $3\frac{3}{8}$이고 허용 최대치가 $3\frac{5}{8}$ 라는 것을 알 수 있다. 이때 허용 최저치와 최대치를 '통제 한계선' 이라고도 부른다.

이 차트를 참고하거나, 혹은 더 좋은 방법으로 자동 측정 과정에 이 차트를 포함시키면, 생산 근로자들은 제품이 언제 허용차를 초과해 기준 미달을 향해 가고 있는지 알 수 있을 것이다. 허용차를 벗어난 목재는 가능할 경우 다시 자르거나 버리거나 또는 '이등품' 으로 판다.

베스트 프랙티스와 벤치마킹

베스트 프랙티스(best practices)란 업무 과정을 구축하고 수행하는 데 가장 효율적이고 가장 효과적인 방법을 말한다. 예를 들어, 제품 개발에서의 베스트 프랙티스는 기능별(cross-functional) 팀의 활용을 의미할 수 있다. 그리고 특정 유형의 전자 제품 생산에서의 베스트 프랙티스는 배선 대신 인쇄 배선 회로의 사용을 의미할 수도 있다.

넓은 의미에서의 베스트 프랙티스는 뭔가를 하는 데 있어서 가장 우수한 방법, 즉 기업의 최우수 방법을 의미한다.

벤치마킹(bench marking)은 자사의 업무 실행 방법이나 과정을 자신이 바라는 베스트 프랙티스와 비교하여 베스트 프랙티스의 결과를 분석한 뒤, 자사의 업무 실행을 그 정도 수준으로 올리려면 어떻게 해야 하는지 찾아내는 과정이다.

예를 들어, 어떤 회사가 기능별 팀을 활용하여 신제품 개발 시간을 단축하거나 인쇄 배선 회로를 사용해서 결함의 발생을 줄였다면 당신은 그 회사가 제품 개발을 위해 얼마만큼의 시간을 단축했는지, 결함이 얼마나 줄었는지 알고 싶을 것이다. 그러면 그것이 바로 당신 기업에서 벤치마킹의 목표가 되는 것이다.

벤치마킹을 도입할 수 있는 한 방법은 회사의 주요 업무 부문에서 직원들을 뽑아 특별팀을 구성해 각 부문의 사람들로 하여금 자기가 대표하는 부문의 베스트 프랙티스를 조사하도록 하는 것이다. '베스트 프랙티스 특별팀'은 각자 자신들의 부문을 대표해 그 부문 사람들의 경험을 이용하고(베스트 프랙티스를 실행하는 회사에서 일했던 사람이 있을 수도 있다), 조사를 지시할 수 있다. 조사는 대부분 다른 회사에 대한 뉴스나 기사를 통해 할 수 있다.

마지막으로 해야 할 일은 베스트 프랙티스를 자사의 필요에 맞게 적용하는 것이다. 기능별 팀을 제품 개발에 활용하고, 인쇄 배선 회로를 직접 만들거나 공급 업체에게 만들도록 한다.

MBA Lingo

*베스트 프랙티스(best practice)*란 특정 업종에서의 최우수 방법을 가리키며, 생산 관리, 제품 개발, 재고 관리와 같은 많은 부문에서 찾을 수 있다. *벤치마킹(benchmarking)*은 생산 과정에서의 결함 제품의 수나, 제품 개발에서 시장에 나오기까지의 시간과 같은 베스트 프랙티스의 성과를 측정하여 그것을 목표로 추구하는 것을 말한다.

MBA Alert

벤치마킹과 베스트 프랙티스 적용은 모방이 아니다. 아니, 적어도 모방이 되면 안 된다. 그 대신 베스트 프랙티스를 논리적이고 이성적으로 검토한 뒤 자기 회사 운영에 맞도록 적용시켜야 한다. 모든 기업은 서로 다르다. 각자 자체적인 전통과 문화와 상호작용이 있다. 이러한 '인간적 요인' 때문에 다른 회사의 방법을 무조건 따라 하는 것은 효과가 별로 없다.

세계적 경쟁에 맞서기

최근까지만 해도 미국 시장의 대부분은 미국 기업들이 점유하고 있었다. 다른 나라에서도 마찬가지로 국내 시장은 그 나라 기업들이 점유하고 있었다. 그러나 오늘날의 세계화된 시장에서는 더 이상 그렇지 않다.

제품, 서비스, 돈, 사람, 정보 등이 국경을 자유롭게 오감에 따라 경쟁도 세계적 차원에서 일어나고 있다. 오하이오나 오리건에 있는 기업 시장의 상당 부분을 폴란드나 파라과이의 기업이 빼앗아 갈 수도 있고, 그 반대의 상황이 나타날 수도 있다.

세계적 차원에서 경쟁이 일어난다는 말은 이제 경쟁에 있어서 가장 효과적인 무기는 품질과 생산성이라는 뜻이다. 마케팅 전략이나 판촉 전술이 국내에서는 통했더라도 다른 나라에서는 통하지 않을 수 있다. 판매 방법과 유통망도 나라마다 다르다. 회계 및 재무 전술도 다른 나라의 회계 정책이나 금융 시스템에서는 효과가 없을 수 있다.

그러나 비용과 가격, 가치, 만족 등은 세계 어디에서나 똑같다. 생산성에 초점을 맞추는 기업은 자원 활용을 극대화함으로써 비용을 줄인다. 품질에 초점을 맞추는 기업은 최상의 제품을 고객에게 전달한다. 적당한 가격과 좋은 품질을 제공하는 기업은 어떤 나라에서든 경쟁할 수 있다.

이것만은 알아 두자

▶ 생산성은 보통 작업이 얼마나 효과적으로 행해지는가를 측정한 것으로, 시간과 양, 즉 얼마나 많은 것을 얼마 동안 했는가에 관한 것이다.

▶ 생산성은 돈이나 생산량으로 비교되며, 노동자 생산성이나 기계 생산성으로 나타난다.

▶ 생산성 증진을 위해서는 노동자 생산성 향상, 생산 시설 개선, 또는 생산 방법 개선이 필요하다. 그리고 그것을 위해서는 시간과 노력, 그리고 대개 돈을 투자해야 한다.

▶ 질은 작업이나 서비스가 얼마나 잘 행해지는가를 측정한 것으로, 결함이 얼마나 많이 생기는지, 얼마나 많은 제품이 고장나는지, 얼마나 많은 고객이 만족하는지에 관한 것이다.

▶ 품질 유지 및 향상을 위해서는 제품 기준을 정하고, 제품 기준을 적용시키고, 그리고 가능할 경우 기업 '품질 문화'를 만들어야 한다.

▶ 고품질 달성에 도움이 되는 도구에는 공급 업체 프로그램, 품질 회의, 품질 관리 차트, 베스트 프랙티스와 벤치마킹이 있다.

Chapter 25

정직하게 성공하라

In This Chapter
Point
▶ 기업과 사회가 어떻게 상호작용하는가?
▶ 관리자가 알아야 할 주요 법적 문제
▶ 기업 윤리의 중요성

우리는 언론을 통해서 소비자들이 기업에 소송을 제기했다거나, 정부가 특정 기업의 사업 활동에 대해 감사를 시작했다거나, 비윤리적 행동을 한 고위 간부가 해고되었다는 등의 기사를 많이 본다. 아마 이러한 기사들은 수익 보고서만큼이나 자주 등장할 것이다.

물론 부정 행위는 군대나 정부, 혹은 그 밖의 다른 모든 곳에서도 나타난다. 즉, 법적 문제나 비윤리적 행동이 기업에만 나타나는 것은 아니다. 그러나 중요한 것은 관리자들이 결정을 내리거나 조치를 취할 때 그와 관련된 법적, 윤리적 측면을 알아야 한다는 사실이다.

이 Chapter에서는 관리자들이 반드시 알아야 할 주요 법적, 윤리적 문제를 개괄적으로 설명할 것이다. 왜냐하면 이 부문에서 대부분의 법적 활동, 그것도 손실과 대가가 가장 큰 활동이 생기기 때문이다.

사회, 비즈니스, 그리고 법

사회라는 이름을 붙일 수 있는 모든 집단에는 법이 있다. 많은 사람들은 법이 사회의 기초를 형성한다고 생각한다. 심지어 전통 부족 사회도 법에 의해 통치되고, 근대 사회에는 형사와 민사 문제를 관장하는 아주 정교한 법 체계가 있다.

법은 사람들의 행동을 규제하기 위한 것이다. 범죄 행위를 규정해 놓은 형법은 특정 행위를 금지한다. 그리고 민법은 재산권과 조직 및 개인의 권리에 대한 법이다. 우리 개개인은 물건을 사고 소유하며 사용할 권리가 있으며, 타인의 방만한 행동으로 인해 피해를 받지 않으며 살 권리가 있다. 반대로, 우리 개개인은 책임 있게 행동할 의무도 있다. 비즈니스 거래에서 책임 있게 행동하는 것도 그 의무에 포함된다.

> **MBA** *Alert*
>
> 나는 변호사도 아니고, 법적 컨설팅을 하려는 것도 아니라는 사실을 알아두기 바란다. 나는 그저 관리자가 알아야 할 법적 문제들이 무엇인지 알려 주고, 비즈니스에서 윤리적 행동이 얼마나 중요한지 강조하려고 하는 것이다

기업법

기업법(business law)은 비즈니스에 종사하는 사람과 조직의 행동을 관장하는 법이다. 그 주요 부문은 다음과 같다.

- ▶ 독점 금지
- ▶ 소비자 보호
- ▶ 생산자(물) 책임
- ▶ 파산
- ▶ 기업 조직
- ▶ 계약

- ▶ 부동산과 보험
- ▶ 고용
- ▶ 지적 재산
- ▶ 증권 규제
- ▶ 통일 상법
- ▶ 조세

지금부터 이 각각을 둘러싼 법적 문제를 하나씩 살펴보자.

독점 금지

독점 금지법(anti-trust law)은 공정한 경쟁을 보장하기 위한 법이다. 1800년대 말부터 1900년대 초에 이르기까지 철도, 석유, 철강 산업에 독점이 심화되자 연방 정부가 독점

> **MBA** *Lingo*
>
> 제품이나 서비스를 공급하는 업체가 하나뿐일 때를 가리켜 **독점**(monopoly)이라고 한다. 그럴 경우 경쟁상대가 없기 때문에 대개 그 업체 마음대로 가격을 정한다.

금지법을 통과시키기에 이르렀다. 독점 금지법은 시장 독점을 목적으로 다른 기업과 합병이나 인수를 하는 것을 금지하는 법이다.

Case IN Point

1990년대 말 마이크로소프트 사가 컴퓨터 운영 소프트웨어 시장의 90% 가량을 점유하자 연방 관리들이 마이크로소프트 사에 주의를 모으기 시작했다. 연방 관리들은 마이크로소프트 사가 시장을 사실상 독점하게 되었다고 우려했다.

마이크로소프트 사를 지지하는 사람들은 이 회사는 단지 제 힘으로 성공했고, 지금 그로 인한 피해를 보는 것이라고 말한다. 즉, 마이크로소프트 사가 그렇게 커진 것은 사람들이 사고 싶어하는 제품을 만들었기 때문이라고 주장한다. 그러나 반대하는 사람들은 마이크로소프트 사가 시장 지배력을 이용해서 경쟁 업체를 몰아냈다고 말한다. 그들은 마이크로소프트 사가 인터넷 익스플로러 브라우저와 운영 시스템을 묶어 팖으로써 소매업체가 그것을 모두 사야 하도록 만드는 '끼워 팔기 수법'을 예로 들고 있다. 그 결과 넷스케이프와 같은 다른 인터넷 브라우저 판매 업체들이 문을 닫게 될 수도 있다는 것이다.

소비자 보호

소비자 보호법은 제품, 서비스, 신용 관행에 관한 규범이다. 여기에는 연방법과 주법이 있는데, 연방법으로는 TV 담배 광고 금지법이 있고, 주법으로는 자동차에 대한 '레몬법(소비자 보호법)'이 있다.

MBA Lingo

묵시적 보증(implied warranties)이란 판매자가 명시적으로 언급하지 않아도 구매자는 당연히 그럴 것이라고 생각하는 것을 말한다. 예를 들어, 소비자는 음식이 당연히 안전하고, 자동차에는 제대로 작동하는 앞 유리 와이퍼가 당연히 있다고 생각한다.

소비자 보호법은 필요할 때마다 하나씩 생겨났다. 예를 들어, 1970년대 헬스클럽들은 회원 가입을 위해 강압적인 판매 전술을 사용했다. 그러자 뉴욕 주 정부는 헬스클럽 회원권을 구입한 사람이 해약금 없이 3일 내에 구입을 취소할 수 있도록 하는 법을 통과시켰다.

이 법을 반대하는 사람들은 제품에 관해 구입하기 전에 신중히 알아보는 것이 구매자의 책임이라고 주장한다. 이것을 한마디로 '구매자 위험 부담(caveat emptor)'이라고 하는데, 즉 구매자가 조심을 해야 한다는 말이다. 그러나 규제 당국은 판매자가 판매 제품에 대해 묵시적 보증을 보장해 주어야 한다고 생각한다. 예를 들어, 제품은 최소한 사용상 안전해야 한다는 것이다.

생산자 책임

생산자 책임법(product liability law)은 소비자 보호법에 속한다. 그러나 최근 생산자 책임 소송이 크게 늘어나고 있고, 회사측에게 수백만 달러에 달하는 배상금을 지불하라는 판결이 나오기도 하기 때문에 이 문제는 별도의 자세한 설명이 필요하다.

판례법에 따라 기본적으로 회사는 제품이 의도했던 목적대로 사용되었을 때 인체에 해롭거나 위험할 수 있다는 사실을 알면 제품을 팔 수 없다. 이 논리를 바탕으로, 담배가 치명적인 질병을 유발할 수 있다는 사실을 담배 회사 경영진들이 과연 언제 알았는지에 대한 조사가 이루어졌다.

Case IN Point

커피 컵 뚜껑의 '뜨거우니 조심하세요'나 아이들 썰매에 붙은 '헬멧을 꼭 쓰고 어른이 보는 곳에서 타세요'를 비롯해 많은 경고문을 볼 수 있는데, 모두 생산자 책임 소송으로 인해 등장한 것이다.

많은 사람들은 생산자 책임 소송이 이제 걷잡을 수 없게 되었다고 생각한다. 그들은 미국에 '희생 문화'가 생기고 있고, 배심원들이 변호사에게 조종되고 있다고 생각한다. 그러나 한편에서는 생산자 책임 소송 덕분에 제품 안전성 향상과 경고문 부착이라는 좋은 결과가 나타났다고 말한다.

생산자 책임 소송은 대부분 해롭다는 걸 알면서도 회사가 제품을 팔았다거나, 제조상의 부주의 때문에 제품에 위험을 초래할 수 있는 결함이 생겼다는 것을 밝혀 내기 위한 것이다. 혹은 원고, 즉 피고에 대해 소송을 제기한 측이 회사가 제품의 위험성에 대해 경고문을 붙였어야 했다는 것을 밝히기 위한 것이다.

파산

파산법은 자금난을 겪고 있는 회사가 재조직이나 기업 정리를 위해 '채권단의 채무 상환 요구로부터의 보호'를 청할 수 있도록 하는 법이다.

"이번 일이 실패하면 11조를 신청할 수밖에 없어."라는 말

MBA Lingo

*재조직(reorganization)*이라는 말은 회사 구조의 대대적인 변화를 가리킬 때 더 자주 사용된다. 파산과 관련해서의 재조직이란 기업 구조 재편을 위해 채권단에 대한 부채 상환을 연장할 수 있도록 하는 법정 보호 절차를 말한다. *정리(liquidation)*는 채무 지불을 위해 회사를 처분하고 자산을 매각하는 것을 말한다. '달러당 10센트'라는 표현이 있는데, 그것은 채권자들이 빌려 준 돈에서 결국 1달러당 10센트 정도밖에 받지 못한다는 의미이다.

에서처럼, '제11조'라는 말을 들어 본 적이 있을 것이다. 이때 제11조라는 것은 기업 정리를 규정한 연방 파산법 제11조를 일컫는 말이다. 제7조는 재조직을 규정하는 조항이다.

기업 조직

이 법은 협력 관계나 회사 설립과 같은 문제를 규정해 놓은 법이다. 회사를 '법인(法人)'이라고 하는데, 그것은 사람과 마찬가지로 회사에게도 재산을 구입하고 소유할 권리가 있고 납세 의무 같은 의무도 있다는 뜻이다.

MBA Alert

개인적인 것이든 사업적인 것이든 어떤 거래에서든지 계약서에 서명하기 전에 신중에 신중을 기하라. 계약을 잘못해서 소중한 권리를 잃어버리는 어리석은 사람들이 많다. 계약서에 확실히 이해가 안 되는 부분이 있다면 변호사나 혹은 적어도 계약에 대해 잘 아는 사람에게 검토를 부탁하라.

계약

계약법은 매우 복잡하고 계속 바뀐다. 많은 사람들은 거래에 합의한 양측이 그 뒤에 계약의 세부 사항에 대해 왜 많은 시간과 돈을 써야 하는지 이해하지 못한다. 그러나 '악수'만으로 사업을 하던 시대는 지나갔다.

계약이 복잡한 이유는 사람들, 특히 변호사가 많은 조항과 조약들을 첨가하기 때문이다. 그 조항과 조약들은 '해지할 수 있는 권리' 등과 같이 계약의 모든 단면을 규정한다.

한쪽 당사자가 계약을 이행하지 않을 때, 혹은 합의된 대로 이행하지 않는 것처럼 보일 때 소송이 많이 발생한다. 즉, 한쪽이 계약 위반을 하면 다른 한쪽은 해결책으로 협상을 하거나 계약을 이행하지 않은 쪽을 고소한다.

부동산과 보험

부동산과 보험법은 넓은 의미에서 계약법에 속한다. 그러나 부동산이나 보험 계약은 아주 복잡할 수 있다. 예를 들어, 분양 아파트나 조합 아파트와 같은 법적 건물과 관계된 부동산 거래는 상당히 복잡하다. 그리고 보험금 지급 청구의 유효성을 결정하려면 보험 변호사가 상당한 시간과 노력과 돈을 들여야 한다.

고용

고용법은 근로 환경과 시간 및 고용 기준을 규정한 법이다. 예를 들어, 아동 노동법은 어린이 고용을 금지하는 법이고, 최저 임금법은 시간당 최저 임금을 정해 놓은 법이다.

최근 연방 고용법 중 가장 의미 있는 법은 1990년에 통과된 장애인 고용법(ADA)이다. 이 법은 고용에 있어서 장애인의 권리를 확대시켰다.

고용에 있어서의 인종, 종교, 나이, 성 차별을 금지하는 법을 포함해서 고용법은 관리자의 일상 업무 활동에 가장 큰 영향을 끼친다.

지적 재산

신기술, 아이디어, 노하우, 작업 방법, 공정 및 기타 보이지 않는 사업 요소들을 지적 재산이라고 한다. 지적 재산권은 저작권, 상표권, 특허권에 의해 보호된다. 이 장치들은 당신의 사업을 보호해 주고, 타인이 당신의 지적 재산권을 이용하려 할 경우 그 소유권을 주장할 수 있게 해준다.

증권 규제

1800년대 말부터 1900년대 초까지 증권 사기가 판을 쳤다. 가짜 주식과 채권, 불법 투자, 주가 상승을 위한 여러 가지 주가 조작 행위들이 비일비재했다. 미국 정부는 증권 거래의 정직성, 개방, 그리고 그에 대한 규제가 자본주의 경제에서 필수적이라는 사실을 깨닫고 증권거래위원회(SEC)를 설립했다.

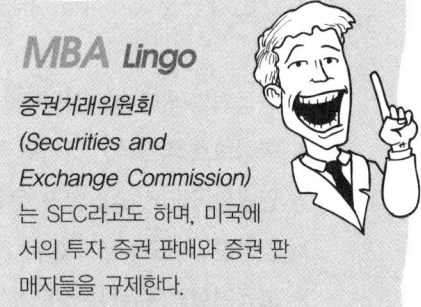

SEC는 기업에게 증권 거래 사실을 정부에 신고하도록 하고, 새로 발행된 증권을 SEC에 등록하도록 하고 있다. 그리고 증권을 발행하는 모든 회사에 대한 재무 자료를 공개하도록 하고 있다. 또한 오늘날에는 많이 줄었지만 그래도 여전히 발생하는 증권 사기 사건을 기소한다.

통일 상법

통일 상법 (UCC; Uniform Commercial Code)은 상업 거래를 규정하는 법으로서 물품 판매, 상업 어음, 은행 예금, 물품 선적과 전달 등에 관한 법이다. '통일 주법을 위한 전국 행정관 회의' 에서 만들었고, 루이지애나 주를 제외한 미국 50개 주가 모두 이 법을 채택했다. 루이지애나 주도 이 법의 거의 대부분을 채택했다.

이름이 내포하고 있듯이, 이 법은 사업을 용이하게 하기 위해 주 사이의 상업 거래에 대한 법을 표준화한 법이다.

조세

당신도 알고 있겠지만, 조세법은 가장 길고 가장 복잡하고 가장 해석하기 힘든 법 중 하나이다. 그래서 큰 기업들은 많은 변호사와 회계사를 고용해 조세법을 해석하고, 필요한 경우에는 IRS와의 이견을 조정해 주는 곳인 조세 법정에서 회사 결정을 변호하게 한다.

규율과 규제들

지금까지 설명한 법, 그리고 해양과 선적에 관한 해양법 등 미처 언급하지 못한 법들 외에 기업은 연방 기관과 주 기관의 규제도 따라야 한다.

주요 연방 기관을 소개하면 다음과 같다.

- ▶ 식품의약국(FDA). 사람들이 섭취하는 식품의 질을 규제한다.
- ▶ 환경보호청(EPA). 대기와 물의 질을 규제한다.
- ▶ 연방항공국(FAA). 항공 운항을 규제한다.
- ▶ 연방준비제도 이사회(the Fed). 은행을 규제한다.
- ▶ 고용기회평등위원회(EEOC). 차별 금지법을 시행한다.

EEOC는 모든 기업에 적용되지만, 다른 규제들은 적용되는 기업이 각각 다르다. 예를 들어, 제약 회사인 Eli Lilly 사는 FDA의 규제를 받고, 항공사인 American Airlines 사는 FAA, Merrill Lynch 사는 SEC의 규제를 받는다.

만약 당신이 규제를 받는 대기업에 다닌다면 중요한 규제 조건들과 그것이 당신의 업무에 끼치는 영향을 잘 알고 있을 것이다. 그러나 다른 관리자와 다른 법은 어떠한가? 법에 있어서 관리자들이 일반적으로 유의해야 하는 점은 무엇인가?

이것이 관리자에게 무엇을 의미하는가?

관리자로서 법적인 문제를 세부적으로 모두 알 필요는 없다. 각 분야마다 전문 변호사가 있기 때문이다. 법은 복잡하고 계속 변하기 때문에 전문적으로 처리해야 한다. 게다가 대부분의 법은 국제적 측면도 고려해야 하기 때문에 더욱 복잡해진다.

그러나 관리자로서 당신이 해야 할 일은 아주 간단하다. 다음에 모든 기업인에게 적용되는 일반적인 지침을 몇 가지 소개하겠다.

▶ 상식을 지키고, 행동하기 전에 생각하라. 우리는 옳고 그른 게 무엇인지 판가름할 수 있다. 예를 들어, 거래 체결에 앞서 누군가가 당신에게 뇌물을 줄 경우 굳이 변호사가 없더라도 뇌물을 거절하며 거래를 하지 않겠다고 말할 수 있다.

▶ 법률적 컨설팅이 필요하다는 생각이 들면 도움을 요청하라. 상사나 법무부, 변호사가 조언을 해줄 것이다. 단, 당신이 요청했을 경우에 한해서이다. 법적 문제가 터지고 나서 수습하려고 하는 것보다는 미리 예방하는 것이 현명하다.

▶ 계약을 할 때는 신중하게 하라. 변호사에 의해 작성된 계약서라면 서명하기 전에 당신측 변호사로 하여금 그것을 검토하게 하라.

▶ 상대측에 변호사가 있다면 당신도 변호사를 두어야 한다. 거래를 체결할 때 상대측이 변호사를 동석시키면 당신도 동석시켜라.

▶ 사기 등의 범죄나, 범죄는 아니더라도 부주의 등과 같은 심각한 일로 고소를 당한 경우, 변호사를 두어라. 변호사의 조언이 있을 때까지 가능한 한 말하지 마라. 특히 형사 사건일 경우에는 절대 아무 말도 하지 마라. 무지한 사람들은 불리하게 들리거나 잘못 해석될 수 있는 말을 내뱉었다가 나중에 큰 곤란에 처하는 경우가 많다.

마지막으로, 회사에서는 최대한 윤리적으로 처신하라.

기업 윤리에 관해서

윤리는 옳고 그른 것을 구분해 주는 도덕적 지침이다. 기업 윤리는 사업을 할 때 옳고 그른 것이 무엇인지를 말해 주는 것이고, 직업 윤리는 직업과 관련해서 옳고 그른 것이 무엇인지 말해 주는 것이다. 그러나 이 두 윤리 사이에 충돌이 생길 수 있다. 가령 회사를 위해서는 최선이지만 도덕적으로나 직업적으로는 그릇된 일이 생길 수 있다.

이것이 무엇을 의미하는지 가능한 예를 들어 보겠다. 우리 윤리에 따르면 아동 노동은 옳지 않은 것이다. 그러나 어떤 나라에서는 아주 어린 아이들에게 일을 시킨다. 그것도 열악한 근로 환경에서 말이다. 그리고 아이들은 이 문제에 대해 선택권이 없다. 우리 관점에서 보았을 때 근본적으로 이 아이들은 착취당하고 있는 것이다.

그런데 당신 회사가 열악한 근로 환경에서 아동 노동을 시키는 외국 회사로부터 품질 좋고 값싼 제품을 구입한다고 가정하자. 그 제품을 구입하는 것이 품질도 좋고 값도 싸기 때문에 회사 경쟁력을 위해서는 좋은 일이다. 그러나 그 제품을 구입하는 것이 과연 옳은 일일까?

여기서 윤리적 딜레마가 생긴다. 특히 법적으로 아무 이상이 없기 때문에 더욱 그렇다. 그 나라에는 아동 노동을 금지하는 법이 없고, 미국에는 그런 수입을 금지하는 법이 없다. 합법적이라는 뜻이다. 그렇지만 그게 과연 옳은 일일까?

아동 노동에는 또 다른 복잡한 문제가 있다. 아동 착취로 만들어진 것이기 때문에 그 물건을 구입해서는 안 된다고 생각한다고 하자. 그렇지만 그 아이들의 가족이 식량과 주거 문제를 해결하기 위해서는 수입이 필요하다. 그래도 그 물건을 구입하는 게 옳지 않은 일인가? 이 상황에서는 그 물건을 사는 것이 더 큰 대의명분일지도 모른다.

Case IN Point

1990년대 초부터 중반까지 미국에서는 미국 회사가 외국 회사 사람에게 뇌물을 주는 문제에 관해 열띤 논란이 벌어졌다. 미국 정부는 외국 회사에 뇌물을 주는 것을 반대했다.

그러나 일부 미국 회사들은 그것이 어떤 나라에서는 거래 체결 과정의 일부라고 주장했다. 우리가 '뇌물'이라고 부르는 것을 주는 행위가 그 나라에서는 관행처럼 되어 있기 때문에 일종의 사업 비용일 뿐이라고 주장했다. 그리고 다른 나라 회사들은 뇌물을 주기 때문에 미국 회사도 그렇게 하지 않으면 경쟁에서 질 것이라고 말했다.

이 상황은 정부가 외국 회사에 대한 미국 회사의 뇌물 금지법을 통과시킴으로써 해결되었다.

당신의 직업 윤리나 개인 윤리가 기업 윤리와 부딪칠 경우가 종종 있을 것이다. 회사 관점에서 보면, 당신은 회사로부터 봉급을 받고 있으니 회사 이익을 증진시켜야 한다. 그렇지만 직업 윤리나

개인 윤리도 지켜야 한다. 여기 윤리적 이해가 충돌되는 상
황을 몇 가지 제시해 놓았다.

> ▶ 사다리를 파는 회사인데, 가끔 사람을 다치게 할 수
> 있지만 경쟁력을 유지하려면 싼 목재를 써야 한다.
> ▶ 한 직원의 사생활을 조사해 달라는 부탁을 받는다.
> ▶ 당신이 생각하기에는 능력과 자질이 있는 사람인데,
> 상사가 우리와 맞지 않는다면서 그 사람을 채용하지
> 말라고 지시한다.
> ▶ 돈을 꼭 벌어야 하는 어려운 상황에 있고, 회사를 그
> 만두면 지금의 봉급만큼 받을 수 있는 일자리를 구할
> 수 없는 사람이라는 걸 알면서도 해고해야 한다.
> ▶ 회사 공금으로 특정 고객을 '접대' 하라는 꺼림칙한 지시를 받는다.
> ▶ 내일 나 대신 동생 이름으로 주식을 사 두면 큰 돈을 벌 수 있는 사내 비밀 정보를 입수한다.

MBA Lingo

어떤 상황에서 '더 큰
대의명분(greater good)
이란 더 큰 혜택을 위해 어
떤 윤리적 기준이나 작은
혜택을 희생하는 것을 말한다.
예를 들어 살인은 나쁜 것이다. 그러나
전쟁에서 사람을 죽이는 것은 허용된다.
왜냐하면 국가를 방어하는 것이 더 큰
대의명분이기 때문이다

상황에 따라 해결하기 쉬운 것도 있고, 좀더 어려운 것도 있다. 그러나 그때의 개인적인 상황에 따
라, 어떤 상황이든 해결하기 매우 힘들어질 수 있다. "회사를 때려치워야겠어."라고 말하는 사람
도 있을 것이다. 그러나 이해관계가 복잡해질 수 있다. 가령 자식이 병에 걸려서 회사 의료 보험
혜택을 받아야 하는 경우에는 쉽게 그만둘 수 없을 것이다. 그리고 설사 다른 회사로 옮겨도 이런
상황을 겪는 것은 마찬가지일 것이다.

윤리적 딜레마에는 간단한 해답이 없다. 우리 각자가 (1)양심을 키우고, (2)양심이 옳다고 하는 대
로 행동하는 것이 최선이다.

법적, 윤리적 핫 토픽

다음은 기업 윤리 논의에서 요즘 자주 등장하는 '핫 토픽' 으로, 꼭 알아 두어야 할 것들이다.

> ▶ *화이트칼라 범죄(white-collar crime)*가 일상적이 되었다. 따라서 이에 주의해야 한다. 사기,
> 횡령, 장비와 자재 절도, 보험금 청구 사기, 뇌물, 상납 등으로 인해 해마다 수십 억 달러가
> 사라지고 있다. 그리고 그 대가는 고객, 공급 업체, 주주들이 치른다. 만약 당신이 화이트칼라

범죄 사실을 알고 있다면 회사의 보안 책임자나 법률 문제 담당자에게 알려라.

▶ *내부 고발(whistle-blowing)*이란 회사의 불법 행위에 대한 증거를 당국이나 언론에 보내는 행위를 말한다. 내부 고발자를 '밀고자'라고 생각하는 사람도 있고, 영웅으로 생각하는 사람도 있다. 극단적인 상황에서는 극단적 조치를 취해야 한다. 그리고 내부 고발은 보통 중요한 목적을 위해 행해진다.

▶ 한 상황에서 두 개의 상충하는 역할을 수행해야 할 때 *이해 충돌(conflicts of interest)*이 생긴다. 예를 들어, 지금 당신 회사가 공급 업체를 선정하려 한다고 하자. 그리고 당신은 선정 후보 업체 중 한 업체의 공동 소유자라고 하자. 그러면 당신이 소유한 업체가 공급 업체로 선정되는 게 당신에게 이롭다. 따라서 이런 상황에서는 객관적 판단이 불가능하다. 이해 충돌 상황에 직면했을 때는 관리자에게 당신의 곤란한 입장을 알리거나 하나의 이해를 포기하는 것이 최선이다.

▶ *신뢰의 의무(fiduciary responsibilities)*는 의뢰를 받아 처리하는 사람이 의뢰인에 대해 지켜야 하는 의무를 말한다. 신뢰 관계는 의뢰인이 처리자와 처리자의 직업적 능력을 크게 신뢰해서 생긴 것이기 때문에 처리자는 자신의 이해보다 의뢰인의 이해를 우선시해야 한다. 의뢰인의 이해를 해쳐서는 절대 안 되고, 자신의 능력이 부족하다고 판단되면 일에서 물러나야 하며, 어떤 대가를 치르더라도 의뢰인의 권리를 보호해야 한다.

▶ *프라이버시(privacy)*는 모든 사람에게 보장된 권리이다. 솔직히 나는 개인적으로 이 문제를 특히 애석하게 생각한다. 개인 정보를 입수하고 기록하는 기술이 발달하고, 사적인 문제에 대한 정부나 기업 또는 언론의 간섭이 늘어남에 따라 나는 우리의 프라이버시에 대한 권리가 점점 사라지고 있다고 생각한다. 그래서 나는 모든 사람의 프라이버시에 대한 권리를 적극 지켜 주기로 마음먹고 있다.

▶ *성희롱(sexual harassment)*이란 이성이 원치 않음에도 불구하고 반복적으로 또는 노골적으로 성적 칭찬을 하거나 접근을 하는 행위를 말한다. 성희롱은 나쁜 짓일 뿐만 아니라 직장 생활에서는 자살 행위나 다름없다.

MBA Alert

연방 정부나 주 정부 산하 기간과 대부분의 기업들은 어떠한 선물도 받지 못하도록 하고 있다. 나는 미국 정부의 한 고위 간부가 무료 강연을 해준 데 대한 사례로 받은 79달러짜리 펜을 돌려 주는 것을 본 적이 있다. 선물을 받지 못하게 하는 이유는 이해 충돌이 생길 수 있기 때문이다. 같은 이유로 대부분의 기업들은 고객이나 공급 업체에 선물을 주는 것도 금지하고 있다.

MBA Mastery

당신은 아마 '고객(customer)은 항상 옳다'는 말을 들어 본 적이 있을 것이다. 이것은 바람직한 정책이다. 그러나 의뢰인(client)은 항상 옳지 않을 수도 있다. 변호사나 회계사, 재정 컨설팅이나 컨설턴트는 의뢰인이 틀리면 틀리다고 말해야 한다. 의뢰인은 마음에 들지 않거나 의견이 다르더라도 전문가의 판단을 믿을 것이다.

▶ 인종, 종교, 민족, 성별, 나이, 결혼 여부, 성적 취향에 따른 *차별(discrimination)*은 법적 윤리적 근거에서 피해야 한다. 솔직히 말해 우리는 모두 어느 정도의 편견을 가지고 있다. 중요한 것은 그러한 사실을 인식하고, 편견이 직장에서의 행동이나 사람들과의 관계에 영향을 끼치지 않도록 노력하는 것이다. 사실 요즘에는 다양한 부류의 직원을 둔 회사가 이롭다. 점점 다양해지고 있는 시장의 수요를 충족시키기 위해서는 직원이 다양할수록 유리하기 때문이다.

옳은 일을 하라

우리는 옛날의 미국 사회가 더 좋았다는 말을 듣는다. 옛날에는 사람들이 서로 정중하고 공손하게 대했고, 오늘날처럼 돈에 지배되지도 않았으며, 가치관도 나았고, 행동 규범도 더 높았다고 말한다.

나를 낙관주의자라고 생각할지 모르지만, 위의 말들은 사실이 아니다. 탐욕스럽고 부정직하며 무례한 사람들도 있지만, 대부분의 사람들은 대체로 도덕적이다. 조금 전까지 온갖 부정 행위들에 관해 읽었기 때문에 내 말을 믿지 못하겠지만, 사실이다. 대부분의 사람들은 정직하고 공정하게 거래한다.

관리자는 상사, 부하 직원, 동료, 주주, 고객, 공급 업체들에 대한 의무가 있다. 그리고 사회에 대한 의무도 있다. 규모가 큰 기업들은 기업 외부로부터 탐욕스럽고 부패하였으며 비인간적이라는 비난을 받는다. 그러나 이 말은 대부분의 사람들이 우리가 정당하고 옳다고 생각하는 일에서 벗어난다는 정도까지만 사실이다. 비즈니스에 종사하는 수백만 명의 사람들, 언론에서 절대 다루어지지 않는 상당수의 사람들은 정직하게 사업을 해서도 성공할 수 있다는 것을 증명해 왔다.

이것만은 알아 두자

▶ 사회는 사람들의 행동을 규정하기 위해 법을 만든다. 기업법은 독점 관행이나 고용, 조세 문제와 계약 등의 비즈니스 거래를 규정하는 법이다.

▶ 미국에서는 의회와 법정이 법을 만든다. 의회는 법규와 법령을 작성하고, 법정은 판례를 만든다.

▶ 대부분의 사람들이 소송을 꺼려하고 될 수 있으면 법정 밖에서 해결하려고 하지만, 폭력과 부정 행위의 대안으로 소송을 제기한다.

▶ 관리자들이 유의해야 하는 주요 법적 문제들은 소비자 보호, 계약, 고용, 생산자 책임에 관한

것들이다.

▶ 당신은 관리자로서 법적 전문가가 될 필요는 없다. 그러나 상식을 바탕으로 옳고 그른 것을 분별할 수 있어야 한다. 그리고 필요할 때는 법적 자문을 구하고, 계약을 체결할 때 신중을 기하며, 상대측에 변호사가 있으면 당신도 변호사를 두어야 한다.

Chapter 26

변화하는 세계에서의
커리어 관리

In This Chapter
Point
▶ 커리어 관리의 필요성
▶ 커리어 관리 방법
▶ 오늘날의 환경에 적합한 구직 전술

비즈니스와 마찬가지로 커리어에도 관리가 필요하다. 사실 가장 좋은 방법은 커리어를 비즈니스로 생각하는 것이다. 그러면 다른 종류의 관리처럼 커리어 관리도 일정한 수준을 유지하기 위해 지식과 기술을 활용해야 한다는 사실을 명심하게 될 것이다.

물론 실망도 하고 좌절도 맛볼 것이다. 그러나 그것에 대비해 미리 계획을 세워 둔다면 좌절을 좀 더 빨리 극복할 수 있을 것이다. 심지어 좌절이 다음 단계로 발전하기 위한 디딤돌이 될 수도 있다.

이 Chapter는 대부분 회사에 다니는 사람들을 대상으로 하고 있다. 그러나 커리어 관리 원칙은 회사에 다니는 사람에게는 물론 자영업을 하는 사람에게도 많은 도움이 될 것이다.

커리어 관리의 목적은 무엇인가?

커리어 관리는 금전적 성공과 직업 만족이라는 목표에 도달하기 위해 특정한 태도와 기술을 키우고 특정 조치를 취하는 것을 말한다.

우리는 자신의 관점에서 성공과 만족이란 무엇인지 규정해야 한다. 그러기 위해서는 자기 자신, 그리고 자신이 진정으로 바라고 필요로 하는 것을 알아야 한다.

어떤 사람은 상사 밑에서 일하는 것과, 직장에서 얻을 수 있는 조직 생활과 팀워크를 좋아한다. 반면, 어떤 사람은 매우 자발적이어서 혼자 일하는 것을 좋아한다. 어떤 사람은 돈 때문에 일하는가 하면, 어떤 사람은 특정한 직무 내용이 필요하기 때문에 일한다.

> **MBA Lingo**
>
> *직무 내용(job content)*
> 이란 직장에서 실제로 하는 일을 말한다. 재무부나 회계부나 마케팅부 등 당신이 속한 부서와, 회의, 분석, 보고서 작성 등 당신이 하는 갖가지 종류의 업무가 이에 속한다.

자신의 관점에서 성공을 정의하기 위해서는 이러한 종류의 일들이 당신에게 얼마나 중요한지, 그리고 어떤 일이 더 중요한지 파악해야 한다. 돈, 즐겁게 할 수 있는 일, 적절한 위기와 안정적인 직장, 이 모든 것을 다 가질 수는 없다. 그런 상황은 거의 불가능하다. 거의 대부분의 경우, 하나를 얻으려면 다른 하나를 포기해야 할 것이다. 그러므로 가장 중요한 것부터 신중하게 순서를 정해야 한다.

당신이 바라는 것은 흥미를 느낄 수 있는 직무 내용, 적절한 수준의 책임, 금전적 안정이라고 가정해 보자. 그것은 성장하고 있거나 아니면 적어도 튼튼한 회사에 다니고, 부하 직원을 거느리고, 평균 이상의 봉급을 받고 싶어한다는 의미이다. 그러나 저절로 그렇게 되지는 않는다.

자신을 관리하라

이전에는 '커리어 관리' 라는 개념이 아주 간단했다. 회사에 들어가 업무를 맡고, 자기 책임을 다하고, 리더십의 잠재성을 보여 주면 승진이 되었다. 한 회사에 몇 년, 몇십 년, 아니, 평생을 머물렀다.

> **MBA Alert**
>
> 사회적 성공을 위해 일 외적인 것, 가령 친구나 가족에게 소홀히 하기 쉽다. 그러나 이것 하나만은 기억하라. 지금까지 죽음을 앞두고 "일에 더 많이 신경 썼어야 했는데." 라고 말한 사람은 단 한 명도 없었다.

그러나 이제 그러한 시대는 끝났다. 오늘날 고위 간부들은 금전적 결과에 촉각을 곤두세운다. 회사는 직원들에게 최소한의 충성심만을, 직원들도 회사에게 최소한의 충성심만을 가지고 있다. 어느 쪽이든 금전적 상황에 따라 필요하면 다른 한쪽을 버린다. 그러나 직원은 금전적으로 회사에 의존하지만, 회사는 직원에게 그렇지 않다. 따라서 직원들은 스스로 자신을 관리해야 한다.

그렇다면 어떻게 자신을 관리해야 할까? 공격적인 커리어 관리를 하라. 이제부터 오늘날 커리어 관리를 위해 필요한 중요한 방법들을 설명하겠다.

> ▶ 미리 준비하라. 그리고 계획 'B'를 세워라.
> ▶ 회사 내외 환경에 대한 정보를 수집하라.
> ▶ 승진과 고용에 적합하도록 자신의 능력을 키워라.
> ▶ 실패를 딛고 일어설 수 있는 능력을 키워라.
> ▶ 필요할 때 새 직장을 구할 수 있는 방법을 알아 두어라.

커리어 관리에 앞서 우선 업무 성과를 높이고, 기술을 지속적으로 향상시켜야 한다. 업무 성과와 기술이 형편없으면 아무리 커리어 관리를 해도 소용없기 때문이다.

미리 준비하고 계획 'B'를 세워라

다른 많은 사업 분야에서와 마찬가지로 커리어 관리도 적절한 계획을 세우면 실패를 방지할 수 있다. 이때, 다음 두 가지의 넓은 목표를 생각해야 한다.

> ▶ 직무적 목표
> ▶ 금전적 목표

MBA Mastery

커리어 관리에 있어서 금전적 관리는 매우 중요하다. 전제적인 상사나 회사 사정에 휘둘리지 않으려면 최소한 6개월 동안의 생활비를 저축해 놓고 빚을 최소화해야 한다. 그러기 위해서는 그만큼의 돈을 저축할 때까지 절약하면서 돈을 빌리지 말아야 한다.

직무적 목표란 하고 싶은 일이 무엇인지, 그 일을 언제 하고 싶은지에 대한 목표이다. 이러한 목표는 원하는 직책과 회사로 나타내거나 언제쯤 커리어를 바꿀지, 언제쯤 퇴직할지 등으로 나타낼 수 있다.

금전적 목표는 벌어야 할 돈과 관계된 목표이다. 수입원이 봉급만 있는 것은 아니다. 적절한 계획을 세우면 임대료나 로열티, 이자, 배당금 등 봉급 이외의 수입원을 통해서도 금전적으로 독립할 수 있을 정도의 충분한 돈을 마련할 수 있다. 그래도 직장 생활에 있어서의 주수입원은 아마 봉급일 것이다.

직무와 금전에 대해 장기 목표를 세웠으면, 이제 중기 목표를 세울 차례이다. 다음 질문을 토대로 1년 계획, 그리고 3년, 5년, 10년, 20년 계획을 세우도록 하라.

▶ 직무: 어떤 종류의 일을 하고 싶은가? 어떤 직위를 원하는가? 어떤 환경을 원하는가? 퇴직을 할 생각인가? 그렇다면 언제 할 것인가?

▶ 돈: 얼마만큼의 돈이 필요하고, 얼마나 벌고 싶은가? 하고자 하는 일을 했을 때 얼마 정도의 수입을 예상하는가? 매년 얼마를 저축할 것인가? 퇴직하려면 얼마가 필요할 것인가?

▶ 개인 목표나 가족 목표 등 직무 이외의 문제: 가족과 어느 정도의 시간을 함께할 것인가? 휴가는 어떻게 할 것인가? 연로하신 부모님을 부양해야 하는가?

이러한 질문들에 대답함으로써 중기 목표를 세우고, 그 목표를 달성하기 위해 취해야 할 조치들을 생각해 낼 수 있다.

목표를 정하고 계획을 세우는 것이 현명한 일이기는 하지만, 스코틀랜드 시인 Burns가 말했듯이, 아무리 정교하게 세운 계획도 틀어질 수 있다. 그래서 계획 'A' 가 효과가 없을 경우를 대비해 계획 'B' 를 마련해 두어야 한다. 계획 'B' 라는 것은 만약의 경우에 즉각 시행할 수 있는 계획을 뜻한다.

Case IN Point

오늘날의 경제에서 자신의 직업에 대해 안심할 수 있는 사람은 아무도 없다. 이것을 한번 생각해 보라. 얼마 전까지만 해도 미국 방위 산업체는 가장 안정된 직장이었다. 미국 정부의 세금 징수의 힘 덕택에 수십억 달러의 수익이 보장되었고, 의원들은 자신의 선거구에 방위 산업을 유치하기 위해 열을 올렸다.

그런데 1980년대 말에 냉전이 끝났다. 방위산업체에 있던 많은 사람들이 해고되었고, 군사 기지가 폐쇄되었다. 방위 계약 업체들은 갑자기 통합을 통해 새로운 사업을 추진해야 했다.

마찬가지로, 의사도 한때 수익이 가장 높고 가장 명예로운 직업이었다. 그러나 최근에는 비용 절감의 노력으로 의사들이 HMOs(Health Maintenance Organizations, 종합적인 건강 관리 의료 단체)로 밀려나 버리고 말았다. 이제 의사가 될 수 있는 길, 즉 의사가 되어 많은 수익을 얻을 수 있는 길이 HMOs에 의해 제한되고 있다.

방위 산업과 의사 직업도 안전하지 않은데, 어떤 직업이 안전할 수 있겠는가?

그 만약의 경우에는 어떤 것들이 있을까? 새로 온 상사가 당신을 이유 없이 싫어해 당신이 해고될지도 모르는 경우, 회사의 감원 조치에 따라 당신이 해고될 경우, 회사 합병으로 당신 부서가 없어질 경우, 자영업을 하고 있는데 새로운 더 큰 경쟁 업체가 물건을 더 싸게 팔아 당신이 시장에서 밀려날 경우, 가장 큰 고객이 거래를 중단하겠다고 할 경우 등등이 있다.

계획 'B'는 신속하게 이행할 수 있고, 이행 자금이 마련되어 있는 계획이어야 한다. 계획 'B'는 최신 이력서와 네트워크, 그리고 구직 전략과 같이 간단한 계획일 수도 있고, 혹은 창업이나 사업 인수를 위한 세밀한 계획일 수도 있다. 계획 'B'는 평생의 꿈일 수도 있고, 본 궤도로 올라갈 때까지 의지하는 것일 뿐일 수도 있다.

아무튼 중요한 것은 계획 'B'를 가지고 있어야 한다는 것이다.

회사 내외 환경을 파악하라

계획을 세우고 관리하는 여느 상황에서와 마찬가지로, 지식과 정보는 힘이다. 마케팅에 대한 전략적 계획을 수립할 때 이미 밝혀졌지만, 어떤 계획에서든 회사 내외 환경에 관한 정보를 수집하는 것은 필수적이다.

MBA Lingo

일반적으로 **퇴직 수당 패키지(severance package)**란 회사가 정리 해고를 하거나 정식 해고하는 직원에게 주는 퇴직금 및 새 직장을 찾을 때까지 제공하는 여러 가지 혜택을 말한다. 그러한 혜택으로는 사무실 공간과 비서 도움 제공, 회사 전화와 음성 메일 서비스 이용 허가, 일정 기간 동안 의료 보험 혜택 유지, 정식 해고 전 일정 기간 동안 임금 지급 등이 있다.

내부 환경이란 당신이 다니는 바로 그 회사를 뜻한다. 즉, 회사가 나아가는 방향, 승진 체계, 권력 구조, 고위 간부들의 초점 등 회사에 관한 모든 것이다.

예상하는 바와 같이, 이러한 정보는 책에 나와 있지 않다. 함께 일하는 사람들에게서 얻어야 한다. 소문을 듣고 다니라는 말은 아니다. 다만 어떤 조직에든 정보망이 있다는 사실을 말하는 것이다. 이러한 정보망에는 쓸모 있고 근거 있는 정보도 있지만, 쓸모 없고 근거 없는 엉터리 정보도 있다. 어떤 것이 쓸모 있는 정보이고 어떤 것이 그렇지 않은지 구분할 수 있다면 큰 수확을 얻을 수 있을 것이다.

예를 들어, 상사가 모든 직원에게 지금의 직책에 다시 지원하게 할 것이라는 정보를 입수한다면 당신은 할 말을 미리 준비해 둘 수 있다. 당신보다 직급이 높은 사람이 해고될 것이라는 정보를 입수한다면 당신이 그 자리에 오를 수 있도록 남모르게 방법을 쓸 수도 있다. 곧 정리 해고가 있을 것이라는 소문을 들었는데 당신이 정리 해고를 원한다면 정리 해고될 때 퇴직 수당 패키지를 받을 수 있을 것이다. 이것은 실제 일어나는 일들이다. 이런 종류의 '내부 정보'를 가지고 있는 사람은 언제나 그 정보를 이용한다. 그리고 그것은 불법이 아니다. 그러나 이를 이용하려면 우선 정보가 있어야 한다.

MBA Mastery

사무실에서 사람들이 정보를 알려 달라고 조르면 어떻게 대처해야 할까? 누설하면 안 될 정보를 가지고 있을 경우, 가장 좋은 방법은 "저도 물론 말씀드리고 싶습니다. 하지만 꼭 비밀을 지켜 달라고 부탁받았기 때문에 어쩔 수 없어요."라고 말하는 것이다.

사내 정보망에 접근하려면 다음과 같은 일이 필요하다.

▶ 회사에 친구나 내 편을 만든다.
▶ 남에게 피해를 주거나 근거 없는 헛소문을 퍼뜨리지 않음으로써 신뢰를 얻는다.
▶ 정보 교환을 신중하게 한다. 당신에게 도움이 될 사람에게만 정보를 알려 주고, 들으면 해로울 정보는 듣지 않는다.

바깥 세상에 눈을 돌려라

직장이 당신 세계의 전부가 되기 쉽다. 직장 사람들과의 관계가 원만하고, 회사 복지 혜택도 좋고, 일이 만족스러우면 다른 회사에서는 지금보다 더 성공할 수도 있다는 사실을 잊을 수 있다.

내 말을 오해하지는 마라. 물론 당연히 지금 다니는 회사에 최선을 다해야 한다. 조금 전에 말했듯이, 사실 실적과 대인 관계와 부서 등 사내 문제를 잘 관리하는 것이 무엇보다 가장 중요하다.

그러나 정보 수집과 관리가 필요한 회사 밖 문제도 있다. 월급도 더 많이 주고 승진도 더 빠른 회사는 없는가? 더 많은 걸 배울 수 있는 회사는 없는가? 근로 환경이 더 낫거나 근무 시간이 더 짧은 회사는 없는가?

이것을 알 수 있는 유일한 방법은 가끔씩, 가령 3년에 한 번씩 인력 시장에 자신을 내놓는 것이다. 그렇다고 본격적으로 다른 직장을 알아보라는 말은 아니다. 정말 일자리가 필요해서가 아니라면 말이다. 그냥 동태를 살펴보라는 뜻이다. 신문이나 인터넷에서 구인 광고를 찾아보라. 헤드헌터로부터 전화가 오면 그들이 하는 말을 유심히 들어라. 좋은 자리가 있는 것 같으면 이력서를 보내라.

한 가지를 제외하고는 크게 노력할 것이 없다. 그것은 면접을 볼 때 면접관에게 그 일을 정말 원하고 있다는 인상을 주어야 한다는 것이다. 그냥 바닥만 긁고 있으면 그런 인상을 줄 수 없고, 따라서 채용 제안도 들어오지 않을 것이다. 그러나 제안을 받을 수 있도록 최선을 다하면 제안을 받든 못 받든 당신은 무언가를 얻게 될 것이다. 만약 제안을 받으면 당신 자신에 대해 자신감이 생길 것이고, 또 그 제안이 정말 좋은 제안일 수도 있다. 그러나 제안을 받지 못한다고 해도 그것에 자극을 받아 지금의 일을 더 열심히 하게 될 것이다.

가끔씩 다른 직장을 알아보는 것은 공격적인 커리어 전술이다. 그리고 그것은 모든 사람을 위한 것은 아니다. 첫째, 당신이 다른 직장을 알아보고 있다는 사실을 상사가 알게 되면 의심쩍게 생각하거나 혹은 반대로, 충격을 받고 당신을 새롭게 인정할 수도 있다. 당신은 그중 어느 경우일지 파악해야 한다. 둘째, 정말 일자리가 필요한 경우가 아니라면 많은 사람들이 채용 제의를 받기 위해 필요로 하는 면접을 받지 않는다. 마지막으로, 필요하지 않는데 일자리를 알아보는 것은 시간 낭비라고 생각하는 사람들이 있다. 이러한 사람들은 공격적인 커리어 관리를 할 사람들이 아니다. 그러나 이것을 한번 생각해 보라. 헤드헌터의 전화를 받은 많은 사람들은 처음에는 직장을 바꿀 마음이 없었지만, 자기가 몰랐던 더 좋은 자리가 있다는 사실을 깨닫고 결국에는 많은 사람들이 회사를 옮긴다.

승진 가능성과 고용 가능성을 높여라

봉급 인상과 승진은 자기 일만 잘한다고 해서 얻어지는 게 아니다. 회사에 아주 적극적으로 기여해야 하고, 그리고 그만큼 중요한 것은 그런 사람으로 보여져야 한다. 그래서 부하 직원과 동료, 상사가 당신과 당신의 성과를 칭찬하도록 만들어야 한다. 이를 위해 필요한 게 두 가지 있다. 뛰어난 성과와 적극적인 자기 알리기이다.

회사측에서 볼 때, 뛰어난 성과는 봉급 인상과 승진의 타당한 이유가 된다. 승진에는 타당한 이유가 있어야 한다. 그리고 회사는 열심히 일하는 사람에게 보상을 해주어야 한다. 그렇지 않으면 열심히 일하고자 하는 의욕이 꺾일 것이다. 당신의 승진을 타당하게 만들 수 있는 가장 좋은 방법은 회사에 수익을 안겨 줄 수 있는 공을 세우는 것이다.

그리고 자기 알리기가 필요하다. 봉급 인상이나 승진을 위해서는 당신 상사가 고위 간부에게 그 타당한 이유를 설명해야 하기 때문이다. 고위 간부가 당신의 공을 알게 되면 상사가 당신의 승진에 대한 승인을 받는 데 도움이 될 것이다. 사실 자신을 제대로 알리기만 하면 고위 간부 중 누군가가 당신 상사에게 당신이 언제 승진되느냐고 물어 보기 시작할 것이다.

> **MBA Lingo**
> **자기 알리기(visibility)**
> 란 고위 간부들이 당신의 존재와 당신의 성과를 알도록 하는 것을 뜻한다. 고위 간부에게 직접 보고되거나 그들이 특별한 관심을 보이는 프로젝트나 업무에 참여하면 자기를 알릴 수 있는 기회가 커진다.

성과를 높이고 자기를 알려라

어느 정도는 당신 스스로가 승진에 대한 타당한 이유를 만들어 내야 한다. 그렇게 하는 데 도움이 될 입증된 전략 몇 가지를 소개하겠다.

열심히 일하라

일을 맡아라. 시간 외 근무도 마다하지 마라. 일을 회피하는 듯한 인상을 주지 마라. 만약 프로젝트에서 빠져야 한다면 회사측에서 보았을 때 당신과 당신 부하 직원들이 그 일을 하면 안 되는 타당한 이유를 찾아라. 그러나 당신 상사보다 더 높은 사람이 시키는 일은 무조건, 그리고 아주 잘해내라. 특별 프로젝트를 맡아라. 그러면 자신을 알릴 수 있는 기회도 많아지고, 다른 분야에 있는 사람들도 알게 될 것이며, 그 분야의 사업을 배울 수 있는 기회도 얻게 될 것이다.

> **MBA Lingo**
> **페이스 타임(face time)**
> 이란 사람들에게 오랜 시간 동안 일한다는 인상을 주기 위해 사무실에서 보내는 시간을 말한다. 어떤 사장이나 회사는 페이스 타임을 조장하기도 한다. 경비 데스크에 있는 주말 출근 기록표를 사장이 확인한다는 사실을 직원들에게 알리는 것이 한 예이다. 그러나 현명한 관리자는 결과를 얻기까지 걸린 시간이 아니라 결과 자체를 중시한다.

나는 '페이스 타임(face time)'이 필요한 상황을 피하려고 노력해 왔다. 열심히 일하면서 시간을 보내는 것과 그냥 시간을 낭비하는 것은 전혀 다르기 때문이다.

회사에 관해 알아라

그저 자기 책임 영역에만 초점을 맞추지 말고 시야를 좀더 넓혀라. 그리고 회사에 관한 모든 것을 알기 위해 노력하라. 그래야 마땅하다. 그렇다고 다른 사람의 업무를 파악하라는 게 아니라, 회사의 역사, 주요 경쟁 업체, 가장 큰 수입원과 가장 작은 수입원, 성장 과정, 관련 규제, 다른 부서에서 하는 일 등등을 알아야 한다는 말이다.

대부분의 고위 간부들은 회사의 '큰 그림'을 안다. 그리고 사소한 것까지 아는 사람도 많다. 그러나 나는 사소한 것에 신경 쓰지 않는 사람을 많이 보았다. 하지만 회사의 전반적인 것들을 파악하고, 회사가 문제에 직면했을 때 효과적인 해결책을 찾으려면 사소한 것까지도 알고 있어야 한다.

긍정적이며 '문제 해결사'라는 이미지를 심어라

불만이 많으면 승진이 더디거나 아예 승진이 되지 않는다. 긍정적으로 생각하라. 그리고 문제를 해결하라. 문제에 직면하면 그것을 해결하든지 아니면 그냥 참고 살아라.

MBA Alert
특히 회사를 운영하는 고위 간부들은 불평을 하는 사람을 미숙하거나 회사에 충성하지 않는 사람이라고 생각한다.

고위 간부들을 잘 관찰해 보면 알겠지만, 그들은 사소한 문제는 물론 사소한 문제에 대한 직원들의 불만도 무시한다. 고위 간부들은 문제란 언제든 있을 수 있다는 사실을 알고 있기 때문에 자신이 손을 쓸 수 있는 큰 문제에만 신경을 쓸 뿐, 다른 조그마한 문제들은 거들떠보지 않는다.

긍정적인 사람이라는 이미지를 심으려면 지금의 직책이 아니라 당신이 원하는 직책에 어울리는 옷을 입어야 한다. 자주 웃되 바보처럼 아무 때나 웃지는 마라. 바쁜 모습을 보이되 서두르는 모습은 보이지 마라. 긍정적으로 말하되 흥분하는 모습은 보이지 마라. 직속 상사를 관찰하고 상사를 따라 하라. 고위 간부들은 편하게 생각되는 사람을 승진시키고 싶어하는데, 복장과 행동과 말투가 자기와 비슷한 사람을 편하게 생각한다.

건전한 취미를 보여라

대부분의 기업에서는 건전한 취미와 믿음직한 성격을 지니고 있지 못하면 중간 간부급 이상으로 승진하기는 힘들다. 정직함, 마약이나 알코올 중독자가 아니라는 점, 감정 조절, 시민 단체나 종교 단체의 가입, '적절한' 유머 감각, 그리고 중용이 내가 말하는 건전한 취미이다.

어떤 회원 자격 같은 것을 상징한다는 점에서 관리팀은 클럽이나 부족(部族)과도 비슷하다. 많은 기업에는 고위 관리자에게 맞는 스포츠, 활동, 휴양지, 의상, 차, 학교 등에 대한 불문율이 있다. 물론 특히 대기업의 고위 관리자는 대부분 중산층의 가정을 가진 백인 남성이다. 다시 말하지만, 관리자는 자신이 편하게 생각하는 사람을 승진시킨다.

오늘날 이러한 순응주의는 20~30년 전에 비해 크게 약화되었다. 특히 작은 회사에서는 더욱 그렇다. 규모가 작든 크든 많은 회사들은 이단자를 눈감아 준다. 그러나 이단자는 중간급 이상은 승진이 되지 않는다. 당신 개인의 취향은 중요하지 않다. 그게 현실이다. 그래서 많은 이단자들이 실업자가 되는 것이다.

MBA Lingo

*이단자(maverick)*란 독자적이거나, 규율에 순응하지 않거나, 불손한 행동을 하는 관리자 및 직원을 일컫는다. 대기업에서는 이단자들이 회사를 위해 많은 공을 세우고도 어느 정도까지만 승진이 되고 더 이상 승진이 되지 않는 경우가 많다. 한편, 영어 원뜻에는 '낙인이 찍혀 있지 않은 소'라는 의미도 있다.

자신을 알릴 수 있는 방법

자신을 알릴 수 있는 6가지 방법을 소개하면 다음과 같다.

▶ 주목받는 프로젝트, 프레젠테이션, 회의, 특별 임무를 맡겨 달라고 청하라. 이번에는 맡기지 않더라도 아마 다음번에는 당신에게 맡겨 볼 것을 고려할 것이다.

▶ 그럴 필요가 있을 때는 특별 업무를 위해 평상시보다 늦게까지 남아 일하라. 그리고 입이 좀 가벼운 사람에게 지나가는 말로 어제 새벽까지 회사에 남아 일했다고 말하라.

▶ 오랫동안 해결되지 않고 있는 골치 아픈 회사 문제를 해결하기 위해 노력하라. 성공하면 소문이 퍼질 것이다. 실패하더라도 시도했다는 사실만으로도 점수를 딸 것이다.

▶ 복도나 화장실에서 고위 간부를 만나면 이름을 붙여 인사하라. 잡담을 하는 것도 도움이 될 수 있다. 다시 말해, 간부를 올림포스 신인 양 거리를 두지 말고 가깝게 대하라. 그러면 간부들이 어떤 사람이며 무엇에 흥미를 가지고 있는지 알 수 있고, 간부들도 당신에 대해 알 수 있다.

MBA Alert

어떻게 하느냐에 따라 상사 눈에 좋게 뜨일 수도 있고 눈밖에 날 수도 있다. 눈밖에 나게 되는 경우는 직속 상사를 거치지 않고 업무를 처리할 때이다. 그러면 상사는 분개할 것이다. 따라서 명령 체계를 지켜라. 즉, 직속 상사를 거치지 않고 위에서 어떤 일을 지시받으면 직속 상사의 기분을 상하지 않도록 조심스럽게 말하라.

▶ 당신 자신을 위해서가 아니라 당신의 부하 직원을 위해 싸워라. 그러면 직원들은 당신을 좋아하게 될 것이고, 당신을 지지하는 가장 강력한 당신 편이 될 것이다.

▶ 공을 독차지하지 마라. 부하 직원들과 함께 나누어라. 아니, 아예 직원들에게 공을 모두 돌려라. 부서 직원들에게 공을 돌려도 사람들은 그게 당신 공이라는 사실을 안다.

인내심을 가져라. 그러나 당신이 너무 많이 참은 것일 수도 있다는 사실을 명심하라. 당신 회사에서 승진이 얼마나 빨리 이루어지는지 알아보라. 그런 다음, 그것에 따라 판단하라. 회사에 적응이 안 되거나, 회사 운영이 제대로 안 되고 있거나, 일에 싫증이 났다고 판단되면 일찌감치 회사를 그만두는 편이 낫다. 어떻게 그만두는지 그 방법을 알고 있다면 말이다.

구직

구직에 관해서는 시중에 수많은 책들이 나와 있다. 그래서 나는 다른 책들에서 충분히 다루어지지 않은 점 몇 가지만 지적하기로 하겠다.

여기서 우리는 구직을 커리어 관리를 위한 도구로 생각할 것이다. 커리어 관리에서 구직이 어떤 역할을 하는지 파악하고, 직장을 얻는 사람들이 어떤 이유 때문에 고용되는지를 알면 성공에 구직을 이용할 수 있다는 뜻이다.

다음 두세 페이지에 걸쳐 성공적인 구직 비결을 소개하겠다.

지속적인 대기 상태

이력서를 항상 최신의 것으로 고쳐 놓아야 하고, 그때그때 상황에 맞출 수 있도록 항상 표준적인 자기 소개서를 준비해 놓고 있어야 한다. 그리고 늘 사람들과의 연락망을 확보해 놓아야 하며, 당신 회사와 다른 회사의 동향을 파악하고 있어야 한다. 다시 말해, 언제든지 구직을 시작할 준비가 되어 있어야 한다는 뜻이다.

그 이유는 무엇인가?

첫째, 대비를 위해서라고 생각하라. 나는 이미 당신이 직장을 잃을 수 있는 몇 가지 이유를 설명했다. 따라서 '구직 대비'는 직장을 다니는 사람이라면 누구에게나 필요한 계획 'B'이다.

둘째, 언제 좋은 기회에 대한 소식을 듣거나 읽게 될지 모르기 때문이다. 따라서 이력서와 자기 소개서를 준비해 두면 바로 신청할 수 있다.

셋째, 일자리가 당장 필요하지는 않더라도 틈틈이 연락망을 통해 얘기를 들어 두는 것이 도움이 될 것이다. 따라서 계속 연락을 유지하라. 전화를 걸었다가 상대방이 어려움에 처해 있다는 사실을 알게 되면 그 사람을 도와줄 수 있을지도 모른다.

MBA Alert

1990년대에 대대적인 정리 해고와, 직원들 돈으로 자기 배를 채우는 고위 관리자들의 존재에도 불구하고 많은 사람들은 다른 직장을 찾아보는 것이 회사에 대한 불충이라고 생각했다. 그러나 그것은 너무 순진한 태도이다. 언제든 직장을 새로 구할 준비를 해 두고, 얼마를 벌어야 할 것인지 가늠해 보는 것은 당신 자신과 가족을 위해 당연하다.

마지막으로, 회사에 다니고 있을 때 일자리를 알아보고 하고 싶은 다른 무언가를 생각하는 것이 더 쉽다. 부담이 적기 때문이다. 우선 6개~10개의 회사를 목표로 하고, 그중 가장 가고 싶은 회사를 고른다. 그런 다음, 그 회사에 대한 조사를 하며 정보를 모으는 것이다. 그러다 보면 정말 기회가 왔을 때, 회사를 옮길 수 있는 준비가 완벽하게 되어 있을 것이다.

전면적인 노력

직장이 필요하다면 할 수 있는 모든 전략과 전술과 방법을 이용하라. 연락망, 직업 소개소, 고급 인력 스카우트 회사에서부터 신문과 잡지와 인터넷의 구인 광고, 달가워하지 않는 운영부 책임자에게 거는 전화, 이력서 대량 발송, 심지어 마구잡이식의 구인 광고에 이르기까지 모든 것을 해야 한다. 사실 이 모든 전술은 누군가가 한 번쯤 효과를 본 것들이다.

빈자리가 있거나 혹은 빈자리가 생길 예정인 회사에 이력서와 자기 소개서를 보내는 전통적인 구직 방법에서는 담당 관리자가 누구인지 확인하여 그 사람에게 이력서를 보내는 것이 가장 좋다. 어떤 특정한 사람에게 보내지 않으면 그 특성상 신청자를 뽑는 것보다는 제거해 내는 일을 좋아하는 인적자원부로 이력서가 직행하기 때문이다.

아무리 300통이라는 많은 양을 보내더라도 이력서를 보낼 때는 고용 담당자의 이름을 알아내어 그 사람에게 이력서를 보내는 것이 훨씬 낫다.

그리고 만약 남보다 눈에 띄고 싶다면 담당자에게 전화를 걸어 면접을 보게 해달라고 하라. 담당

Part 5 | 미래를 향한 기업 전략

자가 당신은 자격이 부족해 안 된다고 대답하더라도 당신은 잃는 게 전혀 없다. 물론 이런 전화는 상대방을 아주 귀찮게 할 수도 있지만 말이다. 그리고 담당자가 아직은 채용할 단계가 아니기 때문에 안 된다고 말할지라도 그 담당자는 당신이 남다른 노력을 했던 사람으로 기억할 것이다.

만약 실직 상태라면 본격적으로 구직에 나서라. 방 한쪽에 공간을 만들어 전화를 옆에 두고 구직을 하나의 직업이라고 생각하라. 그래도 효과가 없으면 직업을 바꾸는 것도 한번 고려해 보라. 무엇을 하든 절망하거나 포기하지 말고, 많은 돈을 벌 수 있는 방법을 찾는 노력을 중단하지 마라.

융통성 있는 접근 방법

전통적인 간단한 구직 방법이란 단 한 가지, 일자리를 찾는 것뿐이다. 오늘날과 같은 인력 감축의 세상에서는 보수 좋고 안정적인 중간급 관리 직책은 공급보다 그것을 원하는 수요가 더 많다. 따라서 융통성을 가질 필요가 있다. 특히 중년이나 그 이상의 사람이라면 말이다.

MBA Alert

오늘날에는 전문 임시 직업 소개소까지 등장했다. 이곳에서는 관리 직책의 사람들에게 2~3주에서 6~12개월 기간의 일을 소개해 준다. 어떤 곳은 심지어 당신을 자신들의 직원 명부에 올려놓고 당신에게 혜택을 지급하기도 한다.

일자리를 찾으려고만 하지 말고 당신 자신을 하나의 상품으로서 시장에 내놓고 파는 방법을 생각해 보라. 특정 프로젝트를 수행할 수 있는 사람, 사업 기회를 발견할 수 있는 사람, 돈이 있는 곳을 가르쳐 줄 사람, 비용을 절감할 수 있는 사람, 연구를 할 사람, 또는 그 밖에 당신이 할 수 있는 어떤 것이든 내세워 당신을 파는 것이다. 이것은 회사에게 "일자리 있습니까?"가 아니라 "이 일이 완수되길 원하십니까?"라는 질문으로 접근하는 것을 의미한다.

이것은 파트타임이나, 프로젝트 업무, 또는 임시직을 고려해야 한다는 의미이다. 한편으로는 당신에게 일이 필요하기 때문에, 또 다른 한편으로는 그런 식으로 발을 들여놓을 수도 있기 때문에 이 방법을 고려해 보는 것도 좋다.

이력서를 사용하는 대신 명함과 더불어 당신의 프로젝트나 컨설팅의 종류를 간단히 설명한 브로슈어를 보내는 비즈니스 아이덴티티를 한번 사용해 보라. 브로슈어에는 가격을 적지 마라. 그리고 일단 프로젝트에 입찰을 하게 되면 미심쩍을 경우 값을 높게 불러라.

임금을 주지 않으면 일을 하지 않거나 조금만 하겠다고 하라. 어떤 회사는 정식 직원으로, 또는 프로젝트 수행을 위해 정식으로 채용하기 전에 몇 가지 일을 시킨다. 업무 수행 자질과 업무 파악 정도를 보기 위해서이다. 이것은 합리적이다. 그러나 공짜로 일해 주는 것이나 마찬가지이다. 그러므로 당신이 일한 시간에 대한 임금을 요구해야 한다. 사람들을 공짜로 부려먹고 아이디어를 빼앗는 회사가 종종 있기 때문이다.

정서적 도움

직장을 잃으면 사회적 관계도 잃는다. 회사를 그만두고 새 직장을 찾을 때, 기존의 동료 및 친구들과의 친분이나 이해 관계를 유지하거나 새롭게 다져라 이것은 해고되면서 위축되었던 자신감을 회복하기 위해 매우 중요하다.

배우자와 자식이 어리면 곤란하겠지만, 그 밖의 모든 가족에게 마음을 열어라. 실직 상태에서는 위축되어 자신을 사람들로부터 단절시키기 쉽다. 그러나 그럴수록 시간은 더디게 지나가고, 슬픔은 오래 간다.

사회 봉사 활동을 하라. 그러면 바쁘게 시간을 보낼 수 있고, 자신감을 되찾을 수 있다. 그리고 당신보다 더 불행한 처지에 있는 사람이 있다는 사실을 상기하게 될 수도 있다. 또한 이를 통해 새로운 관심과 새로운 직업을 가지게 될 수도 있다.

> **MBA Mastery**
>
> 진정으로 현명한 기업가는 커리어가 인생에 끼치는 영향을 아는 사람이다. 우리 대부분에게, 대부분의 시간 동안, 대부분의 일에서 비즈니스 커리어는 일종의 거래를 의미한다. 우리는 우리의 시간과 능력을 우리 기술을 활용할 수 있는 기회와 돈과 맞바꾼다. 그 과정에서 우리는 몇몇 좋은 친구를 사귀고, 성공을 하고, 웃는 일도 생긴다. 그러나 많은 사람들은 인간관계나 자기 표현이나 성취에 대한 깊은 욕구를 비즈니스 커리어를 통해 충족시키지 못한다. 당신이 그런 경우라면 당신 인생에서 비즈니스 이외의 취미와 활동과 사람이 필요할 것이다.

다른 사람들에게 도움을 청하라. 쉽지는 않지만 효과가 있다. 계속해서 심각한 우울증에 빠져 있는 사람이라면 상담을 한번 생각해 보라. 적절한 전문가가 우울한 감정을 극복할 수 있도록 도와줄 것이고, 그 과정에서 좀더 성숙해질 수 있도록 힘이 되어 줄 것이다.

MBA를 꼭 이수해야 하는가?

내가 이 책을 쓴 목적은 MBA 프로그램을 개괄적으로 설명하고, 비즈니스에 필요한 복잡한 도구와 방법에 대한 기초적 지식을 제공하기 위해서였다. 그러나 아마도 당신은 MBA에 들어가야 할지 말아야 할지 고민하고 있을 것이다.

나는 내가 MBA에 들인 시간, 돈, 노력이 모두 가치가 있었다고 생각한다. 나는 대학에서 인문학을 전공했었고, 경영학 강의는 한 번도 들어 본 적이 없었다. 그러나 회사에 입사한 후에 MBA 공부가 내게 도움이 될 것임을 깨달았다. 내 생각이 옳았다. MBA에서 받은 교육과 졸업장이 없었다면 구직자와 교수와 경영인으로서 내가 지금처럼 성공할 수 있었을지 진심으로 의심스럽다(분명 이 책은 쓰지 못했을 것이다!).

당신의 결정을 돕기 위해, MBA에 들어가려면 어떤 준비가 필요한지 설명하겠다.

  ▶ 학교 카탈로그를 부탁해 경영대학원에 대한 정보를 수집한다.
  ▶ 대학에서 배운 지식을 평가하는 표준화된 시험인 GMAT('지맷'으로 발음함)을 본다(이에 관한 정보는 뉴저지 주 프링스톤의 'Educational Testing Service'에 문의해 보라).
  ▶ 대학원에 보낼 '대학 때 썼던 논문'을 준비하고, 각 학교에 50달러 정도의 신청비를 보낸다.

그 다음에 생각해야 할 문제가 학비인데, 1년 6개월 내지 2년 동안 약 15,000달러 ~ 40,000달러가 든다. 그러나 대기업에 들어가면 학비의 일부 또는 거의 전액을 되돌려받을 수 있다.

과연 MBA가 당신에게 가치가 있을까? 상사나 동료, 그리고 MBA 학위를 받은 어떤 사람에게든 물어 정보를 알아내라. 학교 카탈로그는 거의 무료로 얻을 수 있다. 많은 곳은 심지어 그 학교 재학생과 얘기해 볼 수 있게 해줄 것이다.

MBA의 경제적 가치는 계산하기 힘들다. 당신이 이미 대학에서 경영학을 전공한 사람이라면 특히 더욱 그렇다. 내 경우처럼 경영학을 공부하지 않은 사람에게는 MBA 학위가 엄청난 가치를 보태어 줄 것이다.

기사에서는 MBA를 갓 졸업한 사람의 초봉이 엄청나게 높은 것으로 보도된다. 그러나 그러한 액수는 일류 컨설팅 회사, 투자 은행, 대기업에 들어가는 일류 대학원 졸업생들의 얘기이다. MBA가 당신 봉급에 어떤 영향을 끼칠지 판단하려면 당신의 현재 봉급 수준과 학위를 딴 다음에 받게 될 수준, 그리고 다른 사람의 경우는 어떠했는지를 비교해 보라. 단지 MBA 졸업장을 가지고 있다는 것만으로 당신의 봉급을 올려 주지는 않을 것이다.

회사에 꾸준히 출근하고 실적도 좋다면 근처 경영학 대학원에서 실시되는 '실무자 MBA 프로그램'을 신청할 수도 있다. 이것은 MBA 집중 프로그램으로서, 회사 근무 시간 중이나 일정 기간의 여름 주말 동안에 열린다. 이 프로그램은 참가자들 사이에서 대체로 평이 좋다.

당신의 커리어 관리에 행운을 빈다. 사실 "능력보다 운이 있었으면 더 좋겠다."라는 말들을 한다. 이 말 속에는 능력 있는 사람도 운이 나쁘면 실패할 수 있지만, 운이 좋으면 능력이 없어도 성공할 수 있다는 뜻이 숨겨져 있다. 물론 능력을 키우기 위해 충분한 노력을 기울인 기업가들은 '운 좋은' 사람처럼 보인다. 그런 측면에서 당신에게 세상의 모든 행운이 찾아오기를 바란다.

이것만은 알아 두자

▶ 커리어 관리란 금전적 성공과 직업 만족이라는 목표에 도달하기 위해 특정 태도와 기술을 키우고 특정 조치를 취하는 것을 말한다.

▶ 어떤 회사도 당신의 안전을 보장하지 않는다. 그러므로 커리어 관리를 우선순위에 두어라.

▶ 커리어 계획에는 기능적 목표와 직무적 목표, 그리고 계획 'B'를 포함해야 한다.

▶ 승진을 하려면 열심히 일하고, 회사에 관해 알고, 긍정적이며 문제 해결사라는 이미지를 심어 주고, 사람들에게 건전한 취미를 보여 주며, 많은 사람들에게 자기를 알려라.

▶ 구직에는 계속적인 준비, 전면적인 노력, 융통성 있는 접근 방법, 정서적 도움 등이 필요하다.